Territoires de la non-fiction

Chiasma

VOLUME 46

The titles published in this series are listed at *brill.com/chia*

Territoires de la non-fiction

Cartographie d'un genre émergent

Textes édités et introduits par

Alexandre Gefen

BRILL
RODOPI

LEIDEN | BOSTON

Illustration de couverture : photographie d'Alexandre Gefen.

Library of Congress Cataloging-in-Publication Data

Names: Gefen, Alexandre, editor.
Title: Territoires de la non-fiction : cartographie d'un genre émergent / textes édités et introduits par Alexandre Gefen.
Description: Leiden ; Boston : Brill-Rodopi, 2020. | Series: Chiasma, 1380-7811 ; volume 46 | Includes bibliographical references and index.
Identifiers: LCCN 2020028849 (print) | LCCN 2020028850 (ebook) | ISBN 9789004363199 (hardback) | ISBN 9789004439313 (ebook)
Subjects: LCSH: French prose literature--21st century--History and criticism.
Classification: LCC PQ630 .T47 2020 (print) | LCC PQ630 (ebook) | DDC 848/.920809--dc23
LC record available at https://lccn.loc.gov/2020028849

Typeface for the Latin, Greek, and Cyrillic scripts: "Brill". See and download: brill.com/brill-typeface.

ISSN 1380-7811
ISBN 978-90-04-36319-9 (hardback)
ISBN 978-90-04-43931-3 (e-book)

Table des Matières

PARTIE 5

Croisements génériques

PARTIE 6

Le rapport à l'image

Illustrations

22.1 Reeves, Hubert (textes), Casanave, Daniel (dessins) et Champion, Claire (couleurs), *L'Univers : créativité cosmique et artistique*, Paris, Le Lombard, coll. "La Petite Bédéthèque des savoirs", 2016, p. 16 345
22.2 *L'Univers, op. cit.*, p. 17 346
22.3 *L'Univers, op. cit.*, p. 30 347
22.4 *L'Univers, op. cit.*, p. 49 348
22.5 *L'Univers, op. cit.*, p. 57 349
23.1 François Clouet (1510-1572), *Portrait d'Élisabeth d'Autriche*, vers 1571. Huile sur bois, 37 × 25 cm. CHANTILLY, MUSÉE CONDÉ. © RMN-GRAND PALAIS (DOMAINE DE CHANTILLY) / RENÉ-GABRIEL OJÉDA 360
23.2 Félix Vallotton (1865-1925), *Femme fouillant dans un placard*, 1901. HUILE SUR TOILE, 70 × 40 CM. COLLECTION PARTICULIÈRE. © FONDATION FÉLIX VALLOTTON, LAUSANNE 361
23.3 Félix Vallotton (1865-1925), *Intérieur, femme en bleu fouillant dans une armoire*, 1903. Huile sur toile, 81 × 46 cm. PARIS, MUSÉE D'ORSAY. © RMN-GRAND PALAIS (MUSÉE D'ORSAY) / HERVÉ LEWANDOWSKI 362

Notes sur les auteurs

Alexandre Gefen

Alexandre Gefen est Directeur de Recherche au CNRS (UMR Thalim/Université Paris 3 – Sorbonne nouvelle). Directeur Adjoint Scientifique de l'Institut des Sciences Humaines et Sociales du CNRS, fondateur de Fabula.org, il travaille sur la théorie littéraire, les littératures contemporaines, les écritures et les humanités numériques. Il est par ailleurs critique littéraire. Dernières parutions : *Vies imaginaires de la littérature française*, Paris, Gallimard, 2014 ; *Art et émotions*, Armand Colin, 2015 ; *Inventer une vie. La fabrique littéraire de l'individu*, Les Impressions Nouvelles, 2015. *Réparer le monde. La littérature française face au XXIe siècle*, Corti, 2017. À paraître : *L'idée de littérature. De l'art pour l'art aux écritures d'intervention* (Corti).

Maryline Heck

Maryline Heck est maîtresse de conférences en littérature française des XXe et XXIe siècles à l'université de Tours. Elle a publié *Georges Perec. Le corps à la lettre* (José Corti, 2012), coordonné les *Cahiers Georges Perec* n° 11 (« *Filiations perecquiennes* », Castor Astral, 2011), contribué au volume de la Pléiade Perec et dirigé, avec Christelle Reggiani et Claude Burgelin, le *Cahier de l'Herne* consacré à Georges Perec (2016). Elle a également coordonné, avec Raphaëlle Guidée, le *Cahier de l'Herne* consacré à Patrick Modiano. Et, avec Aurélie Adler, le collectif *Écrire le travail au XXIe siècle : quelles implications politiques ?* (Presses de la Sorbonne Nouvelle, collection « Fiction/Non Fiction 21 », 2016).

Gaspard Turin

Gaspard Turin est Maître d'enseignement et de recherches suppléant à l'Université de Lausanne, où il enseigne la littérature à des degrés divers. Ses recherches portent sur un corpus littéraire et culturel contemporain. Il a publié en 2017 *Poétique et usages de la liste littéraire. Le Clézio, Modiano, Perec* aux éditions Droz. Il a codirigé un volume portant sur les thématiques familiales dans la littérature contemporaine française (Lettres modernes Minard, 2016). Il est l'auteur de nombreux articles, notamment sur Pascal Quignard, Michel Houellebecq, Eric Chevillard ou encore Georges Perec.

Anne Coudreuse

Anne Coudreuse est maître de conférences HDR à l'Université Sorbonne Paris Nord, et membre honoraire de l'Institut universitaire de France. Sa thèse est parue en deux volumes : *Le Goût des larmes au XVIIIe siècle* (PUF, 1999, réédition Desjonquères, 2013) et *Le Refus du pathos au XVIIIe siècle* (Champion, 2001). En 2015, elle a publié *La Conscience du présent. Représentations des Lumières dans la littérature contemporaine* (Garnier) et *Sade, écrivain* polymorphe (Champion). Elle a dirigé ou co-dirigé de nombreux volumes collectifs, dont *Romanesques et écrits personnels : attraction, hybridation, résistance XVIIe-XXIe siècles* (Garnier 2019, avec Aurélie Adler).

Claude Pérez

Claude Pérez : Professeur émérite à l'université d'Aix-Marseille. Il a publié des travaux sur Claudel, Paulhan, le roman et la poésie contemporaine. Parmi ses publications : *Les Infortunes de l'imagination. Aventures et avatars d'un personnage conceptuel de Baudelaire aux postmodernes,* P.U. Vincennes, 2010.

Laurent Demanze

Laurent Demanze est professeur à l'Université Grenoble Alpes. Il dirige la collection « écritures contemporaines », publiée chez Garnier. Récemment, il a codirigé avec Dominique Rabaté, *Emmanuel Carrère, Faire effraction dans le réel* (P.O.L, 2019) et avec Fabien Gris, *Olivia Rosenthal, le dispositif et l'intime* (Garnier, 2020). Son dernier essai s'intitule *Un nouvel âge de l'enquête* (José Corti, 2019).

Cornelia Ruhe

Cornelia Ruhe est professeur de littératures française, francophone et espagnole à l'université de Mannheim en Allemagne. Elle est la coéditrice de plusieurs volumes dont récemment *Mathias Énard et l'érudition du roman* (Brill/Rodopi, 2020) et *Chutes, ruptures et philosophie. Les romans de Jérôme Ferrari* (Classiques Garnier, 2018) ainsi que l'auteure de *La mémoire des conflits dans la fiction française contemporaine* (Brill/Rodopi, 2020).

Dominique Viart

Dominique Viart, membre de l'*Institut universitaire de France*, est professeur à l'Université Paris Nanterre. Directeur de la *Revue des Sciences Humaines* et, avec J.-M. Moura, de l'*Observatoire des écritures contemporaines françaises et francophones*, il a consacré des essais à Jacques Dupin, Claude Simon, Pierre Michon, François Bon, Eric Chevillard, Patrick Deville, à la littérature contemporaine (*La Littérature française au présent*, 2008) et nombre d'études à divers écrivains actuels. Particulièrement attentif aux relations entre littérature et sciences humaines et sociales, il vient de coordonner avec A. James, le volume *Littératures de terrain*, de la revue en ligne *FIXXION XX-XXI* (n°18, 2019).

Frank Wagner

Frank Wagner enseigne la littérature française du XXe siècle à l'université Rennes 2. Ses travaux portent sur la théorie de la littérature (narratologie, poétique, théories de la lecture et de la fiction) et la littérature narrative du second XXe siècle et de l'extrême contemporain. Il a publié de nombreux articles, communications et entretiens dans *Poétique, Protée, Europe, Roman 20-50, Fixxion, etc.* Il a en outre dirigé ou codirigé plusieurs ouvrages, dont *Lectures de Julien Gracq, Lectures de Robbe-Grillet* et *Le Cinéma de la littérature.*

Marie-Jeanne Zenetti

Marie-Jeanne Zenetti est maîtresse de conférences à l'Université Lumière Lyon 2. Spécialiste des littératures contemporaines et des esthétiques documentaires, elle a publié de nombreux travaux sur les écritures non-fictionnelles, dont *Factographies, l'écriture de l'enregistrement à l'époque contemporaine* (Classiques Garnier, 2014).

Morgane Kieffer

Morgane Kieffer a soutenu à l'automne 2018, avec le soutien de la Fondation des Treilles, une thèse consacrée aux écritures romanesques contemporaines en littérature française (à paraître aux Presses du Septentrion). On peut aussi lire son travail dans *Études Françaises, Romanesques, Roman 20-50, Sites, Les lettres romanes* ou encore *Fixxion.*

Isabelle Dangy

Isabelle Dangy est agrégée de lettres classiques et membre du CIEREC de Saint-Etienne. Elle a écrit une thèse publiée sous le titre *L'énigme criminelle dans l'œuvre de Georges Perec*, (Champion, 2002) et de nombreux articles concernant la littérature des XXe et XXIe siècles. Elle est également l'auteur d'un roman, *L'Atelier du désordre* (Le Passage, 2019).

Yona Hanhart-Marmor

Yona Hanhart-Marmor est maître de conférences à l'Université hébraïque de Jérusalem. Elle est l'auteur d'un essai consacré à l'oeuvre de Claude Simon (*Des pouvoirs de l'ekphrasis*, Rodopi, 2014) et son ouvrage *Pierre Michon : une écriture oblique*, va paraître prochainement aux éditions du Septentrion. Elle a également publié des articles sur Marcel Proust, Michel Leiris, Nathalie Sarraute, Annie Ernaux. Elle travaille actuellement sur les récits écrits par des auteurs de la troisième génération après la Shoah.

Bruno Thibault

Bruno Thibault occupe la chaire de littérature française contemporaine à l'université du Delaware. Il est l'auteur de trois ouvrages critiques sur Paul Morand (Summa, 1992), Danièle Sallenave (Rodopi, 2004) et J.M.G. Le Clézio (Rodopi, 2009), ainsi que d'une soixantaine d'articles sur divers auteurs et cinéastes contemporains. Bruno Thibault a codirigé cinq volumes collectifs consacrés à l'œuvre de Le Clézio et deux volumes collectifs consacrés à l'œuvre de Danièle Sallenave.

Nenad Ivić

Nenad Ivić est professeur de littérature française au Département d'études romanes à l'Université de Zagreb en Croatie. Il a publié des études sur l'historiographie médiévale et antique (*Domišljanje prošlosti*, ZZK, Zagreb 1992 ; *Textus. Istraživanja o Amijanu Marcelinu*, MH, Zagreb 2002) et sur la littérature, poésie et musique moderne (*Napulj i druga imaginarna mjesta*, Gordogan, Zagreb 2009 ; *Augurium*, Gordogan, Zagreb 2012 ; *Grč sirene*, Gordogan, Zagreb 2014). Il a co-édité le recueil *Roland Barthes : création, émotion, jouissance* (éditions Classiques Garnier, Paris 2017).

Yaelle Sibony-Malpertu

Yaelle Sibony-Malpertu est psychologue clinicienne et chercheur associé au Centre de Recherches Psychanalyse Médecine et Société (EA 3522) de l'Université Paris 7 Denis Diderot. Ses travaux portent essentiellement sur la mémoire traumatique et les transmissions de traumas. *Se défaire du traumatisme* (Desclée de Brouwer, 2020).

Sophie Létourneau

Sophie Létourneau est professeure agrégée au Département de littérature, théâtre et cinéma de l'Université Laval (Canada). Financés par le Fonds de recherche du Québec – Société et culture, ses travaux portent sur les écritures du réel. Son dernier livre, *Chasse à l'homme*, est paru à La Peuplade en 2020.

Eva Voldřichová Beránková

Eva Voldřichová Beránková est maître de conférences et directrice de la section française de l'Institut d'études romanes à l'Université Charles (Prague). Elle a publié trois monographies tchèques et coédité plusieurs monographies internationales : *Us-Them-Me: The Search for Indentity in Canadian Literature and Film* (2009) ; *Attempting the Renaissance of the West: The Literary and Intellectual Climate at the Turn of the 20th Century* (2016) ; *Dusk and Dawn: Literature Between Two Centuries* (2017).

Barbara Metais-Chastanier

Barbara Métais-Chastanier est enseignante-chercheuse, autrice et dramaturge. Ses recherches portent sur l'écriture documentaire, les dramaturgies de l'anthropocène et la recherche-création. Inscrite dans une démarche qui circule entre pratique théâtrale et d'expérimentation scientifique, elle travaille à la croisée de l'université (Laboratoire LLA-Créatis – Toulouse Jean Jaurès), des écoles supérieures (Conservatoire National d'Art Dramatique) et des théâtres, notamment à l'Empreinte-Scène nationale où elle est artiste associée depuis 2018. Elle a signé une dizaine de textes et spectacles qui ont fait l'objet de lectures ou de représentations en France comme à l'étranger (In du Festival d'Avignon, Théâtre de la Ville, Festival d'Automne, etc.).

Louis Dubost

Louis Dubost est normalien, diplômé de l'Ecole de droit de Sciences Po et enseignant à l'Institut d'études politiques politiques de Paris.

Jean-Luc Martinet

Jean-Luc Martinet est professeur da chaire supérieure en CPGE et membre du centre de Recherche Alithila, de l'Université de Lille. Il a récemment préfacé *L'Usine* de Jean Pallu et écrit des articles consacrés au roman des années 30 : « Le temps de l'image est venu » : *cinématiser* l'écriture de l'Histoire dans *Les Damnés de la terre* d'Henry Poulaille » ; « Les usages prolétariens de la *dignitas hominis* : Humanisme et Renaissance, 1920-1930 »; « Jean Pallu : une écriture classe moyenne ?» ; « Maintenir la puissance du romanesque. Machines à enregistrer et possibles narratifs dans *Le Maître de la lumière* (1933) de Maurice Renard ».

Henri Garric

Henri Garric est professeur de littérature comparée à l'UFR de Lettres et Philosophie de l'Université de Bourgogne. Il a publié plusieurs volumes, dont un essai sur les expression silencieuses, *Parole muette et récit burlesque* (Classiques Garnier, 2015) et un collectif *L'Engendrement des images en bande dessinée* (Presses Universitaires François Rabelais).

Maxime Hureau

Maxime Hureau est doctorant en Lettres à l'Université de Limoges dans l'équipe Espaces Humains et Interactions Culturelles. Il prépare une thèse sur la transmission du savoir par la bande dessinée factuelle, en particulier sur ses enjeux épistémologiques et socio-politiques, sous la direction de Till Kuhnle et Nicole Pignier.

Dominique Vaugeois

Dominique Vaugeois est professeure de littérature française du XXᵉ siècle à l'Université Rennes 2. Ses recherches concernent en priorité l'essai esthétique moderne en France et entendent contribuer à une histoire de la valeur culturelle et sociale de la parole des écrivains ainsi qu'à une réflexion théorique sur les valeurs critiques. Derniers ouvrages parus : *Malraux à contretemps*, Nouvelle édition Place, 2016 et *La Critique à l'écran* : les arts plastiques, Septentrion, 2018 (avec S. Dreyer).

Introduction

Alexandre Gefen

Le genre de la non-fiction est venu depuis quelques années brouiller les frontières du discours comme les distinctions disciplinaires opposant l'écrivain au géographe, au journaliste, à l'historien, au témoin, à l'écrivant. À l'opposé du roman sur rien, émerge sous nos yeux une toute nouvelle littérature d'information, de témoignage, d'inventaire, de documentation et de données. Née de notre peur du virtuel et de la pression de l'information sur nos vies, du théâtre de non-fiction à la « data littérature », la littérature de non-fiction capture le réel en promouvant une littérature sans fiction, voire une littérature sans récit[1], une littérature refusant tout habillage linguistique particulier et toute originalité référentielle. C'est ce genre littéraire émergent qu'il s'agit de décrire.

Dans le monde anglo-saxon, la *non-fiction* est une catégorie simple, qui divise les rayons des librairies et des bibliothèques en deux parties, emportant du côté de la *non-fiction* autant la philosophe, les essais que les reportages du journalisme. D'un côté, la possibilité selon la formule de Coleridge de suspendre notre incrédulité, d'un autre, le sérieux de la référence au réel et des procédures de véridiction. Ce partage est déréglé dès les années 1950 par la « non-fiction novel », dont l'histoire est bien connue, de Truman Capote à Norman Mailer[2] et dont le principe consiste à retirer tout trace de subjectivité auctoriale et à s'interdire toute interpolation ou développement imaginaire, en considérant, au fond, que la part d'imaginaire emporté par le réel brut est suffisante pour faire littérature. Fortement apparenté au « nouveau journalisme » américain, celui de grands reportages narratifs, le genre reste néanmoins âprement discuté : on a depuis longtemps reproché à Capote de ne pas avoir respecté la rigueur qu'il affichait[3] et fait remarquer que les historiens non plus n'étaient pas les derniers à recourir à des procédés littéraires (métaphores, recours à la première personne, interpolations, etc.) sans avoir attendu les hardiesses d'inventivité de la « nouvelle histoire[4] ». Alors que la ligne de partage

1 J'emprunte l'idée à Charlotte Lacoste, « Ne pas (se) raconter d'histoires », *Pratiques*, n° 181-182, 2019, en ligne : <http://journals.openedition.org/pratiques/6157>.

2 Voir l'article classique d'Eric Heyne, « Toward a Theory of Literary Nonfiction », *Modern Fiction Studies*, vol. 33, n° 3, automne 1987, en ligne : <https://muse.jhu.edu/article/244366>.

3 Voir Malin, Irving (ed.), *Truman Capote's "In Cold Blood": A Critical Handbook*, Belmont, Wadsworth, 1968.

4 Voir Carrard, Philippe, *Poétique de la Nouvelle Histoire : le discours historique en France de Braudel à Chartier*, Lausanne, Payot, 1988.

 | DOI:10.1163/9789004439313_002

avait tendu à s'assouplir à l'époque de la déconstruction voire à se brouiller complètement dans les ontologies piégées du postmodernisme[5], le *linguistic turn* ayant tendance à rapporter à des modèles littéraires les écritures « sérieuses » (comme le note Gérard Genette, nous n'avons pas de mot qui soit l'opposé du concept de « fiction[6] »), elle continue à être débattue, certains poéticiens, de Dorrit Cohn[7] à Françoise Lavocat[8] étant tentés de la réaffirmer et d'en souligner l'importance à l'heure des *fake news*. Comme l'a encore montré en 2017 un « procès de la fiction » organisé en public à l'hôtel de ville de Paris[9], les lignes de fractures restent encore clivées entre une ligne littéraire constructiviste et un point de vue plus positiviste et analytique, sans que les apports de sciences cognitives aient malheureusement pu aider au débat.

Mais l'objectif de ce volume n'est pas de revenir ni sur la frontière de la fiction et ses délicates questions épistémologiques et théoriques[10], ni sur la tradition anglo-saxonne, ses avatars contemporains de Charles Reznikoff à Joan Didion et ses lignes de partages propres, mais plutôt de se pencher sur la non-fiction française, considérée comme un genre et écrite avec un trait d'union, genre par « diction », c'est-à-dire en considérant comme littéraire un texte qui n'avait pas « d'abord satisfait au critère objectif et constitutif, poétique ou fictionnel[11] » définissant ordinairement une production esthétique, selon une opposition proposée par Gérard Genette et si pertinente pour caractériser une lecture littéraire de textes dont la finalité esthétique n'était pas première. Autrement dit, des œuvres qui dérogent aux marqueurs auxquels on a traditionnellement recouru pour signaler la littérarité du texte littéraire : la référence à des normes génériques, la production d'un monde possible rompant avec les formes communes de référence à la réalité, l'ostentation du signifiant et le choix d'une fonction spécifique du langage, la « fonction poétique ».

5 Voir McHale, Brian, *Postmodernist Fiction*, London, New York, Routledge, 1994.

6 Voir Genette, Gérard, *Fiction et diction*, Paris, Éd. du Seuil, coll. « Poétique », 1991, p. 66, n. 2. Sur la lecture littéraire de l'histoire historienne voir le célèbre essai de Hayden White, *Metahistory: The Historical Imagination in Nineteenth-Century Europe*, Baltimore, The Johns Hopkins University Press. 1973.

7 Voir Cohn, Dorrit, *Le Propre de la fiction* [1999], trad. de l'anglais (États-Unis) par Claude Hary-Schaeffer, Paris, Éd. du Seuil, coll. « Poétique », 2001.

8 Voir Lavocat, Françoise, *Fait et fiction : pour une frontière*, Paris, Éd. du Seuil, coll. « Poétique », 2016.

9 Voir le site de l'événement : <http://www.lepeuplequimanque.org/proces-de-la-fiction>.

10 Voir Gefen, Alexandre et Audet, René (dir.), *Frontières de la fiction, actes du colloque « Fabula »*, préfacés par Thomas Pavel, Laval (Québec), Éd. Nota Bene-Bordeaux, Presses universitaires de Bordeaux, série « Modernités » (17), 2002.

11 Genette, Gérard, « Fiction ou diction », *Poétique*, n° 134, avril 2003, p. 131-139, cit. p. 131.

Un ensemble parallèle à ce volume est publié dans une collection de littérature comparée chez Peter Lang, « Compar(a)isons », sous le titre *La Non-fiction, un genre mondial ?* Ce livre s'intéresse lui à la non-fiction de langue française. Il faut en interroger la spécificité. D'abord parce que son histoire, quoique mal connue, est différente : l'appétence pour le fait divers passe au XXe siècle par la poésie ou par l'exploration psychologique, montre Minh Tran Huy[12], et lorsqu'après la guerre Duras, Foucault, Camus s'intéressent à des crimes, c'est immédiatement pour en avancer une lecture idéologique ou métaphysique : les deux versants de la littérature française, le formalisme et la littérature engagée, mettent tous deux à distance le dehors que constitue le journalisme, et le genre n'émerge véritablement qu'au tout début du XXIe siècle. Si la visibilité du genre tient à l'attribution en 2015 du prix Nobel de littérature à l'écrivaine biélorusse Svetlana Aleksievič, pour qui le travail de la non-fiction a pour but de préserver l'originalité de la parole recueillie, de faire entendre, sans trahir le « moment de vérité » du témoignage, « le langage de l'âme[13] » – l'année suivante, en 2016, le prix Médicis ira en France à une enquête, *Laëtitia ou la fin des hommes*, d'Ivan Jablonka –, on peut proposer d'en dater la naissance en France au succès de *L'Adversaire* d'Emmanuel Carrère, paru au début 2000.

La France a pratiqué les jeux de « mimésis formelle », d'imitation des formes du récit historien, et de brouillage générique caractéristiques de la postmodernité, mais on a le sentiment que sa découverte massive du genre de la non-fiction au tournant des XXe et XXe siècles – pressentie par Dominique Viart, même s'il n'utilise pas le terme comme une catégorie générique[14] – tient largement à d'autres filiations. Écritures de voyage, d'investigation, enquêtes judiciaires ou ethnologiques[15], autobiographies, « factographies[16] », factions, rapports et enregistrements littéraires, littérature de données et autres formes de récit

12 Voir Huy, Minh Tran, *Les Écrivains et le fait divers : une autre histoire de la littérature*, Paris, Flammarion, 2017.

13 Bourmeau, Sylvain, « Lettres étrangères. Svetlana Alexievitch », entretien au Théâtre de l'Odéon, 16 juillet 2016, en ligne : <https://www.franceculture.fr/emissions/lettres-etrangeres/svetlana-alexievitch>. Voir aussi le manifeste en anglais de l'écrivain sur son site personnel (<http://alexievich.info/en/>) et le *research blog* d'Émile Mercille-Brunelle sur le site de l'ALN/NT2 (<http://nt2.uqam.ca/en/entree-carnet-recherche/archiver-les-emotions-travers-le-temps-tarkovskien-par-svetlana-alexievitch>).

14 Voir Viart, Dominique et Vercier, Bruno, *La Littérature française au présent : héritage, modernité, mutations*, 2e éd. augm., Paris, Bordas, 2008, p. 235 *sq.*

15 Voir Demanze, Laurent, *Un nouvel âge de l'enquête : portraits de l'écrivain contemporain en enquêteur*, Paris, J. Corti, coll. « Les Essais », 2019.

16 Voir Zenetti, Marie-Jeanne, *Factographies : l'enregistrement littéraire à l'époque contemporaine*, Paris, Classiques Garnier, coll. « Littérature, histoire, politique », 2014.

refusant de se dire romans occupent les librairies françaises et francophones sans se revendiquer comme des pièges littéraires ou des jeux avec le genre policier, ni même toujours comme des incursions dans le journalisme. La France connaît et pratique sous la plume d'un Sylvain Tesson ou d'un Emmanuel Carrère (qui déclare que le reportage est autant que la tragédie un genre littéraire[17]) le *narrative journalism*, certains des auteurs de non-fiction les plus intéressants étant d'ailleurs des journalistes (Jean Hatzfeld ou Florence Aubenas). L'influence du roman noir n'est pas non plus indifférente, de *Un fait divers* de François Bon (1994) à *Est-ce comme cela que les femmes meurent ?* de Didier Decoin (2009), en passant par les polars documentaires de Didier Daeninckx. Mais d'autres tropismes se mêlent à ces filiations : un voisinage étroit avec les sciences humaines, une sensibilité plus politique à la vérité sociale, un regard critique et autoréflexif porté sur la littérature.

Dans la non-fiction à la française, les transferts avec les sciences humaines et sociales et les croisements disciplinaires sont un trait déterminant : géographie chez un Philippe Vasset, anthropologie chez Éric Chauvier, histoire chez Philippe Artières, sociologie pour Annie Ernaux, en sont quelques exemples. Dans le contexte d'un décloisement des écritures de savoir et d'une implication réflexive du savant, les écrivains produisent de l'histoire et les écrivains revendiquent le rôle de la littérature[18] : alors que l'autorité propres aux sciences humaines tenait, selon une formule de Jacques Rancière à « l'ensemble des procédures littéraires par lesquelles un discours se soustrait à la littérature, se donne un statut de science et le signifie[19] », la non-fiction instaure un régime de confiance dans lequel l'antinomie entre l'investissement de la langue et la visée de vérité disparaît.

Par ailleurs, si la disposition à produire du roman sans artifice romanesque, à aimer, comme Stendhal, le Code civil pour son surplus de réalité, est une vieille tendance – l'entrée des savoirs observationnels de la science en littérature, qui se fait au XIXe et qui se poursuit au XXe siècle par l'attrait pour le document brut lui-même, a contribué depuis longtemps à complexifier les déterminismes du récit –, l'engouement pour le genre de la non-fiction tient à notre attention contemporaine au monde ordinaire, quotidien, à l'avènement d'un modèle de représentation nouveau, liée à un monde déhiérarchisé, refusant les césures cartésiennes et l'idéologie de l'autonomie. Dans le champ

17 Voir le volume collectif : Demanze, Laurent et Rabaté, Dominique (dir.), *Emmanuel Carrère : faire effraction dans le réel*, Paris, P.O.L., 2018.

18 Voir Jablonka, Ivan, *L'histoire est une littérature contemporaine : manifeste pour les sciences sociales*, Paris, Éd. du Seuil, coll. « La Librairie du XXIe siècle », 2014.

19 Rancière, Jacques, *Les Noms de l'histoire*, Paris, Éd. du Seuil, coll. « La Librairie du XXe siècle », 1992, p. 21.

français, cette attention est largement sociale et politique : elle est la lointaine héritière de l'aspiration sociale du naturalisme et de l'appel de la littérature engagée au dévoilement du réel.

Un dernier point, enfin, est à noter : l'importance, dans le champ français, d'une inquiétude à l'égard des mensonges du roman, des illusions qu'il peut produire, tradition hyper-critique qui a exposé l'écrivain à la tentation du silence et de la disparition, et qui donc témoigne de toutes une série d'entreprises de réduction de l'écriture – pensons aux écritures blanches autant qu'à la manière dont certains dispositifs formalistes et conceptuels ont pu chercher à désarmer, à affaiblir. Prise de distance vis-à-vis des reconstructions sociales de la réalité produites par la politique et les médias, quête de modestie, déflation de l'effet, transformation de l'imagination événementielle en imagination éthique mise au service de la justesse d'expression, production d'un style régi par un principe de congruence et d'adéquation et par un idéal de densité : la non-fiction marque non un renoncement à la littérature mais son réinvestissement critique, elle traduit moins un rêve de naïveté et de transparence qu'une forme avancée de scepticisme.

Après ces quelques réflexions liminaires dont je porte l'unique responsabilité, je voudrais souligner la pluralité des hypothèses formulées par ce volume, comme la variété des œuvres qu'il parcourt. Les auteurs ici rassemblés tentent d'abord de se pencher sur les précurseurs du genre, à travers le travail de Georges Perec et de Roland Barthes, à la recherche d'une écriture fragmentaire et « infra-ordinaire » qui vise à une « notation » du réel (Maryline Heck). Gaspard Turin revient sur le travail d'Édouard Levé, dont on mesure désormais bien l'importance : la critique de la fiction y devient une manière d'interroger les liens entre individus et de se confronter à la question de la mort. Annie Ernaux, à laquelle s'attache Anne Coudreuse, est emblématique de la dimension encyclopédique que l'écriture de non-fiction peut viser lorsqu'elle devient un monument adressé à une génération, comme dans *Les Années*. La question du réel est abordée frontalement par la série d'articles suivants : Claude Pérez montre l'importance du document dans une « histoire de l'imagination » littéraire ; Laurent Demanze revient sur la manière dont l'enquête transforme la littérature en un instrument d'élucidation du monde ; Cornelia Ruhe s'empare de cette catégorie originale apparentée à la non-fiction et inventée par Philippe Vasset : l'exofiction, et des nouvelles formes d'exemplarité que le genre propose. Dominique Viart rattache la non-fiction aux littératures de terrain, dont il a inventé le concept, et propose un inventaire détaillé et analytique du genre, dont la signification est à rapprocher pour lui de la question de la légitimité de l'écrivain face à ce qu'il nomme « l'incertitude positionnelle et fonctionnelle de la littérature dans le monde contemporain ». Frank Wagner propose, lui, de prendre un recul théorique sur le genre, qu'il nous invite à regarder à l'aune des théories de la fiction les plus contemporaines, en défendant l'hypothèse d'une subtile gradation entre non-fiction et fiction. Marie-Jeanne Zenetti, qui a introduit dans le champ français la notion de « factographie », évoque quant à elle le « tournant documentaire de la littérature contemporaine » et sa manière de mener une « réflexion épistémologique *depuis* la littérature », et s'interroge – avec en titre une formule de Jean-Charles Massera, « It's Too Late to Say Littérature » – sur les « glissements paradigmatiques » qu'implique la notion d'art ou de littérature « documentaire ». Une « poétique du détail » est « prégnante dans un vaste pan du contemporain », note Morgane Kieffer, au profit d'une « herméneutique affectée et sensible » dont le maître-mot est la « justesse ».

Certaines des expérimentations contemporaines du genre de la non-fiction repoussent particulièrement loin les frontières du territoire de la littérature : elles font l'objet d'un autre ensemble d'articles. Isabelle Dangy évoque *Le Chat de Schrödinger*, de Philippe Forest, où la non-fiction vient interroger la part de rêve et de peur que contient toute fabulation. Yona Hanhart-Marmor met en regard l'imposture de la fiction et celle de l'auteur, en se penchant notamment sur le cas d'Emmanuel Carrère et de sa quête tourmentée d'une authenticité nouvelle. C'est sur un autre texte du même auteur que réfléchit Bruno Thibault, *Le Royaume*, dont il décrit l'étrange « investigation biographique » pour en montrer à la fois les sources et l'extrême originalité littéraire. Chez Quignard, l'abandon de la fiction est celle de l'adieu à une langue perdue, suggère Nenad Ivić, et le recours au réel une manière de s'immuniser contre la « blessure du souvenir ». Yaelle Sibony-Malpertu, psychanalyste autant qu'observatrice de la littérature contemporaine, s'intéresse à une œuvre documentaire particulièrement singulière : *Le Pavillon des enfants fous*, de Valérie Valère, pour montrer la capacité de pénétration de son écriture non fictionnelle lorsqu'elle s'intéresse à des enfants supposés « fous ». Le volume esquisse un petit tour d'horizon de la non-fiction nord-américaine, à travers un article de Sophie Létourneau consacré à la non-fiction québécoise et ses « techniques de documentation », et une analyse par Eva Voldřichová Beránková de l'œuvre d'Éric Plamondon et de sa manière de revisiter en jouant avec la contre-culture et les *realia* contemporains le mythe d'Icare. On s'attache enfin à l'exploration de croisements génériques encore peu cartographiés par les études littéraires : c'est le cas du théâtre de non-fiction sur lequel se penche Barbara Métais-Chastanier ou du néo-polar de DOA étudié par Louis Dubost. C'est sur le voisinage de « ton » de la radio et de la littérature que se penche Jean-Luc Martinet en s'intéressant aux fixations non fictionnelles de l'oralité. Un dernier ensemble est constitué par un autre croisement, celui de la non-fiction et de l'image, à travers le cas des bandes dessinés autobiographiques racontant la maladie (Henri Garric), des bandes dessinées illustrant les travaux scientifiques d'Hubert Reeves (Maxime Hureau) et des écrits sur l'art de Maryline Desbiolles (Dominique Vaugeois) : l'image est un dehors qui conduit l'écriture à faire l'impasse sur la fictionnalisation, au profit d'une inventivité formelle qui mérite toute l'attention des études littéraires contemporaines.

Ce n'est pas tous les jours que l'histoire et la théorie littéraires enregistrent et commentent l'émergence d'un genre nouveau, dans une galaxie générique contemporaine en pleine recomposition, puisque la non-fiction voisine couramment avec d'autres genres émergents, comme la biofiction, l'exofiction et, évidemment, l'autofiction. Toujours discutable et relativisable, l'invention d'une catégorie générique sert autant à cartographier le présent qu'à produire des reclassements rétrospectifs (les « ancêtres du genre »), et qu'à ouvrir le champ de la création littéraire, qui s'empresse d'occuper les cases encore blanches de la théorie littéraire[20] : c'est bien cette entreprise que ce volume souhaiterait engager. Car c'est peut-être autant notre conception de la littérature que celle de la fiction que la non-fiction interroge : l'accent mis sur le mouvement, la mobilité, l'abondance multiforme du monde et de ses discours me semble une extension contemporaine originale, qui rentre en contradiction avec tout rêve de pureté et d'autonomie du discours littéraire. La non-fiction cherche à dire après la poétique humaniste et sa critique toute l'importance du rapport fragile que nos formes de vies, dans leur possibles banalité et naturalité, ont avec le monde, en faisant sortir la littérature de l'ornière de l'idéologie esthétique et de ses modes de distinction des discours.

Bibliographie

Aleksievič, Svetlana, « A Search for Eternal Man. In Lieu of Biography », site personnel de l'auteur, en ligne : <http://alexievich.info/en/>.

Bourmeau, Sylvain, « Lettres étrangères. Svetlana Alexievitch », entretien au Théâtre de l'Odéon, 16 juillet 2016, en ligne : <https://www.franceculture.fr/emissions/lettres-etrangeres/svetlana-alexievitch>.

Carrard, Philippe, *Poétique de la Nouvelle Histoire : le discours historique en France de Braudel à Chartier*, Lausanne, Payot, 1988.

Cohn, Dorrit, *Le Propre de la fiction* [1999], trad. de l'anglais (États-Unis) par Claude Hary-Schaeffer, Paris, Éd. du Seuil, coll. « Poétique », 2001.

20 Sur cette riche question, voir *La Case blanche : théorie littéraire et textes possibles*, actes du colloque d'Oléron (14-18 avril 2003), textes réunis et présentés par Marc Escola et Sophie Rabau, *La Lecture littéraire* (Reims), n° 8, novembre 2006.

Demanze, Laurent, *Un nouvel âge de l'enquête : portraits de l'écrivain contemporain en enquêteur*, Paris, J. Corti, coll. « Les Essais », 2019.

Demanze, Laurent et Rabaté, Dominique (dir.), *Emmanuel Carrère : faire effraction dans le réel*, Paris, P.O.L., 2018.

Escola, Marc et Rabau, Sophie (dir.), *La Case blanche : théorie littéraire et textes possibles*, actes du colloque d'Oléron (14-18 avril 2003), *La Lecture littéraire* (Reims), nº 8, novembre 2006.

Gefen, Alexandre et Audet, René (dir.), *Frontières de la fiction, actes du colloque « Fabula »*, préfacés par Thomas Pavel, Laval (Québec), Éd. Nota Bene-Bordeaux, Presses universitaires de Bordeaux, série « Modernités » (17), 2002.

Genette, Gérard, *Fiction et diction*, Paris, Éd. du Seuil, coll. « Poétique », 1991.

Genette, Gérard, « Fiction ou diction », *Poétique*, nº 134, avril 2003, p. 131-139.

Heyne, Eric, « Toward a Theory of Literary Nonfiction », *Modern Fiction Studies*, vol. 33, nº 3, automne 1987, en ligne : <https://muse.jhu.edu/article/244366>.

Huy, Minh Tran, *Les Écrivains et le fait divers : une autre histoire de la littérature*, Paris, Flammarion, 2017.

Jablonka, Ivan, *L'histoire est une littérature contemporaine : manifeste pour les sciences sociales*, Paris, Éd. du Seuil, coll. « La Librairie du XXIe siècle », 2014.

Lacoste, Charlotte, « Ne pas (se) raconter d'histoires », *Pratiques*, nº 181-182, 2019, en ligne : <http://journals.openedition.org/pratiques/6157>.

Lavocat, Françoise, *Fait et fiction : pour une frontière*, Paris, Éd. du Seuil, coll. « Poétique », 2016.

Malin, Irving (ed.), *Truman Capote's "In Cold Blood": A Critical Handbook*, Belmont, Wadsworth, 1968.

McHale, Brian, *Postmodernist Fiction*, London, New York, Routledge, 1994.

Mercille-Brunelle, Émile, « Archiver les émotions à travers le temps tarkovskien, par Svetlana Alexievitch: début d'analyse », *research blog* sur le site de l'ALN NT2, en ligne : <http://nt2.uqam.ca/en/entree-carnet-recherche/archiver-les-emotions-travers-le-temps-tarkovskien-par-svetlana-alexievitch>.

Le Procès de la fiction, salle du Conseil de Paris, Hôtel de Ville, 7 octobre 2017, site de l'événement : <http://www.lepeuplequimanque.org/proces-de-la-fiction>.

Rancière, Jacques, *Les Noms de l'histoire*, Paris, Éd. du Seuil, coll. « La Librairie du XXe siècle », 1992.

Viart, Dominique et Vercier, Bruno, *La Littérature française au présent : héritage, modernité, mutations*, 2e éd. augm., Paris, Bordas, 2008.

White, Hayden, *Metahistory: The Historical Imagination in Nineteenth-Century Europe*, Baltimore, The Johns Hopkins University Press. 1973.

Zenetti, Marie-Jeanne, *Factographies : l'enregistrement littéraire à l'époque contemporaine*, Paris, Classiques Garnier, coll. « Littérature, histoire, politique », 2014.

PARTIE 1

Les précurseurs d'un genre

CHAPITRE 1

Écrire l'instant. Formes et enjeux de la notation chez Roland Barthes et Georges Perec

Maryline Heck

Résumé

On examine dans cet article comment Roland Barthes et Georges Perec développent tous deux, dans les années 1970, un mode d'écriture voué à une saisie du réel dans ce qu'il peut avoir à la fois de plus immédiat et de plus ténu : une écriture de la « notation », pour reprendre le terme de Barthes, dont on étudie ici les formes et les enjeux chez les deux auteurs, qui se rejoignent dans leur manière de concevoir la notation comme une forme littéraire à part entière. La comparaison permettra notamment de mettre en lumière la manière dont ces formes ténues peuvent endosser un rôle émancipateur – Perec et Barthes cultivant tous deux l'idée apparemment paradoxale d'une puissance critique singulière du mineur.

∴

Je voudrais décrire ici une forme de non-fiction que l'on pourrait dire assez radicale – radicale dans sa ténuité : l'écriture de la « notation », pour reprendre la dénomination de Barthes. La « Notation » est ce mode d'écriture que Barthes théorise dans les années 1970, notamment à propos du haïku, et qu'il met en pratique lui-même dans différents textes, sous la forme de « l'incident » ou encore de « l'anamnèse[1] ». La « Notation », c'est-à-dire, pour l'essentiel : une écriture fragmentaire, qui consigne des notes prises par le sujet sur le vif, et qui

1 L'« incident » est évoqué dans un ensemble de fragments de journal parus de manière posthume : Barthes, Roland, « Incidents » [1969-1970 (?)], in *Œuvres complètes*, nouv. éd. rev., corr. et éd. par É. Marty, Paris, Éd. du Seuil, 2002, t. V (1977-1980), p. 955-976 ; ainsi que dans « Pierre Loti : "Aziyadé" » [1971], in *ibid.*, t. IV [1972-1976], p. 107-120. Sur l'« anamnèse », voir « Pause : anamnèses », dans *Roland Barthes par Roland Barthes*, Paris, Éd. du Seuil, coll. « Écrivains de toujours », 1975, repris dans *Œuvres complètes*, *op. cit.*, t. IV (1972-1976), p. 683-685. Quant au haïku, il est théorisé dans *L'Empire des signes* (1970), dans certains passages de *Fragments d'un discours amoureux* (1977), et surtout dans *La Préparation du roman* (cours au Collège de France, 1978-79 et 1979-80).

 | DOI:10.1163/9789004439313_003

résultent de l'observation du réel, du quotidien et de ses menus faits. Ce type d'écriture est inauguré par Barthes mais aussi par Georges Perec, dans ces mêmes années 1970, où l'écrivain s'attache lui aussi, avec ses recherches consacrées à l'« infra-ordinaire », à consigner le quotidien dans ce qu'il a de plus ténu. Le projet donne lieu à des textes qui relèvent eux aussi souvent d'une forme de notation, telle la fameuse *Tentative d'épuisement d'un lieu parisien*, la série des « Lieux », certains passages d'*Espèces d'espaces* et divers petits textes[2].

Ce mode d'écriture sera repris, plus tard, par d'autres écrivains : de semblables formes de notation du réel vont se développer de plus en plus largement après 1980, et plus encore après 1990. Cela, notamment dans le sillage de Perec : Annie Ernaux, François Bon, puis Joy Sorman et Philippe Vasset, revendiquent tous une influence perecquienne sur leur entreprise. Dans les années 1970 cependant, faire de la notation une forme d'écriture à part entière, lui donner un statut véritablement littéraire est une nouveauté : il faut souligner la singularité du projet de Barthes et de Perec en ces années, où leur entreprise apparaît comme un double *hapax*, la mode n'étant pas à de telles expérimentations. Ce qui est plus singulier encore est que les deux auteurs développent leur projet en parallèle, sans que rien ne puisse venir attester d'une influence avérée de l'un sur l'autre. La chose est d'autant plus étonnante que Perec n'a jamais caché son admiration pour Barthes, dont il avait suivi les cours avant même de publier son premier livre[3]. Si Perec fait fréquemment référence à Barthes, ces hommages portent sur d'autres sujets que la « notation[4] ».

Les projets que Perec et Barthes développent se singularisent par leur objet – le quotidien, dans ce qu'il a de plus « ténu » (Barthes) ou « infra »

---

2 Il s'agit pour l'essentiel de « Still life/Style leaf » (*Le Fou parle*, nº 18, septembre 1981, p. 3-6, repris dans *L'Infra-ordinaire*, Paris, Éd. du Seuil, « La Librairie du XXe siècle », 1989, p. 107-119), qui consiste en la description par Perec de sa table de travail et de tous les objets qui s'y trouvent. Et d'« Apprendre à bredouiller », petit texte lié au projet de *Lieux*, paru de manière posthume dans *La Faute à Rousseau* (nº 39, juin 2005, p. 38-39). Les textes relatifs au projet de *Lieux* n'ont été publiés que de manière très partielle. Seule la série dite des « réels », qui consiste en la description d'un lieu *in situ*, est concernée ici.

3 Il avait en effet suivi son séminaire à l'EHESS, deux années durant, de 1963 à 1965.

4 Voir notamment, sur ce point : Ribière, Mireille, « Georges Perec, Roland Barthes : l'élève et le maître », in Beaumatin, Éric et Ribière, Mireille (dir.), *De Perec etc., derechef*, Nantes, Joseph K., coll. « Essais », 2005, p. 338-353 ; Burgelin, Claude, « *Les Choses*, un devenir-roman des *Mythologies* ? », *Recherches & Travaux* [En ligne], nº 77, 2010, p. 57-66, URL : <https://recherchestravaux.revues.org/426> ; Chassain, Adrien, « "Dis-moi comment tu classes, je te dirai qui tu es". Rhétorique et écriture de soi dans l'œuvre essayistique de Georges Perec », *Le Cabinet d'amateur* [En ligne], janvier 2014, URL : <http://associationgeorgesperec.fr/IMG/pdf/AChassain.pdf> ; Heck, Maryline, « La littérature interrogative, selon Barthes et Perec », in De Bary, Cécile et Schaffner, Alain (dir.), *L'Oulipo et les savoirs*, Les Presses universitaires du Nouveau Monde, *Formules / Revue des créations formelles*, nº 21, 2018.

(Perec) – mais surtout par la forme d'écriture choisie, cette notation fragmentaire. Si la description des menues choses du quotidien a toute une histoire en littérature, en poésie (Ponge, Reverdy, Prévert) comme dans le domaine du roman (notamment chez les Nouveaux Romanciers), Perec et Barthes se différencient par leur manière de concevoir la notation comme une forme littéraire à part entière, et non seulement comme un préalable à l'écriture d'un texte rédigé. Parler de « notation », c'est aussi pour eux mettre l'accent sur le geste, celui de prendre des notes : ils se rejoignent dans leur intérêt pour ces modes d'écriture *en direct*, qui font de la littérature une expérience tout à la fois sur le réel et sur l'écriture. Toutefois, le style de la notation s'actualise chez l'un et l'autre dans des formes *a priori* très éloignées, ce qui pourrait sembler suffisant pour justifier leur ignorance réciproque.

On verra néanmoins que les enjeux de ces écritures du réel sont parfois fort proches ; la comparaison permettra notamment de mettre en lumière la manière dont ces formes ténues peuvent endosser un rôle émancipateur – Perec et Barthes cultivant tous deux l'idée apparemment paradoxale d'une puissance critique singulière du mineur.

1 La forme de la notation

Il faut, avant toute chose, commencer par décrire un peu plus précisément la forme que prend cette écriture chez l'un et l'autre[5]. Chez Barthes, le style de la notation s'actualise dans une série de formes qu'il développe dans les années 1970 : l'incident, l'anamnèse et surtout le haïku, auquel il consacre une partie de son cours au Collège de France de l'année 1978-1979, *La Préparation du roman*[6]. Dans ce cours, il théorise ce qu'il nomme la *notatio* : l'action de noter, de consigner le présent immédiat, dans le but d'obtenir le travail préparatoire à l'écriture du roman. Il envisage alors aussi la Notation comme une véritable forme littéraire en soi, à partir de son analyse du haïku, qu'il considère comme « l'essence même de la Notation » (*PR*, 49).

5 Je résume partiellement dans cette section la réflexion développée dans un article intitulé « Des écritures en parallèle : le cas de la notation chez Roland Barthes et Georges Perec », in Beaumatin, Éric et Salceda, Hermes (dir.), *L'Oulipo : créer, penser, actualiser et lire la potentialité*, dossier des *Cuadernos de filologia francesa*, Universidad de Cáceres, nº 28, 2017, p. 83-98. Le lecteur pourra s'y reporter pour une comparaison plus détaillée de l'aspect formel de la notation chez l'un et l'autre auteur.

6 Barthes, Roland, *La Préparation du roman : cours au Collège de France 1978-79 et 1979-80*, éd. N. Léger, avant-propos B. Comment, Paris, Éd. du Seuil, 2015. Désormais noté *PR*, les références de page étant données dans le corps du texte.

C'est dire que le style de la notation se développe chez Barthes et Perec selon des modalités qu'*a priori* tout oppose : le haïku est une forme poétique ancestrale, dûment estampillée, qui fait une grande place aux éléments naturels (saison, animaux…) tandis que l'écriture infra-ordinaire est une forme éminemment urbaine, qui relève de la prose et s'écrit dans une sorte de langue fonctionnelle, sans coloration esthétique ou musicale. En atteste ce passage tiré de la *Tentative d'épuisement d'un lieu parisien* de Perec :

> Un motard. Une camionnette citroën vert pomme.
> On entend des appels impératifs de klaxons.
> Une grand-mère poussant un landau ; elle porte une cape
> Un facteur avec sa sacoche
> Un vélo de course fixé sur l'arrière d'une voiture surbaissée
> Un triporteur des postes, une camionnette des postes (est-ce l'heure de la relève des boîtes aux lettres[7] ?)

Toutefois, la notation se développe chez eux à partir de ce qu'on pourrait appeler un « socle commun ». Tel que Barthes le définit dans *La Préparation du roman*, le haïku a pour caractéristique d'être « un acte minimal d'énonciation, une forme ultrabrève, une sorte d'atome de phrase qui note […] un élément ténu de la vie "réelle", présente et concomitante du sujet qui écrit. » (*PR*, 58). Les caractéristiques du haïku sont en effet 1) la forme brève : il relève de l'écriture fragmentaire chère à Barthes ; 2) du point de vue du signifiant, « une simplicité stylistique et un refus de toute généralisation, ce qui exclut l'usage de figures comme la métaphore ou la métonymie[8]. » 3) du point de vue du signifié, la notation consigne un micro-événement, perçu par le sujet écrivant lui-même, et qui est « concomitant » (*PR*, 58), vu en direct. Barthes définit ainsi « le haïku comme écriture de la *perception* » (*PR*, 125), ou, pourrait-on dire également, comme une sorte de substitut à l'indexation.

Ainsi décrite, la notation barthésienne présente d'évidentes caractéristiques de base communes avec l'infra-ordinaire perecquien. Tout d'abord, la brièveté de la forme, qui caractérise aussi les textes infra-ordinaires. De même que la parataxe et l'importance accordée aux blancs paginaux (que l'on pense par

7 Perec, Georges, *Tentative d'épuisement d'un lieu parisien* [*Cause commune*, nº 1, 1975], Paris, C. Bourgois, 1982, p. 31.

8 Je reprends ici la description du haïku faite par Marie-Jeanne Zenetti dans *Factographies* (Paris, Classiques Garnier, coll. « Littérature, histoire, politique », 2014, p. 45). Elle est, à notre connaissance, la seule à avoir établi un lien entre le style de la notation développé par Barthes et l'écriture infra-ordinaire, puisqu'elle fait dans son ouvrage une allusion à la *Tentative d'épuisement d'un lieu parisien* lorsqu'elle étudie le haïku barthésien (*ibid.*, p. 46).

exemple à la pratique si perecquienne de la liste, qui cumule ces trois caractéristiques). Quant au signifiant infra-ordinaire, il se caractérise lui aussi par sa simplicité, liée à son objet. En effet, l'évocation de micro-événements est au cœur du projet de Perec, qui appelait ses lecteurs à questionner leurs petites cuillers ou le nombre de gestes qu'il faut pour composer un numéro de téléphone[9] – de sorte que, du point de vue du signifié, la base est également commune avec Barthes. Ces micro-événements concernent bien la vie du sujet écrivant, qui relate à chaque fois une expérience propre. Ils sont parfois eux aussi concomitants, dans le cas des exercices de description *in situ* – que l'on pense par exemple à la *Tentative d'épuisement d'un lieu parisien* ou aux textes dit « réels » du projet de *Lieux*.

Cependant, au-delà de ce socle commun, les partis pris des deux auteurs diffèrent considérablement. Il y a en effet pour Barthes une perfection du haïku, qui tient précisément au rapport très singulier que le poème entretient avec le réel : parce qu'il repose sur la mise en écriture d'un événement présent, le haïku correspond pour le critique à un idéal d'« adhésion » entre le texte et le réel représenté[10]. Le haïku parlerait ainsi ce « pur langage déictique » dont Barthes fait, dans *La Chambre claire*, l'essence même de la photographie[11]. Cette reprise des réflexions qu'il élabore au même moment pour penser la singularité de la photo lui permet de penser une forme d'écriture qui offrirait l'exemple unique d'un texte capable d'« adhérer » à l'objet représenté, réalisant l'utopie d'une réduction maximale entre la réalité et sa représentation.

La perfection du haïku tient pour Barthes à ce rapport au réel sans débord. Un tel idéal est fort éloigné de l'écriture infra-ordinaire, qui se caractérise bien plutôt par ses hésitations et achoppements : Perec se propose bien plutôt d'« Apprendre à bredouiller », pour reprendre le titre de l'un de ses textes infra-ordinaires. Or, l'écart ne semble pouvoir que se creuser dès lors qu'on

---

9 Voir Perec, G., « Approches de quoi ? » [*Cause commune*, nº 5, février 1973, p. -3-4], in *L'Infra-ordinaire*, *op. cit.*, p. 9-13, cit. p. 13.

10 « Le haïku s'amincit jusqu'à la pure et seule désignation. *C'est cela, c'est ainsi*, dit le haïku, *c'est tel.* […] haïku (le *trait*) reproduit le geste désignateur du petit enfant qui montre du doigt quoi que ce soit (le haïku ne fait pas acception du sujet), en disant seulement : *ça* ». Barthes, Roland, *L'Empire des signes*, Paris, Skira, 1970 ; repris dans *Œuvres complètes*, *op. cit.*, t. III (1968-1971), *op. cit.*, p. 347-446, cit. p. 415.

11 Voir Barthes, Roland, *La Chambre claire : note sur la photographie*, Paris, Cahiers du cinéma/Gallimard/Seuil, 1980 ; repris dans *Œuvres complètes*, *op. cit.*, t. V (1977-1980), p. 785-892, cit. p. 792 : « Montrez vos photos à quelqu'un ; il sortira aussitôt les siennes : "Voyez, ici, c'est mon frère ; là, c'est moi enfant", etc. ; la Photographie n'est jamais qu'un chant alterné de "Voyez", "Vois", "Voici" : elle pointe du doigt un certain *vis-à-vis*, et ne peut sortir de ce pur langage déictique ».

envisage la portée signifiante et symbolique du haïku, dont Barthes ne manque pas de rappeler l'inscription dans la culture zen.

1.1 *Deux formes divergentes d'épochè*

La désignation du haïku comme pur langage déictique a pour corollaire qu'il impose – à l'instar de l'image photographique – l'arrêt de tout commentaire : « pour moi, personnellement, un critère immédiat de réussite d'un haïku, c'est qu'il n'y ait aucune inférence possible de sens, de symbolisme » (PR, 177), écrit Barthes. Le haïku donc désignerait simplement la chose, sans jamais lui conférer un sens, de sorte que Barthes va jusqu'à affirmer dans *L'Empire des signes* que « tout en étant intelligible, le haïku ne veut rien dire[12] » Ce régime singulier de « l'exemption de sens[13] » qui caractérise le haïku lui permet d'opérer ce que l'essayiste appelle une « raréfaction de l'Idéologie » (PR, 152). Le haïku est ainsi rattaché au *satori*, sorte d'épiphanie marquée par un suspens du sens et un sentiment d'accord immédiat avec le monde, dans le bouddhisme zen. L'effet du haïku tient donc à cette forme d'« épochè » qu'il suscite, et dont résulte pour Barthes une sorte de repos heureux, « un *assentiment* [...] à ce qui est » (PR, 152).

Chez Perec aussi, l'écriture de la notation correspond à la quête d'une forme d'*épochè*, qui permette de couper court aux discours qui envahissent notre esprit : l'écrivain dénonce tout particulièrement notre tendance à nous focaliser uniquement sur ce qui relève de l'événement, sur ce qui a sa place dans le discours politico-médiatique[14]. Il s'agit, avec l'écriture infra-ordinaire, de faire enfin place à ces dimensions de la réalité trop souvent négligées.

Chez Perec comme chez Barthes, la pratique de la notation se donne ainsi comme une méthode de prise de distance, un exercice permettant de vider l'esprit des discours qui s'y sont sédimentés. Tout se passe comme si l'indexation de la langue sur le réel pouvait faire taire ce flux médiatico-idéologique

12 Barthes, R., *L'Empire des signes*, *op. cit.*, p. 403.

13 *Ibid.*, p. 413.

14 Voir son texte programmatique « Approches de quoi ? », art. cit., p. 9 puis 11 : « Ce qui nous parle, me semble-t-il, c'est toujours l'événement, l'insolite, l'extra-ordinaire : cinq colonnes à la une, grosses manchettes. Les trains ne se mettent à exister que lorsqu'ils déraillent, et plus il y a de voyageurs morts, plus les trains existent [...]. Il faut qu'il y ait derrière l'événement un scandale, une fissure, un danger, comme si la vie ne devait se révéler qu'à travers le spectaculaire, comme si le parlant, le significatif était toujours anormal : cataclysmes naturels ou bouleversements historiques, conflits sociaux, scandales politiques... » « Ce qui se passe vraiment, ce que nous vivons, le reste, tout le reste, où est-il ? Ce qui se passe chaque jour et qui revient chaque jour, le banal, le quotidien, l'évident, le commun, l'ordinaire, l'infra-ordinaire, le bruit de fond, l'habituel, comment en rendre compte, comment l'interroger, comment le décrire ? »

par trop envahissant, détourner en quelque manière le sujet de la « radiophonie intérieure » (*PR*, 408) qui constitue pour Barthes le cours ordinaire de sa pensée. Il y a là une convergence méthodologique qu'il faut souligner. Barthes toutefois pousse cet arrêt du logos plus loin que Perec : il ne s'agit pas seulement, avec la pratique du haïku, de se dégager des discours institués, mais de toute tentative de commentaire.

Perec comme Barthes décrit ainsi le style de la notation comme un langage *autre*, qui se construit à l'écart d'autres formes de logos et tente de couper court à leur hégémonie. Cet arrêt imposé aux discours politico-médiatiques envahissants peut être envisagé, chez l'un comme chez l'autre, comme le début d'une position critique, qui se manifeste également suivant d'autres aspects.

2 Des pratiques émancipatrices

Que la forme de la notation puisse être une forme critique demeure plus évident chez Perec que chez Barthes, puisqu'il développe l'écriture infra-ordinaire dans le cadre d'un projet collectif aux enjeux éminemment politiques, celui de la revue *Cause commune*[15]. Dans la lignée de la revue, Perec décrit l'infra-ordinaire comme une méthode de mise en question radicale des idées et des croyances, et comme la proposition d'une nouvelle anthropologie de l'homme contemporain, envisagée au prisme de sa vie infra-quotidienne, qui nous demeure habituellement inaperçue[16]. La tonalité n'est évidemment pas la même chez Barthes, lorsqu'il parle du haïku : bonheur, suspens, assentiment à ce qui est – les maîtres-mots sont tout autres. Toutefois, Barthes rejoint Perec sur un point décisif : la volonté de penser, avec la promotion de la notation, un changement des échelles de valeur, dans le but d'une revalorisation du ténu, du minuscule. Or, cette dimension fonde chez tous deux la portée émancipatrice de ces formes, Barthes et Perec cultivant tous deux le paradoxe apparent qui consiste à penser une puissance critique du mineur.

15 En atteste l'avis éditorial du premier numéro, en forme de manifeste. Il s'agit, pour ses rédacteurs, de « prendre à leur racine et remettre en question les idées et les croyances sur lesquelles repose le fonctionnement de notre civilisation, de notre culture, entreprendre autant que faire se peut une anthropologie de l'homme contemporain, / chercher les éléments d'une critique nouvelle, capable de constituer une politique moderne que n'étouffent plus les préjugés du siècle dernier et de l'humanisme traditionnel ». *Cause commune*, n° 1, mai 1972, p. 1.

16 Voir Perec, G., « Approches de quoi ? », art. cit., p. 11-12 : « Peut-être s'agit-il de fonder enfin notre propre anthropologie : celle qui parlera de nous, qui ira chercher en nous ce que nous avons si longtemps pillé chez les autres. »

2.1 *Pour un changement d'échelle*

Le projet de départ en effet est commun : celui de penser un changement d'échelle, afin de faire place au minuscule, à ce qui est habituellement laissé dans les marges. C'est toute la poétique du quotidien de Perec qui se fonde sur le désir d'aller voir « infra », d'explorer les sous-couches de notre vie habituellement ignorées. Barthes quant à lui explore l'idée à propos du haïku. Il souligne, dans *La Préparation du roman*, l'importance des niveaux de perception, à propos de la boutade d'un critique qui disait que tout Nicolas de Staël se trouvait dans 5 cm² de Cézanne[17]. « Eh bien, dans l'ordre de la littérature, l'équivalent serait le problème des niveaux de Notation : jusqu'où peut-on descendre pour noter ? Et nous avons vu cela pour le haïku, qui descend dans le très ténu. » (PR, 206)

Chez tous deux, ce changement d'échelle poursuit un but similaire, celui de produire un changement dans la perception. La question est au cœur des pratiques infra-ordinaires de Perec, qui stigmatise sans cesse notre difficulté à sortir de nos automatismes afin de parvenir à voir *autrement* :

> Noter ce que l'on voit. Ce qui se passe de notable. Sait-on voir ce qui est notable ? Y a-t-il quelque chose qui nous frappe ?
> Rien ne nous frappe. Nous ne savons pas voir.
> Il faut y aller plus doucement, presque bêtement. Se forcer à écrire ce qui n'a pas d'intérêt, ce qui est le plus évident, le plus commun, le plus terne[18].

Or, pour Barthes comme pour Perec, cette pratique du changement d'échelle est une manière de questionner les grilles existantes, la façon dont les idéologies et les savoirs découpent le monde. D'éprouver leurs limites et de faire voir leurs manques, de désigner ce qu'elles laissent de côté. Le texte « Approches de quoi ? » en témoigne, où Perec s'en prend, on l'a souligné déjà, aux médias et à leur culte de l'événement.

Ce désir de questionner les hiérarchies communément adoptées trouve une formulation particulièrement nette dans un texte de Barthes daté de 1979, « Pause », la dernière de ses chroniques données sur l'année 1978-79 au *Nouvel*

---

17 PR, 206 : « [...] la taille change tout. Et sur un mode plus subtil, il faut toujours rappeler cette boutade de je ne sais plus quel critique de peinture qui est toutefois une boutade intelligente : il avait dit que tout Nicolas de Staël, tout le peintre Nicolas de Staël était sorti de 5 cm² de Cézanne : agrandissez 5 cm² de Cézanne, et vous aurez (bien sûr c'est une boutade) Nicolas de Staël. Donc, importance des niveaux de perception ».

18 Perec, Georges, *Espèces d'espaces*, Paris, Galilée, coll. « L'Espace critique », 1974 ; rééd., 2000, p. 100.

Observateur. C'est un texte réflexif dans lequel Barthes fait retour sur son projet : il explique avoir présenté dans cette chronique ce qu'il appelle « mes *scoops* à moi », c'est-à-dire des événements ténus, mineurs, qui l'avaient frappé chaque semaine, et qu'il consignait sous la forme de courts paragraphes. Il s'agit donc d'une écriture de la saisie du quotidien, que Barthes compare précisément au haïku, de par sa brièveté, sa « douceur » et sa dimension de « scoop » intime[19]. Or, il affirme dans ce texte la dimension « morale » et « politique » de sa démarche, dans la mesure où elle repose justement sur un bouleversement de la « grille des intensités » :

> Mais après tout, il y a un combat pour la douceur : à partir du moment où la douceur est décidée, ne devient-elle pas une force ? J'écris ténu par morale.
>
> En quoi cette forme peut-elle être cependant *politique* ? [...] Pourquoi donner le ténu, le futile, l'insignifiant, pourquoi risquer l'accusation de dire des « riens » ? La pensée de cette tentative est la suivante ; l'événement dont s'occupe la presse paraît une chose toute simple ; je veux dire : il apparaît toujours à l'évidence que c'est un « événement », et cet événement est fort. Mais, s'il y a aussi des événements « faibles », dont la ténuité ne laisse pas cependant d'agiter du sens, de désigner ce qui dans le monde « ne va pas bien » ? Bref, si l'on s'occupait peu à peu, patiemment, de remanier la grille des intensités ? [...] Peut-être faut-il, et dans la presse même, tenter de résister au prestige des grandes proportions, de façon à freiner l'emportement des médias (fait historique nouveau) à créer eux-mêmes l'événement[20].

On ne peut qu'être frappé par les échos (rétrospectifs) entre ce texte et le texte-manifeste de Perec, « Approches de quoi ? », tous deux développant un plaidoyer pour une revalorisation du mineur, et pour une parole qui se distingue des discours ambiants – les discours médiatiques faisant à chaque fois figure de grand repoussoir. Certes, la proximité de ces deux paroles tient en partie à un air du temps communément partagé : la critique des discours médiatiques est, dans ces années 1970, déjà devenue lieu commun. L'importance accordée au ténu, le fait de lui donner une dimension « politique » est aussi, d'une

19 « [...] la forme recherchée est une forme brève, ou, si l'on préfère, une forme *douce* », « quelque chose qui, du moins tendanciellement, voudrait rappeler le haïku japonais [...], une forme délibérément mineure, en somme ». Barthes, Roland, « Pause » [*Le Nouvel Observateur*, 26 mars 1979], in *Œuvres complètes*, *op. cit.*, t. v (1977-1980), p. 652-653, cit. p. 653.

20 *Ibid.*, p. 652-653.

certaine manière, dans l'air du temps, avec notamment les travaux de Foucault sur le « biopouvoir » ou ceux des penseurs du quotidien, notamment Henri Lefebvre puis Michel de Certeau à partir de la fin des années 1970[21].

La chronique de Barthes fait aussi fond sur des considérations que l'on retrouve d'un bout à l'autre de son œuvre, car elles sont au cœur de sa conception de la littérature : l'idée qu'une telle ténuité de la littérature fait paradoxalement sa force, en ce qu'elle s'oppose à tout ce que le langage peut avoir d'assertif, d'imposé et d'imposant – que l'on pense par exemple à *La Leçon* inaugurale au Collège de France (1978), où il évoque la littérature comme « dépouvoir », qui donne au texte « la force de fuir infiniment la parole grégaire[22] ». C'est à chaque fois d'une force paradoxale de la littérature qu'il est question, qui naît de ses facultés *a priori* dysphoriques de retrait ou de fuite. Force à laquelle il donne, dans le texte de « Pause », une dimension explicitement « morale » et « politique ».

Cette idée d'un pouvoir paradoxal du ténu constitue un point de jonction fort entre les poétiques de Perec et de Barthes – même si les adjectifs utilisés, les concepts mobilisés ne sont pas les mêmes : Perec parlerait lui plus simplement de la « trivialité », de la « futilité » des propos infra-ordinaires. Il cultive lui aussi un tel renversement des échelles de valeur dans « Approches de quoi ? », notamment lisible dans le paragraphe final :

> Il m'importe peu que ces questions soient, ici, fragmentaires, à peine indicatives d'une méthode, tout au plus d'un projet. Il m'importe beaucoup qu'elles semblent triviales et futiles : c'est précisément ce qui les rend tout aussi, sinon plus, *essentielles* que tant d'autres au travers desquelles nous avons vainement tenté de capter notre vérité[23].

2.2 *La violence du consensus*

L'écriture du ténu, chez Perec et Barthes, se développe donc aussi comme une réaction à la force d'imposition des discours et des consensus non questionnés. Elle est une réponse à ce qui est perçu comme une *violence*, à laquelle tous

21 Henri Lefebvre publie en effet le premier tome de sa *Critique de la vie quotidienne* en 1947.

22 « Si la sémiologie dont je parle est alors revenue au Texte, c'est que, dans ce concert de petites dominations, le Texte lui est apparu comme l'index même du *dépouvoir*. Le Texte contient en lui la force de fuir infiniment la parole grégaire (celle qui s'agrège), quand bien même elle cherche à se reconstituer en lui ». Barthes, Roland, *Leçon : leçon inaugurale de la chaire de sémiologie littéraire du Collège de France prononcée le 7 janvier 1977*, Paris, Éd. du Seuil, 1978 ; repris dans *Œuvres complètes*, *op. cit.*, t. v (1977-1980), p. 427-446, cit. p. 441.

23 Perec, G., « Approches de quoi ? », art. cit., p. 13. Je souligne.

deux sont particulièrement sensibles. Le thème est récurrent dans leurs œuvres : Perec évoque ainsi, dans un article consacré à ce sujet éminemment barthésien qu'est la mode, la « violence de la conformité, de l'adhérence aux modèles, du consensus social et des mépris qu'il dissimule[24] ». Il y a, chez tous deux, une sensibilité, une irritation pour ne pas dire une haine singulière envers les stéréotypes, les fausses évidences. Le terme de « violence » revient ainsi fréquemment sous la plume de Barthes lui-même, pour décrire la manière dont ces évidences non questionnées s'imposent. L'essayiste revient sur le sujet dans un fragment du *Roland Barthes par Roland Barthes* précisément intitulé « Violence, évidence, nature » : « Il ne sortait pas de cette idée sombre, que la vraie violence, c'est celle du *cela-va-de-soi* : ce qui est évident est violent, même si cette évidence est représentée doucement, libéralement, démocratiquement [...][25]. » « La *Doxa* (mot qui va revenir souvent), c'est l'Opinion publique, l'Esprit majoritaire, le Consensus petit-bourgeois, la Voix du Naturel, la Violence du Préjugé », affirme-t-il encore dans un autre fragment[26]. C'est cette *naturalisation* (des idées, des positions), pour reprendre un terme cher à Barthes[27], qui provoque tout particulièrement leur colère à tous deux.

Cette communauté de pensée repose en partie sur un lien biographiquement attesté : Perec a ici très probablement tiré la leçon de Barthes, notamment de la lecture des *Mythologies* et des deux années de séminaire qu'il a suivis[28]. Cette lecture critique, démystifiante du réel et des discours repose

---

24 Perec, Georges, « Douze regards obliques » [*Traverses*, nº 3, 1976, p. 44-48], in *Penser/Classer*, Paris, Hachette, coll. « Textes du XXe siècle », 1985, p. 43-58, cit. p. 51 ; rééd. Éd. du Seuil, coll. « La Librairie du XXIe siècle », 2003, *idem*. L'article dans son ensemble a de forts accents barthésiens. Perec y analyse notamment une affiche publicitaire pour des vêtements pour enfants, comme en écho au Barthes analyste du vêtement (le *Système de la mode*) et de l'image publicitaire (dans son séminaire consacré à la « rhétorique de l'image », où il analysait une publicité pour les pâtes Panzani). On peut aussi penser à ses réflexions sur la « mythologie » enfantine de « Minou Drouet » (*Mythologies*).

25 Barthes, R., « Violence, évidence, nature », dans *Roland Barthes par Roland Barthes*, *op. cit.*, p. 662.

26 Barthes, R., « L'arrogance », *ibid.*, p. 627.

27 Voir le fragment intitulé « Le naturel », *ibid.*, p. 705-706.

28 Il s'agit du séminaire des années 1963-64 (« Inventaire des systèmes de signification contemporains ») et 1964-65 (« Recherches sur la rhétorique »). On peut par ailleurs soulever l'hypothèse que cette (hyper)sensibilité commune n'est sans doute pas sans avoir une origine biographique. Barthes invite lui-même à le penser, dans le fragment déjà cité, intitulé « Le naturel » (*Roland Barthes par Roland Barthes*, *op. cit.*, p. 705-706) : « On peut voir l'origine de cette critique dans la situation minoritaire de R. B. lui-même ; il a toujours appartenu à quelque minorité, à quelque marge – de la société, du langage, du désir, du métier, et même autrefois de la religion (il n'était pas indifférent d'être protestant dans une classe de petits catholiques) ; situation nullement sévère, mais qui marque un peu toute l'existence sociale : qui ne sent combien il est *naturel*, en France, d'être catholique,

aussi sur un soubassement commun, celui du marxisme, qui a nourri leurs premières recherches, comme celles de bien des intellectuels et artistes de leur temps – le marxisme accordant une place centrale à la réflexion sur l'infra-quotidien, en tant qu'il est envisagé comme le lieu où s'incarnent des idéologies invisibles. Chez tous deux, cette dimension marxiste s'incarne donc avant tout dans « une méthode de lecture, un principe démystificateur », pour reprendre les mots de Tiphaine Samoyault à propos de Barthes. Autrement dit, il s'agit d'un marxisme un peu « lâche », et dénué de toute référence au parti communiste[29].

3 Conclusion

Les formes *a priori* si éloignées du haïku barthésien et de l'infra-ordinaire perecquien se rejoignent ainsi sur certains points décisifs : dans leur manière de définir la notation comme une écriture de l'adhésion au monde et tout à la fois de la prise de distance, d'un écart qui peut rendre cette forme en quelque manière *agissante*. Tous deux invitent à penser une dimension critique et émancipatrice de la forme. Si cette portée critique est plus évidemment manifeste chez Perec, elle correspondrait bien, chez Barthes, à ce rapport « discret, mais obsédé[30] » au politique tel que le critique le définissait lui-même,

marié et bien diplômé ? La moindre carence introduite dans ce tableau des conformités publiques forme une sorte de pli ténu de ce que l'on pourrait appeler la litière sociale. » La première « marginalité » de Barthes, qu'il ne mentionne pas ici, est celle d'avoir été orphelin de père, situation qu'il partage avec Georges Perec, doublement orphelin – et dont la position marginale pourrait elle aussi être mesurée à d'autres aspects évoqués ici par Barthes (le métier, l'origine non pas protestante mais juive, etc.)

29 Voir Samoyault, Tiphaine, *Roland Barthes*, Paris, Éd. du Seuil, coll. « Biographies », p. 313 : « Barthes n'a jamais voulu être assimilé aux communistes, ni même assujetti à l'étiquette de marxiste. Son marxisme est avant tout une méthode de lecture, un principe démystificateur. » Claude Burgelin évoque pour sa part chez Perec et Barthes « une même façon de s'affirmer – années 50 finissantes obligent – redevables d'un marxisme dont on ne se souciait guère d'approfondir les substrats et dont on faisait une toile de fond de la pensée aux plis assez lâches. » Burgelin, C., « Perec avec Barthes, Barthes sans Perec », communication non publiée faite lors du colloque « Roland Barthes ou la traversée des signes » (Centre Georges Pompidou, 2003).

30 Dans un entretien accordé au *Magazine littéraire* en 1975, où Barthes répond à la question suivante : « Dans ce que vous écrivez, votre rapport à la politique est extrêmement discret ». Barthes, Roland, « Vingt mots-clés pour Roland Barthes » [*Le Magazine littéraire*, février 1975], in *Œuvres complètes*, *op. cit.*, t. IV (1972-1976), p. 851-875, cit. p. 862. Il n'est pas incident, remarque à son tour F. Marmande, que le mot « politique » soit le deuxième mot le plus répertorié dans l'index du *Roland Barthes par Roland Barthes*, « juste après imaginaire et à peine devant amour ». Marmande, Francis, « Barthes politique », Coquio,

qualificatifs qui pourraient décrire son projet d'écriture aussi bien que celui de Perec. La réflexion menée suggère ainsi qu'il ne faudrait pas sous-estimer l'articulation entre écriture et politique chez Barthes y compris dans ces années 1970 souvent réputées marquées par un éloignement du politique de sa part.

Bibliographie

Barthes, Roland, « Incidents » [1969-1970 (?)], in *Œuvres complètes*, nouv. éd. rev., corr. et éd. par É. Marty, Paris, Éd. du Seuil, 2002, t. v (1977-1980), p. 955-976.

Barthes, Roland, *L'Empire des signes*, Paris, Skira, 1970 ; repris dans *Œuvres complètes*, nouv. éd. rev., corr. et éd. par É. Marty, Paris, Éd. du Seuil, 2002, t. III (1968-1971), p. 347-446.

Barthes, Roland, « Pierre Loti : "Aziyadé" » [1971], in *Œuvres complètes*, nouv. éd. rev., corr. et éd. par É. Marty, Paris, Éd. du Seuil, 2002, t. IV [1972-1976], p. 107-120.

Barthes, Roland, *Roland Barthes par Roland Barthes*, Paris, Éd. du Seuil, coll. « Écrivains de toujours », 1975, repris dans *Œuvres complètes*, nouv. éd. rev., corr. et éd. par É. Marty, Paris, Éd. du Seuil, 2002, t. IV (1972-1976), p. 573-771.

Barthes, Roland, « Vingt mots-clés pour Roland Barthes » [*Le Magazine littéraire*, février 1975], in *Œuvres complètes*, nouv. éd. rev., corr. et éd. par É. Marty, Paris, Éd. du Seuil, 2002, t. IV (1972-1976), p. 851-875.

Barthes, Roland, *Leçon : leçon inaugurale de la chaire de sémiologie littéraire du Collège de France prononcée le 7 janvier 1977*, Paris, Éd. du Seuil, 1978 ; repris dans *Œuvres complètes*, nouv. éd. rev., corr. et éd. par É. Marty, Paris, Éd. du Seuil, 2002, t. v (1977-1980), p. 427-446.

Barthes, Roland, « Pause » [*Le Nouvel Observateur*, 26 mars 1979], in *Œuvres complètes*, nouv. éd. rev., corr. et éd. par É. Marty, Paris, Éd. du Seuil, 2002, t. v (1977-1980), p. 652-653.

Barthes, Roland, *La Chambre claire : note sur la photographie*, Paris, Cahiers du cinéma/Gallimard/Seuil, 1980 ; repris dans *Œuvres complètes*, nouv. éd. rev., corr. et éd. par É. Marty, Paris, Éd. du Seuil, 2002, t. v (1977-1980), p. 785-892.

Barthes, Roland, *La Préparation du roman : cours au Collège de France 1978-79 et 1979-80*, éd. N. Léger, avant-propos B. Comment, Paris, Éd. du Seuil, 2015.

Burgelin, C., « Perec avec Barthes, Barthes sans Perec », communication non publiée faite lors du colloque « Roland Barthes ou la traversée des signes », Paris, Centre Georges Pompidou, 2003.

Catherine et Salado, Régis (dir.), in *Barthes après Barthes : une actualité en questions*, actes du colloque de Pau, Pau, Publications de l'Université de Pau, 1993, p. 211-217, cit. p. 211.

Burgelin, Claude, « *Les Choses*, un devenir-roman des *Mythologies* ? », *Recherches & Travaux* [En ligne], nº 77, 2010, p. 57-66, URL : <https://recherchestravaux.revues.org/426>.

Collectif, Avis éditorial, *Cause commune*, nº 1, mai 1972, p. 1.

Heck, Maryline, « Des écritures en parallèle : le cas de la notation chez Roland Barthes et Georges Perec », in Beaumatin, Éric et Salceda, Hermes (dir.), *L'Oulipo : créer, penser, actualiser et lire la potentialité*, dossier des *Cuadernos de filologia francesa*, Universidad de Cáceres, nº 28, 2017, p. 83-98.

Heck, Maryline, « La littérature interrogative, selon Barthes et Perec », in De Bary, Cécile et Schaffner, Alain (dir.), *L'Oulipo et les savoirs*, Les Presses universitaires du Nouveau Monde, *Formules / Revue des créations formelles*, nº 21, 2018.

Chassain, Adrien, « "Dis-moi comment tu classes, je te dirai qui tu es". Rhétorique et écriture de soi dans l'œuvre essayistique de Georges Perec », *Le Cabinet d'amateur* [En ligne], janvier 2014, URL : <http://associationgeorgesperec.fr/IMG/pdf/AChassain.pdf>.

Marmande, Francis, « Barthes politique », Coquio, Catherine et Salado, Régis (dir.), in *Barthes après Barthes : une actualité en questions*, actes du colloque de Pau, Pau, Publications de l'Université de Pau, 1993, p. 211-217.

Perec, Georges, « Approches de quoi ? » [*Cause commune*, nº 5, février 1973, p. -3-4], in *L'Infra-ordinaire*, Paris, Éd. du Seuil, « La Librairie du XXe siècle », 1989, p. 9-13.

Perec, Georges, *Espèces d'espaces*, Paris, Galilée, coll. « L'Espace critique », 1974 ; rééd., 2000.

Perec, Georges, *Tentative d'épuisement d'un lieu parisien* [*Cause commune*, nº 1, 1975], Paris, C. Bourgois, 1982.

Perec, Georges, « Douze regards obliques » [*Traverses*, nº 3, 1976, p. 44-48], in *Penser/Classer*, Paris, Hachette, coll. « Textes du XXe siècle », 1985, p. 43-58 ; rééd. Seuil, coll. « La Librairie du XXIe siècle », 2003, p. 43-58.

Perec, Georges, « Still life/Style leaf » (*Le Fou parle*, nº 18, septembre 1981, p. 3-6), repris dans *L'Infra-ordinaire*, Paris, Éd. du Seuil, « La Librairie du XXe siècle », 1989, p. 107-119.

Perec, Georges, « Apprendre à bredouiller », *La Faute à Rousseau*, nº 39, juin 2005, p. 38-39.

Ribière, Mireille, « Georges Perec, Roland Barthes : l'élève et le maître », in Beaumatin, Éric et Ribière, Mireille (dir.), *De Perec etc., derechef*, Nantes, Joseph K., coll. « Essais », 2005, p. 338-353.

Samoyault, Tiphaine, *Roland Barthes*, Paris, Éd. du Seuil, coll. « Biographies », 2015.

Zenetti, Marie-Jeanne, *Factographies*, Paris, Classiques Garnier, coll. « Littérature, histoire, politique », 2014.

CHAPITRE 2

Édouard Levé, entre fiction et non-fiction

Gaspard Turin

Résumé

Edouard Levé, sur la base d'un postulat non fictionnel qui est une constante de son œuvre, opère un retour de la fiction par réévaluations modales. Dans *Œuvres*, le texte, ancré dans la non-fiction d'une première œuvre décrivant effectivement le livre qui commence, se fictionnalise par le brouillage identitaire de la figure de l'artiste, qui cesse d'être aux commandes du projet qu'il décrit. Dans *Journal*, l'abandon de la fixation de la nouvelle d'actualité dans son ici-maintenant ordinaire permet l'interrogation du statut véridique de cette actualité, présentée comme itérative. Dans *Suicide*, la proximité troublante du *tu* et du *je* révèle un brouillage constant et très maîtrisé d'un narrateur qui, de spectateur du suicide, en devient l'auteur. Ces textes révèlent l'apport constant de la fiction pour faire valoir la non-fiction pour laquelle ils travaillent.

∴

Il sera ici question de l'œuvre d'Édouard Levé (uniquement littéraire et essentiellement non fictionnelle) dans la perspective de son rapport à la fiction, afin d'envisager la richesse de ce rapport. Mon hypothèse sera la suivante : Levé opère au sein d'un postulat non fictionnel, mais l'opération scripturale (dans ses dimensions formelle et énonciative) transforme ce postulat, au bénéfice d'un retour réflexif sur la fiction, et d'un brouillage de la différence entre ces pôles. Il ne s'agit pas d'une fiction fondée sur des principes axiologiques et narratifs traditionnellement romanesques[1], celle-ci explicitement évacuée, mais plutôt de diverses réévaluations modales de la fiction, qui rattrapent la non-fiction, se fondent avec elle pour suggérer *in fine* une idée de commun, derrière

1 Je pense notamment à J.-M. Schaeffer qui parle des « modes de manifestation les plus absolus et extrêmes » des « affects ». Schaeffer, Jean-Marie, « La catégorie du romanesque », in Declercq, Gilles et Murat, Michel (dir.), *Le Romanesque*, Paris, Presses Sorbonne Nouvelle, 2004, p. 291-302, cit. p. 296.

 | DOI:10.1163/9789004439313_004

la solitude d'une écriture idiosyncrasique ; pour pointer tacitement vers les liens invisibles qui séparent les individus.

1 Auctorialité questionnée

Levé vient du monde de l'art. D'abord peintre puis photographe, il maintiendra à partir de son entrée en écriture cette activité de photographie. Mais quelque chose se passe avec *Œuvres*, son premier livre, comme une mise en évidence de l'écriture par rapport à l'art. Le texte se présente comme une liste de 533 œuvres d'art plastique décrites mais non réalisées, à l'exception notable de la première de ces œuvres, qui décrit précisément le projet en jeu, de nature littéraire : « 1. Un livre décrit des œuvres dont l'auteur a eu l'idée, mais qu'il n'a pas réalisées[2]. » Le livre en question, qui est donc précisément celui dont cet extrait est l'incipit, présente par rapport aux autres œuvres qui y sont décrites un atout, *a priori* : le fait d'avoir été effectivement réalisée. La tangibilité du volume, son existence effective donnerait raison à la première œuvre au détriment de celles qui suivent, fictives, maintenues au niveau de propositions ou d'expériences de pensée – comme par exemple la deuxième : « Le monde est dessiné de mémoire. Des pays manquent, des frontières changent[3]. »

Pour autant, il ne s'agit pas de faire triompher la littérature au détriment des arts plastiques, mais plutôt d'exploiter, en le détournant, le genre médian du catalogue. Il ne s'agit pas non plus de démontrer que, cette littérature remplaçant l'art, elle trouverait sa cohérence par le statut fictionnel des objets décrits. Levé ne décrit pas pour remplacer une infaisable actualisation, même si certaines œuvres semblent difficilement réalisables comme : « 64. Un manteau en vers luisants[4]. » Le texte ne présente pas non plus de fonction essentiellement satirique, comme on pourrait éventuellement s'y attendre avec une entrée comme celle-ci : « 298. Une perceuse en or grave du boudin. Vidéo[5] », même si l'humour n'est pas absent d'une telle proposition, ni la caricature d'une certaine tendance à la provocation facile de l'art contemporain.

2 Levé, Édouard, *Œuvres*, Paris, P.O.L., 2002, p. 7.

3 *Ibid.*

4 *Ibid.*, p. 23. On pense à J.-P. Toussaint transformant sa « robe en miel » décrite dans *Nue* (Paris, Paris, Éd. de Minuit, 2013) en un artefact effectif pour le film *The Honey Dress* (en ligne : <https://www.youtube.com/watch ?v=gi9M1ynkA14>, consulté le 15/07/2018), mais transformant du même coup entièrement l'épure de robe du roman en un objet d'armatures et de lumières clignotantes, habit d'ordre composite finalement plus proche d'un arbre de Noël que d'autre chose.

5 Levé, Édouard, *Œuvres*, *op. cit.*, p. 150.

En fait, les œuvres qui se succèdent apparaissent tour à tour au lecteur aussi bien absurdes, ridicules, infaisables, enthousiasmantes, devant de toute urgence être réalisées, ou encore présentant un effet de déjà-vu, soit diffus, soit tout à fait vérifiable, puisque certaines des œuvres décrites ont été réalisées, comme : « 77. Des homonymes d'artistes et d'écrivains trouvés dans l'annuaire sont photographiés. Sous le tirage couleur du visage, cadré comme un portrait d'identité, une plaque métallique indique leur prénom et leur nom. Se trouvent ainsi juxtaposés deux signes d'identité contradictoires : le visage, inconnu, et le nom, célèbre[6]. » Comme l'écrit Julie Gaillard, « ce qui est actualisé n'est pas un possible privilégié parmi d'autres, mais l'affleurement de ces possibles ensemble, sans sélection[7] ». Tous ces possibles sont liés à une forme axiologiquement neutre, le catalogue, en principe strictement inféodé à la collection qu'il représente[8].

Par une réduction au minimum de tout effet d'énonciation auctoriale, par la phrase nominale, par l'usage systématique du présent et du verbe être, bref par la forme neutre et non marquée des énoncés, l'effet général ressortit à l'exploitation d'un habitus artistique courant, et de sa manifestation à l'écrit sous la forme du catalogue, qui n'accueille ni la satire ni l'apologue. Cet emprunt générique à l'art s'accompagne d'un apport fécond des lois du genre. Car si les œuvres sont données comme non réalisées, Levé fait usage des codes de l'art conceptuel qui décrète, après Lawrence Weiner, que les œuvres n'ont pas besoin d'être effectivement réalisées pour exister. Elles n'ont pas besoin d'un auteur non plus, elles peuvent « être effectuées par quelqu'un d'autre que l'auteur[9] ».

Non seulement, par le brouillage entre catalogue fictif et catalogue factuel, *Œuvres* trouve son autonomie comme objet artistico-littéraire, mais encore la somme des œuvres ne constitue pas le projet global d'un seul artiste, ni donc d'un seul écrivain : il y a là effacement du contrat auctorial initial, au profit

---

6 *Ibid.*, p. 30. Il s'agit ici de la description d'une œuvre effectivement réalisée par Levé photographe, à la fin des années 1990.

7 Gaillard, Julie, « Neutralisations : le nom propre dans les fictions figeantes d'Édouard Levé », *Revue critique de fixxion française contemporaine* [En ligne], n° 9, § 13, URL : <http://www.revue-critique-de-fixxion-francaise-contemporaine.org/rcffc/article/view/fx09.10/892> (consulté le 15/07/2018).

8 Voir, à ce sujet, Vouilloux, Bernard, « Le discours sur la collection », *Romantisme*, n° 112 : « La collection », 2001, p. 95-108.

9 Mougin, Pascal, « La fiction à force de réel : Jean-Charles Massera/Édouard Levé » in Fortier, Frances et Langevin, Francis (dir.), *Fiction et réel*, dossier d'*@nalyses. Revue de critique et de théorie littéraire*, Université d'Ottawa, vol. 4, n° 2, printemps-été 2009, URL : <https://uottawa.scholarsportal.info/ottawa/index.php/revue-analyses/article/view/629> (consulté le 15/07/2018).

d'un objet désincarné, qui semble documenter sa propre invention. Le livre est le catalogue de l'exposition qu'il remplace.

La place de l'artiste, ou de l'auteur, ou d'un qui ne serait ni l'un ni l'autre, est elle aussi diffuse, diluée, spectralisée. Le statut de la fiction s'en trouve redéterminé, décalé de l'axe habituel fiction-réalité, qui joue ordinairement sur la position de garant de l'individu réel à la source du texte.

2 Fiction critiquée

Ce brouillage se présente aussi à la lecture de *Journal*, deuxième livre de Levé. Il s'agit d'une compilation d'articles de journaux, classés en rubriques (international, société, faits divers etc.), et expurgés de toute référentialité : noms de lieux et de personnes ont disparu, ne laissant à la lecture qu'une impression fondée sur celle, habituelle, du journal, mais dépourvue du sentiment d'ancrage dans l'actualité qui le conditionne ordinairement.

Jan Steyn voit dans *Journal* un rapport direct à la fiction, à travers un « format romanesque » de la nouvelle de journal, pensée selon un rapport au temps (« *in the meantime*[10] ») qui s'exercerait en parallèle entre le monde décrit par le journal et le roman, mais un format qui semblerait correspondre plutôt au roman choral, à l'américaine. Selon moi, si ce rapport existe bien, il est indirect et plus complexe. En effet, le journal d'actualités fictionnalise le monde de multiples manières, bien que toujours elliptiquement : d'une part en laissant entendre qu'entre plusieurs nouvelles sur un même sujet (processus, pays, personnage public etc.) leur existence médiatique se prolonge par continuité. D'autre part en laissant entendre qu'un autre type de continuité existe entre l'ensemble des nouvelles et des rubriques traitées. Un certain récit apparaît à travers l'invention de cette narration, dans l'espace d'une même édition d'un quotidien et dans le temps de ses différentes éditions successives. Le monde est quotidiennement couvert par l'ensemble du journal. En supprimant tout ancrage référentiel, Levé dénonce une ontologie fallacieuse de l'actualité, communément admise comme un discours « en prise avec le contexte immédiat[11] », révèle le lien indiscuté du récit médiatique au réel et le transforme en fiction.

---

10 Steyn, Jan, « World News, World Novel, World image: On Édouard Levé's *Newspaper* (2004, 2015) », *Translation Review*, vol. 99, n° 1, septembre 2017 2017, p. 1-14, cit. p. 11, URL : <https://www.tandfonline.com/doi/abs/10.1080/07374836.2017.1305926 ?src=recsys&journalCode=utrv20> (consulté le 15/07/2018).

11 Mougin, Pascal, « La fiction à force de réel », art. cit., p. 12.

Une telle fiction n'apparaît dans *Journal* que par antiphrase. Levé la déréalise mais, prise isolément, et dans sa déréalisation même, la nouvelle présente tout de même une familiarité de laquelle il n'est pas question de s'exclure. Lorsque Levé écrit : « En 20 ans, le président qui règne sur l'ancienne colonie est devenu le dictateur sanglant d'un pays à la dérive[12] », il remplace le singulatif de l'actualité par son itérativité. Il ne remplace pas l'événement par un non-événement : comme Perec n'écrivait pas « les journaux me mentent », mais « les journaux m'ennuient[13] », Levé ne prétend pas que la fiction journalistique soit fausse, seulement fallacieuse dans ses conséquences fictionnelles. Elle « ennuie » peut vouloir dire : c'est de la mauvaise fiction. Il y a plus, il y a mieux à faire. Ainsi « le » président et « l' » ancienne colonie, dans leur désignation par articles définis, signalent que non seulement un tel événement a lieu, mais qu'il ne cesse d'avoir lieu, selon un principe temporel similaire à celui que l'infra-ordinaire désignait dans l'espace. Levé force à regarder ailleurs – c'est-à-dire en un autre temps – que là où pointe l'événement sidérant. Son grand apport à la question de l'infra-ordinaire est le maintien du saillant au sein même du non-saillant. Il n'y a plus de différence entre l'événement et l'infra-événement : ce qui a effectivement lieu aujourd'hui à tel endroit existe tout autant dans d'autres ici-maintenant. Perec écrivait : « les trains ne se mettent à exister que lorsqu'ils déraillent ». Levé ajoute : un train qui déraille peut en cacher un autre.

La critique de la fiction, chez Levé, ne s'arrête pas au genre journalistique, mais porte également sur toute fiction présentant les caractéristiques de seconde main héritées du genre dans lequel elles s'inscrivent. Pascal Mougin observe que le travail de Levé dénonce la tendance aporétique d'« une partie de la littérature d'aujourd'hui, spécialement en France » qui « reste toujours plus ou moins prisonnière de deux tentations : inscrire le réel dans la fiction ou ancrer la fiction dans le réel[14] ». Levé, sans viser quiconque, déclare dans Autoportrait : « Je n'écris pas de récits. Je n'écris pas de romans. Je n'écris pas de nouvelles. Je n'écris pas de pièces de théâtre. Je n'écris pas de poèmes. Je n'écris pas d'histoires policières. Je n'écris pas de science-fiction. J'écris des fragments[15]. »

À cette série de négatifs ne correspond aucun positionnement générique, seulement l'affirmation positive d'une appartenance formelle. Cette forme du fragment remplace le genre, ou s'inscrit peut-être dans l'histoire littéraire par laquelle la forme fragmentaire s'est construite en un genre (de Novalis à Valéry,

12 Levé, Édouard, *Journal*, Paris, P.O.L., 2004, p. 12.

13 Perec, Georges, « Approches de quoi ? » [*Cause commune*, n° 5, février 1973, p. -3-4], in *L'Infra-ordinaire*, Paris, Éd. du Seuil, coll. « La librairie du XXe siècle », 1989, p. 9-13, cit. p. 9.

14 Mougin, Pascal, « La fiction à force de réel », art. cit., p. 12.

15 Levé, Édouard, *Autoportrait*, Paris, P.O.L., 2005 ; rééd., 2013, p. 75.

d'Héraclite à Quignard), mais nous n'en saurons rien, justement parce que la forme fragmentaire ne permet pas son propre développement discursif. La forme est préférée aux genres parce qu'elle est dépourvue du métarécit fictionnalisant qui les contamine. Un autre type de fiction peut alors apparaître, réduit au tout premier degré, arasé, de son étymologie : du « fingere », du façonnement très myope de la forme au détriment de ses usages ultérieurs. Une myopie qui se positionne contre l'aveuglement par lequel récit et fiction s'entraînent mutuellement dans leurs sillages.

Levé propose donc une refondation possible de la fiction, sans l'affirmer mais en portant son attention sur la matérialité de son objet. On rejoint ainsi ce que Mougin évoque, lorsqu'il postule pour *Journal* l'existence d'une « fiction à force de réel[16] », fiction qu'il décrit comme « spectrale » de celle des grands quotidiens, manifestée par « un effet de réel fantôme[17] ». J'y reviendrai, en passant par les deux derniers livres de Levé, *Autoportrait* et *Suicide*, que je ramène ici heuristiquement à un format autobiographique, même s'ils ne peuvent pas s'y réduire et qu'ils se présentent à la fois comme plus riches et plus déceptifs que l'autobiographie traditionnelle.

3 Rendez-vous manqué

Le texte d'*Autoportrait* porte sur le sujet qui l'énonce, sujet qui ne peut *a priori* être confondu avec un autre et qui est identifiable à l'auteur (le *je* qui parle dit avoir rencontré un vieillard « qui s'appelait Edward Lee », « presque comme moi[18] »). Il s'agit de 1 600 phrases, la plupart du temps très simples (adoptant la configuration sujet-verbe-complément), présentées les unes après les autres sous forme juxtapositionnelle, informant toutes sur l'énonciateur, mais d'une information dont l'importance sémantico-narrative est contredite par le poids égal que leur disposition fragmentaire donne à chacune d'elles. Par exemple : « J'oublie ce qui me déplaît. J'ai peut-être parlé sans le savoir à quelqu'un qui a tué quelqu'un. Je vais regarder dans les impasses. Ce qu'il y a au bout de la vie ne me fait pas peur. Je n'écoute pas vraiment ce qu'on me dit[19]. » Je m'en tiendrai, concernant ce texte faussement simple dont la richesse ne pourra pas être épuisée ici, à deux remarques sur les rapports qu'il entretient à la fiction.

---

16 Mougin, Pascal, « La fiction à force de réel », art. cit. (il s'agit du titre de son article).

17 *Ibid.*, p. 19.

18 Levé, Édouard, *Autoportrait, op. cit.*, p. 28.

19 *Ibid.*, p. 7.

Le caractère fortuit des informations qui figurent dans *Autoportrait*, la neutralité axiologique que leur organisation textuelle leur confère, participent d'une non-fictionnalité et d'un antiromanesque évidents. Mais s'agit-il vraiment d'une autobiographie ? Comme le remarque Jean-Pierre Salgas, « le livre déjoue le [...] pacte autobiographique de Philippe Lejeune [...], plus Rousseau que Roussel[20] ». De Rousseau en effet ne subsiste rien, chez Levé, du caractère légaliste initié au début des *Confessions* : de la « vérité », le lecteur n'aura certainement droit ni à « toute » ni à « rien qu' » elle. Car *Autoportrait* présente un étrange équilibre entre apport informationnel et ellipses. S'il semble acceptable que l'énonciateur n'ait jamais acheté de « chaussures d'occasion[21] », rien n'indique qu'il n'ait, par exemple inversé, jamais acheté de chapeau de seconde main, ni neuf, ni s'il en porte en général (s'il n'est pas Estragon, il n'est pas non plus pour autant Vladimir). Surtout, rien ne permet de savoir si l'affirmation présente un intérêt quelconque en tant que trait définitoire du sujet – et bien entendu cette aporie se rabat à l'identique sur la pertinence, pour la tenue générale du texte, de tous les détails qu'il contient.

La seconde remarque est une annexe à la première : comme le lien entre les biographèmes est en général immotivé (ou que cette motivation fluctue fortement), il n'existe pas, comme chez le Perec de *Je me souviens*, et malgré l'aspect très proche de ces deux projets, d'effet clair de connivence dans *Autoportrait*. La neutralité absolue de ton, chez Levé, conduira aussi bien à faire des informations d'*Autoportrait* une constellation suggérant la figure de l'auteur, ou d'y lire autant d'indices de débâcle, de déportrait. Le rapport du destinateur au destinataire débouchera de manière indécidable sur la suggestion d'une expérience commune ou sur la mise à l'épreuve d'une solitude comparée.

Il est significatif que Levé, dans *Autoportrait*, déclare : « Je n'ai pas de père spirituel. Je ne sais pas vis-à-vis de quels artistes j'ai des dettes. Je ne me sens sous l'influence d'aucun écrivain[22]. » En fait, Levé est bien un lecteur de Barthes et de Perec, mais cette non-paternité qu'il évoque se traduit par une influence sous le signe de la déliaison, proche de celle qui unissait précisément ces deux auteurs. Car, on le sait, si Perec lisait, admirait et citait Barthes, avait même suivi ses cours, ce dernier a manqué de reconnaître en Perec son contemporain privilégié, préférant adouber à la place Philippe Sollers. L'héritage de Perec pour Levé est comparable, *mutatis mutandis*, à celui de Barthes pour Perec : le testament de Barthes ne mentionne pas Perec et, une génération plus tard, Levé

20 Salgas, Jean-Pierre, « Édouard Levé ou "la mort de l'auteur" (dans l'art contemporain) », *Fabula-LhT* [En ligne], nº 17 : « Pierre Ménard, notre ami et ses confrères », juillet 2016, URL : <http://www.fabula.org/lht/17/salgas.html> (consulté le 15/07/2018).

21 Levé, Édouard, *Autoportrait*, *op. cit.*, p. 22.

22 *Ibid.*, p. 79.

ne réclame pas son dû à ce dernier[23]. Ces histoires sont celles de rendez-vous manqués. Et le système qui se met en place ici, intergénérationnel, implique la « réussite » de ce manqué : l'absence de l'auteur autre est nécessaire, selon un procédé qui s'apparente une nouvelle fois à l'infra-ordinaire : il faut regarder dans le vide à côté du plein pour voir l'absent qui crève les yeux, pour y replacer ce qui compte, celui qui compte. On retrouverait, dans l'intergénérationnel en question, la dimension temporelle par laquelle traduire l'infra-ordinaire dans un projet littéraire trouve une nouvelle forme d'aboutissement – bien que ce dernier terme soit impropre, puisque toute finitude serait repoussée d'une génération l'autre, dans une nécessaire déliaison.

Par ailleurs, le motif du rendez-vous manqué est au cœur du quatrième et dernier ouvrage littéraire de Levé, *Suicide*. D'une part parce que Levé y fait le récit d'un ami mort suicidé vingt ans auparavant, où il exprime de manière ambiguë le peu de temps passé avec lui et une connaissance presque surnaturelle, en regard de ce temps manqué, des derniers mois de la vie de cet ami. D'autre part parce que, Levé ayant lui-même mis fin à sa vie dix jours après avoir remis son manuscrit à son éditeur, le rendez-vous qu'il lance à son lecteur est celui de la mort.

4 Frontières escamotées

Un épisode de *Suicide* retiendra particulièrement mon attention. Vers la fin de sa vie, le personnage central (le *tu* auquel s'adresse le *je*) rencontre une femme qui remarque, avec terreur, que les chaussures qu'il porte, et qu'il a achetées de seconde main, ont appartenu à un de ses proches à elle, qui s'est ôté la vie[24]. Cet épisode apparaît comme un étrange signal de fictionnalité : les informations dont nous disposons concernant le refus de Levé d'acheter des chaussures déjà utilisées nous indiquent, si nous en doutions, que ce *tu* n'est pas un *je*. En outre, cet épisode apparaît à un stade du récit où il est devenu parfaitement invraisemblable que le *je* dispose réellement des informations qu'il délivre sur son ami, bien trop précises pour ne pas être inférées, voire inventées. Il s'agit donc *a priori* d'un signe de fiction : le narrateur invente un personnage. On va voir pourtant qu'il se présente un glissement subreptice, et que le *je*

---

23 La première phrase d'*Autoportrait* (*ibid.*, p. 7) est, à ce titre, significative : « Adolescent, je croyais que *La vie mode d'emploi* m'aiderait à vivre et *Suicide mode d'emploi* à mourir. » Un patronage est posé, mais il est aussi, dans le même mouvement, récusé par l'usage de l'imparfait.

24 Levé, Édouard, *Suicide*, Paris, P.O.L., 2008, p. 104-106.

d'*Autoportrait* se retrouve, sans le savoir et peut-être depuis longtemps déjà, dans les chaussures du mort.

Avant d'en venir à cette question, et dans la mesure où les marques de l'infra-ordinaire manifestent un rapport particulier à la non-fiction chez Levé, on ajoutera un mot sur ce rapport dans *Suicide*. Chez Perec, l'infra-ordinaire est une recherche de la « vie » – le terme revient constamment dans « Approches de quoi[25] » –, d'une vie inatteignable des choses, de tout ce qui constitue le quasi-végétatif du monde mais qui pulse de sa vie propre, presque souterraine, presque invisible. Chez Levé le rapport au monde est le même : il s'agit aussi de faire parler, entre les déclarations les plus factuelles et les plus neutres (au sens de Barthes, à la fois désengagées et discrètes dans leur forme, déconnectées grammaticalement), tout ce que même le détail ne dit pas. Mais la recherche de vie se change en recherche de mort comme objet de désir, d'atteinte du scripteur.

Levé procède par glissements impassibles d'un constat à un autre. Et s'il finit, comme on va le voir, par se retrouver dans les chaussures de l'homme mort, c'est par la vertu d'une forme de métalepse. Car la figure de la métalepse a partie liée avec la mort, comme l'indique Brian McHale :

> La mort est la seule frontière ontologique dont nous sommes tous certains de faire l'expérience, la seule que nous devrons tous inévitablement franchir. D'une certaine manière, toute frontière ontologique est un équivalent, ou une métaphore de la mort ; dès lors mettre en évidence de telles frontières est un moyen de mettre en évidence la mort, d'amener cet inévitable à la portée de l'imagination, ne serait-ce que de façon détournée[26].

Pour « amener l'inévitable à portée de l'imagination », aucune tentation lyrique dans le discours sur le suicide chez Levé, aucun effet-Werther. Loin de tout pathos, l'avancée de Levé vers les territoires de la mort ne s'accompagne d'aucun regret, d'aucune crainte, mais suit une pente qui paraît naturelle. La métalepse se présente comme la promesse ontologique de la mort de l'auteur,

---

25 Voir, à ce sujet, Turin, Gaspard, *Poétique et usages de la liste littéraire : Le Clézio, Modiano, Perec*, Genève, Droz, 2017, p. 166-170.

26 McHale, Brian, *Postmodernist Fiction*, London, New York, Routledge, 1989, p. 231 : « Death is the one ontological boundary that we are all certain to experience, the only one we shall all inevitably have to cross. In a sense, every ontological boundary is an analogue or metaphor of death; so foregrounding ontological boundaries is a means of foregrounding death, of making death, the unthinkable, available to the imagination, if only in a displaced way. » Je traduis.

encore vivant dans l'écriture mais déjà mort à la lecture. Au lecteur, une constante adresse (le *tu*, polysémique, le désigne aussi) transforme le texte en un vaste *memento mori*, dilué dans l'ensemble du texte – une métalepse, donc, particulièrement peu spectaculaire, s'agissant d'une frontière entre la vie et la mort constamment franchie au point d'en être escamotée. Il faudrait peut-être interroger la question sous l'angle narratologique de la tension narrative chère à Raphaël Baroni, pour réaliser que cette tension, bien que quasiment invisible, ne s'avère pas non plus inexistante – peu motivée, pas argumentée, dépourvue de dispositifs rhétoriques, non spectaculaire : dans son plus simple appareil. La pente vers la mort est peut-être douce, le plan qui la détermine n'en est pas moins unilatéralement, unidimensionnellement incliné. En prêtant à un tiers – un *tu* – l'acte qu'il s'apprête à commettre, Levé désamorce la successivité des actions, voire la temporalité même de son récit. De la même manière qu'il fait parler, penser, sentir l'ami mort, « bloc de possibilités[27] », il fait dans ce cadre le choix d'un suspens qui n'a rien d'un suspense. Quant à l'atemporalité qui menace, elle n'est pas sans rappeler le Proust de Deleuze, chez qui le signe remplace souvent, ou déplace, la question de la temporalité, dans un « temps contracté des résonances » comme dans un « temps dilaté des distances[28] ». Le signe se fait, chez Levé, détail aussi peu indiciel qu'il est possible. Car, de la même manière que le détail d'*Autoportrait* ne résout jamais l'énigme de soi, ne participe d'aucune enquête, le détail multiplié à propos des derniers mois de la vie de l'ami mort ne sert en rien à l'explication du suicide.

5 La mort, mode d'emploi

En ce sens, *Suicide* présente une logique comparable à celle d'un François Bon qui, dans *L'Enterrement* – récit qui porte également sur le suicide d'un ami du narrateur – réitère constamment la question du passage. Or si Bon feint tout d'abord d'observer l'enterrement comme un rituel ethnographique, cathartique, ayant comme fonction de laisser les vivants s'en revenir vers la vie, il brise également ce système rassurant en mettant en scène deux personnages de marginaux (l'organiste Daniel, mystique halluciné, et Bossuthe le bouffon infirme) dont la fonction, pour reprendre les termes de Gilles Bonnet[29], s'appa-

27 Levé, Édouard, *Suicide*, *op. cit.*, p. 14.

28 Deleuze, Gilles, *Proust et les signes* [1964], Paris, PUF, coll. « Quadrige », 1998, quatrième de couverture.

29 Bonnet, Gilles, « Cet avalement ritualisé des morts ou comment peut-on être chamane ? Sur *L'Enterrement* de François Bon », *Recherches & Travaux* [En ligne], 82 | 2013, p. 127-138, URL : <https://journals.openedition.org/recherchestravaux/588>.

rente à celle du chamane, c'est-à-dire à celui qui arpente les territoires désenclavés, non cartographiés, entre la mort et la vie.

Même si le texte de Levé ne formule aucun mysticisme, ne se complaît dans aucun esclandre thaumaturgique, il gagne à être mesuré à l'aune de cette fonction chamanique. Dans sa factualité tranquille, *Suicide* apparaît, sans chercher à le devenir, sans aucun appareil stylistique ou métanarratif pour le confirmer, comme un *vade-mecum* de la mort. *Suicide* pourrait être sous-titré « la mort, mode d'emploi », dans la pure évidence d'un devenir inéluctable. Il s'agit seulement de ne pas attendre la mort, de ne pas s'aveugler de l'idée passive de sa survenue. Car ce n'est pas elle qui s'en vient[30], c'est nous qui devrions aller à elle. « La mort m'attend » est la dernière phrase du dernier livre de Levé, dans un renversement qui implique une action du sujet mortel. Selon McHale à nouveau :

> Nous avons quasiment perdu l'*ars moriendi* : nous n'avons plus personne pour nous enseigner à bien mourir, ou du moins personne à qui faire confiance ou à prendre au sérieux. L'écriture postmoderne pourrait bien être l'une de nos dernières ressources pour nous préparer, en imagination, au seul acte que nous devons tous certainement accomplir sans aide, et sans espoir de le réitérer si nous nous y prenons mal la première fois[31].

Chez Levé comme dans le récit de Bon (comme dans de nombreux ouvrages d'Antoine Volodine), la frontière entre vie et mort est arpentée par l'écriture. Mais cet arpentage se fait, chez Levé, de manière unidirectionnelle, téléologique. L'écriture, en se dirigeant vers un lieu d'où elle ne revient pas, vectorise l'action de la lecture (un peu moins conséquemment, bien sûr, qu'elle annonce l'action du suicide de son auteur).

Mon hypothèse concernant le statut fictionnel ou non fictionnel du dernier livre de Levé est la suivante. Elle demande de faire appel à la notion de personnage en tant que vecteur de fiction, comme la traite Françoise Lavocat dans *Fait et fiction*. Celle-ci fait valoir que l'empathie que nous ressentons pour un personnage de fiction est différente de celle que nous ressentons à l'égard de personnes réelles, empathie qui sera en quelque sorte plus pure, ou plus libre,

30 « Un corps soudain se décompose [...] c'est le réel qui approche. » Quignard, Pascal, *La Leçon de musique*, Paris, Hachette, coll. « Textes du XXe siècle », 1987, p. 101.

31 McHale, Brian, *Postmodernist Fiction*, *op. cit.*, p. 232 : « We have all but lost the *ars moriendi*; we no longer have anyone to teach us how to die well, or at least no one we can trust or take seriously. Postmodernist writing may be one of our last resources for preparing ourselves, in imagination, for the single act which we must assuredly all perform unaided, with no hope of doing it over if we get it wrong the first time. » Je traduis.

à l'égard du personnage de fiction parce qu'elle ne nous concerne pas, parce qu'elle ne mobilise pas notre participation – notre action. Lavocat fait valoir un argument biologique : les neurosciences montreraient en effet que « la fiction génère d'autant plus de réponses empathiques que les zones neuronales liées au rapport à soi ne sont pas activées ». Pour le dire encore autrement, « la réponse empathique est favorisée par la distance avec le réel[32] ». Or, j'en reviens à *Suicide*. À la première page du texte, sans aucun préambule, le lecteur apprend que le *tu* auquel s'adresse le narrateur prend le prétexte d'un oubli de raquette de tennis à la cave pour s'y rendre et se tirer une balle dans la tête. Il ne fait pas de doute que le *tu* est à ce stade de l'histoire un personnage, indépendant du narrateur. Le choc décrit pour la femme de ce *tu* qui découvre le cadavre de son mari quelques secondes après sa mort est traduit par le choc du traitement extrêmement direct de la narration. Il est à prévoir que le lecteur, s'il n'est pas lui-même, ce qu'on lui souhaite, un suicidaire prêt à passer à l'acte, ressent pour les personnages (le suicidé et sa femme) l'empathie qu'il réserve à un personnage de fiction : empathie envers le personnage de la femme, dureté (ou contre-empathie, par réflexe de préservation), envers celui du mari. On peut raisonnablement postuler une situation de fiction, malgré l'apparence biographique du texte (le suicide du *tu* a réellement eu lieu), parce que le moment du suicide implique une coupure d'avec le mort, un retour empathique aux vivants, perçus comme des personnages. Or cette situation initiale évolue insensiblement au fil des 120 pages du récit. En effet le *je* narratorial intervient dès la page suivante, puis réapparaît régulièrement, réapparition qui implique toujours un rappel ou une redéfinition de la distance entre *je* et *tu*. Cette distance est d'abord attestée comme grande : « Je n'ai pas revu ta femme, je la connaissais à peine. Je l'ai rencontrée quatre ou cinq fois. Quand vous vous êtes mariés, nous ne nous fréquentions plus[33]. » Mais par la suite quelques détails, puis de plus en plus nombreux, attestent d'une invalidation de cette distance. Le nombre de sensations, de détails précis du quotidien, rendent rapidement invraisemblable cette distance initiale, et d'autant plus invraisemblable que le récit de la vie du mort se prolonge avec le même luxe de détails jusqu'à atteindre les jours mêmes précédant le suicide. Plus le récit avance, plus il est évident que le *tu* et le *je* se confondent, jusqu'à ce dernier paragraphe du récit – à un stade où l'adéquation quasi totale entre les deux pronoms ne fait plus aucun doute :

32 Lavocat, Françoise, *Fait et fiction : pour une frontière*, Paris, Éd. du Seuil, coll. « Poétique », 2016, p. 363 et 362 respectivement.

33 Levé, Édouard, *Suicide, op. cit.*, p. 9.

> Des regrets ? tu en eus pour la tristesse de ceux qui te pleureraient, pour l'amour qu'ils t'avaient porté, et que tu leur avais rendu. Tu en eus pour la solitude dans laquelle tu laissais ta femme, et pour le vide qu'éprouveraient tes proches. Mais ces regrets, tu ne les ressentais que par anticipation. Ils disparaîtraient avec toi-même : tes survivants seraient les seuls à porter la douleur de ta mort. Cet égoïsme de ton suicide te déplaisait. Mais dans la balance, l'accalmie de ta mort l'emporta sur l'agitation douloureuse de ta vie[34].

La réduction de la distance *je-tu*, couplée à l'information, difficile à ignorer, du suicide réel d'Édouard Levé réduit d'autant la fiction, parce l'empathie éprouvée s'exerce à l'intention non plus de personnages, mais de l'auteur. C'est là que l'effet majeur de *Suicide* donne toute sa mesure : si l'on reprend les théories synthétisées pas Lavocat, l'empathie éprouvée par le lecteur cesse d'être libre de toute implication personnelle comme elle l'était pour le personnage de fiction. Si « l'inhibition de l'intervention », si le désengagement tombe, il se trouve alors remplacé par son contraire : l'intervention, l'engagement. Une empathie qui se serait maintenue pour le personnage désormais dépourvu de ses oripeaux fictionnels impliquerait dès lors la possible intervention suprême, unique, du passage à l'acte pour le lecteur.

Dans *Suicide*, la fiction rattrape la non-fiction pour se confondre entièrement avec elle. La distance avec le réel ne fait alors plus sens, parce que la mort est à la fois réelle et que la distance qui nous en sépare est inconnue.

Je conclurai sous la forme d'une suggestion, consistant à voir dans la factualité de la forme chez Levé les indices d'un travail souterrain de désir de commun, voire de communauté – mais d'une infra-communauté. Celle d'un art conceptuel où l'auteur cesse de maintenir son pouvoir sur l'œuvre ; celle d'un rapport à l'actualité qui se défait de la communauté fallacieuse de la grande fiction indiscutée du monde tel qu'il va pour instaurer l'infra-communauté spectrale d'un autre récit possible, d'autres mondes possibles ; celle enfin, indécidablement située entre fiction et non-fiction, de la grande et inaccessible communauté des morts.

Bibliographie

Bonnet, Gilles, « Cet avalement ritualisé des morts ou comment peut-on être chamane ? Sur *L'Enterrement* de François Bon », *Recherches & Travaux* [En ligne],

34 *Ibid.*, p. 109.

82 | 2013, p. 127-138, URL : <https://journals.openedition.org/recherchestravaux/588>.

Deleuze, Gilles, *Proust et les signes* [1964], Paris, PUF, coll. « Quadrige », 1998.

Gaillard, Julie, « Neutralisations : le nom propre dans les fictions figeantes d'Édouard Levé » *Revue critique de fixxion française contemporaine* [En ligne], n° 9, § 13, URL : <http://www.revue-critique-de-fixxion-francaise-contemporaine.org/rcffc/article/view/fx09.10/892> (consulté le 15/07/2018).

Lavocat, Françoise, *Fait et fiction : pour une frontière*, Paris, Éd. du Seuil, coll. « Poétique », 2016.

Levé, Édouard, *Œuvres*, Paris, P.O.L., 2002.

Levé, Édouard, *Journal*, Paris, P.O.L., 2004.

Levé, Édouard, *Autoportrait*, Paris, P.O.L., 2005 ; rééd., 2013.

Levé, Édouard, *Suicide*, Paris, P.O.L., 2008.

McHale, Brian, *Postmodernist Fiction*, London, New York, Routledge, 1989.

Mougin, Pascal, « La fiction à force de réel : Jean-Charles Massera/Édouard Levé in Fortier, France et Langevin, Francis (dir.), *Fiction et réel*, dossier d'*@nalyses. Revue de critique et de théorie littéraire*, Université d'Ottawa, vol. 4, n° 2, printemps-été 2009, URL : <https://uottawa.scholarsportal.info/ottawa/index.php/revue-analyses/article/view/629> (consulté le 15/07/2018).

Perec, Georges, « Approches de quoi ? » [*Cause commune*, n° 5, février 1973, p. 3-4], in *L'Infra-ordinaire*, Paris, Éd. du Seuil, coll. « La librairie du XXe siècle », 1989, p. 9-13.

Quignard, Pascal, *La Leçon de musique*, Paris, Hachette, coll. « Textes du XXe siècle », 1987.

Salgas, Jean-Pierre, « Édouard Levé ou "la mort de l'auteur" (dans l'art contemporain) », *Fabula-LhT* [En ligne], n° 17 : « Pierre Ménard, notre ami et ses confrères », juillet 2016, URL : <http://www.fabula.org/lht/17/salgas.html> (consulté le 15/07/2018).

Schaeffer, Jean-Marie, « La catégorie du romanesque », in Declercq, Gilles et Murat, Michel (dir.), *Le Romanesque*, Paris, Presses Sorbonne Nouvelle, 2004, p. 291-302.

Steyn, Jan, « World News, World Novel, World image: On Édouard Levé's Newspaper (2004, 2015) », *Translation Review*, vol. 99, n° 1, septembre 2017 2017, p. 1-14 ; URL : <https://www.tandfonline.com/doi/abs/10.1080/07374836.2017.1305926 ?src=recsys&journalCode=utrv20> (consulté le 15/07/2018).

Toussaint, Jean-Philippe, *Nue*, Paris, Éd. de Minuit, 2013.

Toussaint, Jean-Philippe, *The Honey Dress*, Youtube, URL : <https://www.youtube.com/watch ?v=gi9MIynkA14> (consulté le 15/07/2018).

Turin, Gaspard, *Poétique et usages de la liste littéraire : Le Clézio, Modiano, Perec*, Genève, Droz, 2017.

Vouilloux, Bernard, « Le discours sur la collection », *Romantisme*, n° 112 : « La collection », 2001, p. 95-108.

CHAPITRE 3

« Toutes les images disparaîtront ». Sur l'ouverture des *Années* d'Annie Ernaux

Anne Coudreuse

Résumé

Ce travail propose une étude de l'ouverture du livre-somme d'Annie Ernaux, *Les Années*, paru en 2008, en insistant sur sa dimension proleptique et en la concevant comme une forme de poétique en acte du livre et de l'œuvre dans son ensemble, qu'elle semble contenir tout entière. Il s'agit d'une étude littéraire qui met en évidence la notion d'autobiographie collective et impersonnelle, et montre comment la mémoire intime croise ses effets avec l'histoire, aussi bien événementielle que sociale. Grâce à une étude détaillée des souvenirs de cette liste qui est aussi une forme de litanie, et de sa composition très travaillée, on arrive à décrire l'émotion très particulière et le lyrisme aussi fort que singulier qui émanent de ces pages.

∴

Le prologue des *Années*[1] est à lire en relation avec les dernières pages du livre, qui produisent un effet de bouclage très net. Il s'inscrit bien dans l'habitude d'Annie Ernaux d'un « début qui crève la page[2] ». À propos de Flaubert, elle explique : « Cette phrase de la correspondance : "Chaque œuvre à faire a sa poétique en soi, *qu'il faut trouver*", résonne en moi depuis cette époque [*i. e.* sa jeunesse et ses études à Rouen] [...][3]. » Elle ajoute un peu plus loin : « Flaubert, en quelque sorte, justifie ma lenteur d'écrire, ma longue recherche d'une

1 Ernaux, Annie, *Les Années*, Paris, Gallimard, 2008 ; rééd. coll. « Folio », 2009. L'ouverture va des pages 11 à 19. Toutes les citations de ce livre, tirées de l'édition originale, sont suivies du numéro de page entre parenthèses.

2 Ernaux, Annie, *L'Atelier noir*, Paris, Éd. des Busclats, 2011, p. 63.

3 Ernaux, Annie, « Entretien sur Flaubert avec Françoise Simonet-Tenant », in Kahn, Robert, Macé, Laurence et Simonet-Tenant, Françoise (dir.), *Annie Ernaux : l'intertextualité*, Mont-Saint-Aignan, Presses universitaires de Rouen et du Havre, 2015, p. 23-30, cit. p. 25. Je souligne.

 | DOI:10.1163/9789004439313_005

structure correspondant au sujet […][4]. » On se souvient que la question du style et de la forme est au cœur de l'entreprise autobiographique de Rousseau, notamment dans le préambule des *Confessions* dans le manuscrit dit de Neuchâtel : « Il faudrait pour ce que j'ai à dire inventer un langage aussi nouveau que mon projet […][5]. » Dans *Mémoire de fille*, paru en 2016, Annie Ernaux évoque « la douleur de la forme[6] ». Il s'agit d'un prologue singulier, qui lie l'Histoire et l'intime et donne le ton de cette « forme nouvelle d'autobiographie, impersonnelle et collective », annoncée par la quatrième de couverture.

C'est une ouverture en deux temps, elle-même divisée en deux moments très inégaux, comme le montre une rapide étude des temps verbaux : alternance entre le futur (incipit : « Toutes les images disparaîtront », p. 11 ; « S'annuleront subitement les milliers de mots qui ont servi à nommer les choses », p. 15) et l'imparfait le reste du temps, avant un retour au futur dans le dernier paragraphe (« Tout s'effacera en une seconde », p. 19). Les deux parties sont séparées par un blanc typographique (p. 15) et un retour de la majuscule qui inaugure une nouvelle série d'items inventoriés sans majuscule. L'influence la plus nettement perceptible pour le lecteur est celle de *Je me souviens*, de Georges Perec (1978), texte inspiré lui-même de *I Remember*, de Joe Brainard (1970). La liste de ces éclats de mémoire est composée d'éléments hétérogènes, paroles de chansons, titres de chansons, de films, citations, slogans publicitaires et marques, flashes de la mémoire et épiphanies. L'aspect éclaté de ce prologue évoque ce qu'écrit Annie Ernaux dans *L'Atelier noir* : « Commencer un livre, c'est sentir le monde autour de moi, et moi comme dissoute, acceptant de me dissoudre, pour comprendre et rendre la complexité du monde[7]. » Dans un avant-texte de 1990 aux *Années*, elle rapporte tous ces instantanés de mots et d'images au « modèle idéal du récit », qui « est peut-être ce que disent avoir vu les gens qui croyaient mourir, "toute une vie en quelques secondes[8]" ».

Ce prologue est également déconcertant par sa thématique, dans les sujets qu'il aborde, sans renoncer aux tabous comme la scatologie, la sexualité, l'humour noir, la tératologie. Cela reprend une des caractéristiques majeures de l'œuvre d'Annie Ernaux, qui est de s'affronter aux tabous sociaux et littéraires : « J'ai toujours eu envie d'écrire des livres dont il me soit ensuite impossible de

4 *Ibid.*, p. 29.

5 Rousseau, Jean-Jacques, *Les Confessions*, éd. J. Voisine, Paris, Éd. Garnier, 1980, *var.* c, p. 790.

6 Ernaux, Annie, *Mémoire de fille*, Paris, Gallimard, 2016, p. 18.

7 Ernaux, Annie, *L'Atelier noir*, *op. cit.*, 5 juillet 1990, p. 83.

8 Cité dans Thumerel, Fabrice, « *Les Années* ou les Mémoires du dehors », in Best, Francine, Blanckeman, Bruno et Dugast-Portes, Francine (dir.), *Annie Ernaux : le temps et la mémoire*, Paris, Stock, 2014, p. 229-243, cit. p. 231.

parler, qui rendent le regard d'autrui insoutenable[9] ». Les références aux fonctions excrémentielles du corps (p. 11, 14) seront reprises après ce prologue (p. 39, 57). La monstruosité n'effraie pas davantage la narratrice : la blague (p. 11) renvoie à un scandale sanitaire des années 1960, raconté ici sur un ton d'humour noir qui montre que les histoires drôles ont aussi une histoire et font partie de l'histoire. La maladie ne sera pas non plus un tabou, notamment la maladie d'Alzheimer (p. 12) qui réapparaîtra dans le cours du récit (p. 153). La mort apparaît également, soit sous la forme des « momies en dentelles déguenillées » (p. 12), soit sous celle du meurtre, que ce soit dans la fiction (« l'affiche de *Thérèse Raquin* », p. 12) ou dans le fait divers (« Elizabeth Drummond tuée avec ses parents sur une route à Lurs, en 1952 », p. 14). La sexualité est également abordée sans détours : l'exhibitionnisme (p. 12-13) ; le désir féminin (« Molly Bloom » p. 14). Cette référence littéraire se retrouvera dans une autre liste (p. 205). La sexualité envahit ce prologue avec « les milliers de mots qui ont [...] fait battre le cœur et mouiller le sexe » (p. 15), l'obscénité des « histoires sales » (p. 15) et des « mots d'homme qu'on n'aimait pas, *jouir, branler* » (p. 18), l'insulte, « tu ressembles à une putain décatie » (p. 16), référence immédiatement suivie par « les phrases des hommes dans le lit la nuit » (p. 16) ; les jeux de mots et calembours grivois comme « le comble de la religieuse est de vivre en vierge et de mourir en sainte » (p. 17), « qu'est-ce que le mariage ? Un con promis » (p. 18) ; et même la contrepèterie (p. 17).

Ce prologue est singulier aussi par le mélange de culture populaire et de culture savante, d'autant plus frappant qu'il fait l'objet d'un travail de montage très précis et très efficace. Ainsi juste après la description de « la femme accroupie qui urinait en plein jour » vient une allusion à *Une aussi longue absence* (p. 11). Dans *L'Atelier noir*, Annie Ernaux note : « notre moi est dans les livres, les films vus[10] ». Ce souvenir cinématographique contraste violemment avec la vulgarité de la première image : il s'agit d'un film d'Henri Colpi, sur un scénario de Marguerite Duras, Palme d'or à Cannes en 1961 et prix Louis-Delluc. Si on regarde l'extrait disponible sur Youtube, on se rend compte qu'« Alida Valli dansant avec Georges Wilson » ne pleure pas. Il y a donc ici une reconstruction fautive de la mémoire que l'auteur n'a pas cherché à corriger. C'est sa mémoire qui fera foi et sera le seul repère, ce qui n'empêche pas la dimension documentaire de l'œuvre. Le travail de montage continue à la page suivante quand une référence à Claude Piéplu et à un film des Charlots précèdent immédiatement une allusion à la duchesse de Guermantes dans *À la recherche du temps perdu*. Maya Lavault propose une lecture très pertinente de ce qu'elle

9 Ernaux, Annie, *La Honte*, Paris, Gallimard, 1996, p. 132.
10 Ernaux, Annie, *L'Atelier noir*, *op. cit.*, 8 février 1993, p. 101.

appelle « l'une des vignettes mémorielles qui, à l'ouverture des *Années*, fait surgir le souvenir de la mère », avec une allusion à Céleste Albaret, domestique de Proust et modèle de Françoise dans son roman, « telle qu'elle était apparue un soir dans une émission de Bernard Pivot » (p. 12)[11].

On peut proposer un relevé de tout ce qui renvoie à la culture populaire dans ce prologue : la fête foraine et son « tour de prestidigitation appelé *Le Martyre d'une femme* », avec une « femme enfermée dans une boîte que des hommes avaient transpercée de part en part » (p. 12) ; la publicité et les marques (« André », p. 12 ; « Paic Vaisselle », « Picorette », p. 13 ; « le shampoing Dulsol, le chocolat Cardon, le café Nadi », p. 19) ; Zappy Max, animateur de Radio Luxembourg, liée à l'enfance et à l'écoute du poste avec ses parents (p. 13) ; la page *people* des magazines : « la silhouette sémillante de l'acteur Philippe Lemaire, marié à Juliette Gréco » (p. 13) ; Scarlett O'Hara (dans *Autant en emporte le vent*, roman de Margaret Mitchell publié en 1936, et film de 1939, p. 14) ; le fait divers (l'affaire Dominici de 1952, pas désignée sous ce nom célèbre, p. 14) ; les expressions populaires (« vieux kroumir, faire du chambard, ça valait mille ! tu es un petit ballot ! », p. 16) ; les chansons (*Le Porte-Bonheur*, par Jacques Hélian et son orchestre, 1946, p. 17 ; *Histoire d'un amour*, par Dalida, 1957, p. 17) ; les calembours usés comme ciment familial d'un milieu populaire, déplacés dans le couple bourgeois formé par l'auteur et son mari (p. 17-18) ; les jeux radiophoniques (le Tirlipot, le schmilblick, p. 18) ; les mots populaires (*mastoc, pioncer*) trouvés dans des lettres de Flaubert ou de George Sand (p. 18) ; expressions populaires des parents, « plus vivantes que leur visage » (p. 18) ; l'astrologie avec « Madame Soleil » (p. 19).

Les références à la culture savante sont aussi très nombreuses : *Thérèse Raquin* (p. 12), film de Marcel Carné de 1953, adaptation du troisième roman de Zola publié en 1867, marqué par une forme de naturalisme qui l'apparente aussi à la culture populaire ; célèbre monologue de Molly Bloom (p. 14) à la fin d'*Ulysse* de Joyce. On note le goût pour le contraste dans le montage de ces références puisque Molly Bloom suit immédiatement Scarlett O'Hara et précède un fait divers sanglant. Le vocabulaire peut aussi renvoyer à la culture savante : « anamnèse, épigone, noème, théorétique » (p. 15) ; « il est indéniable que, force est de constater » (p. 15). La langue est bien un marqueur social, qui érige une barrière entre « d'autres » et soi, ce qui renvoie au projet d'écrire pour « venger ma race » dans le journal de jeunesse[12]. Toute cette réflexion est nourrie des

11 Lavault, Maya, « Annie Ernaux, l'usage de Proust », in *Annie Ernaux : l'intertextualité*, *op. cit.*, p. 33-44, en particulier p. 44.

12 Ernaux, Annie, « Littérature et politique » [*Nouvelles nouvelles*, nº 15, 1989], in *Écrire la vie*, Paris, Gallimard, coll. « Quarto », 2011, p. 549-551, cit. p. 550.

travaux de Pierre Bourdieu. Les citations, sans guillemets, renvoient également à la culture savante, par exemple « exister c'est se boire sans soif » (p. 16), à Jean-Paul Sartre[13]. On trouve également une citation d'une épigramme de Voltaire contre l'abbé Trublet qui avait critiqué sa *Henriade* : « l'abbé Trublet compilait, compilait, compilait[14] » (p. 17) ; la citation de Mme de Staël, « la gloire pour une femme est le deuil éclatant du bonheur[15] » (p. 17) inscrit déjà une forme de féminisme. La citation de Proust, « notre mémoire est hors de nous, dans un souffle pluvieux du temps[16] » (p. 17), est essentielle pour le projet des *Années* et renvoie à la citation de Rousseau en épigraphe du *Journal du dehors* : « Notre *vrai* moi n'est pas tout entier en nous[17]. » Le premier vers d'*Ève*, poème de Charles Péguy de 1914, « ô Mère ensevelie hors du premier jardin[18] » (p. 18), se trouve encadré de manière très humoristique entre « la cerise sur le gâteau » et « pédaler dans la choucroute » ou « la semoule », des expressions toutes faites. La dernière citation de ce prologue, « le monde manque de foi dans une vérité transcendante » (p. 19), est de Renouvier, en épigraphe à *La Trahison des clercs*, de Julien Benda[19]. La culture savante s'inscrit aussi dans la possibilité de parler une autre langue : « le latin, l'anglais, le russe appris en six mois » (p. 18). Cette référence à l'anglais s'éclaire par l'allusion « à Finchley au pair » (p. 100), et par une des vignettes de la fin du livre, « un bar et un juke-box qui jouait *Apache*, à Telly O Corner, Finchley » (p. 242). Elle sera très développée dans

13 Sartre, Jean-Paul, *Les Chemins de la liberté*, t. I : *L'Âge de raison*. Paris, Gallimard, 1945, p. 53 : « Exister c'est ça, *se boire sans soif.* »

14 Voltaire, « Le Pauvre Diable » [1758], in *Œuvres complètes de Voltaire, Contes en vers. Satires. Épîtres. Poésies mêlées*, Paris, Garnier frères, 1877, p. 108 : « Il compilait, compilait, compilait ».

15 Staël, Germaine de, *De l'Allemagne* [1813], 2e éd., Paris, H. Nicolle, Mame frères, 1814, t. III, p. 234 : « et la gloire elle-même ne sauroit être pour une femme qu'un deuil éclatant du bonheur ».

16 Proust, Marcel, *À l'ombre des jeunes filles en fleurs*, 2e partie [1919], in *À la recherche du temps perdu*, t. II, éd. publ. sous la dir. de J.-Y. Tadié, Paris, Gallimard, « Bibliothèque de la Pléiade », 1988, p. 1-306, cit. p. 4 : « C'est pourquoi la meilleure part de notre mémoire est hors de nous, dans un souffle pluvieux, dans l'odeur de renfermé d'une chambre ou dans l'odeur d'une première flambée [...]. »

17 Ernaux, Annie, *Journal du dehors*, Paris, Gallimard, 1993, p. 9. Citation de Rousseau, Jean-Jacques, *Rousseau juge de Jean-Jaques, Dialogues* [posth.], in *Œuvres complètes*, t. I, éd. publ. sous la dir. de B. Gagnebin et M. Raymond, Paris, Gallimard, « Bibliothèque de la Pléiade », 1964, p. 657-992, cit. du Deuxième Dialogue, p. 813. Les italiques sont de Rousseau.

18 Péguy, Charles, « Ève », *Cahiers de la quinzaine*, 4e cahier de la 15e série, 1914, p. 13 : « Ô mère ensevelie dans le premier jardin ».

19 Benda, Julien, *La Trahison des clercs*, Paris, B. Grasset, 1927, p. 7. Citation de Renouvier, Charles, *Philosophie analytique de l'histoire*, t. IV, p. 742 : « le monde souffre du manque de foi *en une vérité transcendante* ».

Mémoire de fille[20]. Elle a même recours au latin en italiques : « *in illo tempore* le dimanche à la messe » (p. 16) – il s'agit du temps mythique de l'épopée, dégradé dans la mythologie de son enfance et marquant ici la présence de l'agrégée de lettres modernes. Les films *Quand passent les cigognes*, de Mikhaïl Kalatozov (1957, p. 19), et *Marianne de ma jeunesse*, de Julien Duvivier (1955, p. 19), appartiennent également à la culture savante et s'inscrivent dans une perspective féministe ou se révéleront *a posteriori* à la lecture de *Mémoire de fille*, dont le titre aurait pu être « La Colonie ».

Ce prologue est très singulier enfin, en ce qu'il propose une chronologie et une géographie « façon puzzle ». Dans ce flux de conscience, l'ordre n'est pas chronologique et les items de la liste renvoient à des moments divers et à des années ou des décennies différentes. Parfois une même vignette contient plusieurs strates chronologiques, comme 1960 et 1990 dans le troisième élément de la liste (p. 11), qui concerne « la thalidomide » et permet de voir comment un scandale médical des années 1960 a eu des répercussions sur la vie intime de cet homme croisé dans la rue en 1990. L'histoire drôle finit par faire partie de la mémoire collective, au même titre que le scandale et la monstruosité de ces malformations congénitales. Rien que sur les trois premiers items de la liste, on passe de l'immédiat après-guerre, à 1961, puis à « l'été 1990 » qui renvoie « trente ans plus tôt » (p. 11). Il faudrait mener ce travail sur tous les items et leurs enchaînements et les échos des uns aux autres, et proposer également une étude sur l'éclatement géographique de cette ouverture, que la géographie soit réelle ou fictive (New York, Padoue, Palerme, Venise, Caudéran, Yvetot, Rouen, Rome, Arenys de Mar, Paris, Lillebonne, Atlanta, Dublin, Lurs, la nationale 14, Saint-Pétersbourg).

Cette ouverture propose une réflexion sur la mémoire et l'histoire, collective ou individuelle, spontanée ou recherchée, partagée ou intime, heureuse ou traumatique, légitime ou illégitime. Annie Ernaux avait déjà pratiqué ce genre de liste, mais à la taille d'un paragraphe dans un article intitulé « De l'autre côté du siècle » : « On ne se souviendra pas, dans l'autre siècle, de la blouse au lycée, des parfums Bourjois avec un J comme joie, de Johnny Hallyday dans *D'où viens-tu Johnny*, des diamants de Bokassa, des ortolans de Mitterrand, des moutons du Larzac, de Gabrielle Russier [...]. Personne ne se souviendra de Jeanne Calment[21]. » Dans ce paragraphe apparaissent déjà des éléments que l'on retrouvera dans le cours des *Années*, ainsi que la tonalité élégiaque et

20 Ernaux, Annie, *Mémoire de fille*, *op. cit.*, notamment p. 13, 85, 105, 129-130 (la langue anglaise), 133-134, 144-145, 150-151 (Tally Ho Corner).

21 Ernaux, Annie, « De l'autre côté du siècle », *La Nouvelle Revue française*, n° 550, juin 1999, p. 96-100, cit. p. 100.

l'affleurement du lyrisme qui se fera beaucoup plus puissant dans *Les Années*. Nathalie Froloff commente ainsi ce texte antérieur à l'œuvre-somme des *Années*, qui semble en essayer, de façon microscopique, un principe d'écriture et de composition : « On lit ici, à travers une liste hétéroclite, récurrente aussi dans *Les Années*, la matérialité de l'histoire collective. Le rôle de la littérature est alors de sauver les *marginalia*, de sauver ce qui est en marge des manuels d'histoire[22]. » L'importance des items transgressifs de cette liste renvoie même à une « mémoire illégitime », c'est-à-dire une mémoire « des choses qu'il est impensable, honteux ou fou de formuler » (p. 57). L'histoire est aussi une histoire de la langue et des expressions (p. 16, 18). La langue est marquée par un impensé social (le racisme) et joue le rôle de marqueur social (les expressions populaires). C'est aussi une histoire des marques disparues, avec le paradoxe que ce qui semble le plus extérieur fonctionne finalement « comme un souvenir intime, impossible à partager » (p. 19). Les chansons se situent à la croisée du collectif et de l'intime, de ce qu'on partage avec les autres en le vivant sur le mode le plus singulier et le plus personnel. La chanson de Dalida (p. 17) prendra une résonnance particulière pour les lecteurs de *Mémoire de fille* en 2016 : cette chanson de 1957 accompagne le délitement de « la fille de 58 » après l'expérience sexuelle désastreuse de la colonie et l'amour fou éprouvé pour le moniteur chef[23]. Le cinéma joue un rôle similaire de « partage du sensible » (Jacques Rancière[24]) : vu par plusieurs spectateurs, il fait sens pour chaque individu de manière singulière. C'est ce qu'a bien analysé Fabien Gris dans son travail sur « la cinémathèque d'Annie Ernaux[25] ». À propos des allusions à des films, il parle d'« identification oblique ». L'événement historique est perçu dans ses répercussions intimes : il est vécu universellement et aussi individuellement : « que faisiez-vous le 11 septembre 2001 ? » (p. 16). L'attaque terroriste des Tours jumelles à Manhattan, dont on a pu dater le véritable début du XXIe siècle est un événement mondial et une expérience intime, un marqueur de mémoire. L'évocation des camps, à propos d'une exposition au palais de Tokyo (p. 13-14), produit un contraste très fort avec la vignette précédente (les Zattere à Venise, dans un souvenir très doux) et la vignette suivante, qui dit ce qu'était le quotidien de l'enfant au même moment que la tragédie de la Shoah. L'histoire, c'est aussi celle portée par les faits divers et ce qu'ils révèlent d'une

22 Froloff, Nathalie, « *Vie et destin* : "le livre impossible à écrire" ? », in *Annie Ernaux : l'intertextualité*, *op. cit.*, p. 95-108, cit. p. 106.

23 Ernaux, Annie, *Mémoire de fille*, *op. cit.*, p. 13, 74.

24 Rancière, Jacques, *Le Partage du sensible : esthétique et politique*, Paris, La fabrique éditions, 2000.

25 Gris, Fabien, « La cinémathèque d'Annie Ernaux », in *Annie Ernaux : l'intertextualité*, *op. cit.*, p. 137-151.

société et d'une époque. L'allusion à l'affaire Dominici (p. 14), un fait divers d'août 1952, renvoie à cette année détaillée dans *La Honte*, pour retrouver l'enfant qu'elle était après la tentative de meurtre de sa mère par son père[26]. Elle affronte ainsi le double tabou du meurtre, sur le plan du fait divers et dans la vie intime et familiale. Dans la vignette, la référence est faite à la fillette assassinée, à laquelle l'enfant de 12 ans a pu s'identifier.

Les allusions à la vie de l'auteur et le travail d'écrivain dont témoigne ce prologue produisent un effet de preuve par l'œuvre et par l'écriture. Selon Michèle Bacholle-Boskovic, « *Les Années* reflète et contient les Annie-s[27]. » Le toponyme Yvetot, dans la première vignette, renvoie bien à l'auteur, comme l'indique la notice au début du livre : « Annie Ernaux est née à Lillebonne et elle a passé toute sa jeunesse à Yvetot, en Normandie[28]. » Même sans cette notice, c'est une information que le lecteur de l'œuvre d'Annie Ernaux a sans doute. L'effet est le même avec le toponyme Lillebonne (p. 14) et le souvenir intime et scatologique des premières années qui dit un milieu social très pauvre. Le livre est aussi une autobiographie sociale, ce qu'on appelle, après l'invention du mot par l'auteur, une « auto-socio-biographie ». La question des transfuges est évoquée avec l'insécurité linguistique de l'étudiante ou de la lycéenne qui utilise des expressions littéraires qui ne sont pas celles de son milieu d'origine (p. 15) et la perception des études comme facteur d'ascension sociale, qui permettent le passage d'un milieu dominé à un milieu dominant, et l'illusion de « triompher de la complexité du monde » puisque, « [l]'examen passé, [les mots] partaient de soi plus vite qu'ils n'y étaient entrés » (p. 18). Toute cette problématique de l'auto-socio-biographie se répercute bien évidemment sur le mélange assumé de références à la culture légitime et à la culture populaire comme on l'a déjà montré, sur un refus de choisir entre ces deux systèmes et de se maintenir dans un « entre-deux » sans doute douloureux, mais qui constitue la seule façon de ne pas trahir. Selon Fabrice Thumerel, « cette bipartition [entre culture légitime et culture populaire] structure le système de référence propre à chacun de ses textes[29] ». *Thérèse Raquin* raconte l'histoire d'une femme et son amant qui tuent le mari de la femme. Cette violence du meurtre, transcendée par la beauté du visage sur l'affiche, fait écho à la scène qui ouvre *La Honte*, le

---

26 Ernaux, Annie, *La Honte*, *op. cit.*, p. 21-23.

27 Bacholle-Boskovic, Michelle, « L'intersémiotique chez Annie Ernaux : un dialogue au-delà de l'écriture », in *Annie Ernaux : l'intertextualité*, *op. cit.*, p. 123-134, cit. p. 129.

28 Ernaux, Annie, *Les Années*, *op. cit.*, notice de l'édition Folio.

29 Thumerel, Fabrice, « Avant propos. Annie Ernaux : une œuvre de l'entre-deux », in Thumerel, F. (dir.), *Annie Ernaux, une œuvre de l'entre-deux*, Arras, Artois Presses Université, 2004, p. 11-36, cit. p. 27.

dimanche 15 juin 1952[30]. La naissance du fils aîné, souvenir des plus intimes, apparaît entre deux vignettes plus anecdotiques qui renvoient à l'air ou à la rumeur du temps : « le nouveau-né brandi en l'air comme un lapin décarpillé dans la salle d'accouchement de la clinique Pasteur de Caudéran » (p. 13) a déjà été évoqué, pratiquement dans les mêmes termes, dans le roman *La Femme gelée* : « L'éclair d'un petit *lapin décarpillé*, un cri. Souvent après, je me suis repassé le film, j'ai cherché le sens de ce moment[31]. » L'adjectif est sans doute un régionalisme du patois normand pour désigner un lapin à qui on a enlevé la peau, comme on peut le comprendre plus loin : « Faire tout avec brusquerie, qu'il s'agisse d'attraper un lapin par les oreilles » (p. 31). Le calembour permet de faire référence à des événements très douloureux, sur un mode beaucoup moins dramatique. Les blagues (p. 17, 18) prennent une dimension plus grave si l'on songe à *L'Événement* dans lequel Annie Ernaux fait le récit de son avortement clandestin. Elles constituent une allusion aux tabous de l'époque (poids de la religion pour la mère, nécessité d'arriver vierge au mariage), à la honte qui pesait sur celles qu'on appelait encore « les filles-mères ». Toutes ces questions seront aussi retravaillées en 2016 dans *Mémoire de fille*, dont la lecture fait résonner de manière plus douloureuse la référence à Juliette Gréco (p. 13) ou à la langue anglaise (p. 18)[32]. On a déjà évoqué la figure de la mère qui apparaît dès la cinquième vignette où est évoquée la maladie d'Alzheimer. Tout ce passage (p. 12) se lit avec comme arrière-plan et comme sous-texte *Une femme* (1988) et *Je ne suis pas sortie de ma nuit* (1997). Ici l'autobiographie peut être impersonnelle parce que l'œuvre a été personnelle. L'écrivain peut s'effacer derrière son œuvre. C'est une sorte de vignette ventriloque. Annie Ernaux a parlé de « la preuve par corps » à propos de sa lecture de l'œuvre sociologique de Pierre Bourdieu[33]. On peut parler de « la preuve par l'œuvre » pour cette ouverture déconcertante qui convoque secrètement toute une bibliothèque (et une cinémathèque) et fait jouer à plein les effets d'intertextualité interne, qu'on appelle aussi intratextualité. Cette « preuve par l'œuvre » vaut pour l'œuvre déjà écrite, mais se confirme par l'œuvre postérieure à 2008 ; cela joue dans les deux sens, le passé et le futur, l'œuvre écrite et l'œuvre à venir, comme on l'a vu pour *Mémoire de fille*, mais qui vaut aussi pour *Retour à Yvetot* (2013) qui fait écho à la vignette suivante (la fête foraine, p. 12) de manière plus classiquement autobiographique, comme un retour sur une scène primitive et traumatique : « C'est l'image d'un chaos que j'ai reçue le premier jour de mon arrivée à Yvetot

30 Ernaux, Annie, *La Honte*, *op. cit.*, p. 13-15.

31 Ernaux, Annie, *La Femme gelée*, Paris, Gallimard, 1981, p. 141. Je souligne.

32 Ernaux, Annie, *Mémoire de fille*, *op. cit.*, p. 13, 85, 105, 129-130 (sur l'anglais), 28, 51 (sur Gréco).

33 Ernaux, Annie, « La preuve par corps », in Martin, Jean-Pierre (dir.), *Bourdieu et la littérature*, Nantes, Éd. Cécile Defaut, 2010, p. 23-27.

avec mes parents. [...] Je ne sais si cette conjonction de la fête et des décombres est à l'origine de l'espèce d'effroi et d'attirance que provoquera toujours en moi la fête foraine [...][34]. » La vignette sur « le russe appris en six mois pour un Soviétique » (p. 18) se lit sur le souvenir de *Passion simple* (1991) et de *Se perdre* (2001), où elle a utilisé de manière très transgressive « les mots d'homme qu'on n'aimait pas, *jouir, branler* » d'une vignette située cinq items plus loin dans la liste (p. 18). Dans l'évocation apaisée et sensible des Zattere (p. 13), on peut peut-être percevoir une référence cryptée à celui qui deviendra son mari et à l'été 1963. Un souvenir très intime est caché derrière une adresse à Venise et une situation temporelle floue (« dans les années soixante »). L'intime, fait ainsi l'objet d'un codage que le lecteur ne peut décoder que par sa lecture postérieure de l'œuvre autobiographique de l'auteur. C'est le photojournal ouvrant *Écrire la vie* qui donne *a posteriori* les clés de cette vignette, dans une notation de septembre 1988 : « Ce soir, naturellement, dans la lumière grisée, l'hôtel-pension de 1963 : 90 A, Rio del Saloni [...], il me semble que tout est conservé, c'est-à-dire moi, un soir d'août, et les rideaux bougeaient doucement, blancs, un peu déchirés, raccommodés[35]. » L'allusion à *Marianne de ma jeunesse* est à peine décryptée (p. 71). Il faudra attendre *Mémoire de fille* pour comprendre la portée de cette référence et son grand investissement fantasmatique, qui avait aussi été au cœur de *Ce qu'ils disent ou rien* en 1977. Il faudrait enfin dire un mot des « flaques lumineuses d'un dimanche d'été » insérées dans « toutes les images crépusculaires des premières années » et celles des « rêves » qui sont aussi bien des cauchemars « où l'on marche sur des routes indéfinissables » (p. 14). Annie Ernaux cherche là à rendre perceptible ce qui est le plus impalpable et fuyant, à le rendre dans sa « vérité sensible » qu'il s'agit pour elle de « saisir » et de « mettre au jour[36] ». Cette vignette a un lien évident avec le souvenir précédent (ce qui est très rare dans cette composition) : « les images crépusculaires des premières années » constituent presque un oxymore. Le crépuscule est la fin de la journée, et non le début de la vie. Mais ces images sont si floues, si lointaines, qu'elles semblent « crépusculaires ». Ce « dimanche d'été » est peut-être le dimanche d'août 1950 où elle a appris qu'elle avait eu une sœur morte avant sa naissance, comme elle le raconte dans *L'Autre Fille*[37]. Elle reconstruit même qu'il s'agit du 27 août 1950, date à laquelle l'écrivain Cesare Pavese s'est donné la mort dans une chambre d'hôtel à Turin. Tous ces « arrêts sur mémoire » (p. 240) sont le signe d'un « refus de la forme linéaire du

34 Ernaux, Annie, *Retour à Yvetot*, Paris, Éd du Mauconduit, 2013, p. 13.
35 Ernaux, Annie, « Photojournal », in *Écrire la vie, op. cit.*, p. 7-102, cit. p. 91.
36 *Ibid.*, p. 7.
37 Ernaux, Annie, *L'Autre fille*, Paris, Nil, 2011, p. 19.

récit », comme l'explique Aurélie Adler : « Dans *Les Années*, l'intratextualité est mise au service d'un agrandissement de la perspective historique et sociale. [...] En rejointoyant les livres antérieurs, *Les Années* réussissent le tour de force qui consiste à édifier une figure d'auteure "maîtresse du temps", tout en marginalisant le sujet réel[38]. » Il s'agit bien de « rendre la dimension vécue de l'Histoire » (p. 239), ce qui permet de construire une identité.

La preuve par l'œuvre, c'est aussi la preuve par le style et l'écriture. Ici Annie Ernaux combine l'acquis de ses œuvres autobiographiques et de ses ethnotextes comme *Journal du dehors* (1993) ou *La Vie extérieure* (2000) qui sont de nature « factographique », comme l'a étudié Marie-Jeanne Zenetti[39]. Les entrées des journaux extimes annoncent peut-être ce choix d'une composition par liste, qui sera reprise dans *Mémoire de fille*, composé comme une sorte d'inventaire pour retrouver « la fille de 58 ». L'auteur se livre ici à un véritable travail d'écrivain, visible notamment dans l'art subtil et millimétré du montage. Ce travail d'écrivain se manifeste aussi dans les réflexions sur la langue, les expressions, avec une forte influence de la sociolinguistique. Elle s'interroge également sur « les métaphores si usées qu'on s'étonnait que d'autres osent les dire » (p. 18), ce qui est bien une préoccupation d'écrivain, et entre en écho avec cette déclaration : « mon souhait est d'écrire dans la langue de tous[40] ». Les figures de style sont rares dans son œuvre et on est d'autant plus sensible à cette comparaison, qui définit la mémoire comme un geyser, pour décrire « les paroles attachées pour toujours à des individus comme une devise – à un endroit précis de la nationale 14 » et qui « sautent de nouveau à la figure, comme les jets d'eau enterrés du palais d'Été de Pierre le Grand qui jaillissent quand on pose le pied dessus » (p. 16). La comparaison elle-même est autobiographique, elle fait œuvre, elle est expérience vécue du corps. Dans cette ouverture, l'emploi des temps est particulièrement travaillé. On a vu déjà l'alternance entre le futur et l'imparfait. Il faudrait dire aussi un mot du présent, temps de l'aphorisme, comme dans cette réflexion qui porte une grande mélancolie : « Comme le désir sexuel, la mémoire ne s'arrête jamais. Elle apparie les morts aux vivants, les êtres réels aux imaginaires, le rêve à l'histoire » (p. 15). Ainsi s'inscrit la nécessité de passer outre les tabous sexuels qui sont aussi porteurs de mémoire. On peut aussi en conclure que le réel et l'imaginaire sont autant vecteurs d'histoire, sans prédominance de l'un sur l'autre. Les représentations imaginaires d'une époque en disent autant sur l'air du temps que les événements historiques. Dans

38 Adler, Aurélie, « *Les Années*, livre-somme retissant les fils de l'œuvre », in *Annie Ernaux : le temps et la mémoire*, *op. cit.*, p. 69-83, cit. p. 73.

39 Zenetti, Marie-Jeanne, *Factographies : l'enregistrement littéraire à l'époque contemporaine*, Paris, Classiques Garnier, coll. « Littérature, histoire, politique », 2014.

40 Ernaux, Annie, *Retour à Yvetot*, *op. cit.*, p. 34.

ce travail d'écrivain, on sera sensible également aux items plus longs de cette liste, assez rares et surtout aux moments conclusifs, qui associés à la force de la liste et de sa capacité d'évocation, contiennent une puissance lyrique aussi contenue que prodigieuse.

Dès cette ouverture, marquée par un refus de la première personne, y compris dans ses dimensions les plus intimes, le lecteur se trouve saisi par une forme renouvelée de l'autobiographie et de l'élégie conçue comme une évocation du temps qui passe et détruit tout. Il reconnaît là des thèmes constitutifs de la littérature retravaillés par une mise en forme singulière et un refus d'éliminer la culture populaire du milieu d'origine. Cette écriture factographique permet peut-être de concevoir l'autobiographie comme une possibilité d'encyclopédie vivante. L'ouverture fonctionne comme une sorte de fleur de thé qui va s'ouvrir et se diffuser dans la suite du livre et un précipité de toute l'œuvre. Nous sommes confrontés à une sorte de mémoire en archipel, à des éclats mémoriels tels que pourrait chercher à les reconstituer une personne souffrant de la maladie d'Alzheimer, qui n'aurait pas cependant perdu son humour. Il s'agit de l'ouverture d'une œuvre matricielle dans l'ensemble des livres d'Annie Ernaux, aussi bien par ce qu'elle reprend des récits déjà écrits et publiés que par ce qu'elle projette et annonce des récits à venir. On pourrait souhaiter la réalisation d'une application numérique des *Années* comme celle de *Candide* proposée par la BnF en 2012[41]. Le livre pourrait se déplier dans toutes ses références intertextuelles et intersémiotiques (picturales, cinématographiques, publicitaires, etc.), mais aussi intratextuelles. Il s'agirait d'une sorte d'encyclopédie réalisée alors qu'elle est seulement évoquée et virtuelle dans le livre. Ce serait à la fois un document et un monument, un outil de travail et un hommage.

Bibliographie

Adler, Aurélie, « *Les Années*, livre-somme retissant les fils de l'œuvre », in Best, Francine, Blanckeman, Bruno et Dugast-Portes, Francine (dir.), *Annie Ernaux : le temps et la mémoire*, Paris, Stock, 2014, p. 69-83.

Bacholle-Boskovic, Michelle, « L'intersémiotique chez Annie Ernaux : un dialogue au-delà de l'écriture », in Kahn, Robert, Macé, Laurence et Simonet-Tenant, Françoise (dir.), *Annie Ernaux : l'intertextualité*, Mont-Saint-Aignan, Presses universitaires de Rouen et du Havre, 2015, p. 123-134.

Benda, Julien, *La Trahison des clercs*, Paris, B. Grasset, 1927.

41 Consultable sur Gallica, URL : <https://gallica.bnf.fr/essentiels/voltaire/candide>.

Best, Francine, Blanckeman, Bruno et Dugast-Portes, Francine (dir.), *Annie Ernaux : le temps et la mémoire*, Paris, Stock, 2014.

Ernaux, Annie, *La Femme gelée*, Paris, Gallimard, 1981.

Ernaux, Annie, *Journal du dehors*, Paris, Gallimard, 1993.

Ernaux, Annie, *La Honte*, Paris, Gallimard, 1996.

Ernaux, Annie, « De l'autre côté du siècle », *La Nouvelle Revue française*, nº 550, juin 1999, p. 96-100.

Ernaux, Annie, *Les Années*, Paris, Gallimard, 2008 ; rééd. coll. « Folio », 2009.

Ernaux, Annie, « La preuve par corps », in Martin, Jean-Pierre (dir.), *Bourdieu et la littérature*, Nantes, Éd. Cécile Defaut, 2010, p. 23-27.

Ernaux, Annie, *L'Atelier noir*, Paris, Éd. des Busclats, 2011.

Ernaux, Annie, *L'Autre fille*, Paris, Nil, 2011.

Ernaux, Annie, « Littérature et politique » [*Nouvelles nouvelles*, nº 15, 1989], in *Écrire la vie*, Paris, Gallimard, coll. « Quarto », 2011, p. 549-551.

Ernaux, Annie, *Retour à Yvetot*, Paris, Éd du Mauconduit, 2013.

Ernaux, Annie, « Entretien sur Flaubert avec Françoise Simonet-Tenant », in Kahn, Robert, Macé, Laurence et Simonet-Tenant, Françoise (dir.), *Annie Ernaux : l'intertextualité*, Mont-Saint-Aignan, Presses universitaires de Rouen et du Havre, 2015, p. 23-30.

Ernaux, Annie, *Mémoire de fille*, Paris, Gallimard, 2016.

Froloff, Nathalie, « *Vie et destin* : "le livre impossible à écrire" ? », in Kahn, Robert, Macé, Laurence et Simonet-Tenant, Françoise (dir.), *Annie Ernaux : l'intertextualité*, Mont-Saint-Aignan, Presses universitaires de Rouen et du Havre, 2015, p. 95-108.

Gris, Fabien, « La cinémathèque d'Annie Ernaux », in Kahn, Robert, Macé, Laurence et Simonet-Tenant, Françoise (dir.), *Annie Ernaux : l'intertextualité*, Mont-Saint-Aignan, Presses universitaires de Rouen et du Havre, 2015, p. 137-151.

Kahn, Robert, Macé, Laurence et Simonet-Tenant, Françoise (dir.), *Annie Ernaux : l'intertextualité*, Mont-Saint-Aignan, Presses universitaires de Rouen et du Havre, 2015.

Lavault, Maya, « Annie Ernaux, l'usage de Proust », in Kahn, Robert, Macé, Laurence et Simonet-Tenant, Françoise (dir.), *Annie Ernaux : l'intertextualité*, Mont-Saint-Aignan, Presses universitaires de Rouen et du Havre, 2015, p. 33-44.

Péguy, Charles, « Ève », *Cahiers de la quinzaine*, 4e cahier de la 15e série, 1914.

Proust, Marcel, *À l'ombre des jeunes filles en fleurs*, 2e partie [1919], in *À la recherche du temps perdu*, t. II, éd. publ. sous la dir. de J.-Y. Tadié, Paris, Gallimard, « Bibliothèque de la Pléiade », 1988, p. 1-306.

Rancière, Jacques, *Le Partage du sensible : esthétique et politique*, Paris, La fabrique éditions, 2000.

Rousseau, Jean-Jacques, *Les Confessions*, éd. J. Voisine, Paris, Éd. Garnier, 1980.

Rousseau, Jean-Jacques, *Rousseau juge de Jean-Jaques, Dialogues* [posth.], in *Œuvres complètes*, t. I, éd. publ. sous la dir. de B. Gagnebin et M. Raymond, Paris, Gallimard, « Bibliothèque de la Pléiade », 1964, p. 657-992.
Sartre, Jean-Paul, *Les Chemins de la liberté*, t. I : *L'Âge de raison*. Paris, Gallimard, 1945.
Staël, Germaine de, *De l'Allemagne* [1813], t. III, 2e éd., Paris, H. Nicolle, Mame frères, 1814.
Thumerel, Fabrice, « Avant propos. Annie Ernaux : une œuvre de l'entre-deux », in Thumerel, F. (dir.), *Annie Ernaux, une œuvre de l'entre-deux*, Arras, Artois Presses Université, 2004, p. 11-36.
Thumerel, Fabrice, « *Les Années* ou les Mémoires du dehors », in Best, Francine, Blanckeman, Bruno et Dugast-Portes, Francine (dir.), *Annie Ernaux : le temps et la mémoire*, Paris, Stock, 2014, p. 229-243.
Voltaire, « Le Pauvre Diable » [1758], in *Œuvres complètes de Voltaire, Contes en vers. Satires. Épîtres. Poésies mêlées*, Paris, Garnier frères, 1877, p. 108.
Zenetti, Marie-Jeanne, *Factographies : l'enregistrement littéraire à l'époque contemporaine*, Paris, Classiques Garnier, coll. « Littérature, histoire, politique », 2014.

PARTIE 2

La question du réel

∵

CHAPITRE 4

Subjectiver le document ?

Claude Pérez

Résumé

Prenant appui sur un corpus à la fois récent, international et diversifié (l'*Art poetic'* d'Olivier Cadiot ; *La Petite Danseuse* de Camille Laurens ; *Hammerstein*, de Hans-Magnus Enzensberger ; *Les Abeilles d'Aristée*, de Vladimir Weidlé ; *The Necessary Angel*, de Wallace Stevens) l'article s'emploie à déconstruire l'hypothèse un peu rustique selon laquelle l'usage du document, si en vogue aujourd'hui, ferait obstacle à la subjectivation. Il montre par contre comment cet usage s'accorde avec une idée de l'invention qui s'écarte du mythe romantique de la *création* et du *créateur*, pour leur préférer des inventeurs (ou des bricoleurs) désublimés, démajusculés, descendus de leur piédestal. Et il montre aussi comment cette *pression* aujourd'hui du document (qui confirme les hypothèses de Thomas Pavel sur la réduction de la distance imaginative) répond tout à la fois aux analyses de Stevens sur la pression du réel et (peut-être) à la prédiction de Beckett : « Il y aura forme nouvelle et cette forme sera d'un genre tel qu'elle fasse une place au chaos »

∴

Quoi qu'en disent les postmodernes, les grands récits n'ont pas disparu.

Il y a par exemple, pour ce qui est de l'histoire littéraire, ce récit qui nous parle d'une « crise du sujet » survenue au siècle passé, suivie d'un retour du sujet, depuis une quarantaine d'années, et dont nous serions aujourd'hui encore les témoins et les acteurs.

Ce récit est bien connu ; il a une certaine vraisemblance ; il semble solidement étayé. On peut se mettre à peu près d'accord sur une chronologie, définir une date pivot (le tournant des années 1980) apporter de nombreux exemples de romanciers et d'écrivains de premier plan (Robbe-Grillet, Barthes, Foucault etc.) qui semblent changer de pied à peu près simultanément et passer d'un soupçon ostensible, affiché, à l'égard du *je* au *Miroir qui revient*, au *Roland Barthes par Roland Barthes*, au « souci de soi » etc...

 | DOI:10.1163/9789004439313_006

On peut certes émettre des doutes, ou au moins des réserves sur l'intérêt de ce va-et-vient. Vincent Descombes, par exemple, dans *Le Complément de sujet*, a traité avec beaucoup d'ironie ce qu'il appelle « la Querelle » française et européenne du sujet. Si l'on admet (avec Descombes) que le concept débattu « n'existe qu'en fausses espèces[1] », que la montagne spéculative a fini par accoucher d'une souris et d'un compromis assez plat, la crédibilité du récit et son intérêt ne s'en sortent pas indemnes.

Mais pour en venir plus précisément à ce qui est l'objet de ce colloque, il me semble qu'on peut se demander si la vogue actuelle de la « non-fiction », et le prurit documentaire qui l'accompagne, ne sont pas de nature eux aussi à jeter le doute sur le prétendu retour du sujet.

Les documents utilisés et souvent cités ou même parfois reproduits dans quantité de récits contemporains (des photos par exemple, ou dans *Le Météorologue* de Rolin les dessins en fin de volume, ou encore l'avis de recherche ou les pièces administratives recopiées dans *Dora Bruder*...) introduisent des informations à caractère technique, géographique, linguistique, plus souvent historique, qui semblent pourvus d'une certaine « objectivité ». Je sais bien que ce mot est toujours excessivement embarrassant. Mais enfin, il est bien vrai que le document se présente à nous très souvent comme un objet : une coupure de journal, un acte de naissance ou de décès, une collection de lettres ou de dessins sont des objets... Un document a souvent ce que les philosophes appellent une *choséité*, que le récit peut choisir d'accentuer (ou pas). Cette choséité est particulièrement perceptible quand l'auteur (comme cela arrive souvent désormais) l'insère dans son livre à l'état brut. Non pas, à la manière de Hugo, ou d'autres, en vaporisant l'information dans des paragraphes, des phrases ou des membres de phrases qui sont des phrases de Hugo, ou d'autres ; mais en recopiant par exemple (Modiano dans *Dora Bruder*) un document administratif dont on conserve éventuellement la mise en page, et dont on importe dans le récit la langue, qui est la langue du monde administré, aussi éloignée que possible de ce qu'on a appelé « la langue littéraire[2] » et où rien ne semble subsister du style propre de l'écrivain.

Et de toutes manières, quel que soit le monde d'insertion, le document n'est pas de moi. Ce n'est pas moi qui l'ai *créé*. En détournant une locution des philosophes stoïciens, on pourrait dire que les documents sont *ta ouk eph'emin*, ce qui ne dépend pas de nous. On les trouve, on ne les forge pas – sauf à se rendre

1 Descombes, Vincent, *Le Complément de sujet : enquête sur le fait d'agir de soi-même*, Paris, Gallimard, coll. « NRF essais », 2004, p. 15.

2 Définie soit par la norme haute, soit comme « langue des écrivains ». Voir Philippe, Gilles et Piat, Julien (dir.), *La Langue littéraire : une histoire de la prose en France de Gustave Flaubert à Claude Simon*, Paris, Fayard, 2009.

coupable d'une forgerie, c'est-à-dire d'un faux. On peut penser que le document introduit l'encyclopédie dans le récit, qu'il est une manière d'introduire l'encyclopédie dans le récit. On a parlé parfois à propos de certaines publications récentes de « récits Wikipédia » ou même de « poison Wikipédia » glissé dans la littérature. Puisque la mode est aux mots valises, je propose de les baptiser des wiki-récits. Ce n'est sûrement pas là que la subjectivation est la plus immédiate, la plus apparente, la plus perceptible. Le recours au document, qui est à la fois massif et ostensible, sinon ostentatoire, dans quantité de productions contemporaines, pourrait donc s'accorder au mieux avec le dédain autrefois professé par la *French theory* pour les livres principalement « constitués par l'intériorité d'une substance ou d'un sujet » ; ils semblent *a priori* parfaitement en phase (malgré le récit de conversion que j'ai rapporté en commençant) avec la méfiance ou l'éloignement pour « l'énonciation individuée[3] » professée au temps de la crise. Quoi de mieux que le wiki-récit pour marquer un refus ou un dédain de « l'énonciation individuelle » même si refus et dédain se manifestent d'une manière que Deleuze et les autres n'avaient pas forcément imaginée, et qui ne les auraient pas nécessairement enthousiasmés ?

•••

Je ne me cache pas qu'en ce point de mon exposé on pourrait soulever une difficulté, touchant l'emploi du terme *document*. Cette notion est excessivement vague ; personne n'est en mesure de définir un document d'une manière satisfaisante.

Un acte de naissance peut être appelé *document* ; *La Divine Comédie* aussi (*a fortiori* depuis que l'internet existe : sur le net, tout est document, les *Sonnets à Orphée* comme les tweets du Président). Les documentalistes eux-mêmes (eux surtout) ont renoncé à définir le mot qui a servi à baptiser leur profession, sauf à proposer des formulations si générales (« document = support + inscription », « document = inscription + sens », etc.[4]) si peu discriminantes, qu'elles en deviennent quasiment inutilisables dans le champ des études littéraires, qui s'en trouvent réduites à conclure que la notion est « intuitive », qu'elle s'applique à des entités susceptibles de recevoir essentiellement deux fonctions : une fonction de preuve, et une de renseignement. Ce qui ne nous avance guère par rapport aux *pisteis*, les *preuves* de la rhétorique grecque.

---

3 Deleuze, Gilles et Guattari, Félix, *Capitalisme et schizophrénie. 2, Mille plateaux*, Paris, Éd. de Minuit, coll. « Critique », 1980, p. 51.

4 Voir Pédauque, Roger T., « Document : forme, signe et medium, les re-formulations du numérique », 2003, URL : <https://archivesic.ccsd.cnrs.fr/sic_00000511/document>.

Une remarque tout de même. Il semble aller de soi, il est généralement admis, que le recours au document est solidaire du mouvement de « retour au réel » qui serait caractéristique du moment présent. La faveur dont les documents jouissent aujourd'hui chez les littéraires paraît inséparable de la défaveur de la critique immanentiste et de ce qui fut naguère ardemment préconisé sous le nom de « clôture du texte ». Le document *fait référence*. Un rapport de police, un avis de recherche, un acte de naissance ou de décès, sont à même de rapporter l'œuvre qui, en les citant, se les incorpore, à un hors-texte – de la brancher sur « le réel ».

Mais de la définition des documentalistes, on peut retenir au moins le terme *inscription*, qui ne confirme pas, c'est le moins qu'on puisse dire, cette prétention, ou cette espérance, de sortie hors du textualisme. Et s'il n'y avait que les documentalistes… Je voudrais citer ici un texte de Michel Foucault. En 1964, dans une postface au *Saint Antoine* de Flaubert, Foucault décrivait un « espace » d'imagination spécifique, qui se trouverait « en attente dans le document » et qui serait apparu au XIXe siècle, en même temps que les dépôts d'archives et les immenses bibliothèques. Pour lui, le document est *un texte* (une inscription, donc, si l'on veut) et le « chimérique nouveau » qui se découvrirait dans le *Saint Antoine* naît « de la surface noire et blanche des signes imprimés, du volume fermé et poussiéreux […] ; il se déploie soigneusement dans la bibliothèque assourdie, avec ses colonnes de livres, ses titres alignés et ses rayons qui la ferment de toutes parts mais bâillent, de l'autre côté, sur des mondes impossibles. L'imaginaire se loge entre le livre et la lampe […] ; il s'étend entre les signes, de livre à livre, dans l'interstice des redites et des commentaires ; il naît et se forme dans l'entre-deux des textes. C'est un phénomène de bibliothèque[5]. »

Le document, tel qu'il est entendu ici, ne rompt nullement l'enfermement dans le texte. Rabattant le document sur la page écrite, et sur elle seule, fermant « de toutes parts » sur elles-mêmes des archives dont les rayonnages ne peuvent que « bâiller sur des mondes impossibles », Foucault adopte ici (au tout début de sa carrière) un parti philosophique, épistémologique, qui n'est plus du tout celui qui est aujourd'hui dominant. Pour cette raison, il est probable que beaucoup de ceux qui ont aujourd'hui recours aux documents (et beaucoup de ceux qui les commentent) ne considéreront pas sans réserve le texte de Foucault. Je ne doute pas que beaucoup refuseront, et vigoureusement parfois, de reconnaître pour le leur un « espace d'imagination » logé tout

---

5 Foucault, Michel, « Postface à Flaubert » [*Die Versuchung des Heiligen Antonius*, Insel Verlag, Frankfurt, 1964], in *Dits et écrits*, t. I (1954-1975), éd. établ. sous la dir. de D. Defert et F. Ewald avec la collab. de J. Lagrange, Paris, Gallimard, coll. « Quarto », 2001, p. 325-326.

entier « entre le livre et la lampe ». Ils pourront alléguer du reste d'autres théoriciens (au premier chef, Ricœur) qui depuis trente ou quarante ans nous ont enseigné à tenir un autre discours sur le document[6]. Mais au-delà des modes idéologiques et des renversements plus ou moins spectaculaires que relate l'histoire des idées (1964, la date du texte de Foucault, c'est l'apogée du textualisme), il me semble évident qu'on a peu de chances d'aboutir aux mêmes conclusions si l'on prend comme exemple d'un côté *La Tentation de saint Antoine*, et de l'autre *Berlin Alexanderplatz*, ou *Les Bienveillantes* ou *Dora Bruder*. Les philosophes généralisent ; mais l'emploi du terme générique (*le* document) fait trop oublier que la spéculation prend appui sur des exemples spécifiques, et que les conclusions qu'on peut tirer de leur examen ne sont pas nécessairement généralisables.

Si j'essaie d'éviter ce travers, je dirai que dans une œuvre littéraire le document, c'est de l'hétérogène. Autrefois, « les pièces », comme on disait, étaient regroupées à la fin, en dehors de l'œuvre. L'œuvre est mon œuvre, mais le document *n'est pas de moi. Il n'est pas mon invention*. Il n'est pas ma création (et si par hasard, il est de moi, si je cite par exemple, une de mes lettres, ou un extrait de mon journal intime à titre de document, ce n'est pas le même moi, pas le même moment). Les documents sont des objets trouvés qui à rebours de la fiction (fiction, du latin *fingere*, qui veut dire façonner, modeler, pétrir ; l'*ars fingendi*, c'est la sculpture, *fictor* c'est à la fois le sculpteur et le créateur) ne sont pas façonnés par celui qui signe le livre, qui se contente de les choisir, de les découper et de les reformuler parfois, pas toujours, de les agencer pour les insérer de diverses façons dans le livre. Il est évident toutefois que ces actions (sélection, découpage, insertion, disposition, reformulation…) sont des moyens puissants d'homogénéisation et de subjectivation. Quelques exemples empruntés à la littérature récente.

Le premier, je l'emprunte à un texte poétique, non narratif, mais je tiens tout de même à le mentionner rapidement parce que la question de la subjectivation du document est au cœur de ce livre. Ce livre est *L'Art poetic'*, d'Olivier Cadiot, et Cadiot porte dans ce texte la difficulté à la limite en travaillant un corpus particulièrement rétif à la subjectivation[7].

6 Ces théoriciens sont au premier chef P. Ricœur, et les philosophes qu'il cite et commente dans le troisième volume de *Temps et récit*, notamment en II, 3 et II, 5 (Ricœur, Paul, *Temps et récit*, tome III : *Le Temps raconté*, Paris, Éd. du Seuil, coll. « L'Ordre philosophique », 1985, « La réalité du passé historique », p. 203-227 et « L'entrecroisement de l'histoire et de la fiction », p. 264-279) ; mais ce sont aussi des historiens : Carlo Ginzburg, Pierre Vidal-Naquet, Michel de Certeau…

7 Cadiot, Olivier, *L'Art poetic'*, Paris, P.O.L., 1997.

Il y a par exemple dans *L'Art poetic'* tout un chapitre (« *Delenda est Carthago* ») constitué exclusivement de phrases latines, suivies de leur(s) traduction(s) française(s), deux le plus souvent, l'une « mot-à-mot » et l'autre en français standard[8]. Le tout a été prélevé dans un manuel scolaire, la *Grammaire latine* de l'inspecteur général Cayrou, où elles jouaient le rôle d'exemples pédagogiques, destinés à illustrer le fonctionnement du gérondif, de l'ablatif absolu et autres particularités de la morphologie ou de la syntaxe latine. Difficile de trouver une matière première moins poétique, je veux dire plus éloignée de l'idée qu'on se fait de la poésie, moins personnelle, moins porteuse d'affects aussi, quels que puissent être par ailleurs les souvenirs d'école de l'auteur Olivier Cadiot, dont je ne sais rien.

J'ai essayé autrefois de montrer comment la reprise de Cayrou par Cadiot passait par une appropriation de l'un par l'autre, au point que Cadiot lui-même a pu parler de « dépersonnalisation *apparente* » : « ces choses qui ne viennent pas de moi, je les nourris avec ce qui vient de moi ». Cette « nutrition », ou ce nourrissage, passe par la sélection et la disposition : par exemple, Cadiot sélectionne volontiers des phrases exclamatives, il utilise les caractères gras, les redoublements, les changements de taille de caractère pour produire des effets d'accentuation etc. Le dernier exemple cité : *Gaudeo/ te valere* est ainsi traduit deux fois : une première fois en caractères maigres et en italiques, comme dans le manuel de latin ; puis la traduction est répétée, mais cette fois en gras et dans un corps plus grand. Par ce seul moyen, et par le choix de la traduction qui sert de clausule (« je me réjouis, tu te portes bien ») Cadiot réussit à introduire de l'affect et du jeu dans un corpus qu'on pouvait croire en état de coma dépassé. On peut dire en effet, comme il le dit lui-même, qu'il s'approprie ces morceaux de langage mort : il joue avec eux de la même façon qu'on peut décider de faire de la musique avec une bouteille vide, ou fabriquer une tête de vache avec une selle et un guidon, comme l'a fait Picasso.

Ces procédés typographiques ne sont guère réutilisables dans un récit. Mais les jeux d'appropriation, de subjectivation, et donc de littérarisation, se retrouvent bien évidemment dans ce type d'écrits, alors même qu'ils sont, d'un point de vue formel, très éloignés de ceux de Cadiot.

Je pourrais prendre l'exemple de la *Dora Bruder* de Modiano[9], qui cite textuellement, littéralement, non pas un manuel scolaire, mais des textes guère plus engageants, pas plus « littéraires », aussi « morts » que des exemples de grammaire : textes de presse (un avis de recherche), documents d'état civil,

8 *Ibid.*, chap. « « *Delenda est Carthago*, Carthage *doit être décrite* (m. à m. Carthage *est à détruire*) », p. 79-91.

9 Modiano, Patrick, *Dora Bruder*, Paris, Gallimard, 1997 ; rééd. coll. « Folio », 1999.

rapports administratifs, qui s'inscrivent dans le livre par collage… Bien sûr, ces pièces sont là pour donner des renseignements qu'on peut bien appeler « objectifs » : des événements, des dates, des adresses, des noms aussi, beaucoup de noms… En même temps, elles apportent leur *langue* : une langue grise, précise, dénotative, désubjectivée, sans ironie, « sans qualités » : la langue du « monde administré », aux antipodes de ce qu'on appelle la « langue littéraire ». Collés de la sorte dans le récit, insérés entre les phrases de Modiano, ces textes froids sans affect s'avèrent émotionnellement très puissants : d'abord, parce qu'ils sont tout ce qui reste, les pauvres vestiges, dérisoires, émouvants à proportion de leur pauvreté de « ceux qui furent » et qui ont été massacrés dans les conditions que l'on sait. Mais aussi, parce que leur froideur même semble inscrire dans le texte la froideur des bourreaux et l'indifférence de « la société » dont le fonctionnement se poursuit.

La Petite Danseuse de quatorze ans, de Camille Laurens[10], n'est pas sans ressemblance avec *Dora Bruder*. Elle relate elle aussi avec compassion la vie d'une enfant (Marie van Goethem, la jeune modèle de Degas) dont on sait peu de chose, en sorte que tout comme Modiano, Laurens donne à sentir surtout la perte : elle raconte sans doute la vie de la petite danseuse, mais le récit forcément troué, lacunaire, qu'elle en fait témoigne aussi ou surtout de ce qui s'est perdu, et qu'on ne sait plus. Et cette perte, faisant suite à une vie de misère, produit de la compassion. Le livre est par ailleurs très documenté, il dit tout ce qu'on peut dire de la vie de la petite danseuse, et beaucoup de choses aussi à propos de Degas ou de la condition des femmes pauvres à Paris au XIXe siècle. Mais d'autre part, Camille Laurens mentionne aussi d'emblée son goût ancien pour la fameuse statue de Degas, elle suggère à divers moments des analogies entre la femme qu'elle est, qui signe ici et maintenant ce récit, et l'enfant qui autrefois, dans la même ville, à la fin du XIXe siècle, a vécu une vie tout autre. L'ouvrage se termine par un chapitre qui approfondit cette relation, mais le livre tout entier, depuis le début, peut être regardé comme une tentative d'élucidation d'un goût personnel, d'une préférence idiosyncrasique, en sorte que le lecteur est parfaitement fondé à voir cette œuvre comme une contribution à l'auto-analyse, une manière de découvrir, et de dire, une ou des vérités à propos de soi, vérités qui peut-être n'auraient pu être dites sans ce détour. « L'objectivité » des données historiques mobilisées ne s'oppose nullement à la subjectivation ; l'enquête permet au contraire d'entretenir et d'approfondir la relation entre *elle* et *moi* ; tout en cherchant à dire la vérité de Marie, de la même manière que pourrait le faire un historien ou un biographe, Laurens procède à une nutrition dans le sens de Cadiot : ceci qui n'est pas de moi, je le nourris

10 Laurens, Camille, *La Petite Danseuse de quatorze ans*, Paris, Stock, 2018.

avec ce qui vient de moi ; et inversement, Marie nourrit Camille avec quelque chose qui n'était pas sien. L'opération consiste, selon les mots employées par Laurens à « trouver pour soi-même, en dehors du temps, [quelque chose] accordé à son récit personnel[11] ». C'est très exactement ce que Husserl appelle « transfert en imagination ».

Je voudrais dire un mot encore du *Hammerstein*, de Hans-Magnus Enzensberger publié en Allemagne en 2008 sous le titre *Hammerstein oder die Eigensinn: eine deutsche Geschichte*, traduit quatre ans plus tard chez Gallimard : *Hammerstein ou l'intransigeance*[12].

L'ouvrage raconte la vie, ou certains aspects de la vie, le mot de biographie serait impropre, de Kurt von Hammerstein (1878-1943) officier supérieur issu d'une vieille famille de l'aristocratie prussienne, qui, en 1933, au moment de l'arrivée d'Hitler au pouvoir, était tout simplement le chef de l'armée allemande. C'était un réactionnaire, profondément antinazi. Le livre raconte notamment le face à face entre un individu et sa famille (tout spécialement ses filles) d'une part et des hommes, un parti, un appareil d'état au service de l'imbécillité brutale de l'autre.

Hammerstein est un récit extrêmement documenté, illustré de nombreux documents photographiques (surtout des portraits). L'auteur puise dans des ouvrages historiques et des archives inédites ; il indique avoir « étudié à fond cette affaire », tout en récusant le statut d'historien, et en assurant que son livre n'a « pas pour autant de prétentions scientifiques[13] ». Ce n'est pas non plus un roman. Le livre est divisé en beaucoup de petits chapitres. Les faits attestés sont distingués autant que possible des jugements subjectifs, qui apparaissent sous la forme de « gloses » (*Glossen*). Il y a sept gloses en tout dans le livre, et onze « conversations posthumes » (*posthumen Unterhaltungen*) entre Enzensberger et des personnes aujourd'hui trépassées, conformément au vénérable modèle du « dialogue des morts » (*Totengespräch*).

La subjectivation est manifeste dans les gloses et dans les conversations posthumes qui font converser « E » (Enzensberger) avec Hammerstein et plusieurs autres. Mais elle se marque aussi plus généralement dans la dimension symbolique qui est prêtée aux événements et au protagoniste. Il ne s'agit pas seulement de savoir « ce qui s'est authentiquement passé » comme disent les

---

11 *Ibid.*, p. 80.

12 Enzensberger, Hans Magnus, *Hammerstein ou l'intransigeance : une histoire allemande*, trad. Bernard Lortholary, Paris, Gallimard, 2010. = *Hammerstein oder die Eigensinn: eine deutsche Geschichte*, Frankfurt am Main, Suhrkamp, 2008.

13 *Ibid.*, p. 360, 362. = *Hammerstein oder die Eigensinn*, *op. cit.* : « der Sache auf den Grund zu gehen » (p. 355) ; « Die Absage an den Roman bedeutet nich, daß diese Arbeit wissenschaftliche Ansprüche erhebt » (p. 357).

théoriciens de l'histoire ; il s'agit aussi de rendre sensible la valeur symbolique de tout ce paquet d'événements. Pourquoi raconter cette histoire ? Parce que, dit Enzensberger, c'est « une histoire allemande » : elle concentre « toutes les contradictions et tous les thèmes décisifs de la catastrophe allemande[14] ». Mais aussi, et c'est moi l'ajoute, parce qu'elle soulève, indépendamment de l'Allemagne, une question morale que l'on peut formuler ainsi : comment vivre proprement en temps de dictature ? Et j'ajouterai encore une remarque. Je ne suis pas germaniste ; je remarque néanmoins que les dictionnaires traduisent d'habitude *Eigensinn* non par *intransigeance* (*unnachgiebigkeit*) comme a fait Lortholary, le traducteur français, mais plutôt par *obstination, entêtement.* Je remarque aussi que *eigen* a le sens de : *propre, particulier. Die Eigensinn*, c'est donc exactement le contraire de *l'homme sans qualités* de Musil : *ohne Eigenschaften.* Hammerstein est le contraire du Ulrich de Musil ; il n'est pas du tout « sans qualités » ; du propre et du particulier, du personnel, ce n'est pas cela qui lui manque.

•••

Les choses sont donc claires. L'antithèse un peu rustique selon laquelle l'usage du document serait un obstacle à la subjectivation ne résiste pas à l'examen. Reste à savoir de quelle manière on peut comprendre cette documentarisation, quels sens on peut lui prêter et dans quelle mesure elle peut modifier les rapports réels et imaginaires entre le sujet qui écrit, et le texte qu'il produit.

La première hypothèse que je voudrais envisager concerne le statut symbolique du signataire. Pour le dire en quelques mots, la question est de savoir si le genre de pratique que je suis en train d'envisager demeure compatible avec l'idée de *création*, et le concept de *créateur*, qui certes ont été (et depuis longtemps) abondamment critiqués, sinon même moqués : mais cela n'empêche pas que les mots – créateur, création – dont la connotation théologique n'a pas besoin d'être soulignée, sont toujours aujourd'hui d'un usage courant aussi bien dans le monde académique (qui parfois en défend l'usage : Paul Audi, par exemple[15]) que dans le monde de l'édition et des médias.

Afin de me faire mieux comprendre, je voudrais citer un auteur un peu ancien, et fort oublié, Vladimir Weidlé. Weidlé était un Russe blanc, professeur à l'Institut de théologie Saint-Serge à Paris, qui a fait paraître, dans les

---

14 *Ibid.*, p. 360. = *Hammerstein oder die Eigensinn, op. cit.*, p. 355 : « alle entscheidenden Motive und Widersprüche des deustchen Ernstfalls ».

15 Audi, Paul, *Créer : introduction à l'esth/éthique*, nouv. éd., Lagrasse, Verdier, 2010, 860 pages !

années 1930, puis de nouveau dans les années 1950 chez Gallimard, un livre, *Les Abeilles d'Aristée, essai sur le destin actuel des lettres et des arts*[16], dans lequel on trouve entre autres choses une charge contre la documentarisation. Le livre, qui témoigne d'une immense culture et d'une grande mélancolie, s'en prend notamment à la pratique du montage, telle qu'on la trouve alors chez un Dos Passos ou chez un Döblin. Sans nier la valeur de ces œuvres, Weidlé, en antimoderne, en héritier nostalgique de la tradition romantique, proteste contre l'invasion documentaire. Quelques décennies plus tôt, Zola avait annoncé la déchéance de l'imagination, devenue selon lui superflue, du fait de la pratique naturaliste de l'enquête documentaire. Mais c'était pour se féliciter de ce bouleversement, pour se moquer de George Sand, qui, dit-il, « se mettait devant un cahier de papier blanc, et, partie d'une idée première, allait toujours sans s'arrêter, composant au fur et à mesure, se reposant en toute certitude sur son imagination, qui lui apportait autant de pages qu'il lui en fallait pour faire un volume[17] ». Weidlé à rebours de Zola déplore la victoire « du document écrit ou photographié sur la recréation du réel par l'effort imaginatif de l'écrivain ou de l'artiste » ; il regrette le temps où le romancier d'autrefois « n'était pas encore opprimé et assailli par une réalité complètement étrangère à l'imagination » ; et il s'afflige de ce qu'il appelle la « victoire de l'information sur la compréhension[18] ».

Je relève en passant ce mot d'*information*, sur lequel je reviendrai. Mais j'insiste : Weidlé perçoit la même opposition que Zola (dont il est pourtant très éloigné), la même coupure, entre l'imagination, faculté du sujet, pouvoir d'invention, ou de fiction, et la documentation, qui est afflux de réel ; entre la création, ou recréation imaginative, et cette abondance documentaire en faveur dans les années 1930 comme aujourd'hui.

Je me demande ce que les écrivains post-fictifs d'à présent penseraient des antithèses de Weidlé. Est-ce qu'ils les récuseraient ? Plusieurs d'entre eux me semble-t-il pourraient au contraire se sentir en accord avec l'opposition que je viens d'indiquer : ce serait alors non pas pour regretter la puissance perdue, mais pour se féliciter, peut-être de cette perte, pour revendiquer le reflux de la dimension « créatrice » et de toutes les adhérences théologiques qu'elle comporte. On se souvient que certains philosophes italiens (Gianni Vattimo, en

16 Weidlé, Vladimir, *Les Abeilles d'Aristée : essai sur le destin actuel des lettres et des arts* [1936, 1954], Genève, Ad Solem, 2004.

17 Zola, Émile, « Le sens du réel », in *Le Roman expérimental*, Paris, Charpentier, 1881, p. 205-212, cit. p. 207. Remy de Gourmont parle de Sand dans les mêmes termes : « Les Livres. *Notre cœur*, par Guy de Maupassant (Ollendorff) », *Mercure de France*, août 1890, p. 300.

18 Weidlé, V., *Les Abeilles d'Aristée*, *op. cit.*, p. 23.

particulier) ont proposé de promouvoir un *pensiero debole*, une pensée faible ; peut-être certains des post-fictifs seraient-ils disposés pareillement à se prononcer en faveur d'une *creazione debola*, une création en mineur, dépouillée des oripeaux magnifiques et dérisoires du romantisme et de ses suites, de cette posture de *créateur* et de la « théorie spéculative de l'art » qui va avec. Peu soucieux désormais d'apparaître comme ces sujets géniaux et souverains, comme des *Fictor Hugo*, si on me passe le calembour : et plutôt peut-être comme des historiens, ou comme des monteurs, ou des bricoleurs : inventeurs, sans doute, mais désublimés, démajusculés, dégrisés, descendus de leur piédestal, adeptes d'une littérature qui de toutes façons, qu'elle le veuille ou pas, n'a plus d'autre choix ici et maintenant que le mode mineur.

•••

Ce que j'ai appelé la documentarisation, ou si l'on préfère, et pour reprendre le titre du colloque, l'extension des territoires de la non-fiction, pourrait trouver sa place dans une histoire de l'imagination.

Je pourrais rappeler par exemple l'hypothèse présentée par Thomas Pavel, qui dans plusieurs de ses ouvrages caractérise l'art moderne par la réduction de la distance imaginative[19]. L'âge classique, argumente-t-il, affectionnait des univers imaginaires nettement détachés de l'univers empirique, très éloignés de lui, doués d'un supplément ontologique immédiatement sensible. L'art moderne, au contraire, est celui de la transfiguration du banal, selon le titre d'Arthur Danto ; la différence ontologique entre l'empirique et l'imaginaire s'est réduite au point de devenir impalpable. Il est clair que notre goût pour le document et pour le non-fictif cadre parfaitement avec l'hypothèse de Pavel : les documents cités dans *Dora Bruder*, ou dans *Hammerstein*, ceux qui sont employés dans *La Petite Danseuse* témoignent de notre préférence pour des univers imaginaires de plain pied avec le nôtre, ou peut-être de notre incapacité collective à concevoir des univers distants, à la façon de ceux du *Grand Cyrus* ou des romans de chevalerie.

Mais je veux essayer d'aller dans une direction qui sans contredire Pavel, ne se confond pas tout à fait avec l'hypothèse qu'il a retenue. Je m'appuierai à cette fin sur deux auteurs. Le premier est Wallace Stevens, un des plus illustres représentants de la poésie moderniste américaine. En 1951, a été édité à Londres un recueil d'essais de Stevens intitulé : *The Necessary Angel: Essays on Reality and*

---

19 Voir en particulier Pavel, Thomas, *L'Art de l'éloignement : essai sur l'imagination classique*, Paris, Gallimard, coll. « Folio essais », 1996.

the Imagination[20]. La thèse est celle d'une crise du rapport imagination/réalité ; cette crise est due, écrit Stevens, à l'augmentation de la pression du réel, de « la pression sur la conscience d'un ou de plusieurs événements extérieurs, tout pouvoir de contemplation étant exclu[21] ». Ce qu'il nomme ici « réalité » ou « événement extérieur », il le nomme (un peu plus bas[22]) *news*, les informations, les nouvelles. L'information, on s'en souvient, c'était aussi le mot de Weidlé argumentant contre le document. Dans le cas de Stevens, il faut se souvenir évidemment que sa réflexion s'élabore en pleine guerre : l'essai a été repris en volume en 1951, mais il date en réalité de 1942, et bien sûr la pression des *news* en temps de guerre est en partie responsable de la situation qu'il décrit. En partie, mais pas entièrement : « La guerre n'est qu'une partie d'un tout qui ressemble à la guerre [*war-like*][23]. » Je trouve ce *war-like* très troublant.

Ce que Stevens esquisse ainsi, c'est une histoire de l'imagination d'un genre nouveau : non une histoire des théories de l'imagination, ou des contenus imaginatifs (des « imaginaires », comme on dit), mais une histoire de la pression exercée sur les imaginations individuelles par les événements extérieurs, du *forcing* sur les consciences des *news*, de « l'actualité », de l'information : « Nous nous trouvons confrontés à un ensemble d'événements qui non contents d'excéder notre aptitude à les apaiser, à les réduire et à les transformer, brassent des émotions violentes, nous entraînent vers ce qui est direct, et immédiat, et réel. [...] Et ces événements surviennent de façon incessante, et de plus en plus menaçante, quasiment en notre présence[24]. » Il n'y a guère de doute que revenant aujourd'hui des Enfers, et constatant l'existence du téléphone portable, et de l'internet, et des réseaux sociaux, Stevens serait amené à conclure que les choses ne se sont pas arrangées. Le *forcing* n'a pas décru. Le *war-like* est plus pertinent que jamais.

L'hypothèse est très compatible avec celle de Pavel, elle peut même contribuer à expliquer la réduction de la distance imaginative. Mais ce qui n'est pas

---

20 Stevens, Wallace, « The Noble Rider and the Sound of Words » [1942], in *The Necessary Angel: Essays on Reality and the Imagination*, London, Faber and Faber, 1951, p. 1-36. Trad. fr. : « Le noble cavalier et le son des mots », in *L'Ange nécessaire : essais sur la réalité et l'imagination*, trad. S. Bechka-Zouechtiagh et C. Mouchard, Paris, Circé, 1997, p. 11-38.

21 *Ibid.*, p. 20 : « By the pressure of reality, I mean the pressure of an external event or events on the consciousness to the exclusion of any power of contemplation ». Je traduis.

22 *Ibid.*

23 *Ibid.*, p. 21 : « The war is only a part of a war-like whole. » Je traduis.

24 *Ibid.*, p. 22 : « We are confronting, therefore, a set of events, not only beyond our power to tranquillize them in the mind, beyond our power to reduce them and metamorphose them, but events that stir the emotions to violence, that engage us in what is direct and immediate and real, [...] and these events are occurring persistently with increasing omen, in what may be called our presence. ». Je traduis.

dans Pavel, c'est l'idée d'une pression, s'exerçant sur une cloison ou sur une membrane qui sépare un dehors et un dedans, un espace extérieur, qui est l'espace de réel, des *res*, des choses, des autres hommes, de la société, et une *intériorité*, un espace du dedans, propre, privé, intime (*intimus* : le plus en dedans) qui est, ou qui était, l'espace de l'imagination. L'information qui vient du dehors « assaille » et « opprime » ; elle presse et elle fait pression ; elle veut entrer, fût-ce par effraction. On peut se demander si l'inscription dans le récit du document, et notamment l'insertion par collage, telle qu'elle se pratique depuis Döblin (au moins) jusqu'à Modiano et Enzensberger et d'autres, ne pourrait pas être comprise comme l'*analogon* de cette effraction, une figuration textuelle de la *pression* ? L'irruption (par exemple) dans les phrases de Modiano de la langue du « monde administré », qui est la langue *de l'ennemi*, me paraît de nature à illustrer cette hypothèse.

Une dernière citation, un dernier nom et j'arrête. En 1961, sous le titre « Beckett by the Madeleine », a paru un entretien avec Tom Driver, entretien dans lequel il est également, comme chez Stevens, question de pression. Beckett : « Jusqu'à il y a peu, l'art a résisté à la *pression* du chaos, il l'a tenu en respect. Mais maintenant, nous ne pouvons plus le laisser à l'extérieur [...] il pénètre notre expérience à tout moment. Il est là, il faut le laisser entrer[25]. » À nouveau, ici, comme chez Stevens, un dehors et un dedans, quelque chose d'hostile qui veut entrer, qui « pénètre notre expérience » et un *for intérieur*, le « château de l'âme » en quelque sorte, s'il est permis d'user d'une locution aussi délicieusement désuète. Certains voudraient le protéger ; mais Beckett, non : « Il faut le laisser entrer[26] ». Et un peu plus loin : « Il y aura forme nouvelle et cette forme sera d'un genre tel qu'elle fasse une place au chaos [...] Trouver une forme qui s'arrange avec le foutoir, c'est actuellement la tâche de l'artiste[27]. »

N'en déplaise à certains de ceux qu'on appelle des postmodernes, je crois que ce programme n'a pas pris une ride.

---

25 Beckett, Samuel, Driver, Tom F., « Beckett by the Madeleine », *Columbia University Forum*, vol 4, été 1961, p. 21-25, cit. p. 22 : « Until recently, art has withstood the *pressure* of chaotic things. It has held them at bay. [...] But now we can keep it out no longer, because we have come into a time when "it invades our experience at every moment. It is there and it must be allowed in." » Je traduis et je souligne.

26 *Ibid.*, p. 22 : « one must let it in ». Je traduis.

27 *Ibid.*, p. 23 : « It only means that there will be new form, and that this form will be of such a type that it admits the chaos [...] To find a form that accommodates the mess, that is the task of the artists now. » Cité d'après Weber-Caflisch, Antoinette, *Chacun son « dépeupleur » : sur Samuel Beckett*, Paris, Éd. de Minuit, coll. « Paradoxe », p. 45.

CHAPITRE 5

Portrait de l'écrivain contemporain en enquêteur. Enjeux formels et épistémologiques de l'enquête

Laurent Demanze

Résumé

L'essor renouvelé des littératures d'enquête depuis la fin du XXe siècle réactive le « prestige du c'est arrivé », selon la formule de Roland Barthes. Ces investigations contemporaines prennent des formes singulières, empruntent des dispositifs variés et puisent aux archives ou aux documents. Malgré cette variété, cet article voudrait en dessiner la cartographie et proposer quelques lignes de force d'une poétique de l'enquête. En particulier, il s'agit de penser les modes d'implication du je dans une écriture qui tourne le dos au régime objectif, même si elle emprunte au reportage, aux sciences sociales et aux pratiques de montage.

∴

En 1967, dans « Le discours de l'histoire », Roland Barthes pointait une pulsion référentielle à l'œuvre aujourd'hui : journaux intimes, fait divers ou littérature de document, étaient autant de tentatives pour capter le « prestige du *c'est arrivé*[1] ». Cette pulsion est toujours vive aujourd'hui : entre narrations documentaires et enquêtes de terrain, recueil d'entretiens et investigations biographiques, la littérature actuelle propose bien des formes alternatives au genre romanesque, en s'aventurant à la lisière des sciences sociales et du journalisme. De Philippe Artières à Olivia Rosenthal, de Jean Rolin à Emmanuel Carrère, il y a là un portrait de l'écrivain en enquêteur à brosser. Le paradigme inquisitorial, pour reprendre la formule de Dominique Kalifa[2], est devenu depuis les années 1980 une ligne majeure de la production littéraire. Qu'on l'appelle narrations

1 Barthes, Roland, « Le discours de l'histoire » [*Information sur les sciences sociales*, septembre 1967], in *Œuvres complètes*, nouv. éd. rev., corr. et éd. par É. Marty, Paris, Éd. du Seuil, 2002, t. II (1962-1967), p. 1250-1262, cit. p. 1261.

2 Kalifa, Dominique, « Enquête et "culture de l'enquête" au XIXe siècle », *Romantisme*, n° 149 : « L'enquête », 2010/3, p. 3-23.

 | DOI:10.1163/9789004439313_007

documentaires selon Lionel Ruffel[3], littérature de terrain selon Dominique Viart[4] ou littérature d'investigation selon Florent Coste[5], il s'agit de dire comment l'écrivain sort de l'écritoire pour aller à la rencontre du réel et en restituer l'expérience. Cette inflexion majeure est sans doute à déplier selon des perspectives plurielles, tout à la fois esthétiques, épistémologiques, institutionnelles, médiatiques et éthiques. Esthétiques d'abord, car l'on a dit la transitivité reconquise d'une littérature qui tourne le dos aux jeux réflexifs d'autrefois. Épistémologiques ensuite, car l'époque est sans doute aux objets transdisciplinaires et aux méthodologies transversales : Ivan Jablonka revendiquait récemment l'unité de la littérature et des sciences sociales, sous l'égide de l'enquête qui permet de fonder selon lui « une communauté de méthode ». Institutionnelles, car le champ littéraire est fortement modelé par la pratique des résidences qui assignent aux écrivains une fonction exploratoire et remédiatrice de lieux en déshéritage. Médiatiques, car l'ambition inquisitoriale d'explorer un réel rétif est une réponse critique aux fictionnalisations du *storytelling* et des *fake news*. Éthiques enfin, car s'inventent aujourd'hui de nouveaux gestes politiques, qui relèvent davantage de l'enquête en immersion et de la collecte de témoignages, valorisant des rapports horizontaux et formalisant des exercices d'empathie.

Voilà sans doute pourquoi archives et documents ont pris une telle ampleur dans une littérature contemporaine qui valorise les pièces de factualité et les signes tangibles de l'expérience humaine : pièces d'archives exposées, collections d'entretiens ou montage de documents, qui empruntent pour une part aux parcours muséographiques, comme dans *Atelier 62* de Martine Sonnet ou *Au fond* de Philippe Artières. C'est dans ce contexte que l'on assiste aujourd'hui à un tel essor de la non-fiction : on sait notamment l'importance considérable que joue le récit *De sang-froid* de Truman Capote, dans l'inflexion majeure de l'œuvre d'Emmanuel Carrère qui délaisse le roman à partir de *L'Adversaire*, pour saisir les enjeux d'un fait divers ou les vies ordinaires brisées dans *D'autres vies que la mienne*. La rentrée littéraire 2017 qui a salué trois enquêtes, celle d'Éric Vuillard, d'Olivier Guez ou encore celle de Philippe Jaenada, en est un

3 Ruffel, Lionel, « Un réalisme contemporain : les narrations documentaires », *Littérature*, nº 166 : « Usages du document en littérature. Production – Appropriation – Interprétation », 2012/2, p. 13-25.

4 Viart, Dominique, « Les littératures de terrain : dispositifs d'investigation en littérature française contemporaine (de 1980 à nos jours) », Séminaire collectif du CRAL. Art et littérature : l'esthétique en question, 7 décembre 2015 [En ligne], URL : <http://cral.ehess.fr/index.php ?2013>.

5 Coste, Florent, « Propositions pour une littérature d'investigation », *Journal des anthropologues*, nº 148-149 : « *Litté*RATURES & Sciences sociales en quête du réel », 2017, p. 43-62.

symptôme saisissant pour les observateurs du contemporain, au point de battre en brèche l'impératif de roman du prix Goncourt, qui avait notamment écarté *Tristes tropiques* de Claude Lévi-Strauss ou plus récemment *Le Royaume* d'Emmanuel Carrère.

C'est sur ce modèle de l'enquête qu'Ivan Jablonka conclut également son manifeste, *L'histoire est une littérature contemporaine* : il incite d'une part les sciences sociales à s'ouvrir de nouveau à la littérature et aux explorations artistiques, à élargir leurs libertés formelles, pour se montrer inventives dans les dispositifs d'écriture, et il rappelle d'autre part dans un geste complémentaire la teneur cognitive, la puissance d'élucidation et d'exploration de la littérature. « Le paradigme de l'enquête, écrit-il, permet de fédérer à la fois les sciences sociales et des récits qui ressortissent aujourd'hui à la littérature[6]. » C'est pour cette hospitalité disciplinaire et cette capacité de convergence qu'il choisit d'ajouter à la partition fiction/factuel le paradigme de l'enquête, qu'il décrit comme une démarche problématisée constituant le fait dans le mouvement même de sa recherche : dans l'enquête, le fait n'est pas ce que l'on expose, mais ce que l'on constitue, par l'élaboration d'un problème, le croisement des témoignages, l'interprétation des indices, l'implication de l'enquêteur. La notion d'enquête permet de penser ensemble écritures inventives des sciences sociales et récits littéraires en dialogue avec les savoirs, à travers un trait commun à un large pan d'écritures contemporaines, qui s'écrivent en marge des genres : « inventaires de soi, radiographies sociales, livres du monde, plongées dans le gouffre humain, réparations du passé[7] ».

1 Cartographie de l'enquête

Malgré la séduisante typologie que propose Ivan Jablonka, je voudrais essayer de disposer autrement ces écritures de l'enquête à la croisée des champs, pour en proposer une brève cartographie[8]. Elles me semblent s'organiser entre trois pôles, qui sont moins des catégories fixes que des pôles d'attraction, avec

6 Jablonka, Ivan, *L'histoire est une littérature contemporaine : manifeste pour les sciences sociales*, Paris, Éd. du Seuil, « La Librairie du XXIe siècle », 2014, p. 306.

7 *Ibid.*, p. 240.

8 Dominique Viart, dans ses suggestives analyses consacrées à la littérature du terrain, propose une répartition assez proche, tantôt en quatre, tantôt en cinq catégories. Je préfère pour ma part, malgré les croisements entre ces pôles, n'en retenir que trois dont chacune s'adosse à une science sociale de manière privilégiée : la restitution historique, l'immersion ethnographique et l'entretien sociologique. Les croisements sont d'autant plus importants que le champ des sciences sociales ne cesse d'emprunter des outils et de mobiliser des références à d'autres disciplines, depuis la fin de ce que l'on a appelé le « grand partage ». Les techniques

passages et circulations : les investigations biographiques, les explorations géographiques et les recueils polyphoniques.

– Les investigations biographiques sont portées par le désir de reconstitution d'une vie, de reconstruction d'un puzzle existentiel : à travers la secousse d'un fait divers ou les blessures de l'histoire, l'écrivain travaille à la manière de l'historien contre une disparition pour composer un mausolée modeste ou restituer imparfaitement une figure, depuis *Anthropologie* d'Éric Chauvier à *Dora Bruder* de Patrick Modiano, de *L'Adversaire* d'Emmanuel Carrère à *Leïlah Mahi* de Didier Blonde.

– Les explorations géographiques empruntent davantage à l'ethnographie l'exigence d'une immersion dans un terrain, mais à la suite de Georges Perec, il s'agit le plus souvent d'une exploration qui tourne le dos aux fantasmes de l'exotique pour saisir l'endotique. Par des exercices de défamiliarisation, les écrivains interrogent les angles morts de l'espace commun, pour se rendre attentifs aux événements minuscules du quotidien et aux marges invisibles : Jean-Christophe Bailly dans *Le Dépaysement*, Philippe Vasset dans *Un livre blanc*, Martine Sonnet dans *Montparnasse-monde*, ou encore Jean Rolin dans *Zones* et *La Clôture* incarnent ces voyages de proximité qui décentrent et décadrent le familier.

– Les recueils polyphoniques se rapprochent des entretiens sociologiques et plus précisément encore de *La Misère du monde* dirigé par Pierre Bourdieu : il s'agit dans ces recueils de voix et d'expériences de s'attacher à donner langue à des expériences rétives. Les écrivains proposent une représentation diffractée et souvent complexe du monde social, en créant un espace commun de mise en tension des récits : souvent en retrait, ils sont les greffiers d'autrui, les dépositaires d'une expérience, qu'ils montent et assemblent, transcrivent et transposent. C'est le cas de Jean Hatzfeld attentif à consigner les mots des victimes et des bourreaux du génocide rwandais depuis *Dans le nu de la vie*, c'est aussi le cas d'Olivia Rosenthal dans ses « architectures en parole », de Nicole Malinconi dans *Hôpital silence*, Maryline Desbiolles dans *C'est pourtant pas la guerre* ou Marie Cosnay dans *Comment on expulse*.

2 Savoirs et démocratie de la narration

L'un des traits les plus vifs de ces écritures contemporaines de l'enquête, c'est qu'elles se ressourcent au pouvoir de la narration pour dire les moments

---

d'immersion de l'ethnographie ont été mobilisées par l'École sociologique de Chicago, l'histoire recourt à l'entretien dans la veine de l'histoire orale…

d'élaboration d'un savoir et accompagner un cheminement épistémologique. Raconter un savoir en devenir, c'est pour l'écrivain rappeler la teneur cognitive du récit et puiser à son potentiel démocratique.

La teneur cognitive du récit. C'est non seulement dire que le récit d'enquête prend en charge une multitude de savoirs divers, scories disciplinaires et notations ordinaires, mais surtout mettre en évidence que le mouvement narratif épouse le cheminement d'une pensée et les étapes d'un raisonnement. Il s'agit d'une narrativisation d'un protocole mental, avec parfois comme chez Philippe Jaenada, ses digressions et ses excursus, ses égarements et ses trouvailles insolites. Ces enquêtes littéraires s'inscrivent en ce sens dans le sillage des réflexions menées par Gilles Philippe dans *Récits de la pensée*[9] ou Bruno Clément dans *Le Récit de la méthode*[10], qui interrogent tous deux les interactions et les confrontations entre savoir et récit. Est-ce que le récit est une forme susceptible de dynamiser le mouvement indéterminé et divagant de la pensée[11] ? Est-ce que par sa force de conviction et d'adhésion, il associe un faire croire à une démarche rationnelle et critique, en jouant sur la tension même entre aliénation persuasive et conviction émancipatrice ? Surtout ce qui m'importe, c'est que ces récits d'enquête sollicitent une tension narrative et captent une dynamique herméneutique : de Jean Rolin à Patrick Modiano, cette tension, les écrivains vont la chercher en rappelant les codes et les atmosphères du roman noir, ses figures et ses motifs. Car la narration, comme le montre Raphaël Baroni, n'est pas seulement une *forme*, mais aussi une *force*, qui puise sa tension dans les retards ou les entraves cognitifs, *suspens* ou *curiosité*. Ce retard permet la mise en intrigue et en tension du savoir, il lui donne son prestige en conditionnant l'expérience du temps à une révélation. Cette tension a selon le critique une fonction anthropologique capitale, car elle permet de colmater les « fissures qui lézardent nos certitudes rassurantes[12] » et de rendre supportables les situations incompréhensibles de nos existences ordinaires. Au contraire, les enquêtes contemporaines en suspendant l'enquête sur une lacune ou un point de fuite travaillent à inquiéter la possibilité du sens, à décevoir le désir de comblement herméneutique : elles entraînent ou enchaînent le lecteur par la puissance thymique de la narration, en *passionnant* le récit, mais par la suspension finale de l'enquête elles produisent une déliaison narrative, qui ne comble ni la curiosité ni le désir de savoir. La mise en intrigue du mouvement de la connaissance se dénoue au sens propre : les fils se rompent, la tension s'interrompt sans être apaisée.

---

9 Philippe, Gilles (dir.), *Récits de la pensée : études sur le roman et l'essai*, Paris, SEDES, 2000.

10 Clément, Bruno, *Le Récit de la méthode*, Paris, Éd. du Seuil, coll. « Poétique », 2005.

11 Poulet, Georges, *La Pensée indéterminée*, Paris, PUF, coll. « Écriture », 1985-1990, 3 vol.

12 Baroni, Raphaël, *La Tension narrative : suspense, curiosité et surprise*, Paris, Éd. du Seuil, coll. « Poétique », 2007, p. 409.

Un potentiel démocratique. Ivan Jablonka l'a rappelé à de nombreuses reprises, le choix du récit est une façon d'ouvrir la fabrique de l'enquête au lecteur, d'exposer les preuves et les hypothèses, de faire toucher les formations et les formulations d'un savoir. Raconter la fabrique d'un savoir, c'est faire entrer le lecteur dans l'atelier de l'historien, exhiber les sources et marquer les hésitations, pour donner les outils de la confrontation et de la discussion. Le récit d'enquête a selon lui pour ambition une coproduction du savoir et se développe selon des modalités collaboratives. La tension narrative implique plus nettement le lecteur dans les opérations cognitives. Cette exigence d'ouvrir au lecteur ordinaire la production du savoir, Ivan Jablonka l'inscrit dans un large mouvement de démocratisation du champ littéraire et des sciences sociales[13]. À la figure du spécialiste ou du lettré, Ivan Jablonka oppose le modèle de l'enquêteur, qui oscille entre le témoin et le scribe :

> Heureux les prophètes, les devins, poètes-voyants, écrivains-chamans ! Mais, si l'on ne fait pas partie de ces élus, on a toujours la possibilité d'être un enquêteur, un militant, un arpenteur, un *histôr*, un témoin, un scribe, un « scrivain » comme dit Perec, un chercheur parti sur les traces de ce qu'il a perdu, ou des mondes qui ont sombré, ou des structures qu'on ne voit pas, ou des gens qu'on a oubliés. [...]
>
> La démocratisation du savoir défait le « sacre de l'écrivain ». Elle ouvre à la foule les cénacles des *happy few* et les séminaires des spécialistes[14].

Malgré ses protocoles et ses procédures, l'enquête est en somme le mode de savoir de l'homme ordinaire. Cette ouverture démocratique de l'enquête hors des méthodologies exclusives, des légitimations institutionnelles et de ce que Michel Foucault a appelé l'ordre du discours, c'est ce que rappelait juste titre le philosophe pragmatiste américain John Dewey, qui considérait sans solution de continuité les enquêtes ordinaires et les pratiques scientifiques[15]. Il y a là une exigence épistémologique et politique qui s'appuie sur un dispositif

---

13 Dominique Kalifa a bien mis en lumière le lien étroit entre le mouvement de démocratisation et l'émergence du paradigme de l'enquête : la figure de l'enquêteur, si elle est souvent héroïsée à travers le détective ou le journaliste, est aussi un représentant de l'homme ordinaire et de son désir de savoir. Voir, entre autres, Kalifa, Dominique, « Policier, détective, reporter. Trois figures de l'enquêteur dans la France de 1900 », *Mil neuf cent. Revue d'histoire intellectuelle*, n° 22 : « Enquête sur l'enquête », 2004, p. 15-28 ; *id.*, « Enquête et "culture de l'enquête" au XIXe siècle », *Romantisme*, n° 149 : « L'enquête », 2010/3, p. 3-23.

14 Jablonka, I., *L'histoire est une littérature contemporaine*, *op. cit.*, p. 314.

15 Dewey, John, *Logique : la théorie de l'enquête* [*Logic: The Theory of Inquiry*, 1938], prés. et trad. G. Deledalle, 2e éd., Paris, PUF, coll. « L'Interrogation philosophique », 1993.

formel – l'enquête – et une préférence esthétique – le non-fini –. Le récit de l'enquête donne à lire la recherche « dans la durée de son travail [...], dans l'épaisseur de sa genèse, de sa réalisation et de son inachèvement[16] ». À travers la mise en scène de son déroulement, de ses failles et de ses doutes, l'enquête laisse deviner l'esquisse et les ébauches, sourdre les hypothèses plus que les conclusions, affiche l'hétéroclite des échafaudages au lieu de l'homogénéité d'une façade. L'enquête s'écrit ainsi davantage à la manière d'un processus ou d'une expérience de recherche, en tournant résolument le dos au compte rendu d'un savoir acquis.

3 Formes d'implication du *je*

L'un des traits saisissants de ces enquêtes contemporaines, c'est qu'elles proposent un savoir incarné, et non un compte rendu neutralisé d'une factualité mate. Elles s'émancipent du mode objectif qui a pu constituer autrefois une contrainte d'écriture des sciences sociales, sur le modèle des sciences expérimentales ou de l'observation. Elles sont alors portées par la forte présence de l'écrivain, qui marque là son implication et son cheminement, pour saisir réflexivement le coefficient de réfraction individuelle. Si un *je* s'expose, c'est sans narcissisme, mais pour dire les altérations d'un corps, se faire le sismographe d'une rencontre, consigner le temps d'une immersion et les occasions d'interactions.

Dans un article consacré au « je méthodologique », Jean-Pierre Olivier de Sardan revenait sur les modalités d'implication subjective dans l'enquête de terrain : il questionnait avec vigueur cette inflexion subjective des sciences sociales[17]. À sa suite, je voudrais distinguer trois modes d'inscription du *je* dans l'enquête : un *je* de diffraction, un *je* de position et un *je* d'interaction. Le *je* de diffraction prend acte de la distorsion subjective, revendique la transformation d'une perception singulière et située, met au net le facteur personnel dans l'appréhension du monde. Non pas pour faire de cette représentation une perspective close sur elle-même, mais pour permettre au lecteur d'ajuster les propositions, d'infléchir les interprétations, en faisant le « calcul de l'erreur », comme y invitait il y a déjà longtemps Michel Leiris. À travers l'explicitation du *je* de position, l'enquêteur met à nu la dissymétrie fondamentale de l'enquête

16 Jablonka, I., *L'histoire est une littérature contemporaine*, *op. cit.*, p. 296.

17 Sardan, Jean-Pierre Olivier de, « Le "je" méthodologique. Implication et explicitation dans l'enquête de terrain », *Revue française de sociologie*, n° 41-3, juillet-septembre 2000, p. 417-445.

de terrain, souvent accentuée par les effets de la domination sociale ou symbolique : l'investigation ne vas pas sans violence de la part de l'enquêteur ni réticence de la part des enquêtés. Ivan Jablonka a dit avec force la dissymétrie et la violence symbolique sinon la désappropriation, bien notées par les chercheurs en sciences sociales :

> Sortant de nulle part, je lance une enquête sur vous, sur les grands drames de votre vie, j'investis vos secrets, je rouvre vos blessures, j'interroge vos proches, je prétends expliquer la signification de votre existence. Or figurer dans un livre, s'y voir objectivé, disséqué, interprété, livré au public, c'est une forme de violence[18].

Jean-Paul Goux, dans *Mémoires de l'Enclave*, a magnifiquement saisi ces jeux complexes de position, les réticences premières, la conquête d'une confiance et le travail de restitution, s'attachant à atténuer la dissymétrie inquisitoriale[19]. Enfin, le *je* d'interaction permet de mettre l'accent sur les dynamiques intersubjectives, en pensant l'enquête sur le mode d'une négociation contextuelle, en prise avec les enjeux sociaux du terrain : l'enquête s'infléchit dès lors pour composer un espace de coproduction de savoir et d'expérience contextuelle, pour reprendre le mot de Paul Ardenne[20]. C'est, on le sait, ainsi qu'Emmanuel Carrère prend ses distances avec l'intimidant modèle que constitue *De sang-froid* de Truman Capote, qui s'est efforcé d'effacer sa présence alors même qu'il avait noué une relation privilégiée avec les deux assassins, au point d'être le légataire de Perry Smith. À l'inverse, Emmanuel Carrère requalifie l'observateur comme un acteur pris dans le jeu des interactions et des échanges, modifiant la situation observée par sa simple présence[21] : c'est même tout l'enjeu de ses livres depuis le tournant documentaire de *L'Adversaire*, explorer et consigner les inflexions et les perturbations suscitées par la présence de l'enquêteur, pour faire de l'enquête un opérateur performatif. C'est là d'ailleurs tout le projet à l'origine du documentaire, *Retour à Kotelnitch*, dont *Un roman russe* retrace la genèse : après un premier reportage sur les traces d'un prisonnier de

18 Jablonka, Ivan, *Laëtitia ou la fin des hommes*, Paris, Éd. du Seuil, coll. « La Librairie du XXIe siècle », 2016, p. 336.

19 Goux, Jean-Paul, *Mémoires de l'Enclave*, Paris, Mazarine, 1986 ; rééd. Arles, Actes Sud, coll. « Babel », 2003.

20 Ardenne, Paul, *Un art contextuel : création artistique en milieu urbain, en situation, d'intervention, de participation*, Paris, Flammarion, 2002.

21 Carrère, Emmanuel, « Capote, Romand et moi », *Télérama* [En ligne], 11 mars 2006, URL : <http://www.telerama.fr/cinema/8489-capote_romand_et_moi_par_emmanuel_carrere.php> ; repris dans *Il est avantageux d'avoir où aller*, Paris, P.O.L., 2016, p. 265-272.

guerre hongrois, interné pendant cinquante-cinq ans dans l'hôpital psychiatrique de Kotelnitch sans parler le russe, Emmanuel Carrère y retourne pour sillonner patiemment les mornes rues de cette petite ville à l'est de Moscou, côtoyer longuement ses habitants, sans autre désir que de capter ce que la présence même du documentariste suscite. Disponibilité et porosité au bruissement du quotidien amènent l'écrivain-réalisateur à filmer la routine morose de cette petite ville, en multipliant sans sélection les prises de vue. La temporalité de l'enquête documentaire se retourne : elle n'a pas pour enjeu d'élucider une énigme en amont, mais de *produire* à force de participation ou d'intervention l'événement.

Il faut ajouter à ces trois modes d'implication du *je*, une quatrième modalité, que j'appellerais un *je* d'incarnation, qui permet de penser l'enquête sur le mode de l'expérience ou de l'actualisation présente, dans un trajet physique. C'est notamment le cas dans l'œuvre de Philippe Artières, qui n'a cessé de dire à quel point l'enquête historique avait partie liée selon lui avec une expérience corporelle, dans la confrontation aux archives, dans l'investigation sur le terrain ou la consignation de témoignages. Il s'agit pour lui d'« éprouver des sensations physiques[22] », c'est-à-dire d'expérimenter corporellement le savoir du passé par un travail d'incarnation qui permet d'explorer la plasticité de l'identité, de mettre à l'épreuve les limites de l'identification. Non pas pour coïncider empathiquement avec les êtres révolus, mais entre immersion et distanciation pour creuser l'écart et marquer l'impossible confusion des corps. Il s'agit de faire personnellement l'expérience de ce que les hommes du passé ont vécu : reproduire des gestes, sentir le poids d'un habit, refaire un trajet, non seulement pour produire un surcroît d'intelligibilité en donnant à éprouver ce qui a pu avoir lieu, mais aussi pour constituer un protocole réflexif. Ce travail de reconstitution emprunte à la fois au *Near documentary*, au *roleplay*, à l'archéologie expérimentale et à la reconstitution judiciaire : il sollicite les anachronismes, explore les vertiges de l'identification, fait de la réeffectuation physique une puissance d'intelligibilité et pense enfin la reconstitution comme un espace où les discours s'affrontent, à travers des pratiques proches de la performance. À travers ces expérimentations de la reconstitution, l'enquêteur explore et interroge les contacts, les intimités, les intermittences de l'identification entre lui et son objet, entre le présent et le passé. Philippe Artières met en évidence ce contact singulier du chercheur avec les hommes du passé, il saisit cet investissement imaginaire mais aussi physique : l'enquêteur « les frôle, les incarne, s'en détache[23] ». Comme il l'écrit très justement dans *Rêves d'histoire*, « il n'est

22 Artières, Philippe, *Reconstitution : jeux d'histoire,* Paris, Manuella éd., 2013, p. 64.

23 *Ibid.*, p. 71.

pas question ici de proposer une méthode ; il s'agit simplement de restituer et de partager une expérience[24] ». Il s'inscrit là dans le sillage des arts contemporains, qui explorent des pratiques de re-enactement ou reconstitution[25] : il s'agit moins d'une répétition ou d'une représentation du passé, que d'une performance ou d'une reprise dans le présent d'un événement d'autrefois, pour interroger les processus d'écriture de l'histoire, faire l'expérience du passé au présent et mettre à l'épreuve les capacités empathiques. Voilà pourquoi les enquêtes contemporaines s'écrivent souvent au présent d'investigation, pour saisir sur le vif le mouvement d'une pensée, rendre sensibles des moments éloignés dans le temps, mais surtout superposer l'enquête présente et les événements passés dans une même expérience.

4 Une pratique du montage

Les enquêtes contemporaines sollicitent des pratiques formelles qui empruntent aussi bien aux manières des écritures savantes qu'aux dispositifs des arts contemporains, dans un geste où le cut-up documentaire le dispute à la pratique du montage. La littérature a depuis longtemps puisé dans le montage une ressource esthétique : poèmes de Cendrars, expérimentations surréalistes et subversions du Nouveau Roman ont illustré cette fascination pour les possibles du cinéma. Le montage est un geste largement sollicité par des écrivains contemporains, cinéphiles ou adeptes des documentaires, sans doute parce que l'emportent aujourd'hui le morcellement des instants et la fragmentation des expériences, les juxtapositions de durée et les collisions de temporalités[26]. Dans un contexte de décloisonnement des pratiques esthétiques, le montage migre d'un champ à l'autre, sans plus relever de la seule métaphore. Il ne s'agit pas pour les écrivains contemporains de revendiquer dans la pratique du montage un geste discret, mais d'affirmer une conscience un peu mélancolique de la secondarité de l'écriture : non pas ajouter des fictions ou des narrations, mais tailler ou recomposer dans les récits reçus et collectés. Si Olivia Rosenthal pense certains de ses récits comme des montages de voix, c'est qu'elle a une forte expérience de spectatrice, au point de composer plusieurs de ses récits à partir de l'expérience cinématographique ou de rémanences

24 Artières, Philippe, *Rêves d'histoire : pour une histoire de l'ordinaire*, Paris, Les Prairies ordinaires, 2006 ; rééd. Paris, Verticales, 2014, p. 15.

25 Sur ces questions, je renvoie à l'essai d'Aline Caillet, *Dispositifs critiques : le documentaire, du cinéma aux arts visuels*, Rennes, Presses universitaires de Rennes, coll. « Arts contemporains », 2014.

26 Voir Amiel, Vincent, *Esthétique du montage*, Paris, Nathan, coll. « Nathan cinéma », 2001.

filmiques : *King-Kong* et *La Féline* dans *Que font les rennes après Noël ?*, *Les Parapluies de Cherbourg* dans *Ils ne sont pour rien dans mes larmes* ou *Alien*, *Bambi* et *Les Oiseaux* dans *Toutes les femmes sont des aliens*. De la même manière, Emmanuel Carrère a commencé à écrire comme critique de cinéma, notamment dans *Positif* et *Télérama*, avant de réaliser une adaptation de *La Moustache* et surtout un documentaire, *Retour à Kotelnitch*. Il est toujours particulièrement sensible à l'art du montage, dans ses textes critiques comme dans ses films : son documentaire, taillé dans des dizaines d'heures de rush, s'élabore même entièrement dans ce moment second, à la recherche d'une ligne de force, soucieux des rapprochements et des croisements entre des lignes narratives distinctes. Le geste de montage ne se limite pas à un travail de composition – une production d'effet –, mais est décrit comme un geste second de recherche et de surprise – une investigation dans le déjà fait –.

> J'ai effectivement le sentiment [d']avoir plus monté qu'écrit [*Un roman russe*]. Au fil des années, j'avais accumulé un tas d'éléments disparates, des journaux tenus pendant les tournages, des textes en russe, auxquels se sont joints ensuite la nouvelle écrite pour *Le Monde* et le récit des semaines cauchemardesques qui ont suivi sa publication. Le tout représentait une masse de paperasse avec laquelle j'avais du mal à me dépêtrer jusqu'à ce que je considère ce matériau comme des rushes cinématographiques et que je le façonne comme tel[27]...

Le modèle souvent convoqué pour dire cette pratique du montage, c'est celui de *W ou le souvenir d'enfance* de Georges Perec avec ses séries alternant entre archéologie intime et récit d'aventure, démarqué de Jules Verne : si ce modèle est convoqué, c'est pour dire la force heuristique du montage qui permet de creuser un indicible ou un invisible, par la confrontation de séries hétérogènes.

C'est ce modèle qui préside à l'écriture de bien des enquêtes contemporaines, qui brisent la ligne narrative pour construire le récit sur un mode alterné, oscillant entre le récit des événements et le récit de l'enquête, entre les bribes opaques d'un passé énigmatique et l'investigation présente qui tâche d'y retrouver vainement un ordre. Alors que, comme l'a montré Uri Eisenzweig, dans le roman policier l'enquête tente de reconstituer un récit premier manquant[28], réélabore à travers indices et témoignages le déroulement d'un crime,

---

27 Carrère, Emmanuel, « Généalogie d'une délivrance : entretien avec Emmanuel Carrère », *Le Matricule des Anges*, n° 82, avril 2007, p. 19.

28 Eisenzweig, Uri, *Le Récit impossible : forme et sens du roman policier*, Paris, C. Bourgois, 1986.

l'enquête contemporaine s'écrit le plus souvent sur un mode alterné. Non seulement parce que les écrivains n'ont plus la même confiance dans la capacité résurrectionnelle du récit, mais surtout parce qu'il s'agit de saisir quelque chose qui passe de l'un à l'autre : échos et analogies, mais aussi distorsions et diffractions. C'est le cas notamment des *Gens dans l'enveloppe* d'Isabelle Monnin, de *L'Autre Joseph* de Kéthévane Davrichewy ou encore d'*Histoire des grands parents que je n'ai pas eus* d'Ivan Jablonka. Voilà pourquoi les récits d'Ivan Jablonka, de Javier Cercas ou de Philippe Jaenada, entre autres, obéissent à une structure en double hélice qui tresse ensemble le récit des faits et le récit qui traque les faits : cette narration dédoublée s'écrit en rupture avec l'illusion d'un récit homogène, puisqu'elle multiplie les basculements temporels, les oscillations entre l'attesté et l'hypothétique, les récits enchâssés et les montages de témoignages. L'enquête est un récit aux multiples strates temporelles, aux énonciations hétérogènes, aux régimes de réalité différenciés.

Ces quelques traits du portrait de l'écrivain contemporain en enquêteur permettent de mettre en évidence que la narration est redevenue aujourd'hui un support légitime du savoir, à la croisée de l'argumentation et de l'essai. Mais c'est une narration qui tourne le dos aux enchantements du *storytelling*, en proposant des agencements coupés, des montages alternés pour faire entrer le lecteur dans la fabrique du savoir, en rompant l'adhésion et en suscitant une distanciation à inscrire sans doute dans le sillage de Brecht : s'inventent des dispositifs critiques en somme. L'enquête contemporaine se cherche à travers des formes portées par la basse continue d'un *je*, essayant de rompre avec la *willing suspension of disbelief* qui caractérise pour une part la fiction, mais aussi avec la puissance enchanteresse et aliénante du récit. Il s'agit, en quelque sorte, de faire du récit un outil cognitif, un opérateur d'intelligibilité, un instrument d'exploration et d'élucidation.

Bibliographie

Amiel, Vincent, *Esthétique du montage*, Paris, Nathan, coll. « Nathan cinéma », 2001.

Ardenne, Paul, *Un art contextuel : création artistique en milieu urbain, en situation, d'intervention, de participation*, Paris, Flammarion, 2002.

Artières, Philippe, *Rêves d'histoire : pour une histoire de l'ordinaire*, Paris, Les Prairies ordinaires, 2006 ; rééd. Paris, Verticales, 2014.

Artières, Philippe, *Reconstitution : jeux d'histoire*, Paris, Manuella éd., 2013.

Baroni, Raphaël, *La Tension narrative : suspense, curiosité et surprise*, Paris, Éd. du Seuil, coll. « Poétique », 2007.

Barthes, Roland, « Le discours de l'histoire » [*Information sur les sciences sociales*, septembre 1967], in *Œuvres complètes*, nouv. éd. rev., corr. et éd. par É. Marty, Paris, Éd. du Seuil, 2002, t. II (1962-1967), p. 1250-1262.

Caillet, Aline, *Dispositifs critiques : le documentaire, du cinéma aux arts visuels*, Rennes, Presses universitaires de Rennes, coll. « Arts contemporains », 2014.

Carrère, Emmanuel, « Capote, Romand et moi », *Télérama* [En ligne], 11 mars 2006, URL : <http://www.telerama.fr/cinema/8489-capote_romand_et_moi_par_emmanuel_carrere.php> ; repris dans *Il est avantageux d'avoir où aller*, Paris, P.O.L., 2016, p. 265-272.

Carrère, Emmanuel, « Généalogie d'une délivrance : entretien avec Emmanuel Carrère », *Le Matricule des Anges*, nº 82, avril 2007, p. 19.

Clément, Bruno, *Le Récit de la méthode*, Paris, Éd. du Seuil, coll. « Poétique », 2005.

Coste, Florent, « Propositions pour une littérature d'investigation », *Journal des anthropologues*, nº 148-149 : « *Litté*RATURES & Sciences sociales en quête du réel », 2017, p. 43-62.

Dewey, John, *Logique : la théorie de l'enquête* [*Logic: The Theory of Inquiry*, 1938], prés. et trad. G. Deledalle, 2e éd., Paris, PUF, coll. « L'Interrogation philosophique », 1993.

Eisenzweig, Uri, *Le Récit impossible : forme et sens du roman policier*, Paris, C. Bourgois, 1986.

Goux, Jean-Paul, *Mémoires de l'Enclave*, Paris, Mazarine, 1986 ; rééd. Arles, Actes Sud, coll. « Babel », 2003.

Jablonka, Ivan, *L'histoire est une littérature contemporaine : manifeste pour les sciences sociales*, Paris, Éd. du Seuil, « La Librairie du XXIe siècle », 2014.

Jablonka, Ivan, *Laëtitia ou la fin des hommes*, Paris, Éd. du Seuil, coll. « La Librairie du XXIe siècle », 2016.

Kalifa, Dominique, « Policier, détective, reporter. Trois figures de l'enquêteur dans la France de 1900 », *Mil neuf cent. Revue d'histoire intellectuelle*, nº 22 : « Enquête sur l'enquête », 2004, p. 15-28.

Kalifa, Dominique, « Enquête et "culture de l'enquête" au XIXe siècle », *Romantisme*, nº 149 : « L'enquête », 2010/3, p. 3-23.

Philippe, Gilles (dir.), *Récits de la pensée : études sur le roman et l'essai*, Paris, SEDES, 2000.

Poulet, Georges, *La Pensée indéterminée*, Paris, PUF, coll. « Écriture », 1985-1990, 3 vol.

Ruffel, Lionel, « Un réalisme contemporain : les narrations documentaires », *Littérature*, nº 166 : « Usages du document en littérature. Production – Appropriation – Interprétation », 2012/2, p. 13-25.

Sardan, Jean-Pierre Olivier de, « Le "je" méthodologique. Implication et explicitation dans l'enquête de terrain », *Revue française de sociologie*, nº 41-3, juillet-septembre 2000, p. 417-445.

Viart, Dominique, « Les littératures de terrain : dispositifs d'investigation en littérature française contemporaine (de 1980 à nos jours) », Séminaire collectif du CRAL. Art et littérature : l'esthétique en question, 7 décembre 2015 [En ligne], URL : <http://cral.ehess.fr/index.php ?2013>.

CHAPITRE 6

L'« exofiction » entre non-fiction, contrainte et exemplarité

Cornelia Ruhe

Résumé

Les romans qui s'emparent d'un personnage historique pour en faire le sujet de leurs romans, sans pour autant viser la biographie (romanesque) se font plus nombreux ces dernières années, de sorte que le terme d'« exofiction » apparaît de plus en plus souvent dans la presse non seulement française. Pierre Assouline décrit ce que lui aussi appelle un nouveau genre en des termes très négatifs : selon lui, « l'exofiction parasite » la biographie tout comme le roman et ne serait qu'une « solution de facilité » pour les auteurs en manque d'inspiration ainsi que pour les éditeurs, qui pourront compter sur la notoriété du personnage pour vendre le texte. Dans notre contribution, nous aimerions montrer qu'il y a bien plus à cet exercice qui limite la fantaisie plus qu'il ne la remplace, qui tient bien plus de la contrainte que de la facilité. À partir de plusieurs textes « exofictionnels », nous aimerions montrer que les auteurs développent leurs protagonistes historiques comme des personnages autour desquels se cristallisent certains moments clés de l'histoire mondiale, moments qui ne sont pas uniquement intéressant en soi, mais permettent aussi d'aborder des questions plus générales d'éthique et de morale.

•••

> La fiction est devenue moins fictive que l'histoire.
>
> IVAN JABLONKA[1]

•
•

1 Jablonka, Ivan, *L'histoire est une littérature contemporaine : manifeste pour les sciences sociales*, Paris, Éd. du Seuil, « La Librairie du XXIe siècle », 2014 ; rééd. coll. « Points histoire », 2017, p. 51.

 | DOI:10.1163/9789004439313_008

1 Une crise de l'imaginaire ?

Les romans qui s'emparent d'un personnage historique pour en faire leur sujet se sont multipliés ces dernières années. Depuis 2015, c'est sous le terme d'« exofiction » que la presse française les regroupe, terme qui apparaît d'abord en 2011 dans un article de Philippe Vasset qui définit l'« exofiction » comme « une littérature qui mêle au récit du réel tel qu'il est celui des fantasmes de ceux qui le font[2] ». De par son utilisation de plus en plus fréquente par la presse, pas uniquement française[3], la notion de Vasset connaît une transformation, voire une spécification : alors que selon lui, les *terrae incognitae* étaient surtout géographiques[4], elles sont d'ordre plutôt historique chez d'autres auteurs. Depuis peu, Wikipédia dédie un article à l'« exofiction », qui témoigne de ce glissement de la définition :

> L'exofiction désigne une catégorie de roman inspiré de la vie d'un personnage réel (différent de l'auteur), mais s'autorisant des inventions, par exemple pour les périodes mal connues (à la différence de la stricte biographie)[5].

2 Vasset, Philippe, « L'Exofictif », *Vacarme* [En ligne], nº 54, hiver 2011, p. 29, URL : <https://vacarme.org/article1986.html> (consulté le 24/11/2017).

3 Hauge, Hans, « Autofiction », *Berlingske*, 1er octobre 2014 ; Gandillot, Thierry, « Après l'auto, l'exofiction », *Les Échos*, 24 août 2015 ; Steinmetz, Muriel, « C'est la rentrée des classes littéraires », *L'Humanité*, 27 août 2015 ; Ritte, Jürgen, « Romane ohne Fiktion », *Neue Zürcher Zeitung* 11 octobre 2015 ; Assouline, Pierre, « L'édito : La vie des autres », *Le Magazine littéraire*, nº 571, septembre 2016, p. 3 ; Fouquet, Marie et Burdeau, Emmanuel, « L'autofiction attaquée par l'exofiction », *Le Magazine littéraire*, nº 571, septembre 2016, p. 12-16 ; Chalonge, Mathilde de, « De la fiction à la biographie, l'exofiction, un genre qui brouille les pistes », *ActuaLitté*, 10 août 2016 ; Sagnard, Arnaud, « Sous le squelette de l'exofiction », *La Nouvelle Revue française*, nº 622, janvier 2017, p. 25-31 ; Kegel, Sandra, « Ausweitung der Kampfzone », *Frankfurter Allgemeine Zeitung*, 6 février 2017 ; Montefiori, Stefano, « Exofiction, l'opposto dell'autofiction », *Corriere della sera*, 16 août 2017 ; Dressler-Bredsdorff, Matthias, « Tendens: Autofiktionen er død, længe leve exofiktionen », *Politiken*, 26 novembre 2017.

4 Voir, à ce sujet, l'article de Xavier Boissel, qui conclut qu'on pourrait « appeler exofiction toute fiction qui investirait les territoires, contre la fermeture de la carte. Héritière de la littérature de genre, qu'elle prend au sérieux, volontiers feuilletoniste, mais aussi "trans-générique", et donc par là marginale et impure, à la jonction du réel et du fantasme, elle renoue avec la narration, avec les histoires, sans sacrifier "*l'aventure d'une l'écriture*" ». Boissel, Xavier, « Éléments pour une littérature exofictionnelle », *remue.net littérature* [En ligne], mai 2015, URL : <https://remue.net/Xavier-Boissel-Elements-pour-une-litterature-exofictionnelle> (consulté le 24/11/2017). C'est l'auteur qui souligne.

5 Wikipédia, article « Exofiction », URL : <https://fr.wikipedia.org/wiki/Exofiction> (consulté le 24/11/2017).

La référence à l'autofiction est évidente – l'« exofiction » en serait l'opposé en ce sens qu'elle mettrait en scène non pas le *je*, mais un autre. La définition suggère par ailleurs que dans l'« exofiction », tout comme dans son « modèle » autofictionnel, la limite entre faits et fictions ne serait pas toujours aisément discernable. On pourrait d'ailleurs dire que la catégorie sert surtout à illustrer une baisse de l'autofiction constatée par la presse, qui s'accompagnerait d'une hausse de son contraire, pour lequel on trouve le terme opportun d'« exofiction[6] ». Dans certains articles de presse, la notion a été élargie pour désigner des textes qui s'inspirent d'un moment historique, mais la construction du terme comme l'opposé de l'autofiction met d'avantage l'accent sur le personnage historique.

La littérature française contemporaine ne manque effectivement pas d'exemples de ce qui constitue peut-être un nouveau genre : certains romans de Patrick Deville[7], les textes d'Oliver Rohe sur David Bowie et Mikhaïl Kalachnikov[8], celui d'Éric Vuillard sur Buffalo Bill[9], ainsi que les derniers romans en date de Mathieu Larnaudie sur l'actrice américaine Frances Farmer[10], d'Olivier Rolin sur Alexeï Vangengheim, le météorologue de Staline[11], de Jérôme Ferrari sur le physicien Werner Heisenberg[12] et d'Olivier Guez sur le médecin d'Auschwitz, Josef Mengele[13], entre autres, puisent leur inspiration dans un

6 En 2013, Actes Sud a lancé une collection nommée « Exofictions », qui accueille des œuvres de *science-fiction* et de *fantasy*. Le terme semble avoir été choisi non pas par opposition à l'autofiction, mais plutôt comme référence à « exo-tique », en ce sens que les textes publiés dans ladite collection déploient des mondes autres, qui, par opposition à la notion d'« exofiction », qui m'intéresse ici, n'ont que peu de rapport avec la réalité historique.

7 Deville, Patrick, *Peste & Choléra : roman*, Paris, Éd. du Seuil, coll. « Fiction & Cie », 2012, mais aussi : mais aussi *Pura Vida : vie & mort de William Walker*, Paris, Éd. du Seuil, coll. « Fiction & Cie », 2004 ; *Équatoria : roman*, Paris, Éd. du Seuil, coll. « Fiction & Cie », 2009 ; *Kampuchéa : roman*, Paris, Éd. du Seuil, coll. « Fiction & Cie », 2011.

8 Rohe, Olivier, *Nous autres*, Paris, Éd. Naïve, 2005 ; *id.*, *Ma dernière création est un piège à taupes : Mikhaïl Kalachnikov, sa vie, son œuvre*, Paris, Éd. Inculte, 2012 ; rééd. Arles, Actes Sud, coll. « Babel », 2015.

9 Vuillard, Éric, *Tristesse de la terre : une histoire de Buffalo Bill Cody. Récit*, Arles, Actes Sud, coll. « Un endroit où aller », 2014.

10 Larnaudie, Mathieu, *Notre désir est sans remède : roman*, Arles, Actes Sud, coll. « Domaine français », 2016.

11 Rolin, Olivier, *Le Météorologue*, Paris, Éd. du Seuil, Éd. Paulsen, coll. « Fiction & Cie », 2014.

12 Ferrari, Jérôme, *Le Principe : roman*, Arles, Actes Sud, coll. « Domaine français », 2015.

13 Guez, Olivier, *La Disparition de Josef Mengele : roman*, Paris, B. Grasset, 2017.

personnage historique[14]. En Espagne, c'est le nom de Javier Cercas qui est souvent cité dans le même contexte[15].

Dans son éditorial de septembre 2016 pour *Le Magazine littéraire*, Pierre Assouline dénigre ce que lui aussi appelle un nouveau genre en ces mots : « l'exofiction parasite » la biographie tout comme le roman et ne serait qu'une « solution de facilité » pour les auteurs en manque d'inspiration ainsi que pour les éditeurs qui pourront compter sur la notoriété du personnage pour vendre le texte. Le choix de l'« exofiction » traduirait « la flemme de l'auteur[16] ». Marie Fouquet et Emmanuel Burdeau, quant à eux, parlent de ce genre naissant avec davantage de bienveillance, bien qu'en y voyant aussi « une crise de l'imaginaire[17] ». Pour eux, ces romans serviraient à « combler les lacunes d'un temps impossible à saisir[18] ». Un an après la publication de son éditorial, Pierre Assouline s'avoue défait et annonce « le triomphe du roman sans fiction », qui « réinvente[rait] la réalité, s'autorise[rait] à créer des histoires en ajoutant au réel l'invérifiable et l'imaginaire[19] ».

Je ne partage pas l'avis d'Assouline, de Burdeau et de Fouquet selon lesquels ce ne sont que le tarissement de l'imagination et/ou la paresse des écrivains qui les amèneraient à choisir un/e protagoniste historique. Dans ma contribution, j'aimerais montrer qu'il y a bien plus à l'exercice « exofictionnel », qui limite l'imagination plus qu'il ne la remplace, qui tient bien plus de la contrainte que de la facilité. Néanmoins, ce n'est pas la simple documentation qui intéresse les auteurs et encore moins le genre de la biographie, mais plutôt la réflexion et l'analyse, pour ne pas dire l'autopsie d'un personnage à un moment

14 Sans prétendre à l'exhaustivité, on pourrait ajouter les derniers textes d'Emmanuel Carrère *Un roman russe* (Paris, P.O.L., 2007), *D'autres vies que la mienne* (Paris, P.O.L., 2009) et *Limonov* (Paris, P.O.L., 2011), mais aussi *De nos frères blessés : roman*, de Joseph Andras (Arles, Actes Sud, coll. « Domaine français », 2016), ou encore les derniers romans de Wilfried N'Sondé, *Un océan, deux mers, trois continents* (Arles, Actes Sud, coll. « Domaine français », 2018) et de Marcu Biancarelli, *Massacre des Innocents : roman* (Arles, Actes Sud, coll. « Domaine français », 2018).

15 Voir Ruiz Mantilla, Jesús, « La hora de la transparencia literaria », *El País*, 1er mai 2017 ; Caballé, Anna, « ¿Cansados del yo? ». *El País*, 6 janvier 2017 ; Assouline Pierre, « Le triomphe du roman sans fiction », *Le Magazine littéraire*, nº 583, septembre 2017, p. 6-8, en particulier p. 7. Il est intéressant de noter qu'alors que la presse française qualifie ce phénomène « d'exofiction », la presse espagnole parle, quant à elle, d'« autofiction », ce qui est probablement dû au fait que l'Espagne n'a pas connu d'importante vague de littérature autofictionnelle.

16 Assouline, P., « L'édito : La vie des autres », art. cit., p. 3.

17 Fouquet, M. et Burdeau, E., « L'autofiction attaquée par l'exofiction », art. cit., p. 15.

18 *Ibid.*

19 Assouline P., « Le triomphe du roman sans fiction », art. cit., p. 6.

particulier de l'histoire. J'aimerais donc explorer cette catégorie jusqu'ici avant tout journalistique pour savoir si elle pourrait servir de base à une analyse.

Sur la base de plusieurs textes « exofictionnels », j'aimerais montrer que les auteurs développent leurs protagonistes historiques comme des figures autour desquelles se cristallisent certains moments clés de l'histoire mondiale, moments qui ne sont pas seulement intéressants en eux-mêmes, mais qui permettent aussi d'aborder des questions plus générales d'éthique et de morale. La psychologie du personnage est moins intéressante que celui-ci ne l'est en tant que représentant de son époque, qu'il en soit l'une des victimes comme Frances Farmer chez Mathieu Larnaudie et Alexeï Vangengheim chez Olivier Rolin ou l'un des acteurs comme Buffalo Bill chez Éric Vuillard et Werner Heisenberg chez Jérôme Ferrari.

Avant de procéder à une (brève) analyse des textes mentionnés, j'évoquerai, de manière nécessairement spéculative, les raisons de l'essor considérable des fictions biographiques et mettrai en exergue les traits communs de nombre de ces textes.

2 L'essor de l'exofiction

Dans *La Littérature française au présent*, ouvrage de 2005, Dominique Viart observe chez les auteurs des années 1980 une réaction au constat

> que l'Histoire n'était pas en marche vers l'accomplissement d'une humanité toujours plus savante et plus sage, que le projet scientifique et technique pouvait se mettre au service des pulsions humaines les plus barbares au lieu de s'en délivrer[20].

Selon lui, cette désillusion due aux guerres et à la violence ayant marqué le XXe siècle et le début du XXIe siècle conduit les auteurs à se tourner vers l'histoire pour y chercher l'« origine historique et problématique d'un siècle de ténèbres[21] ».

Dix ans plus tard, Dominique Rabaté constate à propos d'une génération d'auteurs dont font partie la plupart des auteurs susnommés :

---

20 Viart, Dominique, « Introduction. Relances de la littérature », in Viart, D. et Vercier, Bruno, *La Littérature française au présent : héritage, modernité, mutation* [2005], 2e éd. augm., Paris, Bordas, 2008, p. 15-21, cit. p. 16.

21 *Ibid.*, p. 131.

> Cette envie de *faire monde*, il me semble qu'on peut en faire le nœud – ou le sujet – de nombreuses œuvres d'aujourd'hui, et le signe d'une inquiétude commune à bien des écrivains français aujourd'hui. Sans prétendre ordonner avec cette seule boussole le paysage mobile, varié et contrasté de ce qui s'écrit actuellement en France, je voudrais [...] [e]n faire [...] un signe même de notre époque, un effet du malaise collectif, un symptôme d'une inquiétude que la littérature décrit, analyse, met en scène[22].

Le malaise collectif qui s'amplifie plutôt qu'il ne s'atténue ferait place à une inquiétude commune aux auteurs contemporains, inquiétude qui, selon Rabaté, conduirait à un « reflux de la vogue de l'autofiction[23] ». À l'époque des faits alternatifs et de la post-factualité, nous vivons une crise de la réalité ou du moins d'une réalité communément acceptée qui étaye le sentiment de perte de la réalité ainsi que de la cohésion sociale. L'autofiction en tant que repli sur soi ne semble pas proposer de solution à ce problème. En réaction à cette crise de la perception surgit un réflexe réaliste qui semble remédier à la désorientation et à la désagrégation sociale[24]. Les auteurs se tournent vers un réalisme imprégné du passé qui les pousse souvent à une réflexion à propos des origines d'une violence qui semble inextricablement liée à l'histoire du continent européen. C'est le monde qui est devenu problématique, selon Rabaté, et c'est à cette remise en cause que réagiraient les auteurs en devenant « perméable au monde[25] », en explorant l'histoire avec insistance, par le biais du documentaire et d'une « certaine [ré]affirmation du référent[26] » longtemps traité avec dédain dans la littérature de langue française.

Les textes de Larnaudie, Ferrari, Rolin, Vuillard et Cercas s'insèrent dans les courants contemporains théorisés par Viart et Rabaté. Je doute

22 Rabaté, Dominique, « Faire un monde ? / Eine Welt erschaffen ? », in Ferrari, Jérôme et Ruhe, Cordelia (dir.), *Den gegenwärtigen Zustand der Dinge festhalten. Zeitgenössische Literatur aus Frankreich*, dossier de *die horen. Zeitschrift für Literatur, Kunst und Kritik*, Göttingen, Wallstein, vol. 267, 2017, p. 262-270, cit. p. 262.

23 *Ibid.*, p. 266.

24 Le commentaire d'Emmanuel Carrère au début d'*Un roman russe* donnerait à croire que c'est ce même reflexe qui dirige l'auteur vers un renouveau de son écriture : « J'ai pensé : maintenant, c'est fini, je passe à autre chose. Je vais vers le dehors, vers les autres, vers la vie » (Carrère, E., *Un roman russe, op. cit.*, p. 16), alors qu'il s'avèrera finalement que le récit est la tentative très personnelle de se défaire des fantômes qui hantent le passé de sa famille (voir *ibid.*, p. 278 et suiv.).

25 Jablonka, I., *L'histoire est une littérature contemporaine, op. cit.*, p. 9.

26 Larnaudie, Mathieu, « Empoigner le monde – captures et captations », in Collectif Inculte, *Devenirs du roman*, vol. 2 : *Écritures et matériaux*, Paris, Éd. Inculte, coll. « Essais », 2014, p. 83-103, cit. p. 89.

cependant que leurs écritures doivent se comprendre comme autant d'entreprises « thérapeutique[s][27] » ou de tentatives directes de construction d'un monde commun qui, dans une réalité non seulement de plus en plus complexe mais également précaire, feraient cruellement défaut. Ce sont plutôt les causes de cette précarité du monde commun qui sont dévoilées et analysées, sans pour autant que soit proposée plus qu'une compréhension approfondie d'une tranche d'histoire – les textes ne tendent ni à l'exhaustivité ni à une vérité absolue, ce n'est pas une « littérature remédiatrice[28] » qui se construit ici. Ces derniers se glissent plutôt, comme l'a suggéré Mathias Énard, « dans les interstices laissés par l'histoire[29] », en plaçant un destin qui semblerait singulier dans un panorama plus vaste sans porter atteinte à sa singularité, fidèle à la formule heureuse d'Arno Bertina et de Mathieu Larnaudie, selon laquelle « l'histoire est une somme de faits saillants et recensés, et de parcours individuels marqués par des drames collectifs dont il ne reste rien que cette douleur individuelle[30] ».

Pour parvenir à cette fin, les textes témoignent bien souvent d'un rapport particulier à l'histoire qui passe par une nouvelle relation aux documents et un « retour à l'archive[31] ». Ces archives ou documents sont dans certains cas accessibles depuis peu[32] ou ne l'étaient que pendant un bref laps de temps[33], sur la base de décisions le plus souvent d'ordre politique. Ce n'est qu'avec l'ouverture de ces archives au public qu'il devient possible pour d'autres que les spécialistes au sens strict du terme de remettre en question certains événements, voire même des discours historiques bien souvent hégémoniques car

27 Gefen, Alexandre, *Réparer le monde : la littérature française face au XXIe siècle*, Paris, Éd. Corti, coll. « Les Essais », 2017, p. 17.

28 *Ibid.*, p. 12.

29 Énard, Mathias, « Mathias Énard, le génie et la beauté sur le Bosphore. Interview avec Laurent Borderie », *L'Orient Littéraire* [En ligne], nº 43, 2010-01, URL : <https://www.lorientlitteraire.com/article_details.php?cid=33&nid=3271> (consulté le 23/11/2017) ; voir aussi Fouquet, M. et Burdeau, E., « L'autofiction attaquée par l'exofiction », art. cit.

30 Bertina, Arno et Larnaudie, Mathieu, « Avant-propos », in Collectif Inculte, *Devenirs du roman*, vol. 2 : *Écritures et matériaux*, *op. cit.*, p. 7-12, cit. p. 8.

31 Delage, Agnès, « Fictions d'archive. Les enjeux de la contre-histoire dans l'Espagne contemporaine », in Devigne, Matthieu, Martinat, Monica, Mounier, Pascale et Panter, Marie (dir.), *Imagination et histoire : enjeux contemporains*, Rennes, Presses universitaires de Rennes, coll. « Histoire », 2014, p. 85-96, cit. p. 85.

32 C'est par exemple le cas de nombre de documents archivés qui concernent la guerre d'Espagne ou l'époque du franquisme en Espagne, mais aussi de ceux qui concernent la guerre d'Indépendance algérienne en France (et en Algérie).

33 Comme dans le cas des documents relatifs aux exactions staliniennes dont se sert Olivier Rolin dans *Le Météorologue* et qui n'étaient accessibles que pendant quelques années. L'accès n'était possible que par le biais de l'Association Mémorial.

n'ayant jamais été contestés. Combler les interstices par ce qui se présente comme des faits historiques est facilité par cette accessibilité des informations[34], bien que Patrick Boucheron mette en garde contre une foi naïve en leur lisibilité : son constat – « Sans doute faut-il rappeler à nouveau que les archives ne sont jamais disponibles, mais toujours à inventer[35] » – ne souligne pas seulement la responsabilité de l'historien face aux archives, mais renvoie à leur possible mise en fiction par des écrivains.

Mais cela va encore plus loin : un rapport privilégié aux archives et aux documents devient possible depuis quelques années grâce à l'Internet qui permet l'accès à des bases de données et aux archives les plus diverses sans même devoir se déplacer. Des recherches, qui étaient il y a quelques années encore coûteuses et compliquées, sont maintenant à portée de quelques clics. Grâce à Google Earth, le voyage même est devenu quasi obsolète, du moins s'il n'était censé servir qu'à la vérification d'un décor urbain, de la pente d'une route ou de la vue à partir d'une terrasse. Ce que Mathieu Larnaudie appelle « hypermnésie pour tous[36] », l'accès facile à un nombre toujours croissant d'informations n'appauvrit pas l'imagination, mais peut plutôt être perçu comme une source potentiellement intarissable de réalité – source qui devient contrainte à partir du moment où tout lecteur et toute lectrice peuvent eux-mêmes vérifier sur la toile la coupe de l'arbre dans le jardin du protagoniste historique et bientôt peut-être même jusqu'au bouton sur son nez.

Dans ce contexte, ce n'est probablement pas un hasard que nombre d'auteurs d'« exofictions » citent en tant qu'influence majeure l'œuvre de Pierre Michon qui a très tôt développé un « goût de l'archive[37] » et qui « aime écrire des *vies*. Souvent des vies présomptives[38] ». Michon dit avoir moins de goût pour l'histoire en tant que telle que pour ses capacités de nous tendre un miroir :

---

34 La notion d'archive suggère généralement une véracité historique que le contexte dans lequel certaines archives ont été établies ne confirme pas toujours. Il en est ainsi de certaines archives sur la guerre civile espagnole, établies pendant l'époque du franquisme, archives qu'il faut soigneusement replacer dans leur contexte initial pour pouvoir en juger le contenu (voir, à ce propos, l'article d'Agnès Delage mentionné plus haut). Le travail des auteurs n'est donc pas uniquement un travail d'accumulation d'information, mais davantage un travail d'évaluation et de contextualisation des informations acquises.

35 Boucheron, Patrick, « Pour réparer le monde. Quelques remarques en guise de conclusion », in *Imagination et histoire*, *op. cit.*, p. 309-320, cit. p. 316-317.

36 Larnaudie, M., « Empoigner le monde – captures et captations », chap. cit., p. 93.

37 Farge, Arlette, *Le Goût de l'archive*, Paris, Éd. du Seuil, coll. « La Librairie du XXIe siècle », 1989 ; rééd. coll. « Points histoire », 1997.

38 Boyer, Frédéric, « Pierre Michon, une vie légendaire », *La Croix* [En ligne], 28 août 2015, URL : <https://www.la-croix.com/Culture/Livres-Idees/Livres/Pierre-Michon-une-vie-legendaire-par-Frederic-Boyer-2015-08-28-1349486>.

> C'est notre propre problématique qu'on habille dans des défroques du passé. Le costume permet un détour qui épure l'essence du problème, son éternelle contemporanéité. Si on veut que ça soit crédible au XVIIe siècle, il faut que ça ait perduré jusqu'à nous : je ne parle pas de l'humain au XVIIe ou au XIXe siècle, mais de ce qui dans l'humain est commun à tous les siècles, sous des déguisements divers[39].

Michon essaie de comprendre le monde problématique dont parlait Rabaté à travers un passé face auquel il a l'avantage de la distance temporelle, ce qui lui permet une perspective plus large. Michon crée des *Vies minuscules*[40], exemplaires et fidèles à l'histoire, mais pas toujours historiques. C'est dans la tradition des textes de Pierre Michon que s'inscrivent des auteurs tels que Jérôme Ferrari et Mathieu Larnaudie, notamment.

Dans *Fait et fiction*, Françoise Lavocat affirme que « la fiction est, en effet, aujourd'hui un champ de bataille », qu'il y aurait « une méfiance à l'égard des fictions[41] ». Cette méfiance n'est pas récente, mais peut être considérée comme un héritage tardif du Nouveau Roman et elle remet en question les formes convenues de l'écriture réaliste. L'objectif de la littérature contemporaine serait ainsi, selon Dominique Viart,

> de parvenir à trouver les moyens d'écrire le réel sans sacrifier à son tour aux illusions ni aux faux-semblants de l'esthétique réaliste. Aussi lui faut-il désormais composer avec le soupçon et se mettre à l'épreuve des faits, [...] mais d'autre façon, moins romanesque, plus en prise sur les sciences humaines, plus « interrogeante »[42].

Le « discrédit que le Nouveau Roman a jeté (du moins sur la scène littéraire française) sur la possibilité même d'une invention romanesque[43] », serait donc, selon Patrick Boucheron, à l'origine d'un renouveau de l'écriture réaliste, – ou, pour l'exprimer avec les termes d'Alexandre Gefen, d'« un putsch

---

39 Michon, Pierre, « Une forme déchue de la prière » [*Atlantiques*, n° 66, janvier 1992], in *Le roi vient quant il veut*, textes réunis et présentés par Agnès Castiglione avec la participation de Pierre-Marc de Biasi, Paris, A. Michel, 2007, p. 27-33, cit. p. 28.

40 Michon, Pierre, *Vies minuscules*, Paris, Gallimard, 1984.

41 Lavocat, Françoise, *Fait et fiction : pour une frontière*, Paris, Éd. du Seuil, coll. « Poétique », 2016, p. 14.

42 Viart, Dominique, « L'apocalypse... et après », in Viart, D. et Vercier, B., *La Littérature française au présent*, *op. cit.*, p. 193-212, cit. p. 212.

43 Boucheron, Patrick, « "Toute littérature est assaut contre la frontière." Notes sur les embarras historiens d'une rentrée littéraire », *Annales. Histoire, Sciences Sociales*, 65e année, 2010/2, p. 441-467, cit. p. 446.

référentiel[44] » – tournée vers les documents et les archives et revendiquant – contrairement aux romans historiques et à la métafiction historiographique – la partie vérifiable, historique, de leurs textes. Les lacunes laissées par l'histoire ne sont plus comblées, car, toujours selon Patrick Boucheron, cela « revient à produire du faux. Et voici pourquoi on doit tellement se méfier de la mise en images ou en imaginaire des archives. Ne pas lisser : tel pourrait être le mot d'ordre[45] ». La pratique des auteurs que j'examinerai ci-après ne « prétend [pas] combler les lacunes », mais au contraire « les circonscrire au plus près[46] ».

3 Romans avec et sans fiction

La manière des différents textes d'exposer leurs matériels diffère considérablement : alors que dans *La Disparition de Joseph Mengele*, d'Olivier Guez, une bibliographie importante nous est proposée[47], il n'y a aucun paratexte tenant compte des textes lus ou des archives consultées dans le roman de Mathieu Larnaudie sur Frances Farmer ni dans le récit d'Éric Vuillard sur Buffalo Bill, qui ont pourtant, tous deux, effectué des recherches très approfondies (et qui mentionnent parfois ces démarches dans le texte même[48]). Olivier Rolin et

44 Gefen, Alexandre, *Inventer une vie : la fabrique littéraire de l'individu*, Bruxelles, Les Impressions nouvelles, 2015, p. 14.

45 Boucheron, Patrick, « Pour réparer le monde », art. cit., p. 318.

46 *Ibid.* Dans le cas du roman allemand *Le Collectionneur de mondes* d'Ilja Trojanow, biographie romancée de Richard Francis Burton plutôt qu'exofiction, ce ne sont pas les lacunes qui semblent avoir été le problème, mais plutôt un trop-plein d'information. Trojanow, Ilja, *Der Weltensammler*, München, Wien, Hanser, 2006 (Trad. : *Le Collectionneur de mondes*, trad. Dominique Venard, Paris, Buchet-Chastel, 2008). Le critique Richard Kämmerlings constate qu'il fallait non pas inventer, mais plutôt s'émanciper du matériel : « Reizvoll, aber tückisch deswegen, weil es dort, wo im Grunde nichts mehr dazuerfunden werden müßte, darauf ankommt, sich vom Material zu emanzipieren. » Kämmerlings, Richard, « Als unsere Tage immer fremder wurden. Tausche Portwein gegen Wortschatz : Ilja Trojanows faszinierender Roman über den Forschungsreisenden Richard F. Burton », *Frankfurter Allgemeine Zeitung*, 15 mars 2006, L3.

47 Guez, O., *La Disparition de Josef Mengele*, *op. cit.*, p. 233-237.

48 Dans *Tristesse de la terre*, les photographies insérées dans le texte témoignent d'une partie de ces recherches. Dans son article sur *L'Ordre du jour*, dernier roman en date d'Éric Vuillard, Nicola Denis, la traductrice allemande d'Éric Vuillard, précise que l'auteur refuse l'insertion de notes en bas de page ou de références par souci de littérarité (Denis, Nicola, « Éric Vuillards episches Theater. Gedanken zur Übersetzung von *Die Tagesordnung* », *Romanische Studien* [En ligne], avril 2018, URL : <http://blog.romanischestudien.de/eric-vuillards-episches-theater/> [consulté le 20/05/2018]). Ivan Jablonka note dans ce contexte : « On observe ce refus de la note dans plusieurs œuvres, fictionnelles ou non, qui

Jérôme Ferrari, quant à eux, sont plus explicites en ce qui concerne leurs sources. Ils citent en effet les noms des personnes avec lesquelles ils ont parlé ou travaillé et indiquent leurs sources textuelles les plus importantes dans une « Note de l'auteur[49] » ou dans des « Remerciements[50] » respectivement.

Alors que Javier Cercas fournit simplement une liste alphabétique de noms de personnes l'ayant aidé à écrire *El impostor*[51] à la fin du livre, le texte même (tout comme son grand succès de 2001, *Les Soldats de Salamine*) fait état de toutes les interviews, rencontres, lectures et recherches ayant mené à l'écriture du roman[52] dans un souci du détail frôlant parfois le pénible.

Notre désir est sans remède est un roman, *Tristesse de la terre*, comme tous les textes d'Éric Vuillard, un récit. Les deux textes sont animés par un intérêt commun : remonter aux sources de la société du spectacle, source que les auteurs localisent à deux moments différents de l'histoire américaine et qu'ils voient incarnée de manière emblématique dans deux protagonistes de l'histoire : l'actrice américaine Frances Farmer et Buffalo Bill, le créateur et metteur en scène du premier spectacle de masse, de la *Wild West Show*. En plaçant le responsable de la propagation presqu'universelle d'une image falsifiée du *Far West* américain et de la lutte entre cow-boys et indiens au centre de son texte, Éric Vuillard aborde le problème de la construction de l'histoire à plusieurs niveaux. En étoffant quelques scènes et rencontres plus qu'en ne les inventant, il comble les lacunes de son histoire sans que le lecteur ait l'impression de franchir la limite entre faits et fictions.

Le roman de Mathieu Larnaudie, tout en se tenant aux faits historiques concernant la vie de Frances Farmer, et en faisant souvent référence aux photographies et aux films dans lesquels elle a joué, insère de la fiction dans les

---

s'appuient sur une documentation extérieure. Dans le meilleur des cas, les références figurent à la fin du livre, sous la forme de remerciements. Sinon, elles sont tout bonnement omises, dans une occultation qui révèle que l'écrivain ne veut être le débiteur de personne (sauf de prestigieux devanciers). Reconnaître une dette serait déchoir, transformer le *Dichter* en érudit, peut-être en copiste. » Jablonka, I., *L'histoire est une littérature contemporaine, op. cit.*, p. 267. – Mathieu Larnaudie se réfère souvent aux photographies de Frances Farmer, conservées dans les archives d'Hollywood, mais aussi disponibles sur Internet. Soit dit en passant, il y aurait un travail intéressant à faire sur l'importance des photographies réelles ou imaginaires dans les romans de Ferrari, Larnaudie, Vuillard entre autres, une importance qui s'apparente à celle de la peinture dans certains textes de Pierre Michon (par exemple *Les Onze*), ainsi qu'à l'usage de la photographie dans les textes de Marguerite Duras ou d'Alain Robbe-Grillet.

49 Ferrari, J., *Le Principe*, *op. cit.*, p. 163.

50 Rolin, O., *Le Météorologue*, *op. cit.*, p. 207.

51 Cercas, Javier, *El impostor*, Barcelona, Debolsillo, 2014, p. 451.

52 L'édition originale ne mentionne d'ailleurs pas de genre, ce sont les traductions allemande et française qui joignent le qualificatif de « roman » au titre.

interstices de son histoire quand il nous apprend par exemple quel a été le destin de Frances à l'hôpital psychiatrique de Steilacoom. Concernant son rapport aux faits historiques, Larnaudie déclare : « Je ne me soucie qu'assez peu de la véracité historique – même si, en ce qui concerne Frances, je l'ai très peu trahie[53]. » Bien que le « très peu » rende incertaine la part de fiction dans le texte, il semble que l'auteur tient à souligner qu'elle est moindre que dans ses autres romans.

Le Principe de Jérôme Ferrari est un roman, comme la couverture même en informe le lecteur. Toutefois, l'auteur veille à en éliminer toute trace d'imaginaire, du moins en ce qui concerne le personnage historique de Heisenberg : alors que selon lui, déjà son « premier roman n'était pas [...] très romanesque[54] », avec *Le Principe*, il opte pour une matière qui n'a plus rien de romanesque. En décidant de ne pas romancer l'histoire du physicien allemand, mais de se tenir aux faits avérés et aux dialogues documentés, il s'impose de lourdes contraintes :

> Je me suis imposé quelques règles. Que tous les éléments scientifiques soient exacts. Que toutes les paroles prononcées par les personnages l'aient réellement été. Je me suis donc interdit de romancer quoi que ce soit, ce qui n'était pas le choix le plus facile mais je ne pouvais pas me résoudre à traiter des hommes qui ont vécu comme un matériau romanesque malléable, sans doute, d'ailleurs, pour des raisons... morales[55].

Mises à part les contraintes déjà lourdes de ne pas inventer, même pas une petite partie d'un dialogue, Ferrari éliminera même les éléments qui pourraient un tant soit peu donner lieu à une intrigue traditionnellement romanesque : l'histoire d'amour malheureuse de Heisenberg avec Adelheid, la jeune sœur de son ami Carl Friedrich von Weizsäcker, pourtant assez bien documentée dans la correspondance de son protagoniste, n'a plus qu'une présence spectrale dans le roman[56]. Ferrari se lance un défi en dédiant un roman entier non seulement à un problème scientifique des plus touffus, mais surtout en en

---

53 Larnaudie, Mathieu, in Larnaudie, M. et Cazier, Jean-Philippe, « Le grand entretien : Mathieu Larnaudie, le pouvoir des images », *Diacritik* [En ligne], 17 octobre 2015, URL : <https://diacritik.com/2015/10/17/le-pouvoir-des-images-entretien-avec-mathieu-larnaudie/> (consulté le 28/11/2017).

54 Ferrari, Jérôme, « Métaphysique quantique. Entretien de Thierry Guichard avec Jérôme Ferrari », *Le Matricule des Anges*, n° 161, mars 2015, p. 20-26, cit. p. 21.

55 *Ibid.*, p. 22.

56 Adelheid n'est nommée que quatre fois, elle « glisse comme un fantôme » (Ferrari, J., *Le Principe, op. cit.*, p. 50) dans ce roman qu'un attardement sur sa personne aurait certes rendu plus « romanesque ».

ôtant tout ce qui ferait la matière d'un roman traditionnel. En ceci, *Le Principe* peut être considéré comme une expérience littéraire qui met en scène une série d'expériences aussi bien physiques que morales[57].

Le roman de Jérôme Ferrari fait pourtant une petite place à l'imagination romanesque en inventant un narrateur contemporain pour les lecteurs d'aujourd'hui, fâché avec Werner Heisenberg depuis un examen raté. Ce narrateur permet une mise en abyme de la situation du personnage historique sans pour autant le psychologiser et lui inventer des propos non avérés. En même temps, il permet à l'auteur de se distancier de son personnage et des réflexions que le narrateur porte sur ce dernier. Jérôme Ferrari raconte que ce besoin de se distancier découle du fait « que je ressens une immense empathie pour Werner Heisenberg. C'est contre cette empathie que j'ai dû lutter[58] ». Par le biais du narrateur, l'auteur s'oblige à ne pas passer à l'apologie de ce personnage historique moralement ambigu ou du moins, à certains égards, impénétrable. « [L]'extrême éthique du récit » dote le roman d'un narrateur qui se refuse de « juger ses actes [ceux de Heisenberg][59] ». Cette stratégie de mise à distance peut d'ailleurs être perçue comme le contraire de ce qu'Alexandre Gefen conçoit comme une littérature de « l'empathie », dont « la capacité du récit » serait « de nous mettre à la place d'autrui pour partager ses émotions et comprendre sa position dans les situations les plus problématiques[60] ». Alors que Gefen postule que « la fiction constitue les vies en destin[61] », le roman de Jérôme Ferrari montre précisément que la vie de son protagoniste Heisenberg n'était pas un destin dans un sens fataliste, mais que c'étaient au contraire ses décisions et ses choix qui l'avaient marquée.

Le Météorologue d'Olivier Rolin est publié dans une collection déjà ancienne des Éditions du Seuil, « Fiction & Cie », ce qui implique qu'elle ne contient pas uniquement des textes de (pure) fiction. Pour Gérard Cartier, « [l']histoire est la grande affaire d'Olivier Rolin[62] » et il ajoute, à propos du météorologue Alexeï Vangengheim qui sera déporté dans le premier goulag sur les îles Solovki, puis exécuté : « peut-on inventer quand la réalité fournit une matière

57 Pour une lecture approfondie du roman, voir Ruhe, Cornelia, « Le venin de la subjectivité. Narration et ambiguïté dans les romans de Jérôme Ferrari », in Ruhe, C. et Burnautzki, Sarah (dir.), *Chutes, ruptures et philosophie : les romans de Jérôme Ferrari*, Paris, Classiques Garnier, coll. « Études de littérature des XXe et XXIe siècles », 2018, p. 213-230.

58 Ferrari, J., « Métaphysique quantique », art. cit. p. 20.

59 Guichard, Thierry, « L'effroyable beauté », *Le Matricule des Anges*, n° 161, mars 2015, p. 23.

60 Gefen, A., *Réparer le monde*, *op. cit.*, p. 12.

61 *Ibid.*, p. 15.

62 Cartier, Gérard, « Invitation en Rolinie », *Europe. Revue littéraire mensuelle*, n° 1058-1059-1060 : « Olivier Rolin – Günther Anders », juin-juillet-août 2017, p. 3-12, cit. p. 3.

si riche et si terrible[63] ? » Effectivement, tout comme Jérôme Ferrari pour son dernier roman, Rolin veille, lui aussi, à éliminer toute trace de fiction de son texte :

> J'ai raconté aussi scrupuleusement que j'ai pu, sans romancer, en essayant de m'en tenir à ce que je savais, l'histoire d'Alexeï Féodossiévitch Vangengheim, le météorologue[64].

Les deux programmes se ressemblent beaucoup. À la différence de Ferrari, Olivier Rolin tient pourtant à se délimiter du roman en tant que genre, quel qu'en soit le degré de fictionnalité. Selon lui, son texte n'est pas un roman, car il envisage mal un roman sans fiction :

> *Le Météorologue*, je n'appelle pas ça un roman, même si les critiques le désignent ainsi. Je connais, je lis Patrick Deville, mais sa conception du roman sans fiction, j'ai du mal à le suivre. Il me semble qu'on joue sur les mots… *Le Météorologue*, tout le monde le présente comme un roman, mais c'est une enquête réalisée de la façon la plus rigoureuse et scrupuleuse possible. Simplement, je mets en scène l'enquêteur – moi –, ce que l'historien ne fait pas, en général[65].

Rolin se distancie donc non seulement du roman (sans fiction), mais aussi du rôle d'auteur, en s'apparentant plutôt à l'enquêteur ou à l'historien tout en s'en distinguant, et souligne qu'il s'est mis en scène lui-même dans le roman, un peu comme l'ethnologue pour l'observation participante[66]. L'invention au sens propre du terme fait défaut dans *Le météorologue* d'Olivier Rolin qui s'en tient « scrupuleusement » aux faits. Tout en s'y introduisant en tant qu'enquêteur,

---

63 *Ibid.*, p. 5.

64 Rolin, O., *Le Météorologue*, *op. cit.*, p. 187. La non-fictionnalité du texte ou plutôt de son contexte historique est soulignée par le fait qu'en 2012, Olivier Rolin a fait avec Élisabeth Kapnist un documentaire sur la bibliothèque du camp des îles Solovki (*Solovki : la bibliothèque disparue*, Paris, Ex Nihilo/Arte, 2012) dans lequel le personnage de Vangengheim est brièvement mentionné.

65 Rolin, Olivier, « La littérature m'a permis de voir les multiples facettes de la réalité », *Revue Ballast* [En ligne], 9 février 2015, URL : <https://www.revue-ballast.fr/olivier-rolin-la-litterature/> (consulté le 27/11/2017).

66 L'absence de narrateur ou plutôt le modèle du narrateur qui se veut identique à l'auteur est, selon Ivan Jablonka, l'un des derniers critères de distinction entre l'écriture de l'histoire et celle de la fiction (Jablonka, I., *L'histoire est une littérature contemporaine*, *op. cit.*, p. 236).

l'auteur réfléchit aux raisons possibles de l'arrestation de Vangengheim et de son aveuglement face à ce qui lui arrivait.

Dans un entretien avec Alexandre Poussart, Olivier Rolin suggère qu'il y aurait une raison de plus pour le refus de la fictionnalisation dans le cas de l'histoire d'Alexeï Vangengheim : « L'auteur a trop de respect envers l'histoire de cet homme pour la transformer à des fins romanesques[67]. » Qu'il s'agisse de respect ou de morale, Ferrari et Rolin semblent d'accord sur le fait qu'il y ait des limites à la fiction qu'ils ne voulaient pas outrepasser avec leurs textes. Si l'on pense à la définition de l'« exofiction » de Wikipédia citée au tout début de ma contribution selon laquelle les auteurs « s'autoris[e]nt des inventions pour des périodes mal connues », l'absence d'inventions concernant les personnages historiques exclurait du genre *Le Principe* et *Le Météorologue*, et, bien qu'à un moindre degré, également *Tristesse de la terre*. Il conviendrait éventuellement d'en affiner la définition eu égard aux textes cités dans l'article sur Wikipédia.

4 La frontière entre faits et fiction

L'un des traits caractéristiques de l'« exofiction » est, comme je viens de le montrer, la présence de faits et de fictions dans un même texte. Le nouveau genre qui est mis à l'épreuve ici n'a pourtant pas inventé cette coprésence, déjà de rigueur dans le roman historique dont la métafiction historiographique (*historiographic metafiction*, terme forgé par Linda Hutcheon[68]) est un sous-genre.

Ansgar Nünning différencie cinq types de romans historiques : documentaire, réaliste, révisionniste et métahistorique ainsi que la métafiction historiographique[69]. Ces catégories se distinguent entre autres par leur teneur en fiction, leur structure temporelle, les modalités de la narration, ainsi que par leur rapport à l'historiographie. Dans toutes les catégories définies par Nünning, la fictionnalisation de l'histoire, voire même l'invention romanesque, jouent un rôle prédominant, ce qui les différencie d'emblée des textes que j'analyse.

---

67 Poussart, Alexandre, « Dans la Grande Terreur soviétique », *Zone critique* [En ligne], 4 novembre 2014, URL : <http://zone-critique.com/2014/11/04/le-meteorologue-d-olivier-rolin/> (consulté le 27/09/2017).

68 Hutcheon, Linda, *A Poetics of Postmodernism: History, Theory, Fiction*, New York, London, Routledge, 1988, p. 5.

69 Nünning, Ansgar, *Von historischer Fiktion zur historiographischer Metafiktion*, Bd. 1 : *Theorie, Typologie und Poetik des historischen Romans*, Trier, Wissenschaftlicher Verlag Trier, 1995, p. 256 *sqq.*

La métafiction historiographique est une critique de l'historiographie traditionnelle en ce sens que les romans incorporent une réflexion sur la reconstruction de faits historiques et l'analyse de problèmes relatifs à la théorie et à l'écriture de l'histoire[70] – des traits que tous les textes que je viens d'analyser ont en commun. Cependant, la métafiction historiographique mêle tout cela à une histoire fictionnelle et clairement signalée comme telle, ce qui n'est pas ou alors très peu le cas pour mes textes. La métafiction historiographique peut être comprise comme une critique à tendance didactique[71] aussi bien du roman historique que de l'historiographie traditionnelle, qui visent, tous deux, à produire des discours hégémoniques. Tout en mettant en exergue sa critique, la métafiction historiographique brouille la frontière entre faits et fictions.

Si tant est que la métafiction historiographique met en avant cette critique, tout en estompant la frontière entre les genres, je viendrais à dire que l'« exofiction » (à défaut d'autres termes) est une critique de la métafiction historiographique. « L'ère du soupçon[72] » par laquelle l'écriture romanesque ainsi que l'écriture historiographique sont passées en France grâce au Nouveau Roman s'accentue d'autant plus à l'époque de la prolifération des informations, et notamment des *fake news* – au cours des « Nuits blanches », un procès a même été intenté à la fiction[73]. Le soupçon porte à présent aussi bien sur le mélange de faits et de fictions que sur l'abolition de la frontière entre les deux. La particularité des textes que j'analyse et qui sont peut-être des « exofictions » serait alors que ceux-ci refusent ce brouillage et essaient de rétablir, non sans commentaires métafictionnels concernant la difficulté de la tâche, la frontière entre faits et fictions.

5 L'homme moyen

Dans les textes de Javier Cercas, qui se disent pourtant être des « récits réels » dans lesquels « tout est vérité[74] », la limite entre fiction et réalité est parfois plus précaire. Bien que dans tous ses romans, Cercas invite ses lecteurs à faire

70 *Ibid.*, p. 282.

71 *Ibid.*, p. 290.

72 Sarraute, Nathalie, *L'Ère du soupçon : essais sur le roman*, Paris, Gallimard, coll. « Les Essais », 1956 ; rééd. coll. « Folio essais », 1987.

73 Voir « Le Procès de la fiction. Procès fictif de la frontière entre fait et fiction », salle du Conseil de Paris, Hôtel de Ville, 7 octobre 2017, URL : <http://www.lepeuplequimanque.org/proces-de-la-fiction> (consulté le 22/01/2018).

74 Cercas, Javier, *Soldados de Salamina*, Barcelona, Tusquets, 2010 : « Todos los buenos relatos son relatos reales » (p. 164) ; « en verz de ser todo mentira, todo es verdad » (p. 68).

confiance au narrateur (éponyme) en énumérant par exemple de manière presque fastidieuse toutes les démarches accomplies pour l'obtention des informations nécessaires à l'écriture des textes, il les avertit dans le texte même que « la première chose qu'il faut faire en lisant un roman, c'est se méfier du narrateur » (« Lo primero que hay que hacer al leer una novela es desconfiar del narrador[75] »). Le jeu avec les conventions narratives est donc annoncé d'emblée.

Le texte de Cercas qui lutte le plus ouvertement avec l'imbrication parfois presque inextricable de faits et de fiction est *L'Imposteur* de 2014. Cercas y retrace l'histoire du catalan Enric Marco (sur la base d'entretiens avec le nonagénaire) devenu tristement célèbre pour s'être inventé une vie exemplairement résistante aux divers fascismes européens et notamment pour avoir affirmé pendant des années qu'il avait été interné dans le camp de Flossenbürg, et qui était même devenu président de l'Amicale de Mauthausen. La figure d'Enric Marco, imposteur charismatique persuadé du caractère bénéfique de ses mensonges – après tout, ce serait grâce à lui que beaucoup de jeunes Espagnols auraient compris ce qu'était la réalité des camps – est comme un double maléfique de la figure de l'auteur, qui, lui, juge le comportement d'Enric inadmissible au début du roman.

Tout comme Jérôme Ferrari dans *Le Principe*, Javier Cercas témoigne du souci de ne pas, à travers son texte, légitimer un personnage historique dont l'attitude lui semble inacceptable. Comme à son habitude, il aborde cette question au sein même du texte, en renvoyant à la fameuse phrase de Primo Levi dans l'appendice de *Se questo è un uomo* :

> Peut-être que ce qui s'est passé ne peut pas être compris, et même ne doit pas être compris, dans la mesure où comprendre, c'est presque justifier. En effet, « comprendre » la décision ou la conduite de quelqu'un, cela veut dire (et c'est aussi le sens étymologique du mot) les mettre en soi, mettre en soi celui qui en est responsable, se mettre à sa place, s'identifier à lui[76].

---

75 Cercas, J., *El impostor*, *op. cit.*, p. 379.

76 Levi, Primo, Appendice [1976] à *Si c'est un homme* [*Si questo è un uomo*, 1947], trad. M. Schruoffeneger, Paris, Julliard, 1987, p. 211. = *Opere I*, Turin, Einaudi, 1987, p. 208 : « Forse, quanto è avvenuto non si può comprendere, anzi, *non si deve* comprendere, perché comprendere è quasi giustificare. Mi spiego : "comprendere" un proponimento o un comportamento umano significa (anche etimologicamente) contenerlo, contenerne l'autore, mettersi al suo posto, identificarsi con lui. »

Cercas discute longuement ce problème qui l'aurait presqu'empêché d'écrire son roman et il le résout finalement grâce à sa lecture de *Mémoire du mal, tentation du bien* de Tzvetan Todorov. Il fait sienne la phrase de Todorov qui déclare que « comprendre le mal ne signifie pas le justifier, mais plutôt se donner les moyens pour en empêcher le retour[77] ». Je crains pourtant que du moins le narrateur du texte de Cercas ne parvienne pas à ces fins, car il se fait finalement avoir par le charisme de son personnage qui est « un maître de la manipulation[78] ». La nécessité d'une mise à distance narrative face à des personnages aussi problématiques telle que Jérôme Ferrari l'a employée n'en devient que plus flagrante.

Le personnage historique auquel Cercas s'attaque a passé toute sa vie à se forger une biographie qui faisait de lui un partisan de la première heure de divers mouvements de résistance et, partant, un personnage comme la littérature aime les mettre en scène – « Un homme qui dit non », pour citer la phrase de Camus reprise par Cercas. Le texte de Cercas témoigne de la tentative scrupuleuse de découvrir les mensonges – pour ne pas dire la fiction – de Marco et de faire ressortir les faits. Les recherches de l'auteur, basées sur celles d'historiens, dévoilent qu'en vérité, Enric Marco est « un homme qui est toujours avec la majorité[79] », qu'il est un homme dont « l'énigme finale [...] est son absolue normalité[80] ». Au lieu d'incarner l'histoire de son pays en sa version héroïque, Enric en est bien le symbole – mais en version moyenne, normale[81].

Le personnage qu'Olivier Rolin place au centre de son texte est également

> un type moyen, un communiste qui ne se pose pas de question, ou plutôt qui est obligé de commencer à s'en poser à présent, mais il a fallu qu'on lui fasse une violence extraordinaire pour qu'il en vienne là, timidement. C'est un innocent moyen[82].

Bien que Rolin affirme ne pas avoir choisi le personnage en raison de son « caractère "moyen", et donc représentatif[83] », il est indéniable que c'est ce caractère qui se prête admirablement bien à représenter un groupe et une époque.

77 Todorov, Tzvetan, *Mémoire du mal, tentation du bien : enquête sur le siècle*, Paris, R. Laffont, 2000, p. 137.
78 Cercas, J., *El impostor, op. cit.*, p. 342 : « un maestro de la manipulación ». Je traduis.
79 *Ibid.*, p. 406 : « un hombre que siempre está con la mayoría ». Je traduis.
80 *Ibid.*, p. 435 : « el enigma final de Marco es su absoluta normalidad ». Je traduis.
81 Voir *ibid.*, p. 433.
82 Rolin, O., *Le Météorologue, op. cit.*, p. 105.
83 *Ibid.*, p. 190.

Werner Heisenberg tel que le roman de Jérôme Ferrari le décrit est représentatif des intellectuels en temps de conflit. Frances Farmer, quant à elle, peut être considérée comme représentative des artistes hollywoodiens pendant les années 1940, tout comme Buffalo Bill Cody et Sitting Bull incarnent, chez Éric Vuillard, différents protagonistes d'une société du spectacle qui n'en est qu'à ses débuts. Tous les textes traités ici confèrent à leurs protagonistes une valeur collective – et exemplaire.

6 L'exemple

Le choix de ces personnages historiques et de ce qu'Alexandre Gefen appelle « une pensée par cas[84] » ne me semble pas fortuit, bien que je ne pense pas qu'il s'agisse là d'une « originalité du champ contemporain[85] ». Ces protagonistes ont été choisis en tant que figures exemplaires, car, comme le disait si bien Pétrarque, *Me quidem nihil est quod moveat quantum exempla clarorum hominum*, « rien ne nous émeut tant que l'exemple des hommes illustres[86] ». Ce n'est donc pas tellement dans sa relation avec le roman historique ou la métafiction historiographique qu'il faut, à mon avis, comprendre le « retour du référent au niveau du personnage[87] » qu'est l'« exofiction », mais plutôt dans la continuité avec un genre bien plus ancien, celui de l'exemple.

Le genre médiéval de l'exemple se caractérise autant par sa teneur didactique que par l'importance qu'il accorde aux réflexions éthiques et morales. La « crise de l'exemplarité » localisée par Karlheinz Stierle au temps de la Renaissance « provoque une nouvelle conscience historique[88] ». L'« exofiction » ou la fiction biographique devraient à mes yeux essayer de répondre à une nouvelle crise par un nouveau rapport à l'histoire et un renouveau de la réflexion morale par le biais de l'exemplarité. En tirant leurs cas exemplaires de l'histoire, les auteurs contemporains font leur l'idée de Pierre Michon selon laquelle le costume n'est qu'« un détour qui épure l'essence du problème » en mettant à nu

84 Gefen, A., *Inventer une vie*, *op. cit.*, p. 16.

85 *Ibid.*

86 Pétrarque, *Epistolae de rebus familiaribus et variae*, VI, 4, cité dans Stierle, Karlheinz, « Three Moments in the Crisis of Exemplarity : Boccaccio-Petrarch, Montaigne, and Cervantes », *Journal of the History of Ideas*, vol. 59, nº 4, octobre 1998, p. 581-595, cit. p. 583.

87 Larnaudie, M. et Cazier, J.-P., « Le grand entretien : Mathieu Larnaudie, le pouvoir des images », art. cit.

88 Stierle, K., « Three Moments in the Crisis of Exemplarity », art. cit., p. 589 : « provokes a new historical consciousness ». Je traduis.

« ce qui dans l'humain est commun à tous les siècles[89] ». Cela renvoie à la caractérisation de l'exemple par Karlheinz Stierle :

> La validité de l'*exemplum* comme forme rhétorique de la narration tendant vers sa propre structure conceptuelle ou idéologique a un fondement anthropologique. Elle présuppose que dans la durée, il y a plus d'analogie que de diversité dans l'expérience humaine, et que, dans toutes les situations de la vie civile et politique, le pôle de l'égalité l'emporte sur celui de la différence[90].

Les recherches et la documentation qui deviennent possibles grâce à l'accès (virtuel ou réel) aux archives permettent de se défaire d'un discours encore souvent hégémonique qui ferait de l'histoire uniquement celle des grands hommes et de s'approcher des protagonistes moyens de l'histoire dans toute leur ambiguïté. Cette ambiguïté est, selon Peter von Moos, nécessaire pour que le « message » passe :

> Ce n'est pas dans la « sagesse » de la théorie, mais dans l'« intelligence » de la pratique que réside le vrai « bénéfice » des *exempla*, et il est d'autant plus grand que la nature contradictoire de l'homme se fait plus concrète[91].

Si nous prenons au sérieux le diagnostic de Stierle qu'à l'âge de la Renaissance, « [l]a crise de l'exemplarité est à l'origine d'une nouvelle herméneutique morale, historique et anthropologique[92] », les nouveaux récits exemplaires, marqués par l'ère du soupçon tout en étant mis « à l'épreuve des faits[93] »,

89 Michon, P., « Une forme déchue de la prière », art. cit., p. 28.

90 Stierle, K., « Three Moments in the Crisis of Exemplarity », art. cit., p. 581 : « The validity of the *exemplum* as a rhetorical form of narration that tends towards its own conceptual or ideological structure has an anthropological basis. It presupposes that over time, there is more analogy in human experience than diversity, or that in all situations of civil and political life the pole of equality is stronger than that of difference. » Je traduis.

91 Moos, Peter von, *Geschichte als Topik: das rhetorische Exemplum von der Antike zur Neuzeit und die "historiae" im "Policraticus" Johanns von Salisbury*. Hildesheim, Olms-Weidmann, 1988, p. 38 : « Nicht die "Weisheit" der Theorie, sondern die "Klugheit" der Praxis ist der eigentliche "Nutzen" von Exempla, und er ist umso höher, je konkreter "der Mensch in seinem Widerspruch" dabei sichtbar wird. » Je traduis. L'homme avec ses contradictions » fait référence à une célèbre formule de Conrad Ferdinand Meyer.

92 Stierle, K., « Three Moments in the Crisis of Exemplarity », art. cit., p. 589 : « [t]he crisis of exemplarity is at the origin of a new moral, historical, and anthropological hermeneutics ».

93 Viart, D., « L'apocalypse… et après », chap. cit., p. 212.

constitueraient peut-être le seuil d'une nouvelle herméneutique morale, historique et anthropologique dont notre temps aurait grand besoin.

Bibliographie

« Le Procès de la fiction. Procès fictif de la frontière entre fait et fiction », salle du Conseil de Paris, Hôtel de Ville, 7 octobre 2017, URL : <http://www.lepeuplequimanque.org/proces-de-la-fiction> (consulté le 22/01/2018).

Andras, Joseph, *De nos frères blessés : roman*, Arles, Actes Sud, coll. « Domaine français », 2016.

Assouline, Pierre, « L'édito : La vie des autres », *Le Magazine littéraire*, nº 571, septembre 2016, p. 3.

Assouline, Pierre, « Le triomphe du roman sans fiction », *Le Magazine littéraire*, nº 583, septembre 2017, p. 6-8.

Bertina, Arno et Larnaudie, Mathieu, « Avant-propos », in Collectif Inculte, *Devenirs du roman*, vol. 2 : *Écritures et matériaux*, Paris, Éd. Inculte, coll. « Essais », 2014, p. 7-12.

Biancarelli, Marcu, *Massacre des Innocents : roman*, Arles, Actes Sud, coll. « Domaine français », 2018.

Boissel, Xavier, « Éléments pour une littérature exofictionnelle », *remue.net littérature* [En ligne], mai 2015, URL : <https://remue.net/Xavier-Boissel-Elements-pour-une-litterature-exofictionnelle> (consulté le 24/11/2017).

Boucheron, Patrick, « "Toute littérature est assaut contre la frontière." Notes sur les embarras historiens d'une rentrée littéraire », *Annales. Histoire, Sciences Sociales*, 65e année, 2010/2, p. 441-467.

Boucheron, Patrick, « Pour réparer le monde. Quelques remarques en guise de conclusion », in Devigne, Matthieu, Martinat, Monica, Mounier, Pascale et Panter, Marie (dir.), *Imagination et histoire : enjeux contemporains*, Rennes, Presses universitaires de Rennes, coll. « Histoire », 2014, p. 309-320.

Boyer, Frédéric, « Pierre Michon, une vie légendaire », *La Croix* [En ligne], 28 août 2015, URL : <https://www.la-croix.com/Culture/Livres-Idees/Livres/Pierre-Michon-une-vie-legendaire-par-Frederic-Boyer-2015-08-28-1349486>.

Caballé, Anna, « ¿Cansados del yo? ». *El País*, 6 janvier 2017.

Carrère, Emmanuel, *Un roman russe*, Paris, P.O.L., 2007.

Carrère, Emmanuel, *D'autres vies que la mienne*, Paris, P.O.L., 2009.

Carrère, Emmanuel, *Limonov*, Paris, P.O.L., 2011.

Cartier, Gérard, « Invitation en Rolinie », *Europe. Revue littéraire mensuelle*, nº 1058-1059-1060 : « Olivier Rolin – Günther Anders », juin-juillet-août 2017, p. 3-12.

Cercas, Javier, *Soldados de Salamina*, Barcelona, Tusquets, 2010.

Cercas, Javier, *El impostor*, Barcelona, Debolsillo, 2014.

Chalonge, Mathilde de, « De la fiction à la biographie, l'exofiction, un genre qui brouille les pistes », *ActuaLitté*, 10 août 2016.

Collectif Inculte, *Devenirs du roman*, vol. 2 : *Écritures et matériaux*, Paris, Éd. Inculte, coll. « Essais », 2014.

Delage, Agnès, « Fictions d'archive. Les enjeux de la contre-histoire dans l'Espagne contemporaine », in Devigne, Matthieu, Martinat, Monica, Mounier, Pascale et Panter, Marie (dir.), *Imagination et histoire : enjeux contemporains*, Rennes, Presses universitaires de Rennes, coll. « Histoire », 2014, p. 85-96.

Denis, Nicola, « Éric Vuillards episches Theater. Gedanken zur Übersetzung von *Die Tagesordnung* », *Romanische Studien* [En ligne], avril 2018, URL : <http://blog.romanischestudien.de/eric-vuillards-episches-theater/> (consulté le 20/05/2018).

Devigne, Mathieu, Martinat, Monica, Mounier, Pascale et Panter, Marie (dir.), *Imagination et histoire : enjeux contemporains*, Rennes, Presses universitaires de Rennes, coll. « Histoire », 2014.

Deville, Patrick, *Pura Vida : vie & mort de William Walker*, Paris, Éd. du Seuil, coll. « Fiction & Cie », 2004.

Deville, Patrick, *Équatoria : roman*, Paris, Éd. du Seuil, coll. « Fiction & Cie », 2009.

Deville, Patrick, *Kampuchéa : roman*, Paris, Éd. du Seuil, coll. « Fiction & Cie », 2011.

Deville, Patrick, *Peste & Choléra : roman*, Paris, Éd. du Seuil, coll. « Fiction & Cie », 2012.

Dressler-Bredsdorff, Matthias, « Tendens: Autofiktionen er død, længe leve exofiktionen », *Politiken*, 26 novembre 2017.

Énard, Mathias, « Mathias Énard, le génie et la beauté sur le Bosphore. Interview avec Laurent Borderie », *L'Orient Littéraire* [En ligne], n° 43, 2010-01, URL : <https://www.lorientlitteraire.com/article_details.php?cid=33&nid=3271> (consulté le 23/11/2017).

Farge, Arlette, *Le Goût de l'archive*, Paris, Éd. du Seuil, coll. « La Librairie du XXIe siècle », 1989 ; rééd. coll. « Points histoire », 1997.

Ferrari, Jérôme, *Le Principe : roman*, Arles, Actes Sud, coll. « Domaine français », 2015.

Ferrari, Jérôme, « Métaphysique quantique. Entretien de Thierry Guichard avec Jérôme Ferrari », *Le Matricule des Anges*, n° 161, mars 2015, p. 20-26.

Ferrari, Jérôme et Ruhe, Cordelia (dir.), *Den gegenwärtigen Zustand der Dinge festhalten. Zeitgenössische Literatur aus Frankreich*, dossier de *die horen. Zeitschrift für Literatur, Kunst und Kritik*, Göttingen, Wallstein, vol. 267, 2017.

Fouquet, Marie et Burdeau, Emmanuel, « L'autofiction attaquée par l'exofiction », *Le Magazine littéraire*, n° 571, septembre 2016, p. 12-16.

Gandillot, Thierry, « Après l'auto, l'exofiction », *Les Échos*, 24 août 2015.

Gefen, Alexandre, *Inventer une vie : la fabrique littéraire de l'individu*, préf. de P. Michon, Bruxelles, Les Impressions nouvelles, 2015.

Gefen, Alexandre, *Réparer le monde : la littérature française face au XXIe siècle*, Paris, Éd. Corti, coll. « Les Essais », 2017.

Guez, Olivier, *La Disparition de Josef Mengele : roman*, Paris, B. Grasset, 2017.

Guichard, Thierry, « L'effroyable beauté », *Le Matricule des Anges*, n° 161, mars 2015.

Hauge, Hans, « Autofiction », *Berlingske*, 1er octobre 2014.

Hutcheon, Linda, *A Poetics of Postmodernism : History, Theory, Fiction*, New York, London, Routledge, 1988.

Jablonka, Ivan, *L'histoire est une littérature contemporaine : manifeste pour les sciences sociales*, Paris, Éd. du Seuil, « La Librairie du XXIe siècle », 2014 ; rééd. coll. « Points histoire », 2017.

Kämmerlings, Richard, « Als unsere Tage immer fremder wurden. Tausche Portwein gegen Wortschatz : Ilja Trojanows faszinierender Roman über den Forschungsreisenden Richard F. Burton », *Frankfurter Allgemeine Zeitung*, 15 mars 2006, L3.

Kegel, Sandra, « Ausweitung der Kampfzone », *Frankfurter Allgemeine Zeitung*, 6 février 2017.

Larnaudie, Mathieu, « Empoigner le monde – captures et captations », in Collectif Inculte, *Devenirs du roman*, vol. 2 : *Écritures et matériaux*, Paris, Éd. Inculte, coll. « Essais », 2014, p. 83-103.

Larnaudie, Mathieu, *Notre désir est sans remède : roman*, Arles, Actes Sud, coll. « Domaine to français », 2016.

Larnaudie, Mathieu et Cazier, Jean-Philippe, « Le grand entretien : Mathieu Larnaudie, le pouvoir des images », *Diacritik* [En ligne], 17 octobre 2015, URL : <https://diacritik.com/2015/10/17/le-pouvoir-des-images-entretien-avec-mathieu-larnaudie/> (consulté le 28/11/2017).

Lavocat, Françoise, *Fait et fiction : pour une frontière*, Paris, Éd. du Seuil, coll. « Poétique », 2016.

Levi, Primo, Appendice [1976] à *Si c'est un homme* [*Si questo è un uomo*, 1947], trad. Martine Schruoffeneger, Paris, Julliard, 1987.

Michon, Pierre, *Vies minuscules*, Paris, Gallimard, 1984.

Michon, Pierre, *Le roi vient quant il veut*, textes réunis et présentés par Agnès Castiglione avec la participation de Pierre-Marc de Biasi, Paris, A. Michel, 2007.

Montefiori, Stefano, « Exofiction, l'opposto dell'autofiction », *Corriere della sera*, 16 août 2017.

Moos, Peter von, *Geschichte als Topik: das rhetorische Exemplum von der Antike zur Neuzeit und die "historiae" im "Policraticus" Johanns von Salisbury*. Hildesheim, Olms-Weidmann, 1988.

N'Sondé, Wilfried, *Un océan, deux mers, trois continents*, Arles, Actes Sud, coll. « Domaine français », 2018.

Nünning, Ansgar, *Von historischer Fiktion zur historiographischer Metafiktion*, Bd. I : *Theorie, Typologie und Poetik des historischen Romans*, Trier, Wissenschaftlicher Verlag Trier, 1995.

Poussart, Alexandre, « Dans la Grande Terreur soviétique », *Zone critique* [En ligne], 4 novembre 2014, URL : <http://zone-critique.com/2014/11/04/le-meteorologue-d-olivier-rolin/> (consulté le 27/09/2017).

Rabaté, Dominique, « Faire un monde ? / Eine Welt erschaffen ? », in Ferrari, Jérôme et Ruhe, Cordelia (dir.), *Den gegenwärtigen Zustand der Dinge festhalten. Zeitgenössische Literatur aus Frankreich*, dossier de *die horen. Zeitschrift für Literatur, Kunst und Kritik*, Göttingen, Wallstein, vol. 267, 2017, p. 262-270.

Ritte, Jürgen, « Romane ohne Fiktion », *Neue Zürcher Zeitung* 11 octobre 2015.

Rohe, Olivier, *Nous autres*, Paris, Éd. Naïve, 2005.

Rohe, Olivier, *Ma dernière création est un piège à taupes : Mikhaïl Kalachnikov, sa vie, son œuvre*, Paris, Éd. Inculte, 2012 ; rééd. Arles, Actes Sud, coll. « Babel », 2015.

Rolin, Olivier, *Le Météorologue*, Paris, Éd. du Seuil, Éd. Paulsen, coll. « Fiction & Cie », 2014.

Rolin, Olivier, « La littérature m'a permis de voir les multiples facettes de la réalité », *Revue Ballast* [En ligne], 9 février 2015, URL : <https://www.revue-ballast.fr/olivier-rolin-la-litterature/> (consulté le 27/11/2017).

Rolin, Olivier et Kapnist, Élisabeth, *Solovki : la bibliothèque disparue*, Paris, Ex Nihilo/Arte, 2012.

Ruhe, Cornelia, « Le venin de la subjectivité. Narration et ambiguïté dans les romans de Jérôme Ferrari », in Ruhe, C. et Burnautzki, Sarah (dir.), *Chutes, ruptures et philosophie : les romans de Jérôme Ferrari*, Paris, Classiques Garnier, coll. « Études de littérature des XXe et XXIe siècles », 2018, p. 213-230.

Ruiz Mantilla, Jesús, « La hora de la transparencia literaria », *El País*, 1er mai 2017.

Sagnard, Arnaud, « Sous le squelette de l'exofiction », *La Nouvelle Revue française*, nº 622, janvier 2017, p. 25-31.

Sarraute, Nathalie, *L'Ère du soupçon : essais sur le roman*, Paris, Gallimard, coll. « Les Essais », 1956 ; rééd. coll. « Folio essais », 1987.

Steinmetz, Muriel, « C'est la rentrée des classes littéraires », *L'Humanité*, 27 août 2015.

Stierle, Karlheinz, « Three Moments in the Crisis of Exemplarity : Boccaccio-Petrarch, Montaigne, and Cervantes », *Journal of the History of Idexas*, vol. 59, nº 4, octobre 1998, p. 581-595.

Todorov, Tzvetan, *Introduction à la littérature fantastique*, Paris, Éd. du Seuil, coll. « Poétique », 1970 ; rééd. coll. « Points essais », 1976.

Trojanow, Ilja, *Der Weltensammler*, München, Wien, Hanser, 2006. Trad. : *Le Collectionneur de mondes*, trad. D. Venard, Paris, Buchet-Chastel, 2008.

Vasset, Philippe, « L'Exofictif », *Vacarme* [En ligne], nº 54, hiver 2011, p. 29, URL : <https://vacarme.org/article1986.html> (consulté le 24/11/2017).

Viart, Dominique et Vercier, Bruno, *La Littérature française au présent : héritage, modernité, mutation* [2005], 2e éd. augm., Paris, Bordas, 2008.

Vuillard, Éric, *Tristesse de la terre : une histoire de Buffalo Bill Cody. Récit*, Arles, Actes Sud, coll. « Un endroit où aller », 2014.

Wikipédia, article « Exofiction », URL : <https://fr.wikipedia.org/wiki/Exofiction> (consulté le 24/11/2017).

CHAPITRE 7

Légitimité et illégitimité des écrivains de terrain

Dominique Viart

Résumé

Les Littératures de terrain empruntent aux sciences sociales certains de leurs objets et, c'est ce qui les caractérise, certaines de leurs méthodes : entretiens, enquêtes, fouilles d'archives, investigations in situ… Mais de quelle légitimité peut se prévaloir l'écrivain qui se porte ainsi sur un territoire historique ou social pour en parler ? Ce qui pourrait paraître une usurpation de fonction aggrave la paratopie diagnostiquée par Dominique Maingueneau. La présente étude se propose d'ausculter dans les textes ce sentiment d'illégitimité, l'épreuve de légitimation qui en découle, et d'étudier les modalités de revendication littéraire qui se déploient, fondées notamment sur la conscience que les écrivains manifestent de leur ancrage socio-historique.

•••

> Chercher derrière les mots un peu de réel me semblait donner à chacun une stature plus épaisse, une sorte de responsabilité débutante de soi.
>
> MARIE COSNAY, *Comment on expulse*[1]

∴

L'écrivain ne s'autorise que de lui-même.

À cet égard, sa liberté paraît infinie. Nul ne le contraint d'écrire. Nul, en principe, ne l'en empêche, quoique la publication, sinon l'écriture, se soit de tous temps affrontée à la censure et demeure souvent brimée par les lois des pays où elle s'exerce, y compris dans nos vieilles démocraties. Mais ce n'est pas en termes juridiques que j'entends raisonner ici. Ma question ne porte pas sur la *légalité* des démarches littéraires entreprises, ni sur celle des ouvrages produits par les écrivains, mais sur leur *légitimité*.

1 Cosnay, Marie, *Comment on expulse : responsabilités en miettes*, Bellecombe-en-Baudes, Éd. du Croquant, 2011, p. 9.

 | DOI:10.1163/9789004439313_009

Et sur celle-ci dans le cadre plus spécifique qui nous retient : celui de la *non-fiction*, où elle est, sans doute, bien plus malaisée à définir. D'autant qu'il importe alors de poser la question de manière relative. Légitimité pour qui ? selon qui ? envers qui ? à propos de quoi ? Nous avons tous à l'esprit nombre de cas où cette légitimité s'est trouvée discutée, à différents égards, dans différents contextes et selon diverses perspectives : morale, sociale, scientifique, littéraire, éthique ou même esthétique. S'entretenir, comme le fait Nicole Malinconi, avec Michelle Martin, maîtresse du pédophile Dutroux[2], est-ce moralement recevable ? Écrire sur Laëtitia Perrais, est-ce du voyeurisme malsain ? Tenir son texto « trop kiffan le soleil » pour du René Char, est-ce faire preuve de lucidité esthétique[3] ? Le *Journal du dehors* d'Annie Ernaux et *Regarde les lumières, mon amour*, est-ce de la littérature[4] ?

L'écrivain peut-il, ou non s'emparer de tel sujet, mettre en pages comme il l'entend les vicissitudes ou les travers de telle personne du monde réel ? Si nombre des réserves et griefs qu'il encoure alors finissent en effet devant les tribunaux, tous n'y sont pas assignés : pensons aux remous suscités par *Le Livre brisé* de Serge Doubrovsky[5] mis en accusation par Bernard Pivot lors d'une émission de télévision, ou par Marc Weitzmann, cousin de l'écrivain, dans son livre *Chaos*[6]. Il est bien d'autres lieux que l'enceinte de justice pour mettre un livre en question. Et d'entre ces lieux, il en est un qui m'intéresse particulièrement : le *livre* lui-même, ce lieu où l'acte d'écrire se perpètre, et interroge parfois, dans le texte-même, sa propre pertinence.

1 Non-fictions et Littératures de terrain

Les non-fictions, du moins certaines d'entre elles, sont fréquemment sujettes à de telles interrogations. On comprend bien qu'elles le soient plus largement que les fictions, qui ont toujours recours à l'avertissement liminaire de fictionnalité afin de les prémunir contre toute mise en question. C'est que le pacte de lecture romanesque engage une acceptation *a priori*. Comme le soulignait autrefois Michel Butor, je ne puis invoquer d'autre témoins que le roman de

---

2 Malinconi, Nicole, *Vous vous appelez Michelle Martin*, Paris, Denoël, 2008.

3 Jablonka, Ivan, *Laëtitia ou la fin des hommes*, Paris, Éd. du Seuil, coll. « La Librairie du XXIe siècle », 2016.

4 Ernaux, Annie, *Journal du dehors*, Paris, Gallimard, 1993 ; *id.*, *Regarde les lumières mon amour*, Paris, Éd. du Seuil, coll. « Raconter la vie », 2014.

5 Doubrovsky, Serge, *Le Livre brisé : roman*, Paris, B. Grasset, 1989.

6 Weitzmann, Marc, *Chaos : roman*, Paris, B. Grasset, 1997.

Balzac pour discuter telle ou telle appréciation portée sur le Père Goriot[7]. Seul Balzac est légitime à en dire tout ce qu'il veut en dire. Le genre romanesque ne comporte d'ailleurs aucune instance narrative qui se fasse aisément le support naturel d'une incertitude à cet égard. Le narrateur d'un roman, en effet, en tant que narrateur, n'est constitué que par l'énonciation de son récit. S'il émet des réserves ou des incertitudes, celles-ci sont *ipso facto* parties constituantes de ce récit, comme on s'en persuade à lire, par exemple, Claude Simon ou Louis-René des Forêts. Le narrateur non fiable (*unreliable narrator*[8]) lui-même peut être manipulateur, mensonger, incompétent, idiot ou fantaisiste, il n'est pas moins légitime à tenir le discours qu'il tient ou développer le récit qu'il avance, puisque ce sont ce discours, ce récit qui établissent son identité et son *ethos*[9]. Le narrateur fictif est en effet littérairement produit et constitué par le discours qu'il tient, et non l'inverse. Sa pertinence peut être mise en question, sa légitimité non.

En revanche, la question de la légitimité se pose de manière bien plus insistante dans les non-fictions, car celles-ci ont directement affaire avec un réel *extérieur* à l'œuvre : elles interviennent sur des matériaux, des événements, des personnes effectivement identifiés, quand le roman, qui peut s'en emparer tout autant, a toujours le recours de la transposition fictive (qui ne le met pas systématiquement à l'abri, mais ceci est une autre question). De plus, dans une non-fiction, le « narrateur » existe en dehors du récit, car la distinction auteur/narrateur s'y estompe : c'est l'écrivain lui-même, assumé comme tel, qui prend la parole, et ne peut se dissimuler derrière unc figure purement fonctionnelle, ni, par définition, fictionnelle. On sait combien, dans le vaste ensemble des non-fictions, les écritures personnelles ont fréquemment donné lieu à de tels débats de légitimité, et eurent parfois à affronter des procès au titre de l'atteinte à la vie privée. Je voudrais aujourd'hui en traiter au sujet d'une autre forme de non-fiction qui pose très différemment cette question en ce qu'elle ne la rapporte pas à des problématiques de vie privée, mais de pertinence heuristique. Il s'agit de ce que j'ai appelé les « Littératures de terrain ». La question sera moins celle de la légitimité accordée à l'écrivain que celle du sentiment d'illégitimité qu'il éprouve à se porter sur des terrains qui relève d'autres

7 Butor, Michel, « Le roman comme recherche » [1955], in *Essais sur le roman*, Paris, Gallimard, coll. « Tel », 1992, p. 7-14, ici p. 9.

8 Notion posée par Wayne Booth, *The Rhetoric of Fiction*, Chicago, University of Chicago Press, 1961, p. 158-159, et largement discutée depuis par les travaux des narratologues.

9 Pour une synthèse critique des réflexions narratologiques sur la non-fiabilité narrative, voir : Wagner, Frank, « Quand le narrateur boit(e)… (Réflexions sur le narrateur non fiable et/ou indigne de confiance) », *Arborescence*, nº 6 : « Polyphonies : voix et valeurs du discours littéraire », septembre 2016, p. 148-175.

disciplines que la littérature : Histoire, sociologie, ethnologie... et de la légitimité qu'il entreprend éventuellement de se construire.

Je rappelle d'un mot de quoi il s'agit[10] : dans l'ensemble plus vaste des non-fictions, les Littératures de terrain se distinguent par la circonscription d'un objet, l'énoncé d'un projet et la mise en œuvre explicite d'une méthode. C'est ce qui leur vaut ce nom, qui reprend aux sciences sociales pour les désigner la notion de « terrain », ou, plus exactement, celle de « travail de terrain » (*field-work*). La formule est du reste effectivement employée par plusieurs écrivains : Patrick Deville[11], Joy Sorman[12] notamment. Parmi les livres de non-fiction, les Littératures de terrain sont ainsi des textes qui mettent en œuvre, de manière concertée, un dispositif particulier, présenté comme tel, visant à recueillir des matériaux, décrire des réalités, démêler des événements, reconstituer des parcours. Aussi sont-elles des œuvres littéraires qui se portent avec le plus d'évidence sur des territoires investis par les sciences sociales. Leur corpus accueille également, dans un échange inverse, des ouvrages signés par des scientifiques dûment identifiés dans leur champ disciplinaire, lorsque ceux-ci excèdent *littérairement* les usages académiques en vigueur dans leur discipline.

Ces Littératures de terrain rassemblent cinq grandes catégories de textes que je rappelle ici pour mémoire :

1. recueil **de formes de parole**, comme les récits issus d'expériences menées en Ateliers d'écriture par François Bon, les propos réunis par Jean Hatzfeld auprès des victimes puis des génocidaires du Rwanda, les confidences des habitants d'une citée périurbaine promise à la destruction rassemblées par Maryline Desbiolles dans *C'est pourtant pas la guerre*, les notes et réflexions de Marie Cosnay assistant plusieurs mois aux séances consacrées aux étrangers sans papiers au TGI de Bayonne...(*Chagrin et néant* et *Comment on expulse*).

2. un second ensemble regroupe ce qui relève du **parcours d'un territoire social** ; qu'il soit précisément délimité comme la place Saint Sulpice observée par Georges Perec (*Tentative d'épuisement d'un lieu parisien*), la gare Montparnasse

---

10 On trouvera un exposé plus complet de cette notion de « Littératures de terrain » et des corpus qu'elle recouvre dans Viart, Dominique, « Fieldwork in Contemporary French Literature », in Russo, Adelaide M. & Viart, D. (dir.), *Taking Stock/Faire le point – II. Literature and Alternative Knowledge*, dossier de *Contemporary French & Francophone Studies*, Routledge, vol. 20, n° 4-5, décembre 2016, p. 569-580, ainsi que dans la conférence présentée au séminaire du CRAL, EHESS : « Les littératures de terrain : dispositifs d'investigation en littérature française contemporaine (de 1980 à nos jours) », vidéo en ligne : <http://cral.ehess.fr/index.php ?2013>, et dans le volume collectif *Littératures de terrain*, A. James et D. Viart (dir.), revue en ligne FIXXION XX-XXI, n° 18, 2019, http://www.revue-critique-de-fixxion-francaise-contemporaine.org/rcffc/issue/view/28.

11 Deville, Patrick, *Kampuchéa : roman*, Paris, Éd. du Seuil, coll. « Fiction & Cie », 2011, p. 53.

12 Sorman, Joy, *L'Inhabitable*, Paris, Gallimard, coll. « L'Arbalète », 2016, quatrième de couverture.

par Martine Sonnet, la gare du Nord par Joy Sorman, la ligne du RER par François Maspero, ou un espace plus vaste : la France entière traversée par Jean-Christophe Bailly dans *Le Dépaysement* ; par Michel Chaillou dans *La France fugitive*, les parcours de Philippe Vasset en Île-de-France (*Un livre blanc*), de Jean Rolin dans les zones suburbaines (*Zone*, *La Clôture*) ou à travers la France (*Traverses* ; *Terminal frigo*).

3. Une troisième rubrique réunit les **investigations sur un cas donné** comme *Anthropologie* d'Éric Chauvier, *L'Adversaire* de Carrère, et nombre d'ouvrages suscités par des faits divers à l'exemple de *Vous vous appelez Michelle Martin* de Nicole Malinconi que je mentionnais plus haut. À quoi l'on peut ajouter les enquêtes et observations sur des collectivités humaines auxquelles se livre, par exemple, Jean Rolin auprès des *Chrétiens* de Palestine.

4. Plus historien, le quatrième groupe restitue **des trajets de vie ou des existences bousculées par l'histoire.** Les « récits de filiation » et les « récits de vie » en font partie lorsqu'ils suscitent une investigation qui ne se limite pas aux seuls souvenirs familiaux mais engagent une véritable recherche comme *Vie et mort de Paul Gény* de Philippe Artières, *Le Météorologue* d'Olivier Rolin ou, bien évidemment, *Dora Bruder* de Patrick Modiano qui constitue l'un des premiers exemples de cette forme littéraire. La vaste entreprise de Patrick Deville, parti depuis *Pura Vida* sur les traces de mercenaires, d'explorateurs, d'artistes ou de savants, appartient à ce même ensemble.

5. Plus thématique enfin, la dernière catégorie réunit toutes les **enquêtes sur le quotidien**, journaux extimes d'Annie Ernaux dont Michaël Sheringham a montré les croisements avec les travaux d'Henri Lefèvre, de Barthes, de Foucault, ou de Michel de Certeau, monde du travail interrogé par François Bon, par Jean-Paul Goux, Thierry Beinstingel et bien d'autres.

Ces cinq ensembles de textes constituent ainsi un sous-genre particulier, distinct des autres formes de non-fiction et de littératures factuelles. L'écrivain y est explicitement présent comme sujet de l'enquête mais il n'en est pas l'objet, à l'opposé des journaux, autobiographies et autofictions. Il met en scène sa recherche de documents et d'informations et ne se satisfait pas de les agencer comme dans les factographies[13]. Il n'invente pas de dialogue et ne cherche pas dans le modèle naturaliste un exemple à imiter dans son effort de reconstruction d'une situation particulière comme le *New Journalism* américain[14]. Enfin ses récits de voyages ne sont pas de simples déambulations touristiques,

---

13 Zenetti, Marie-Jeanne, *Factographies : l'enregistrement littéraire à l'époque contemporaine*, Paris, Classiques Garnier, coll. « Littérature, histoire, politique », 2014.

14 Voir Wolfe, Tom, *The New Journalism*, with an anthology edited by Tom Wolfe and E. W. Johnson, New York, Harper & Row, 1973.

curieuses des usages du monde, mais répondent à de véritables projets d'enquête spécifiques.

2 Le sentiment d'illégitimité

L'étude approfondie des Littératures de terrain que j'ai entreprise fait apparaître un grand nombre de caractéristiques récurrentes, qui contribuent à affermir leur identité commune. Parmi ces traits identificatoires, la question de la légitimité est très insistante. À de rares exceptions près, en effet, les Littératures de terrain font toutes l'épreuve explicite d'un *défaut de légitimité*. On en retrouve la manifestation aussi bien chez François Bon, qui se demande dans *Un fait divers* pourquoi il « va dans ces eaux troubles[15] », que chez Emmanuel Carrère, auteur de *L'Adversaire*, qui écrit à Jean-Claude Romand : « Mon problème [...] est de trouver ma place face à votre histoire[16]. » Une trentaine de pages après le début de *Zones*, Jean Rolin fait état des « doutes que son projet n'a jamais cessé de [lui] inspirer » et rumine « la lancinante question de ce qu'[il] pourrait bien faire [...] qui ne soit pas du journalisme pittoresque ou de la sociologie de comptoir[17] ». Dans le livre qui porte ce titre, Éric Chauvier appelle « anthropologie », « le malaise d'être là[18] ». Dans *Un livre blanc*, Philippe Vasset s'observant en train de « tâtonner dans la zone industrielle de Vitry ou derrière le cimetière de Bagneux pour localiser avec précision une zone blanche repérée sur la carte », se fait « l'effet d'un fugitif cherchant à savoir s'il avait oui ou non dépassé la frontière[19] ». Quasiment aucun de ces livres n'échappe à de telles considérations dubitatives, hésitations quant à la pertinence de l'enquête, parfois même malaise de l'avoir entreprise.

Quant aux exceptions, dont je dirai un mot tout à l'heure, elles confirment la règle, si j'ose dire, dans la mesure où elles ont justement à cœur d'affirmer fortement *a contrario* le sentiment de légitimité qui les anime, ainsi de Jean Hatzfeld à propos du Rwanda, qui explique que sa « motivation essentielle a été de faire de la littérature[20] », et qui se refuse explicitement à une démarche

---

15 Bon, François, *Un fait divers*, Paris, Éd. de Minuit, 1994, p. 129.

16 Carrère, Emmanuel, *L'Adversaire*, P.O.L., 2000, p. 205.

17 Rolin, Jean, *Zones*, Paris, Gallimard, 1995 ; rééd. coll. « Folio », 1997, p. 36, 37.

18 Chauvier, Éric, *Anthropologie*, Paris, Allia, 2006, p. 17.

19 Vasset, Philippe, *Un livre blanc : récit avec cartes*, Paris, Fayard, 2007, p. 34.

20 Hatzfeld, Jean, « Je ne ferai jamais le journaliste au Rwanda », propos recueillis par Franck Nouchi, *Le Monde des livres* [En ligne], 6 septembre 2007, URL : <https://www.lemonde.fr/livres/article/2007/09/06/jean-hatzfeld-je-ne-ferai-jamais-le-journaliste-au-rwanda_951803_3260.html>.

journalistique. Ces affirmations, bien sûr, confortent l'idée que la question s'est posée de la légitimité de l'entreprise puisque celle-ci éprouve le besoin de se revendiquer comme telle.

À quoi ce sentiment d'illégitimité est-il lié ? Plusieurs éléments entrent en ligne de compte.

1. Le premier est très général. Il relève d'une situation partagée par tout écrivain quels que soient le genre et la conception de son œuvre. C'est ce que Dominique Maingueneau désigne sous le nom de *paratopie* : « Le créateur apparaît ainsi comme quelqu'un qui *n'a pas lieu d'être* (aux deux sens de la locution) et qui doit construire le territoire de son œuvre à travers cette faille même. Son énonciation se déploie à travers l'impossibilité même de s'assigner une véritable "place"[21]. »

2. On peut aisément considérer que ce paramètre paratopique, lié à la nature très particulière du métier d'écrivain et à son statut social, se trouve aujourd'hui renforcé par une incertitude plus spécifique de ce statut dans le monde contemporain, pris en tenaille par la grande diffusion culturelle et les mutations technologiques d'une part – qui permettent à chacun d'écrire et même de s'auto-diffuser sur la toile, voire de s'auto-publier à peu de frais, et diluent donc une fonction jusque là singulière – et, d'autre part, par la disparition de la figure du « grand écrivain » héritier des « prophètes romantiques » du XIXe siècle (cf. Paul Bénichou), et des maîtres à penser du XXe, dont la statue a été déboulonnée par l'ère du soupçon et les dernières avant-gardes. Tenue pour évidente de Voltaire à Zola comme de Hugo à Sartre, la *fonction sociale* de l'écrivain s'est égarée. Or c'était elle qui permettait qu'adossée à la puissance d'une œuvre, sa voix puisse se faire entendre aussi en dehors d'elle, excédant, comme l'écrit Maingueneau, l'espace que cette œuvre avait pour fonction de fonder. Il semble en effet que cela ne soit plus aussi aisé aujourd'hui. En témoigne, parmi d'autres, la conviction portée par un Olivier Rolin de se trouver « mal placé, déplacé » dans son temps[22].

Mais insister sur l'historicité aujourd'hui renforcée de ce sentiment d'illégitimité, c'est aussi expliquer l'actuel succès des non-fictions : car en écrire, c'est chercher à retrouver/reconquérir une vertu à la littérature et peut-être à redonner une fonction sociale à l'acte littéraire : tenter d'intervenir à nouveau dans un débat public dont les écrivains sont désormais majoritairement exclus.

3. Or c'est là que joue la troisième difficulté. On sait combien le sentiment de s'être trop retranchés du monde a conduit les écrivains des années 1980 à s'y replonger, en redonnant à la littérature, comme on l'a souvent dit, d'autres

21 Maingueneau, Dominique, *Le Contexte de l'œuvre littéraire*, Paris, Dunod, 1993, p. 29.

22 Rolin, Olivier, *La Langue*, Lagrasse, Verdier, 2000.

objets qu'elle-même[23]. Mais ces objets – le réel, le sujet, la vie sociale, l'Histoire… – sont désormais préemptés par les sciences sociales qui en ont fait leurs domaines propres. Dès lors en traiter, suppose, pour l'écrivain, d'entrer en concurrence avec elles, et d'œuvrer sur un terrain qui peut lui être contesté, par défaut de compétences et de scientificité, ou simplement à cause de la part d'appropriation imaginaire que la mise en forme suppose. On se souvient ainsi de la querelle faite à Yannick Haenel par certains historiens, comme Annette Wieviorka, ou par le réalisateur de *Shoah*, Claude Lanzmann, au sujet de *Jan Karski*[24].

Aussi est-il apparu nécessaire aux écrivains que ce rapport des Littératures de terrain aux sciences sociales soit *pensé dans l'œuvre*. On le voit nettement chez Annie Ernaux, qui fait référence aux travaux de Pierre Bourdieu et d'autres sociologues. Cela va parfois jusqu'au scrupule, à la manière de Laurent Binet qui mentionne les archives sur lesquelles s'appuie son livre *HHhH*, s'interdit explicitement l'invention de dialogues[25], traque la fiction et précise quand il « imagine la scène[26] ». Diverses pratiques s'innovent alors, qui vont le plus souvent de l'emprunt aux sciences sociales à l'échange conceptuel avec elles, ce qui signale combien nous sommes désormais dans une période où ce partage des territoires est plus aisé qu'autrefois. Le temps n'est plus, certes, où l'empire/l'emprise des lettres comprenait l'Histoire, la philosophie, les questions de morale et de société, mais la période scientiste où les sciences sociales se sont construites contre la littérature, en lui contestant leurs objets, est également révolue. Non que tout soit devenu littérature, comme le soutint autrefois Hayden White, mais les échanges et porosités sont désormais plus nombreux. Et il n'est pas rare que des chercheurs issus de tel ou tel domaine scientifique, mettent en œuvre une sorte de détour littéraire dans leurs propres travaux. Ainsi de Patrick Boucheron, de Marc Augé, d'Ivan Jablonka, de Philippe Artières et d'autres encore, qui contribuent de la sorte à nourrir le corpus des Littératures de terrain avec des ouvrages tels que *Léonard et Machiavel*, *Un ethnologue dans le métro*, *Histoire des grands-parents que je n'ai pas eus* ou *Vie et mort de Paul Gény*[27].

---

23 Voir Viart, Dominique, « Écrire le réel », in Viart, D. et Vercier, Bruno, *La Littérature française au présent : héritage, modernité, mutation* [2005], 2e éd. augm., Paris, Bordas, 2008, p. 213-234.

24 Haenel, Yannick, *Jan Karski*, Paris, Gallimard, 2009.

25 Binet, Laurent, *HHhH*, Paris, B. Grasset, 2010, p. 33.

26 *Ibid.*, p. 36.

27 Boucheron, Patrick, *Léonard et Machiavel*, Lagrasse, Verdier, 2008 ; Augé, Marc, *Un ethnologue dans le métro*, Paris, Hachette, coll. « Textes du XXe siècle », 1986 ; Jablonka, Ivan, *Histoire des grands-parents que je n'ai pas eus : une enquête*, Paris, Éd. du Seuil, coll. « La

3 L'épreuve de légitimation

Or, l'épreuve de légitimation ne s'impose pas de la même façon à ces auteurs issus des sciences sociales, qui doivent justifier leur écart au sein de leur propre discipline – et qui s'emploient effectivement à le faire – et aux écrivains qui ne relèvent d'aucune autorité de tutelle. Du côté des chercheurs, Éric Chauvier, par exemple, n'a de cesse de redéfinir ce qu'il entend par « Anthropologie » dans le petit ouvrage qui porte ce titre, afin que ce terme puisse recouvrir aussi ce qu'il est en train d'écrire : « Ce que je nomme pour moi *anthropologie*, ce programme de recherche, cette ligne de conduite, conçoit le langage comme un abus permanent produit *par* et *pour* la communication. L'*anthropologie* déjoue *les pièges du langage*. Elle cherche à tailler des brèches dans sa muraille[28]. » L'auteur y revient dans son essai sur l'*Anthropologie de l'ordinaire*, qui consacre plusieurs pages à analyser en termes de psychologie sociale les péripéties rapportées dans *Anthropologie*, en insistant sur le fait que « [l]'anthropologie de l'ordinaire développée dans [cette] enquête n'est pas réductible à une démarche "sauvage", en marge des enjeux académiques[29] ».

C'est que les auteurs de Littérature de terrain qui sont par ailleurs chercheurs avérés ont cette possibilité d'inscrire leur écart littéraire, ou ce que l'on tient pour tel, dans l'ensemble de leurs travaux à la faveur d'un essai à valeur argumentative. Ce que ne manquent pas de faire, à côté d'Éric Chauvier, Patrick Boucheron à propos de *Léonard et Machiavel* – « livre dont le genre demeurait lui-même incertain », dit-il dans *Faire profession d'historien*[30] –, Ivan Jablonka dans *L'histoire est une littérature contemporaine*[31]. Ce faisant, ils légitiment parallèlement cet écart académique par « la nécessité de mobiliser certaines ressources littéraires parce qu'elles répondent concrètement à la nécessité de l'écriture ». Ces ressources ne sont rien d'autre que ces fameuses « découvertes techniques » dont Carlo Ginzburg prétend « que les historiens peuvent les utiliser comme des procédés cognitifs[32] ».

Les écrivains, eux, ne bénéficient guère de ce recours argumentatif, sinon dans les entretiens que la presse leur accorde. Leur illégitimité s'en trouve

Librairie du XXIe siècle », 2012 ; rééd. coll. « Points histoire », 2013 ; Artières, Philippe, *Vie et mort de Paul Gény*, Paris, Éd. du Seuil, coll. « Fiction & Cie », 2013.

28 Chauvier, É., *Anthropologie*, *op. cit.*, p. 132. C'est l'auteur qui souligne.

29 Chauvier, Éric, *Anthropologie de l'ordinaire : une conversion du regard*, Paris, Anacharsis, 2011, p. 101.

30 Boucheron, Patrick, *Faire profession d'historien*, Paris, Publications de la Sorbonne, 2010, p. 165.

31 Jablonka, Ivan, *L'histoire est une littérature contemporaine : manifeste pour les sciences sociales*, Paris, Éd. du Seuil, « La Librairie du XXIe siècle », 2014.

32 Ginzburg, Carlo, *Un seul témoin*, avant-propos de Fabien Jobard, Paris, Bayard, 2007, p. 97.

comme aggravée. J'ai déjà eu l'occasion de souligner notamment que l'expérience de l'altérité, bien connue des ethnologues, fait en sciences sociales partie intégrante de l'expérience de terrain et, comme telle, se trouve régulée par tout un corps de doctrine qui s'est employé à la penser et à la traiter[33]. En revanche, à l'opposé de leurs confrères scientifiques, les écrivains ne disposent d'aucune théorie, ni méthode, pour réguler cette expérience. Le résultat en est opposé : alors que le sentiment de sa différence installe l'enquêteur dans la conscience même de sa discipline, le posant comme sociologue ou comme ethnologue, l'écrivain en revanche, *a fortiori* s'il ne cherche pas à réunir de matériaux en vue d'écrire une fiction, y perd son identification. D'où cette sensation d'égarement : « Qu'est-ce que je fous ici ? » se demande Maryline Desbiolles[34] ; ce sentiment de culpabilité : « Cette histoire et surtout mon intérêt pour elle me dégoûtaient plutôt », écrit Emmanuel Carrère dans *L'Adversaire*, il en conçoit même de la honte[35].

Il est frappant en effet de constater combien cette sensation d'illégitimité perturbe le sujet au plus profond de lui-même, ainsi de Jean Rolin qui dans *Traverses*, perd le contrôle de lui-même : « à cette époque je m'étais en quelque sorte absenté de mon corps, lui refusant quant à moi tout concours, au point de laisser croître comme une moisissure, un lichen, cette barbe dont il s'avérait chaque jour un peu plus qu'elle n'était pas mon genre[36] ». Cela peut aller jusqu'à l'empêchement d'écrire, comme en témoigne Philippe Vasset :

> Ma langue s'appauvrissait, comme si elle était gagnée par la désaffection, comme si l'informe, l'indifférencié auquel j'avais voulu me confronter avait finalement eu le dessus, m'obligeant à bredouiller toujours la même chose, incapable de dire ce qu'on trouvait sur ces lieux et ce qui m'y ramenait, inlassablement. J'étais dans les zones blanches comme avant le surgissement du texte, dans un grand vide où rien ne se fixe, où les expressions les plus contradictoires passent et repassent sans interférence et, au lieu de chercher à m'en extraire, je me complaisais dans cette languide plénitude infra-langagière, retardant au maximum le moment où un concept, une intuition finirait par polariser la langue[37].

33 Voir notamment l'anthologie publiée par Daniel Cefaï, *L'Enquête de terrain*, Paris, La Découverte, MAUSS, 2003.

34 Desbiolles, Maryline, *C'est pourtant pas la guerre*, Éd. du Seuil, 2007, p. 41.

35 Carrère, Emmanuel, *L'Adversaire*, Paris, P.O.L., 2000, p. 38, 44.

36 Rolin, Jean, *Traverses*, Paris, Nil, 1999 ; rééd. Éd. du Seuil, coll. « Points », 2011, p. 97.

37 Vasset, P., *Un livre blanc*, *op. cit.*, p. 101.

On notera par ailleurs une autre différence importante entre deux types de Littératures de terrain, non plus selon qu'elle est produite par un chercheur ou par un écrivain, mais entre celles dont l'écrivain a lui-même formé le projet et celles dont le projet s'élabore à la faveur d'une circonstance institutionnelle. Une telle différence est nettement perceptible chez Jean Rolin, qui ne formule aucune réserve envers sa propre légitimité dans ses articles publiés dans la presse et repris, pour la plupart dans *L'Homme qui a vu l'ours*[38], alors que dans *Chrétiens* l'auteur, accompagné dans Beit Jala par un jésuite, déclare : « Quant à moi, [...] je me sentais de plus en plus insignifiant, de plus en plus déplacé à ses côtés aussi bien que dans cette ville, voire dans ce pays tout entier, où nul ne m'avait demandé de venir m'enquérir du sort des chrétiens, seul, sans mandat, empiétant ainsi sur les prérogatives de l'Église ou des sacro-saintes ONG[39]. » Même chose dans *Zones*, dont le parcours circulaire, au delà du périphérique parisien, paraît mettre en péril son équilibre psychique. Rolin s'interroge : « comment sans devenir fou » tenter de se sentir complètement étranger dans une ville qu'il connaît bien, « pourquoi y dîner dans de mauvais restaurants inconnus quand [il] en connaît de bons, pourquoi y dormir dans des lits de hasard, mous et grinçants, plutôt que dans le [s]ien[40] ».

Une telle flexion souligne en outre la relative importance des contrats de résidence d'auteur en matière de légitimation. Parce qu'ils supposent l'intervention de l'écrivain sur un territoire donné et requièrent de lui qu'il produise un texte à l'issue de son séjour, ces dispositifs, de plus en plus nombreux, jugulent la déstabilisation fonctionnelle propre à la plupart des Littératures de terrain. Outre que cette circonstance ouvre des portes, comme à Joy Sorman celles de la gare du Nord par le festival *Paris en toutes lettres* et la *Régie Gare & Connexions*, elle établit un lien avec le territoire dans lequel l'écrivain n'a plus désormais qu'à élire son terrain d'investigation et elle attend explicitement de lui que cette mise en situation débouche sur ce qui constitue sa fonction même : écrire. Voici donc *de facto* sa légitimité reconnue, si bien que la question ne se pose plus – et se trouve plus rarement évoquée. Le texte de Joy Sorman que je viens de mentionner n'en fait même quasiment pas état, sa présence en ces lieux paraît naturelle : « Mais ce matin je n'ai pas de train à prendre, rien à faire de sérieux à la gare du Nord, pas même de rendez-vous. Je suis là pour regarder[41]. »

38 Rolin, Jean, *L'Homme qui a vu l'ours*, Paris, P.O.L., 2006.
39 Rolin, Jean, *Chrétiens*, Paris, P.O.L., 2003, p. 21.
40 Rolin, J., *Zones*, *op. cit.*, p. 36.
41 Sorman, Joy, *Paris Gare du Nord*, Paris, Gallimard, coll. « L'Arbalète », 2011, p. 9.

Mais lorsque tel n'est pas le cas, lorsque l'écrivain décide de lui-même de s'investir dans tel ou tel projet d'écriture de terrain, c'est par un processus *interne au texte* que se combat l'illégitimité enquêtrice, en s'imposant notamment certaines des contraintes caractéristiques des textes scientifiques : définition de l'objet, énoncé du projet, présentation de la méthode et de ses possibles ajustements. Cela constitue des points de passage majeurs des Littératures de terrain, souvent les plus intéressants, car c'est là que s'opère la jonction entre leur nature littéraire et leur ambition heuristique.

La place dévolue à ces énoncés et leur réapparition dans l'économie du texte sont particulièrement significatives. Il est rare, par exemple, que le projet soit énoncé dès les premières pages, alors qu'il l'est usuellement dans un travail scientifique. Dans *Chrétiens*, c'est seulement au cours du second chapitre que Rolin déclare être venu avec le « projet d'écrire quelque chose sur les chrétiens de Palestine[42] », alors que le premier chapitre est entièrement dévolu à l'expérience du couvre-feu ; C'est de même aux dernières pages de *Dans le nu de la vie* que Jean Hatzfeld explique enfin : « Je suis simplement allé chercher des récits de rescapés, au creux d'un vallonnement de marais et de bananeraies. Certains souvenirs comportent des hésitations ou des erreurs, que les rescapés commentent eux-mêmes ; elles n'affectent pas la vérité de leurs narrations, essentielles pour tenter de comprendre ce génocide. Voilà pourquoi ne sont pas retranscrites d'interviews de personnalités politiques ou judiciaires, de Kigali ou de Nyamata ; ni de témoignages d'anciens chefs ou tueurs *Interahamwe* [...]. Pour le même motif, ne sont pas rapportés les propos des Hutus résistants, ni des protagonistes étrangers[43]. »

C'est que dans les Littératures de terrain, l'immersion est première. Car ces textes insistent toujours sur *l'expérience* que constitue la recherche, plus encore que sur la recherche et ses résultats. Aussi commencent-ils *in medias res*, avant même que d'éclairer leur lecteur sur le propos du livre qu'il tient en main. En énonçant leur projet, en circonscrivant leur objet, ces œuvres s'affichent comme littératures *de terrain* ; mais en différant cet énoncé, elles se revendiquent comme *littéraires*. Or on constate que l'énoncé du projet se trouve bien souvent *également différé* dans les Littératures de terrain signées de chercheurs, comme s'il s'agissait d'attester ainsi de leur appartenance à ce même corpus littéraire. *Léonard et Machiavel* évoque un rendez-vous manqué à Urbino entre les deux personnages dont il sera question avant que Boucheron n'éclaire le lecteur sur son projet. *Anthropologie* s'ouvre sur une interrogation pleine de

---

42 Rolin, J., *Chrétiens*, *op. cit.*, p. 18.

43 Hatzfeld, Jean, *Dans le nu de la vie : récits des marais rwandais*, Paris, Éd. du Seuil, coll. « Fiction & Cie », 2000, p. 155.

suspense : « J'ignore si elle est encore en vie », dont le pronom cataphorique ne trouve son référent que plusieurs pages plus loin : « c'est une fille, probablement d'Europe de l'Est, qui fait la manche[44] ». Quant au projet, il ne s'énonce que peu à peu, d'abord vaguement page 17 puis plus précisément page 25, avant d'être invalidé plus loin et relancé sur d'autres bases. Il convient d'y voir, me semble-t-il, une revendication de leur appartenance à la littérature.

4 La revendication littéraire

Cette revendication littéraire est bien sûr décisive. Elle ne s'opère pas seulement par une ouverture *in medias res*, mais mobilise tout un ensemble de dispositifs formels, sans quoi ces ouvrages seraient des reportages, des documentaires, des productions scientifiques mais pas des Littératures de terrain. Les premiers traits sont externes, il n'est que de peu d'intérêt de s'y attarder. S'il s'agit en effet de répondre de l'appartenance à la littérature de l'ouvrage issu de l'expérience ainsi menée, en juger par sa publication dans une collection littéraire, n'est que repousser la question (même s'il est vrai qu'un tel accueil n'est pas sans effet sur la réception critique de l'œuvre, comme en témoigne le livre de Patrick Boucheron déjà mentionné). Car cette présence dans une collection littéraire s'est elle-même légitimée de quelques arguments : qualité de l'écriture, œuvre déjà reconnue *par ailleurs* de l'auteur, disponibilité de la collection choisie aux fictions et *Cie*, selon l'intitulé de celle fondée au Seuil par Denis Roche, etc. C'est donc d'abord *dans le texte* que cette appréciation s'élabore.

Elle peut y être explicite, sous forme déclarative. Mais elle est le plus souvent allégative, lorsque l'écrivain allègue des modèles littéraires auprès desquels il installe son livre : ainsi d'Emmanuel Carrère qui cite *In Cold Blood* de Truman Capote comme précédent de *L'Adversaire*, Annie Ernaux qui mentionne Perec, ou Jablonka qui évoque *Dora Bruder*. Ces ouvrages de Perec, Modiano, Capote, dont la mention revient du reste très fréquemment finissent même par constituer les paradigmes génériques des Littératures de terrain, si bien que leur présence acquiert une fonction légitimante particulière, quand bien même ils n'y apparaissent que de manière oblique. Ainsi dans *Anthropologie*, la narrateur du livre d'Éric Chauvier repère-t-il sur le bureau d'une assistante sociale qu'il consulte sur le cas de la jeune fille qu'il recherche un roman de la collection Folio dont la couverture lui attire l'œil. Obsédé par cette image sur un livre dont il n'a pu déchiffrer le titre, il interroge une libraire et découvre qu'il s'agit… de *Dora Bruder*.

44 Chauvier, É., *Anthropologie*, *op. cit.*, p. 7, 11.

La référence littéraire n'est cependant pas systématiquement générique, bien au contraire : si nombre de romans sont invoqués, d'autres formes littéraires – théâtre, tragédies, essais philosophiques – sont également alléguées par les textes. Leur statut est alors plus délicat. Comment la non-fiction peut-elle chercher ses modèles dans des œuvres reconnues comme des fictions sans nuire à sa factualité ? Quel usage en fait-elle ? Dans nombre de cas, notamment chez l'écrivain Patrick Deville, mais tout aussi bien chez l'historien Ivan Jablonka, ces textes permettent de construire une représentation de ce qui n'a pas laissé de traces. L'écrivain ne dit pas, alors, que les choses se sont passées ainsi, pas plus que ne le fait l'historien, mais le truchement d'une œuvre de fiction, explicitement désignée comme telle, leur permet d'imaginer une figuration possible des événements reconstruits. Le fait qu'une œuvre fictive leur serve ainsi de médiation permet en effet de représenter une scène *sans adhérer à cette représentation ni la tenir pour avérée*, laquelle est au contraire maintenue à distance sur le mode du « comme si ». La référence fictionnelle garantit alors, paradoxalement, la non-fictionnalité du texte, comme lorsque Patrick Deville fait recours aux romans de Conrad pour imaginer les explorations de Savorgnan de Brazza en Afrique ou les recherches de Yersin en Asie, lorsque François Bon fait référence aux *Suppliantes* d'Eschyle à propos des ouvrières licenciées de *Daewoo*.

La référence fictionnelle joue aussi un autre rôle, plus heuristique que figural. Car le recours aux références littéraires sert à interpréter et à comprendre autant qu'à représenter. Il est naturel, dans un ouvrage scientifique, que l'auteur s'appuie sur les travaux de ses pairs. Parce qu'elles s'avancent sur le territoire des sciences sociales, il n'est pas rare que les Littératures de terrain le fassent également. On connaît les nombreuses références d'Annie Ernaux au sociologue Pierre Bourdieu, celles de Marie Cosnay au philosophe Michel Foucault, à l'historienne Arlette Farge, celles de Philippe Vasset à l'historien Alain Corbin, au sociologue Pierre Sansot, à l'ethnologue Marc Augé, aux philosophes Michel Deleuze et Félix Guattari[45]. Les références littéraires viennent contrebalancer ce massif scientifique. Or, en plaçant celles-ci au même plan que les références scientifiques ou philosophiques, les Littératures de terrain constituent ainsi l'héritage littéraire en partenaire d'intellection,

Plus encore : elles font apparaître combien les penseurs et chercheurs eux-mêmes ont *aussi* recours à la littérature dans leurs propres travaux. Ainsi de Marie Cosnay, citant dans *Comment on expulse*, ce passage de « La vie des hommes infâmes » de Foucault qui rend hommage à la littérature : « il est heureux que les histoires singulières soient rendues singulièrement, et dans toute

45 Voir, par exemple, Vasset, P., *Un livre blanc*, *op. cit.*, p. 51.

leur intensité. Qu'elles soient filles de cette littérature inventée ou permise par la mise en récit du banal, du quotidien, du secret, du rien et des chuchotements, c'est leur aventure d'histoire. "La littérature est née de ça, faire apparaître ce qui n'apparaît pas. Ne peut pas ou ne doit pas apparaître. Dire les derniers degrés, les plus ténus, du réel. Le plus malaisé à montrer, le plus caché, une sorte d'injonction à débusquer la part la plus nocturne et la plus quotidienne de l'existence, c'est la pente de la littérature depuis le XVIIe siècle"[46] ». La circulation et l'équivalence entre littérature et sciences sociales ou philosophie, qui s'entre-citent mutuellement sont ainsi constituées.

L'effet légitimant d'un tel geste est double : non seulement les œuvres littéraires alléguées se trouvent ainsi érigées, *à parité* avec les œuvres scientifiques ou philosophiques, en références intellectuelles permettant de penser le monde, mais l'écrivain qui les allègue vient ainsi placer son propre texte dans leur voisinage, comme Philippe Vasset qui dit éprouver dans les terrains vagues le même sentiment qu'il eut à lire Claude Simon ou Robert Pinget[47]. Le livre susmentionné de Cosnay, pour s'en tenir à lui, évoque Socrate, Euripide, Sophocle, Benjamin, Kertész, Camus, Bolaño… Il réalimente ainsi la légitimité de l'écrivaine en ce qu'il pose, en face de pratiques juridiques dont la légalité est souvent suspecte, un autre régime de discours.

Ce faisant, l'écrivain souligne aussi la pertinence de son domaine de compétence propre, dans le champ des récits, des imaginaires, des représentations, du langage. Si, au tribunal de grande instance de Bayonne, Marie Cosnay éprouve un sentiment d'insuffisance juridique : « Il faudrait des compétences bien supérieures à celles que j'ai, une constance surhumaine pour noter les unes après les autres les attaques faites au droit des étrangers[48] », écrit-elle, et elle s'interroge : « Parfois nous pensons par notre présence rendre plus humaine ou plus juste la machine qui est en route, parfois nous croyons que

46 Cosnay, M., *Comment on expulse*, *op. cit.*, p. 89. L'auteur paraphrase le passage suivant : « Naît un art du langage dont la tâche n'est plus de chanter l'improbable, mais de faire apparaître ce qui n'apparaît pas – ne peut pas ou ne doit pas apparaître : dire les derniers degrés, et les plus ténus, du réel », et plus loin : « aller chercher ce qui est le plus difficile à apercevoir, le plus caché, le plus malaisé à dire et à montrer, finalement le plus interdit et le plus scandaleux. Une sorte d'injonction à débusquer la part la plus nocturne et la plus quotidienne de l'existence […] va dessiner ce qui est la ligne de pente de la littérature depuis le XVIIe siècle ». Foucault, Michel, « La vie des hommes infâmes » [*Les Cahiers du chemin*, no 29, 15 janvier 1977, p. 12-29].

47 Vasset, P., *Un livre blanc*, *op. cit.*, p. 99.

48 Cosnay, Marie, *Entre chagrin et néant : audiences d'étrangers devant le juge des libertés et de la détention, mai-septembre 2008*, Paris, L. Teper, 2009, p. 97 (ce livre a été réédité aux éditions Cadex en 2011).

s'attaquer aux symboles et aux systèmes est plus important que considérer le cas, les cas. Le plus souvent nous ne savons rien et nous tentons de nous persuader que nous avons le choix, celui du moins de résister individuellement. Mais que valent notre minuscule résistance, ces choix qui ne bousculent rien[49]. »

Aussi son attention se porte-t-elle au-delà du sort des sans-papiers sur les cas desquels on statue, et du fonctionnement, souvent absurde, d'un système prisonnier de sa propre mécanique, vers les phénomènes de langage qu'elle y constate, pour lesquels sa compétence est plus avérée. Mots employés : « Est-il d'usage, *dans sa tribu*, de ne pas savoir sa date de naissance[50] ? » ; manières du juge qui s'adresse au prévenu à la seconde ou à la troisième personne ; tournures de phrase, d'énonciation : « Elle hésite, prolonge les syllabes, les voyelles[51] » ; expressions : « Vos lois, elles sont pas légales[52]. » Autant d'usages qui sont de langue. Et comme tels relèvent en effet d'une compétence d'écrivaine. Glissant du constat juridique au linguistique, Marie Cosnay rapatrie ses remarques dans le domaine qui est le sien, à l'exemple de Viktor Klemperer dans LTI : « pour analyser, à partir du vocabulaire et de ses minuscules glissements, comment une société (dont on entend les représentants car ils sont la parole) devient peu à peu, d'escalade en escalade, raciste et dangereuse[53] ». Elle montre ainsi que c'est le langage qui gouverne, qui juge – et qui meurtrit. Par ses fautes et ses mésusages, ses distorsions, laissant à d'autres le soin d'œuvrer dans d'autres sphères : « Il faudrait enfin être capable d'étudier les causes. Les causes sociales, historiques, psychologiques[54]. »

Elle découvre de même que « la question du récit se posait de manière accrue », car c'est à l'histoire qu'ils racontent que les sans-papiers auront une chance d'être entendus ou non : « Les vies passées ainsi *sous le pressoir des institutions qui demandent récit*, sont des vies banales, de la banalité commune de ces hommes du XXIe siècle qui s'exilent et cherchent de quoi vivre et survivre[55]. » Et plus loin : « J'ai noté ce 5 juin : *comme on peut paraître humain dès qu'il y a une histoire à raconter. Comme on se sent humain*[56]. » Le récit, écrit pour

49 *Ibid.*, p. 133.
50 *Ibid.*, p. 93. C'est l'auteur qui souligne.
51 *Ibid.*, p. 56.
52 *Ibid.*, p. 62.
53 *Ibid.*, p. 98. Voir Klemperer, Viktor, LTI – *Lingua Tertii Imperii: Notizbuch eines Philologen* [*Langue du Troisième Reich : carnet d'un philologue*], Berlin, Aufbau-Verlag, 1947 ; Trad. : *LTI, la langue du IIIe Reich : carnets d'un philologue*, trad. Élisabeth Guillot, prés. par Sonia Combe et Alain Brossat, Paris, Pocket, coll. « Agora », 1996.
54 Cosnay, M., *Entre chagrin et néant*, *op. cit.*, p. 98.
55 Cosnay, M., *Comment on expulse*, *op. cit.*, p. 86. Je souligne.
56 *Ibid.*, p. 88. C'est l'auteur qui souligne.

sa part Annie Ernaux dans *La Vie extérieure*, témoigne d'un « besoin d'exister[57] ». Et ce n'est pas un hasard si Olivia Rosenthal nomme « architecture *en paroles* » ses propres ouvrages de terrain.

5 L'écrivain impliqué

Cette dimension, proprement littéraire, du regard porté sur le monde suffit sans doute à légitimer le travail de terrain de cette forme de littérature. Elle confère aussi à l'écrivain une certaine légitimité sociale, qui vient contrebalancer le malaise auquel je faisais écho au début de cette intervention. En s'appuyant sur les *Vies parallèles* de Plutarque plutôt que sur celle des hommes infâmes – les siens ne sont pas *infâmes* : ils bénéficient, peu ou prou, d'une véritable réputation –, Patrick Deville rêve cependant dans une formule de *Peste & Choléra* devenue célèbre[58] que chacun d'entre nous écrive ne serait-ce que dix *Vies* au cours de la sienne, afin qu'aucune des 80 milliards qui peuplèrent la Terre depuis l'origine ne soit oubliée. Et que ce soit justice. Sans atteindre une telle utopie, le travail des Littératures de terrain alerte sur des franges méconnues du monde : sans domiciles fixes installés dans des piliers de périphérique (Jean Rolin, *La Clôture*) ou sur des îlots entre les voies (Arno Bertina, *La Borne S.O.S. 77*[59]), reclus dans les logements sordides (Joy Sorman, *L'Inhabitable*), chiens errants dans des espaces ravagés par la guerre ou livrés à la déréliction sociale (Jean Rolin, *Et un chien mort après lui*), survivants assaillis de mémoires brûlante, enfants de victimes et de génocidaires contraints de cohabiter (Jean Hatzfeld, *Récits des marais rwandais*), la liste est longue de ces interstices où les écrivains portent leur regard.

Cela ne fait pourtant pas d'eux des écrivains engagés, à la manière de Sartre ou de Zola. Il y a là un trait formel des Littératures de terrain qu'il convient de souligner. D'abord parce que loin de tenir un discours ou une démonstration suivis, toutes se présentent, de manière symptomatique, sous forme discontinue, recueils de notes, assemblages de fragments. Le savoir n'est pas construit.

---

57 Ernaux, Annie, *La Vie extérieure*, Paris, Gallimard, 2000, p. 11.

58 « Sept milliards d'hommes peuplent aujourd'hui la planète. Quand c'était moins de deux, au début du vingtième siècle. On peut estimer qu'au total quatre-vingt milliards d'être humains vécurent et moururent depuis l'apparition d'homo sapiens. C'est peu. Le calcul est simple : si chacun d'entre nous écrivait ne serait-ce que dix Vies au cours de la sienne aucune ne serait oubliée. Aucune ne serait effacée. Chacun atteindrait à la postérité, et ce serait justice. » Deville, P., *Peste & Choléra*, *op. cit.*, p. 91.

59 Bertina, Arno, *La Borne S.O.S. 77*, photographies de Ludovic Michaux, Manosque, Le Bec en l'air, 2009.

Il n'est pas l'objet d'une thèse. Sans doute, une telle forme renvoie-t-elle parfois à la nature diariste de l'expérience, comme dans les journaux extimes d'Annie Ernaux ou les notes quotidiennement consignées par Marie Cosnay au TGI de Bayonne. Mais la nature fragmentaire du texte s'impose également en dehors de cette circonstance particulière, aussi bien dans *Dora Bruder* de Modiano que dans *L'Adversaire* de Carrère, aussi nettement chez Patrick Deville que chez François Bon. Deux raisons à cela me semble-t-il : la première tient à la réserve que manifestent de tels textes envers la continuité narrative du récit comme envers la logique argumentative du discours. Cette structure délibérément fragmentaire empêche en effet que l'on reçoive les Littératures de terrains comme des *essais*. Elles n'entendent pas *démontrer* quelque chose. Simplement *montrer*. En quoi je vois une seconde raison au relatif désordre dans lequel ces textes s'affichent : leur souci de ne pas faire autorité, de ne pas s'accorder de compétence surplombante ni décisive sur leur objets. Manière aussi d'y demeurer immergé. Et peut-être d'inviter le lecteur à s'immerger à son tour dans leur vrac et leur chaos, à ne pas trancher dans leur complexité, à ne pas hiérarchiser abusivement réflexions et sensations.

Ce geste d'immersion me paraît important. Afin d'en tenir compte j'avais proposé, voici une quinzaine d'années de distinguer les notions d'écrivain « impliqué » et d'écrivain « engagé[60] ». Cette *implication*, tributaire d'une émotion, est distincte de l'engagement prôné par Sartre en la matière, en ce qu'elle ne se fonde pas sur une doctrine idéologique mais privilégie la dimension éthique d'une relation établie avec des personnes singulières. L'écrivain s'implique dans son travail de terrain et dans le texte qui en rend compte, toujours écrit à la première personne. Il fait état de ses troubles et de ses émotions, bien plus que de ses idées arrêtées ou de ses références idéologiques, lesquelles demeurent souvent latentes. Et il fonde fréquemment son implication sur l'émotion plutôt que sur la conviction, comme on le lit mais chez des écrivaines pourtant aussi militantes qu'Annie Ernaux : « J'ai eu envie de transcrire des scènes, des paroles, des gestes d'anonymes [...]. Tout ce qui d'une manière ou d'une autre, *provoquait en moi une émotion, un trouble ou de la révolte*[61] » ; ou Marie Cosnay : « *Le chagrin m'envahit.* Je le pense insuffisant, agaçant, inquiétant même, s'il n'est accompagné de mise en question et de travail [...][62]. » Ce chagrin est ce qui légitime sa présence hebdomadaire pendant 8 mois au TGI

60 Voir Viart, Dominique, « Fictions critiques : la littérature contemporaine et la question du politique », in Kaempfer, Jean, Meizoz, Jérôme et Florey, Sonya (dir.), *Formes de l'engagement, XVe-XXIe siècles*, Lausanne, Éd. Antipodes, 2006, p. 185-204.

61 Ernaux, Annie, *Journal du dehors* [1993], in *Écrire la vie*, Paris, Gallimard, coll. « Quarto », 2011, p. 497-552, cit. de l'avant-propos de 1996, p. 499. Je souligne.

62 Cosnay, M., *Entre chagrin et néant*, *op. cit.*, p. 14. Je souligne.

de Bayonne. Elle le place sous l'invocation de Cornélius Castoriadis, cité en exergue de *Chagrin et néant* : « Par rapport à autrui, j'ai à faire – et non pas au sens de l'aumône et de l'assistance –, j'ai à intervenir, et cela même au plan de l'éthique, *indépendamment de toute action politique*[63]. » Le sentiment du devoir qui nourrit alors en profondeur le geste d'écrire relève de la *parrhêsia*, ce « dire-vrai, notion qui traverse la Grèce antique[64] », dont Michel Foucault revendique l'exercice dans *Le Courage de la vérité*[65].

Les œuvres « extimes » d'Annie Ernaux – *Journal du dehors* (1993), *La Vie extérieure* (2000) et, plus récemment, *Regarde les lumières mon amour* (2014) – sont à cet égard assez ambivalentes. Elles recueillent des impressions et observations quotidiennes : dans le métro ou le train de banlieue, dans les supermarchés, des scènes de la vie de tous les jours, adolescences, mendicités, misère qui se dissimule ou se révèle, fatigues... À chaque fois, Ernaux note en écrivaine et caractérise en sociologue, voire en politique : « J'ai tout de suite conscience qu'il y a des mondes ennemis, des classes sociales, qu'il y a de la liberté d'un côté et de l'aliénation de l'autre. Oui, j'ose employer ce terme marxiste » écrit-elle[66]. Sa pensée, qui s'exprime en termes de rapports dominants-dominés et rappelle les « distinctions » de classe, se fonde sur sa propre expérience personnelle : « Comme enfant vivant dans un milieu dominé, j'ai eu une *expérience* précoce et continue de la réalité des luttes de classes. Bourdieu évoque quelque part "l'excès de mémoire du stigmatisé", une mémoire indélébile. Je l'ai pour toujours. C'est elle qui est à l'œuvre dans mon regard sur les gens [...] », confie-t-elle dans *L'Écriture comme un couteau*[67]. Mais justement : en découvrant, dans les années 1970, explique-t-elle « la sociologie de Pierre Bourdieu, c'est bien dans et par [son] corps, dit-elle [qu'elle a] éprouvé, vérifié plutôt, la vérité des concepts qu'il a forgés[68] ». Cette mutation du concept en percept, Annie Ernaux l'appelle « la preuve par corps ». Elle fournit non seulement la matrice de son regard empathique sur le monde

---

63 Castoriadis, Cornélius, *La Cité et les Lois*, t. II, Paris, Éd. du Seuil, 2008, cité dans Cosnay, M., *Entre chagrin et néant*, *op. cit.*, épigraphe. Je souligne.

64 Cosnay, M., *Comment on expulse*, *op. cit.*, p. 17.

65 Foucault, Michel, *Le Courage de la vérité : le gouvernement de soi et des autres, II. Cours au Collège de France, 1984*, éd. M. Senellart, Paris, Gallimard/Seuil, coll. « Hautes études », 2009.

66 Ernaux, Annie, « Le grand entretien. Passion amoureuse et révolte politique, cela va de pair », *Rue 89* [En ligne], 10 décembre 2011, URL : <https://www.nouvelobs.com/rue89/rue89-le-grand-entretien/20111210.RUE6364/annie-ernaux-passion-amoureuse-et-revolte-politique-cela-va-de-pair.html>.

67 Ernaux, Annie, *L'Écriture comme un couteau : entretien avec Frédéric-Yves Jeannet*, Paris, Stock, 2003, p. 69.

68 *Ibid.*

alentour, mais en établit aussi l'incontestable légitimité. Le « je transpersonnel » d'Ernaux est le réceptacle des expériences *communes*, grandes questions et petites choses de son temps[69].

L'écrivaine explique ainsi en avant propos au *Journal du dehors*, avoir « mis d'[elle]-même beaucoup plus que prévu dans ces textes : obsessions, souvenirs, déterminant inconsciemment le choix de la parole, de la scène à fixer ». « [J]e suis sûre », écrit-elle, « qu'on se découvre soi-même davantage en se projetant dans le monde extérieur que dans l'introspection du journal intime [...]. Ce sont les autres, anonymes côtoyés dans le métro, les salles d'attente, qui, par l'intérêt, la colère ou la honte dont ils nous *traversent*, réveillent notre mémoire et nous révèlent à nous-mêmes[70]. » Cette conscience d'une forme de reconnaissance de soi dans l'autre est une expérience fréquente dans les Littératures de terrain dont il ne faut pas méconnaître la dimension projective. Ainsi Olivia Rosenthal se demande-t-elle dans *On n'est pas là pour disparaître* ce qu'il deviendrait d'elle si sa mémoire l'abandonnait[71] tout comme François Bon se reconnaît dans les errances des détenus de *Prison*[72], Emmanuel Carrère dans les absences de Jean-Claude Romand et sans doute Patrick Deville dans les explorations de Savorgnan ou de Yersin... Je dirais volontiers que cette dimension projective, qui à la fois suscite et se trouve renforcée par l'implication de soi dans le terrain confère à l'auteur sa légitimité la plus décisive. Certaines formules d'Annie Ernaux l'expriment avec force : « j'ai retrouvé des gestes et des phrases de ma mère dans une femme attendant à la caisse du supermarché. C'est donc, au dehors, dans les passagers du métro ou du RER [...] qu'est déposée mon existence passée. Dans des individus anonymes qui ne soupçonnent pas qu'ils détiennent un part de mon histoire, dans des visages, des corps, que je ne revois jamais. Sans doute suis-je moi-même, dans la foule des rues et des magasins, porteuse de la vie des autres[73] ».

Cette « part de mon histoire » trouvée ou retrouvée dans d'autres visages, d'autres corps, d'autres histoires, légitime tout aussi bien nombre d'autres entreprises. Comme le note Georges Perec dans *Récits d'Ellis Island*, « ce n'est jamais, je crois, par hasard, que l'on va aujourd'hui visiter Ellis Island. Ceux qui y sont passés n'ont guère eu envie d'y revenir. Leurs enfants ou leurs petits enfants y retournent pour eux, viennent y chercher une trace : ce qui fut pour

69 Voir Dugast, Francine, *Annie Ernaux : étude de l'œuvre*, Paris, Bordas, coll. « Écrivains au présent », 2008.

70 Ernaux, A., *Journal du dehors*, *op. cit.*, avant-propos de 1996, p. 500. C'est l'auteur qui souligne.

71 Rosenthal, Olivia, *On n'est pas là pour disparaître*, Paris, Verticales, 2007.

72 Bon, François, *Prison*, Lagrasse, Verdier, 1997.

73 Ernaux, A., *Journal du dehors*, *op. cit.*, p. 546-547.

les uns un lieu d'épreuves et d'incertitudes est devenu pour les autres un lieu de leur mémoire, un des lieux autour duquel s'articule la relation qui les unit à leur histoire[74] ». Le même geste, naturel, fonde aussi bien les voyages de Cécile Wajsbrot en Pologne que ceux d'Ivan Jablonka en quête de cette histoire des grands parents qu'il n'a pas eus. Mais on peut élargir cette notion d'héritage au delà du seul cercle familial, car l'Histoire est notre héritage commun. C'est aussi une part du génocide juif, de ses causes et de ses conséquences, et des résonances que cela a pour lui qu'Hatzfeld poursuit au Rwanda. Et nous qui le lisons, qui ne sommes pas forcément Juifs ni Tutsis, sommes aussi concernés que lui par ces génocides. On peut ainsi enquêter sur tel événement passé ou sur telle réalité du monde sans avoir à justifier l'intérêt qui y conduit.

Aussi la légitimité finalement acquise s'ancre-t-elle dans quatre socles de diverses natures :

– Le premier relève d'une sorte d'évidence. C'est la légitimité de l'écrivain qui ne se sent pas illégitime *a priori*, dont Patrick Deville serait l'exemple le plus évident. On pourrait y voir une garantie *éthique*, au sens où ce mot renvoie à un *ethos* d'écrivain qui s'éprouve comme tel et qui, comme tel, *n'a pas à se justifier*. Deville aime au contraire à se mettre en scène comme personnage. Ce qui donne lieu à des scénographies récurrentes : recherche du meilleur endroit où trouver journal, cigarettes et vin blanc, description du soi dans la chambre d'hôtel ou muni du carnet « en peau de taupe » destiné à prendre des notes. Il se montre à l'œuvre.

– Le second socle tient à la conscience de sa *propre réalité socio-historique*, sur laquelle une Annie Ernaux fonde un partage d'expérience et construit ce qu'elle appelle « auto-socio-biographie » ou encore « ethnologie de soi-même ». L'articulation entre le terme qui désigne une science sociale et celui de la première personne construit l'espace singulier où dire des expériences vécues comme communes.

– Le troisième socle revendique pour la littérature une légitimité à penser et dire le monde au même titre – mais avec d'autres approches et d'autres moyens – que les disciplines sociales dont c'est la mission principale. Il procède en élevant la littérature au rang de partenaire intellectuel des sciences humaines et sociales, en faisant de la référence littéraire une clef d'intellection des réalités humaines.

– Le dernier socle est lié à la construction *éthique* de soi comme écrivain, dans le second sens du terme « éthique », cette fois : l'écrivain s'éprouve habité voire porté par une morale ou une philosophie civique qui fonde sa

74 Perec, Georges, Bober, Robert, *Récits d'Ellis Island : histoires d'errance et d'espoir*, Paris, Éd. du Sorbier, INA, 1980 ; rééd. P.O.L., 1994, p. 36.

responsabilité sociale, et fait de lui un être voué à *dire le vrai*. C'est, on le notera l'exact inverse de la revendication d'une liberté totale de l'artiste, fréquemment postulée par le truchement d'une allégation de fiction, au seuil des ouvrages ou dans les prétoires. L'engagement, la militance, qui, dans les Littératures de terrain prennent le plus souvent la forme de ce que j'ai appelé « l'implication de l'auteur », peuvent alors évoluer vers un engagement explicitement revendiqué

Dès lors, il faut bien le reconnaître, toutes les manifestations de malaise et les procédures de légitimation que je viens d'évoquer répondent sans doute autant à *l'incertitude positionnelle et fonctionnelle de la littérature dans le monde contemporain* et à la conscience de porter une forme littéraire nouvelle qu'à un véritable sentiment d'illégitimité de l'écrivain. Ces manifestations organisent dès lors une nouvelle dimension autoréflexive des textes. Dans les périodes dominées par les avant-gardes, la fonction métalittéraire avait pour but, on s'en souvient, de mettre en scène le livre en train de se faire et jouait à placer l'œuvre au miroir d'elle-même. Il s'agissait alors d'interroger en abyme la « production du texte ». Tout aussi métalittéraires, les procédures propres aux Littératures de terrain que je viens de décrire ont changé de sens et de fonction : c'est désormais *la relation du texte au monde* qu'elles interrogent, montrant comment l'œuvre la dispose et la conçoit ; comment, parfois, elle en est changée.

Et comment il arrive que l'écrivain, lui-même, s'en trouve affecté.

Bibliographie

Artières, Philippe, *Vie et mort de Paul Gény*, Paris, Éd. du Seuil, coll. « Fiction & Cie », 2013.

Augé, Marc, *Un ethnologue dans le métro*, Paris, Hachette, coll. « Textes du XXe siècle », 1986.

Bertina, Arno, *La Borne S.O.S. 77*, photographies de Ludovic Michaux, Manosque, Le Bec en l'air, 2009.

Binet, Laurent, *HHhH*, Paris, B. Grasset, 2010.

Bon, François, *Un fait divers*, Paris, Éd. de Minuit, 1994.

Bon, François, *Prison*, Lagrasse, Verdier, 1997.

Booth, Wayne, *The Rhetoric of Fiction*, Chicago, University of Chicago Press, 1961.

Boucheron, Patrick, *Léonard et Machiavel*, Lagrasse, Verdier, 2008.

Boucheron, Patrick, *Faire profession d'historien*, Paris, Publications de la Sorbonne, 2010.

Butor, Michel, « Le roman comme recherche » [1955], in *Essais sur le roman*, Paris, Gallimard, coll. « Tel », 1992, p. 7-14.

Carrère, Emmanuel, *L'Adversaire*, P.O.L., 2000.

Carrère, Emmanuel, *L'Adversaire*, Paris, P.O.L., 2000.

Castoriadis, Cornélius, *La Cité et les Lois*, t. II, Paris, Éd. du Seuil, 2008.

Cefaï, Daniel (éd.), *L'Enquête de terrain*, Paris, La Découverte, MAUSS, 2003.

Chauvier, Éric, *Anthropologie*, Paris, Allia, 2006.

Chauvier, Éric, *Anthropologie de l'ordinaire : une conversion du regard*, Paris, Anacharsis, 2011.

Cosnay, Marie, *Entre chagrin et néant : audiences d'étrangers devant le juge des libertés et de la détention, mai-septembre 2008*, Paris, L. Teper, 2009.

Cosnay, Marie, *Comment on expulse : responsabilités en miettes*, Bellecombe-en-Baudes, Éd. du Croquant, 2011.

Desbiolles, Maryline, *C'est pourtant pas la guerre*, Éd. du Seuil, 2007.

Deville, Patrick, *Kampuchéa : roman*, Paris, Éd. du Seuil, coll. « Fiction & Cie », 2011.

Doubrovsky, Serge, *Le Livre brisé : roman*, Paris, B. Grasset, 1989.

Dugast, Francine, *Annie Ernaux : étude de l'œuvre*, Paris, Bordas, coll. « Écrivains au présent », 2008.

Ernaux, Annie, *Journal du dehors*, Paris, Gallimard, 1993.

Ernaux, Annie, *Journal du dehors* [1993], in *Écrire la vie*, Paris, Gallimard, coll. « Quarto », 2011, p. 497-552.

Ernaux, Annie, *La Vie extérieure*, Paris, Gallimard, 2000.

Ernaux, Annie, *L'Écriture comme un couteau : entretien avec Frédéric-Yves Jeannet*, Paris, Stock, 2003.

Ernaux, Annie, « Le grand entretien. Passion amoureuse et révolte politique, cela va de pair », *Rue 89* [En ligne], 10 décembre 2011, URL : <https://www.nouvelobs.com/rue89/rue89-le-grand-entretien/20111210.RUE6364/annie-ernaux-passion-amoureuse-et-revolte-politique-cela-va-de-pair.html>.

Ernaux, Annie, *Regarde les lumières mon amour*, Paris, Éd. du Seuil, coll. « Raconter la vie », 2014.

Foucault, Michel, « La vie des hommes infâmes » [*Les Cahiers du chemin*, n° 29, 15 janvier 1977, p. 12-29], in Collectif Maurice Florence, *Archives de l'infamie*, Paris, Les Prairies ordinaires, coll. « Essais », 2009, p. 5-30.

Foucault, Michel, *Le Courage de la vérité : le gouvernement de soi et des autres, II. Cours au Collège de France, 1984*, éd. M. Senellart, Paris, Gallimard/Seuil, coll. « Hautes études », 2009.

Ginzburg, Carlo, *Un seul témoin*, avant-propos de Fabien Jobard, Paris, Bayard, 2007.

Haenel, Yannick, *Jan Karski*, Paris, Gallimard, 2009.

Hatzfeld, Jean, *Dans le nu de la vie : récits des marais rwandais*, Paris, Éd. du Seuil, coll. « Fiction & Cie », 2000.

Hatzfeld, Jean, « Je ne ferai jamais le journaliste au Rwanda », propos recueillis par Franck Nouchi, *Le Monde des livres* [En ligne], 6 septembre 2007, URL : <https://www.lemonde.fr/livres/article/2007/09/06/jean-hatzfeld-je-ne-ferai-jamais-le-journaliste-au-rwanda_951803_3260.html>.

Jablonka, Ivan, *Histoire des grands-parents que je n'ai pas eus : une enquête*, Paris, Éd. du Seuil, coll. « La Librairie du XXIe siècle », 2012 ; rééd. coll. « Points histoire », 2013.

Jablonka, Ivan, *L'histoire est une littérature contemporaine : manifeste pour les sciences sociales*, Paris, Éd. du Seuil, « La Librairie du XXIe siècle », 2014.

Jablonka, Ivan, *Laëtitia ou la fin des hommes*, Paris, Éd. du Seuil, coll. « La Librairie du XXIe siècle », 2016.

Klemperer, Viktor, *LTI – Lingua Tertii Imperii: Notizbuch eines Philologen* [*Langue du Troisième Reich : carnet d'un philologue*], Berlin, Aufbau-Verlag, 1947 ; Trad. : *LTI, la langue du IIIe Reich : carnets d'un philologue*, trad. Élisabeth Guillot, prés. par Sonia Combe et Alain Brossat, Paris, Pocket, coll. « Agora », 1996.

Maingueneau, Dominique, *Le Contexte de l'œuvre littéraire*, Paris, Dunod, 1993.

Malinconi, Nicole, *Vous vous appelez Michelle Martin*, Paris, Denoël, 2008.

Perec, Georges, Bober, Robert, *Récits d'Ellis Island : histoires d'errance et d'espoir*, Paris, Éd. du Sorbier, INA, 1980 ; rééd. P.O.L., 1994.

Rolin, Jean, *Zones*, Paris, Gallimard, 1995 ; rééd. coll. « Folio », 1997.

Rolin, Jean, *Traverses*, Paris, Nil, 1999 ; rééd. Éd. du Seuil, coll. « Points », 2011.

Rolin, Jean, *Chrétiens*, Paris, P.O.L., 2003.

Rolin, Jean, *L'Homme qui a vu l'ours*, Paris, P.O.L., 2006.

Rolin, Olivier, *La Langue*, Lagrasse, Verdier, 2000.

Rosenthal, Olivia, *On n'est pas là pour disparaître*, Paris, Verticales, 2007.

Sorman, Joy, *Paris Gare du Nord*, Paris, Gallimard, coll. « L'Arbalète », 2011.

Sorman, Joy, *L'Inhabitable*, Paris, Gallimard, coll. « L'Arbalète », 2016.

Vasset, Philippe, *Un livre blanc : récit avec cartes*, Paris, Fayard, 2007.

Viart, Dominique, « Écrire le réel », in Viart, D. et Vercier, Bruno, *La Littérature française au présent : héritage, modernité, mutation* [2005], 2e éd. augm., Paris, Bordas, 2008.

Viart, Dominique, « Fictions critiques : la littérature contemporaine et la question du politique », in Kaempfer, Jean, Meizoz, Jérôme et Florey, Sonya (dir.), *Formes de l'engagement, XVe-XXIe siècles*, Lausanne, Éd. Antipodes, 2006, p. 185-204.

Viart, Dominique, « Les littératures de terrain : dispositifs d'investigation en littérature française contemporaine (de 1980 à nos jours) », conférence présentée au séminaire du CRAL, EHESS, vidéo en ligne : <http://cral.ehess.fr/index.php ?2013>.

Viart, Dominique, « Fieldwork in Contemporary French Literature », in Russo, Adelaide M. & Viart, D. (dir.), *Taking Stock/Faire le point – II. Literature and Alternative Knowledge*, dossier de *Contemporary French & Francophone Studies*, Routledge, vol. 20, no 4-5, décembre 2016, p. 569-580.

Viart, Dominique et James, Alison (dir.), *Littératures de terrain*, revue en ligne FIXXION XX-XXI, no18, 2019, <http://www.revue-critique-de-fixxion-francaise-contemporaine.org/rcffc/issue/view/28>.

Wagner, Frank, « Quand le narrateur boit(e)… (Réflexions sur le narrateur non fiable et/ou indigne de confiance) », *Arborescence*, n° 6 : « Polyphonies : voix et valeurs du discours littéraire », septembre 2016, p. 148-175.

Weitzmann, Marc, *Chaos : roman*, Paris, B. Grasset, 1997.

Wolfe, Tom, *The New Journalism*, with an anthology edited by Tom Wolfe and E. W. Johnson, New York, Harper & Row, 1973.

Zenetti, Marie-Jeanne, *Factographies : l'enregistrement littéraire à l'époque contemporaine*, Paris, Classiques Garnier, coll. « Littérature, histoire, politique », 2014.

CHAPITRE 8

Récits de la frontière. Sur ce qui fait fiction dans le « roman » de non-fiction

Frank Wagner

Résumé

À partir d'une réflexion inaugurale sur le *non-fiction novel*, cet article examine divers récits contemporains émis depuis les parages de la frontière entre fiction et non-fiction, qu'ils contribuent en outre à désigner et problématiser. Sont ainsi successivement envisagés les cas de l'« hétérobiographie autodiégétique » de personnalité historique (Yourcenar), le récit de fait divers (Carrère), et la biofiction (Echenoz). Ces analyses visent à sérier ce qui, dans de tels textes, participe authentiquement de la fiction, et ce qui n'en suscite que l'impression dans l'esprit du lecteur.

•••

> Toute littérature est assaut contre la frontière.
>
> FRANZ KAFKA, *Journal*[1]

> Go West, young man !
>
> ATTRIBUÉ À HORACE GREELEY

∴

1 Incidents de frontière

On ne saurait explorer les territoires de la non-fiction sans, à un moment ou à un autre, se trouver confronté à la question de leur frontière avec la fiction. Or cette ligne de démarcation est souvent perçue, de nos jours, comme de plus en plus problématique, ainsi que l'a récemment confirmé le « procès » qui lui a

1 Kafka, Franz, *Tagebücher. 1, Textband. Kritische Ausgabe*, hrsg. von Hans-Gerd Koch, Michael Müller und Malcolm Pasley, Frankfurt am Main, Suhrkamp, 1990, p. 878) : « Diese ganze Literatur ist Ansturm gegen die Grenze. »

 | DOI:10.1163/9789004439313_010

été intenté – sur le mode « fictif[2] », précisons-le… Objet d'affrontements parfois virulents entre ségrégationnistes (ou séparatistes) d'une part, intégrationnistes (ou gradualistes) de l'autre, si cette frontière alimente d'aussi vives controverses, c'est surtout parce qu'elle révèle plus largement des conceptions de la *fiction* somme toute inconciliables : disons le différentialisme strict d'une Dorrit Cohn face au panfictionnalisme d'un Lacan et de ses épigones[3]. Pour ma part, autant l'avouer d'emblée, j'adopterai une position médiane, où la fiction se définit à la croisée de paramètres logico-sémantiques (le statut illocutoire spécifique de ses énoncés), ontologiques (sa non-référentialité) et pragmatiques (la relation de « feintise ludique partagée[4] »). « Différentialisme modéré[5] », si l'on veut, qui possède du moins le mérite d'endiguer les dérives confusionnistes *à des fins d'analyse* – même si, à mes yeux, chacun demeure libre, par ailleurs, de se demander si la vie est un songe ; ou autres questions apparentées…

Pour autant, même dans ce cadre définitionnel restreint, la question de la frontière entre la fiction et son « autre » continue de diviser les observateurs : ligne de partage intangible pour les uns (Dorrit Cohn[6]) *vs* zone poreuse et en définitive contingente pour les autres (Gérard Genette[7]). En ces matières, comme en bien d'autres, prétendre à la neutralité serait au mieux naïf, au pire hypocrite… Toutefois, plutôt que d'arbitrer entre ces deux visions opposées de la frontière, il s'agira surtout ici de considérer la ou plutôt les façons dont cet espace-tampon informe nombre de récits contemporains, sur le double plan des jeux (formels) et des enjeux (sous-jacents). Le titre de cette communication (« Récits de la frontière ») doit donc s'entendre en une acception dédoublée : récits *limitrophes*, émis depuis les parages de la frontière entre fiction et non-fiction ; mais aussi récits *réflexifs*, *à propos de* ladite frontière, qu'ils contribueraient dès lors, à des degrés divers, à désigner comme à problématiser. Sur ce second point, au moins, il ne devrait pas être trop délicat de parvenir à

2 Le 7 octobre 2017, dans la salle du Conseil de Paris (Hôtel de Ville), s'est en effet tenu, à l'initiative d'Aliocha Imhoff et Kantuta Quiros, un événement intitulé « Le Procès de la fiction. Procès fictif de la frontière entre fait et fiction ». URL : <http://www.lepeuplequimanque.org/proces-de-la-fiction>.

3 Sur cette opposition, voir Lavocat, Françoise, *Fait et fiction : pour une frontière*, Paris, Éd. du Seuil, coll. « Poétique », 2016.

4 Telle que la définit Jean-Marie Schaeffer, dans *Pourquoi la fiction ?*, Paris, Éd. du Seuil, coll. « Poétique », 1999, p. 145 et suiv.

5 Lavocat, F., *Fait et fiction*, *op. cit.*, p. 12.

6 Cohn, Dorrit, *The Distinction of Fiction*, Baltimore (Md.), London, The Johns Hopkins University Press, 1999. Trad. : *Le Propre de la fiction*, trad. C.-H. Schaeffer, Paris, Éd. du Seuil, coll. « Poétique », 2001.

7 Genette, Gérard, *Fiction et diction*, Paris, Éd. du Seuil, coll. « Poétique », 1991.

s'accorder, tant, quoi que l'on pense de l'efficace de cette « transgression », sa tentation est indéniable, au même titre que les tentatives où elle prend forme[8].

En atteste, emblématiquement, le cas du *non-fiction novel*. Même si *novel* n'est pas *romance*, force est de convenir que cette formule anglo-saxonne, traduite en français tantôt par « roman non fictionnel », tantôt par « roman de non-fiction », relève en apparence de la contradiction dans les termes. Et ce, précisément, en raison du critère ontologique : à partir du moment où l'une des propriétés définitoires du roman réside dans sa non-référentialité, ce genre est constitutivement fictionnel. Dès lors, l'étiquette intrinsèquement contradictoire de *non-fiction novel* paraît irrecevable. Pourtant, aussi incongrue semble-t-elle de prime abord, si l'appellation s'est graduellement imposée au fil du temps, c'est non seulement sous le poids de l'usage, mais aussi à la faveur d'un assouplissement sémantique, motivé à la fois par les propriétés ambiguës des œuvres ainsi désignées et surtout par l'*effet de lecture* qu'elles suscitent. Tel est bien le cas de *In Cold Blood / De sang froid*[9] de Truman Capote, notoire archétype, voire prototype du *non-fiction novel*. Le principe actif du texte consiste en effet en la tension établie entre un référent historique accrédité (un fait divers criminel) et l'emploi de techniques perçues comme propres au genre romanesque. La dimension référentielle de l'œuvre est ainsi établie avec soin dès le péritexte, à la faveur d'un sous-titre dénué d'ambiguïté : « Récit *véridique* d'un meurtre multiple et de ses conséquences[10] », qui suffit à poser un cadre pragmatique clair. Or c'est précisément cette véridicité proclamée du référent qui paraît entrer en contradiction avec nombre des choix narratifs opérés : en particulier le recours fréquent à la focalisation interne non modalisée, la récurrence des propos rapportés au discours direct sans justification de type testimonial, ou encore l'emploi ponctuel du discours indirect libre – tous procédés considérés par les poéticiens comme marqueurs, voire comme indices de fictionnalité. Le problème tient au fait que la majeure partie de ces techniques, en leur principe paraleptiques[11], excèdent par là même les limitations cognitives usuellement en vigueur dans le récit factuel. À la question : « comment le sais-tu ? », l'auteur n'aurait guère pu répondre que : « parce que je l'invente » ; ce qui institue un écart que d'aucuns jugeront rédhibitoire avec l'horizon de réception postulé par le sous-titre : plausibilité n'est pas véridicité.

---

8 Lavocat, F., *Fait et fiction*, *op. cit.*, p. 12.

9 Capote, Truman, *In Cold Blood: A True Account of a Multiple Murder and Its Consequences*, New York, Random House, 1965. Trad. : *De sang froid : récit véridique d'un meurtre multiple et de ses conséquences*, trad. R. Girard, Paris, Gallimard, 1966 ; rééd. coll. « Folio », 1999.

10 Je souligne.

11 La paralepse consiste en un excès d'informations par rapport au code focal dominant. Sur cette notion, voir Genette, Gérard, *Figures III*, Paris, Éd. du Seuil, coll. « Poétique », 1972, p. 211, 213, 221-222.

Reste qu'il n'est nullement question pour moi d'en faire grief à l'écrivain, tant il semble clair qu'en l'absence de visée mystificatrice, son souci était, à l'instar de Meyer Levin dans *Compulsion* / *Crime*[12], de produire une version « poétiquement valable[13] » (*poetically valid*) des faits narrés. Une fois cette donne intégrée, le texte peut en effet se lire « comme un roman », nonobstant son substrat référentiel. De cet effet de lecture participe en outre l'institution d'une dynamique narrative remarquablement productive en termes de *tensivité*. Nombre des techniques d'emprise jadis recensées par Charles Grivel à l'enseigne de la « production de l'intérêt romanesque[14] », et depuis lors revisitées par Raphaël Baroni en tant que facteurs de « tension narrative[15] », sont en effet ici à l'œuvre – les rouages de l'intrigue[16] contribuant à une très efficace vectorisation de la réception. Bref, si *De sang froid* demeure génériquement contradictoire, sur le terrain de la lecture, il parvient à dispenser simultanément, en raison même de sa dimension tératologique, les plaisirs en droit contrastés de l'histoire vraie et de la narration romanesque (ou présumée telle).

S'il importait de s'attarder en préambule sur ce cas d'école, c'est que, de Norman Mailer[17] à David Grann[18], en passant par John Krakauer[19], Hunter S. Thompson[20], John Berendt[21], etc., l'abondante postérité du texte de Capote

12 Levin, Meyer, *Compulsion*, 1956, New York, Simon and Schuster, 1956. Trad. : *Crime*, trad. M. Paz, Paris, Stock, 1958 ; rééd. Phébus, 1996 ; coll. « Libretto », 2011.

13 La formule figure dans l'avant-propos de Meyer Levin à son roman (*op. cit.*, p. 13).

14 Grivel, Charles, *Production de l'intérêt romanesque : un état du texte (1870-1880), un essai de constitution de sa théorie*, La Haye, Paris, Mouton, 1973.

15 Baroni, Raphaël, *La Tension narrative : suspense, curiosité et surprise*, Paris, Éd. du Seuil, coll. « Poétique », 2007.

16 Baroni, Raphaël, *Les Rouages de l'intrigue : les outils de la narratologie postclassique pour l'analyse des textes littéraires*, Genève, Slatkine Érudition, 2017.

17 Mailer, Norman, *The Armies of the Night: History as a Novel, the Novel as History*, London, New York, Penguin, 1968. Trad. : *Les Armées de la nuit : l'histoire en tant que roman, le roman en tant qu'histoire*, trad. M. Chrestien, Paris, Grasset, 1970 ; rééd. 1993.

18 Grann, David, *The Lost City of Z: A Tale of Deadly Obsession in the Amazon*, New York, Doubleday, 2009. Trad. : *La Cité perdue de Z : une expédition légendaire au cœur de l'Amazonie*, trad. M.-H. Sabard, Paris, R. Laffont, 2010.

19 Krakauer, Jon, *Into the Wild*, New York, Villard, 1996. Trad. : *Voyage au bout de la solitude*, trad. C. Molinier, Paris, Presses de la Cité, 1997 ; nouv. éd. sous le titre *Into the wild*, 10-18, coll. « Domaine étranger », 2008.

20 Thompson, Hunter S., *Hell's Angels: The Strange and Terrible Saga of the Outlaw Motorcycle Gangs*, New York, Random House, 1966. Trad. : *Hell's Angels : l'étrange et terrible saga des gangs de motards hors-la-loi*, trad. S. Durastanti, Paris, R. Laffont, 2000.

21 Berendt, John, *Midnight in the Garden of Good and evil: A Savannah story*, New York, Random House, 1994. Trad. : *Minuit dans le jardin du Bien et du Mal : Savannah, Géorgie, chronique d'une ville*, trad. T. Piélat, Paris, Belfond, 1996.

n'est plus à démontrer. En outre, elle excède très largement le seul domaine anglo-saxon, et représente désormais, à l'échelle de la République mondiale des Lettres, une part non négligeable des plus stimulantes productions littéraires contemporaines. Je souhaiterais donc examiner de plus près, en exceptant de mon propos les cas de mystification volontaire (Wilkomirski[22]) ou involontaire (Hildesheimer[23]), à partir d'exemples majoritairement prélevés dans la littérature de langue française, ce qui « fait fiction » dans quelques textes qui, en raison notamment de leur dimension référentielle, ne relèvent pourtant pas, ou pas tout à fait, de ce champ. On l'aura compris : « faire fiction » ne signifie donc pas ici « appartenir de plein droit à la fiction », mais plutôt susciter chez les lecteurs une *impression* de fictionnalité ; impression, il est vrai, parfois fondée, tant, là comme ailleurs, se rencontrent de significatives différences de traitement…

2 Hétérobiographies autodiégétiques de personnalités historiques (Hadrien, Néron, Staline, Rodolfo Fierro, Calamity Jane *et al.*)

Par exemple dans le cas de ce que, à la suite de Genette, l'on pourrait nommer les « hétérobiographies autodiégétiques[24] » de personnalités historiques… Le prototype de cette forme anomique est fourni par un texte de 1951, *Mémoires d'Hadrien*[25] de Marguerite Yourcenar, qu'en dépit de sa relative ancienneté je retiendrai comme exemple privilégié, tant il paraît receler le moule formel dans lequel nombre d'auteurs contemporains aussi divers que Richard Lourie, James Carlos Blake ou encore Hortense Dufour, ont à leur tour élaboré leurs propres œuvres. *Mémoires d'Hadrien* revêt en effet la forme de mémoires imaginaires d'un bien réel empereur romain du IIe siècle – dont le nom demeure pour nous associé au mur qu'il édifia en Écosse. S'il s'agit clairement d'une fiction – avatar du roman historique –, produite sans nulle intention de tromperie

22 Wilkomirski, Binjamin (alias Bruno Grosjean), *Brüchstucke: aus einer Kindheit 1939-1948*, Frankfurt am Main, Jüdischer Verlag, 1995. Trad. : *Fragments : une enfance 1939-1948*, trad. L. Marcou, Paris, Calmann-Lévy, 1997.

23 Hildesheimer, Wolfgang, *Marbot: eine Biographie*, Frankfurt am Main, Suhrkamp, 1981. Trad. : *Sir Andrew Marbot*, trad. M. Kaltenecker, Paris, J.-C. Lattès, 1984.

24 Genette, Gérard, *Nouveau discours du récit*, Paris, Éd. du Seuil, coll. « Poétique », 1983, p. 72, n. 4.

25 Yourcenar, Marguerite, *Mémoires d'Hadrien*, Paris, Gallimard, 1951 ; rééd. coll. « Folio », 1977 ; et 2014 pour la réédition utilisée. Pour une étude plus complète des problèmes théoriques posés par ce texte, qu'on me permette de renvoyer à Wagner, Frank, « Hadrien, ou la première personne », in Blanckeman, Bruno (dir.), *Lectures de Marguerite Yourcenar*, Rennes, Presses universitaires de Rennes, coll. « Didact. Français », 2014, p. 35-51.

quant au statut du texte, ses propriétés jugées tératologiques ont pourtant retenu l'attention de nombreux théoriciens du récit.

Pour saisir l'ambivalence fondatrice de *Mémoires d'Hadrien*, il n'est que de « traduire » la formule para-genettienne employée ci-dessus. *Hétérobiographie* : Yourcenar raconte ici la vie d'un tiers, Hadrien ; *autodiégétique* : mais elle le fait en déléguant la *voix* audit Hadrien, narrateur et personnage principal de sa propre histoire ; *de personnalité historique* : or l'existence réelle de l'empereur est attestée, notamment par des sources historiographiques telles que l'*Histoire de Rome* de Dion Cassius ou l'*Histoire Auguste*. Il semble donc que le caractère atypique de *Mémoires d'Hadrien* découle largement de l'ambivalence *ontologique* de sa figure centrale et instance narrative.

En effet, la distinction des instances littéraire et narrative est en l'occurrence clairement affirmée : ne serait-ce que par l'inscription sur la page de titre de leurs identités respectives, sans aucune confusion des rôles. À suivre Dorrit Cohn[26], ou le plus élémentaire bon sens, la *non-identité* de l'auteur et du narrateur, ainsi posée dès le seuil du récit, vaut à elle seule indication de fictionnalité. Le pacte de lecture qui en découle paraît donc des plus clairs. Mais les difficultés surviennent dès lors que, comme Dorrit Cohn, l'on prétend définir la « biographie fictionnelle » (dont *Mémoires d'Hadrien*), par le fait qu'elle raconte « la vie d'une personne *imaginaire*[27] ». En effet, qualifier ainsi l'empereur dans le texte de Yourcenar ne va pas de soi, puisque alors l'effort de l'imagination ne porte pas tant sur la création d'une entité du nom d'« Hadrien » (préexistante) ou sur les événements de sa vie (déjà connus), que sur *l'acte discursif même qui lui est attribué*. Autrement dit, la particularité de l'entreprise yourcenarienne tient au fait qu'Hadrien n'est pas *stricto sensu* imaginaire, au lieu que ses mémoires le sont. L'analyse devrait donc tenter de distinguer le narrateur, en tant que tel imaginaire, du personnage, pour sa part référentiel, alors même qu'en texte les deux instances se fondent dans l'emploi de la première personne… Sur le plan théorique, on se contentera d'affirmer que l'atypisme de *Mémoires d'Hadrien* provient de l'attribution à un « personnage référentiel[28] » de la voix narrative, en relation autodiégétique. Telle est bien la singularité d'une œuvre dont l'examen du statut illocutoire ne pose guère en revanche de difficultés. L'entreprise est clairement régie par la « substitution d'identité narrative[29] » : Yourcenar feint d'être quelqu'un d'autre (Hadrien), produisant un discours quant à lui tout à fait sérieux dans son propre

---

26 Cohn, D., *Le Propre de la fiction*, *op. cit.*, p. 55 ; *The Distinction of Fiction*, p. 32.

27 Cohn, D., *Le Propre de la fiction*, p. 55. = *The Distinction of Fiction*, *op. cit.*, p. 32 : « the life of an *imaginary* person ». C'est l'auteur qui souligne.

28 Hamon, Philippe, « Pour un statut sémiologique du personnage », *Littérature*, vol. 6, nº 2, mai 1972, p. 86-110.

29 Lavocat, F., *Pourquoi la fiction ?*, *op. cit.*, p. 246.

univers. La feintise se situe donc ici « en amont des actes de langage, au niveau de la figure du narrateur[30] ».

Dès lors, se demander ce qui « fait fiction » dans *Mémoires d'Hadrien* pourrait paraître spécieux, puisque en dépit du statut ontologique ambigu de son narrateur-personnage, la fictionnalité du texte, elle, n'est guère douteuse, et fait en outre l'objet d'une consciencieuse désambiguïsation péritextuelle. Et l'on pourrait en dire autant des nombreux textes contemporains fondés sur le même principe : *Moi, Staline*[31] de Richard Lourie, *Les Amis de Pancho Villa*[32] de James Carlos Blake, *Le Diable Blanc* (*Le Roman de Calamity Jane*)[33] d'Hortense Dufour, ou encore, de la même, *Moi, Néron*[34]. Par conséquent, si, avec un peu de bonne volonté ou de souplesse d'esprit, ces romans peuvent être dits « de non-fiction », c'est bien *seulement* en raison de l'ambiguïté ontologique de leur instance narrative. Mais ce peu n'est pas rien, car de tels textes incitent par là même à réfléchir aux différences entre factuel et fictionnel.

Sans doute ne s'agit-il pas là de l'objectif prioritaire de ces auteurs, comme le démontrent par exemple les « Carnets de Notes de *Mémoires d'Hadrien*[35] ». Yourcenar y définit en effet clairement son entreprise comme relevant d'une volonté de renouveler le roman historique, désormais conçu comme nécessaire « prise de possession d'un monde intérieur[36] ». De son propre aveu, son ambition était donc de « refaire du dedans ce que les archéologues du XIXe siècle ont fait du dehors[37] » : « Un pied dans l'érudition, l'autre dans la [...] *magie sympathique* qui consiste à se transporter à l'intérieur de quelqu'un[38]. ». Pour autant, ce principe de rénovation du roman historique n'en rejoint pas moins celui que préconisait Dilthey dans le domaine de la biographie : épouser l'auto-perception de son sujet sur le mode de l'*Einfühlung* (empathie) ou du *Sichineinversetzen* (se mettre à la place d'autrui). Peut-être se souvient-on des

30 *Ibid.*

31 Lourie, Richard, *The Autobiography of Joseph Stalin: A Novel*, Washington (D.C.), Counterpoint, 1999. Trad. : *Moi, Staline*, trad. M. Leroy-Battistelli, Montricher, Noir sur blanc, 2003.

32 Blake, James Carlos, *Friends of Pancho Villa: A Novel*, New York, Berkley Books, 1996. Trad. : *Les Amis de Pancho Villa*, trad. G. Goldfayn, Paris, Payot & Rivages, coll. « Rivages-thriller », 1999. La narration y est attribuée à Rodolfo Fierro, bras droit et exécuteur des basses œuvres de Pancho Villa, réputé pour sa cruauté.

33 Dufour, Hortense, *Le Diable blanc : le roman de Calamity Jane*, Paris, Éd. Flamme, 1986 ; rééd. sous le titre *Calamity Jane : le diable blanc. Récit*, Paris, Flammarion, coll. « Grandes biographies », 1998 ; Arthaud poche, 2016.

34 Dufour, Hortense, *Moi, Néron*, Paris, Flammarion, 1999.

35 Disponible depuis la réédition de *Mémoires d'Hadrien* aux éditions Gallimard, en 1953, cet ensemble de notes autographes est intégré à l'édition Folio (*op. cit.*) que j'utilise.

36 *Ibid.*, p. 331.

37 *Ibid.*, p. 327.

38 *Ibid.*, p. 330.

termes de la condamnation par Virginia Woolf du *Napoléon* (1925) d'Emil Ludwig, précisément fondé sur ce principe : « On aimerait qu'il s'agisse soit de faits, soit de fiction. L'imagination ne saurait servir deux maîtres à la fois[39] ». Or force est de constater que Yourcenar oppose une forme de démenti en acte à sa devancière, puisque chez elle, c'est de propos délibéré que l'imagination sert simultanément ces deux maîtres, et sous une forme encore exacerbée, la restitution des pensées et sentiments du sujet transitant alors par l'invention de sa propre *voix*. Bref, quelle que soit la nature du projet de l'auteur, son œuvre n'en pose pas moins, en raison de l'ambivalence de sa figure centrale, des problèmes pour partie similaires à ceux qu'ont pu soulever aussi bien les Nouvelles Biographies des années 1920 que la Nouvelle Histoire des années 1970. Fût-ce par la bande, la question de la démarcation entre faits et fiction s'y invite indéniablement. Mais face à l'évidence des priorités *artistiques* des auteurs en cause, il faut bien concéder que chez Yourcenar, Lourie, Blake, Dufour *et alii*, c'est encore du côté fictionnel de cette frontière que nous nous trouvons. Il n'est donc que temps de basculer de l'autre côté.

3 Récit de fait divers et techniques « romanesques » (*L'Adversaire* d'Emmanuel Carrère)

Soit *L'Adversaire*[40] d'Emmanuel Carrère, récit de l'affaire Jean-Claude Romand. Avec cet exemple, nous pénétrons sans contredit dans les territoires de la non-fiction, comme le démontre clairement le texte de la quatrième de couverture. Carrère y procède tout d'abord à un rappel des faits :

> Le 9 janvier 1993, Jean-Claude Romand a tué sa femme, ses enfants, ses parents, puis tenté, mais en vain, de se tuer lui-même. L'enquête a révélé qu'il n'était pas médecin comme il le prétendait et, chose plus difficile encore à croire, qu'il n'était rien d'autre. Il mentait depuis dix-huit ans, et ce mensonge ne recouvrait rien. Près d'être découvert, il a préféré supprimer ceux dont il ne pouvait supporter le regard. Il a été condamné à la réclusion criminelle à perpétuité[41].

39 Woolf, Virginia, « The New Biography » [1927], cité dans Cohn, D., *Le Propre de la fiction*, *op. cit.*, p. 50. = *The Distinction of Fiction*, *op. cit.*, p. 28 : « Let it be fact, one feels, or let it be fiction. The imagination will not serve under two masters simultaneously. » Les références antérieures au *Napoléon* de Ludwig et aux thèses de Wilhelm Dilthey proviennent de la même source.

40 Carrère, Emmanuel, *L'Adversaire*, Paris, P.O.L., 2000.

41 *Ibid.*, quatrième de couverture.

Avant de préciser sa démarche et ses objectifs :

> Je suis entré en relation avec lui, j'ai assisté à son procès. J'ai essayé de raconter précisément, jour après jour, cette vie de solitude, d'imposture et d'absence. D'imaginer ce qui tournait dans sa tête au long des heures vides, sans projet ni témoin, qu'il était supposé passer à son travail et passait en réalité sur des parkings d'autoroute ou dans les forêts du Jura. De comprendre, enfin, ce qui dans une expérience humaine aussi extrême m'a touché de si près et touche, je crois, chacun d'entre nous[42].

Le cadre pragmatique est donc limpide : *L'Adversaire* consiste en un récit factuel et, à l'en croire, l'entreprise de l'écrivain relèverait du *legein* plutôt que du *poiein* : non pas plaire, mais comprendre, et dans la mesure du possible, faire comprendre. Or les choses ne sont pas si simples, tant la facture du texte s'écarte des canons du récit journalistique de fait divers, et présente nombre de propriétés qui, à tort ou à raison, ont pu être interprétées comme indices d'une forme de fictionalisation du substrat factuel. Au point que même certains des plus fins exégètes de *L'Adversaire* qualifient ponctuellement de « roman » un texte qui ne relève pas de ce genre[43].

On pourrait s'étonner d'une telle confusion, tant Carrère prend soin de désambiguïser le statut de son écrit, aussi bien depuis ses marges que depuis son sein même. Le texte est en effet émaillé de très nombreux passages métatextuels, au cours desquels l'écrivain expose par le menu motivations, modalités et ambitions de sa démarche. La factualité de l'écrit est donc sans ambages établie ; et ce au nom d'un impératif d'ordre éthique : en vertu de l'horreur des représentations, l'auteur s'interdit tout travestissement, et le souligne en multipliant les opérations de cadrage pragmatique. Il devrait donc être clair que, dans le cas de *L'Adversaire*, la distinction de l'auteur et du narrateur tombe : Carrère, s'identifiant entre autres par référence à ses écrits antérieurs, y raconte directement, en son nom propre.

Comment, dès lors, comprendre la possibilité d'effets de flottement ? À l'examen, ils proviennent de la dimension composite du projet de l'auteur : si « raconter précisément » respecte le pacte de factualité, « imaginer ce qui tournait dans [la] tête [de Romand] » et, à un degré moindre, « » comprendre » les répercussions intimes d'« une expérience humaine aussi extrême »,

42 *Ibid.*

43 Par exemple Hautcœur, Guiomar, « *L'Adversaire* d'Emmanuel Carrère : du *storytelling* journalistique au récit littéraire », *Comparatismes en Sorbonne* [En ligne], nº 7 : « Fiction littéraire contre storytelling ? Formes, valeurs, pouvoirs du récit aujourd'hui », novembre 2014, p. 6 ; URL : <www.crlc.paris-sorbonne.fr › pdf_revue › revue7 › 8_G_Hautcoeur>.

viennent embrouiller la donne – d'autant que l'écrivain est très loin d'abjurer ici ses ambitions *littéraires*. L'examen de l'origine énonciative du récit permet aisément de l'établir. Certes, Carrère peut être identifié comme l'énonciateur de *L'Adversaire*, en raison de l'emploi de la première personne du singulier renforcée par maints effets de signature. Mais de nombreuses franges du texte, consacrées à Romand et à ses proches, sont régies par l'emploi de la troisième personne, ce qui contribue *volens nolens* à opacifier la source de l'énonciation. À tel point que l'on peut éprouver l'impression que l'activité narrative serait assumée par deux instances distinctes : d'une part l'auteur, d'autre part un narrateur retranché derrière un anonymat de convention. L'hypothèse ne saurait être durablement défendue, mais l'effet qui résulte de ces changements de pronom grammatical est malgré tout extrêmement troublant. Qu'on en juge :

> Luc Ladmiral a été réveillé le lundi matin peu après quatre heures du matin par un appel de Cottin, le pharmacien de Prévessin. Il y avait le feu chez les Romand, ce serait bien que les amis viennent sauver ce qui des meubles pouvait l'être. Quand il est arrivé, les pompiers évacuaient les corps. Il se rappellera toute sa vie les sacs de plastique gris, scellés, dans lesquels on avait mis les enfants : trop horribles à voir[44].

Si ces premières lignes de la deuxième page du récit, suivant une page assumée par Carrère, peuvent paraître entrer en contradiction avec le cadre pragmatique posé par le péritexte, c'est parce qu'elles constituent un remarquable condensé de traits d'ordinaire associés au roman : narration impersonnelle rétrospective, focalisation interne, discours indirect libre. De plus, il s'agit d'un début *in medias res*, notoire *topos* romanesque. Or des phénomènes similaires dans leur principe et leurs effets sont présents tout au long du texte. Le problème principal tient alors, comme chez Capote, aux apparentes infractions ainsi répétées aux limitations cognitives propres au récit factuel. En effet, hors fiction, la focalisation interne ne peut guère advenir que sous la forme, dûment modalisée, d'attribution *hypothétique* d'états mentaux à autrui. En faisant l'économie de telles modalisations, Carrère semble donc paradoxalement s'émanciper de ce déterminisme épistémologique, au détriment du cadre pragmatique qu'il a pourtant lui-même fixé. Sa prétention à restituer la vérité des faits s'en trouve ainsi apparemment fragilisée.

Bien sûr, cet accès à l'intériorité psychologique de personnes réelles, à commencer par Romand, est consciencieusement motivé, d'une part par référence aux témoignages recueillis, d'autre part par le recours revendiqué à l'imagination

---

44 Carrère, E., *L'Adversaire*, *op. cit.*, p. 9.

– dans un souci d'empathie. Toutefois, en termes d'effets de lecture, il n'est pas certain qu'une correction équivaille strictement à une annulation. En dépit de toutes les précautions dont s'entoure l'écrivain, le poids des conventions romanesques est tel que leur mise à contribution sous forme d'emprunts récurrents risque fort de susciter l'impression d'une fictionalisation des faits rapportés. De cet aspect du texte, il est donc fort possible que quelque chose subsiste dans l'esprit du lecteur, surtout si son *plaisir* en découle.

Sans doute s'agit-il là d'une question connexe, mais non dénuée d'importance. En dépit des préoccupations éthiques de Carrère, son souci de la forme le conduit en effet à produire, à partir d'une réalité criminelle, un objet au moins potentiellement *esthétique* – c'est-à-dire à offrir à ses lecteurs une possible jouissance de l'horreur ainsi représentée. Et si certains faits de style (comparaisons, métaphores, reprises formulaires) y concourent, c'est surtout la tension du texte entre compte rendu scrupuleux et imagination qui alimente cette jouissance, hybride au même titre que l'objet qui la suscite. En définitive, si *L'Adversaire* appartient indéniablement au récit factuel, il n'en possède pas moins nombre de caractéristiques qui, au sens antérieurement spécifié, « font fiction », et permettent à ses lecteurs d'éprouver à la fois les gratifications inhérentes à la lecture de l'enquête journalistique et celles que dispense la lecture romanesque.

4 Le récit de vie selon Jean Echenoz : le cas de la « biofiction »

Ce plaisir de lecture composite est également dispensé par d'autres œuvres contemporaines, fort différentes en leur principe de *L'Adversaire* : par exemple la trilogie de Jean Echenoz, *Ravel*[45], *Courir*[46] et *Des éclairs*[47] – dont, dans un souci d'économie, je n'évoquerai que le premier volume. Ces textes, parfois qualifiés de « biofictions[48] », consistent en récits de vies, consacrés à des personnes réelles et célèbres : respectivement Maurice Ravel, Emil Zátopek et Nikola Tesla. Or, au risque de la contradiction, leur péritexte les identifie comme autant de « romans » ; ce qui légitime leur évocation au titre des « récits de la frontière ».

Toutefois, mieux vaut être conscient que les opérations de cadrage pragmatique opérées depuis les seuils du volume-livre sont de nos jours passablement

45 Echenoz, Jean, *Ravel*, Paris, Éd. de Minuit, 2006.
46 Echenoz, Jean, *Courir*, Paris, Éd. de Minuit, 2008.
47 Echenoz, Jean, *Des éclairs*, Paris, Éd. de Minuit, 2010.
48 Le terme a été forgé par Alain Buisine, dans son article « Biofictions », *Revue des Sciences Humaines*, n° 224, octobre-décembre 1991, p. 7-13.

brouillées par certaines pratiques des éditeurs en la matière. Ainsi, de l'aveu même d'Echenoz[49], la mention « roman » portée en première de couverture de *Ravel* relève d'une telle initiative éditoriale. On ne s'exagérera donc pas la pertinence théorique de cette étiquette générique. Mais si l'écrivain ne s'est pas insurgé contre cette décision, c'est parce qu'il considérait que, en regard des biographies officielles du compositeur, son texte participait peu ou prou de la forme romanesque. Dans ce premier opus, comme dans les deux suivants, on peut donc se demander ce qui relèverait du roman, partant (?) de la fiction.

Si *Ravel* ne relate que les dix dernières années de la vie de l'auteur du *Boléro*, s'écartant par là même de la visée exhaustive des classiques biographies, il n'en est pas moins intégralement consacré à cette personnalité mondialement connue, identifiée dans ses pages par le désignateur rigide que constitue son nom patronymique. Curieux « roman », par conséquent, qui se trouve ainsi doté d'une indéniable dimension référentielle. D'autant que le texte repose sur un considérable travail d'information préalable : pour n'être pas référencée au moyen d'un apparat critique, la strate de *l'archive* n'en informe pas moins continûment l'écriture du récit.

Ou plutôt *presque* continûment : si Echenoz respecte scrupuleusement ses sources pour évoquer la tournée américaine de Ravel, il se livre cependant à certaines hypothèses (la rencontre avec Joseph Conrad) ou inventions (l'embarquement solitaire de Ravel à bord du paquebot *France*, la rencontre avec Georges Jean-Aubry à Southampton). Le *Ravel* d'Echenoz, en dépit de sa dimension largement factuelle, recèle donc bien divers îlots fictionnels, correspondant aux séquences inventées par l'écrivain[50]. Mais à moins de se muer en enquêteur, il est fort peu probable que le lecteur s'en avise. Aussi l'impression de lire un roman découle-t-elle d'autres phénomènes plus visibles, relevant de la lettre même du texte. En participent de nouveau les procédés transgressifs des limitations cognitives du récit factuel : focalisation interne non modalisée, discours indirect libre, dialogues au discours direct sans justification testimoniale, qui renvoient également à une activité *d'invention*, d'ordre fictionnel. Mais aussi d'autres techniques perçues, à tort ou à raison, comme proprement romanesques : pauses descriptives, et plus généralement anisochronies

49 Echenoz, Jean, Entretien avec Emmanuel Laugier et Frédéric Pomier, *Le Matricule des Anges*, nº 70, février 2006, p. 19.

50 Le problème qui se pose étant bien sûr de savoir si cette dimension ponctuellement fictionnelle suffit ou non à « contaminer » le régime d'ensemble dont relève le texte. Question épineuse, sur laquelle les avis des théoriciens divergent. Pour ma part, je ne trancherai pas, dans la mesure où le principe fondateur de l'esthétique de *Ravel* me paraît précisément résider dans la *tension* (effets de flottements compris) ainsi instituée entre factuel et fictionnel.

(ellipses) et anachronies (analepses), qui confèrent au récit sa liberté d'allures. Laquelle, comme toujours chez Echenoz, confine à la désinvolture, teintée de loufoquerie. Ainsi de la phrase d'ouverture (« On s'en veut quelquefois de sortir de son bain[51]. »), de tel énoncé gnomique saugrenu (« un cendrier plein n'est pas moins triste qu'un lit défait[52]. »), de telle comparaison iconoclaste (« Georges Jean-Aubry a l'air d'un professeur ou d'un médecin ou d'un légiste, ou bien d'un professeur de médecine légale[53]. »). À quoi l'on ajoutera la présence d'un narrateur ironiquement intrusif, dont l'*ethos* se situe aux antipodes de la posture compassée de l'hagiographe ; témoin cette interpellation : « [Le *Boléro* ?] Mais ça marchera beaucoup mieux, Maurice, ça va marcher cent mille fois mieux que la Madelon[54]. »... Bref, on retrouve dans *Ravel* tous ces jeux organiques à même la matière du récit qui constituent la touche spécifique de l'écriture romanesque d'Echenoz.

Reste qu'il importe de sérier les problèmes. Inventer la rencontre d'une personne réelle et d'un tiers, ou lui attribuer des propos, pensées, sentiments ou sensations que nulle source extérieure ne vient accréditer, relèvent de la fiction. En ce sens, *Ravel*, et plus encore *Courir* et surtout *Des éclairs*[55] opèrent au moins ponctuellement une fictionalisation du factuel. En revanche, changer de pronom, interpeller le lecteur, introduire des analepses ou des ellipses dans le cours de la narration, etc. : ces procédés ne sont pas *au sens strict* fictionnels. Tout au plus génèrent-ils chez le lecteur *l'impression* d'être confronté à une fiction, tout simplement parce que nous sommes accoutumés à les rencontrer dans le roman, genre caractérisé *par ailleurs* par sa fictionnalité. Méfions-nous des raccourcis logiques...

•••

Tel était l'objectif principal de ce parcours, désormais parvenu à son terme : montrer comment, dans le cas des « romans » non fictionnels, de la formule « faire fiction » il convient de distinguer deux acceptions, d'une inégale pertinence sur le plan théorique. J'ajouterai simplement pour finir que de tels textes,

51 Echenoz, J., *Ravel*, *op. cit.*, p. 9.

52 *Ibid.*, p. 118.

53 *Ibid.*, p. 28.

54 *Ibid.*, p. 76.

55 Où Tesla est rebaptisé « Gregor », et où les pigeons (*sic*) jouent le rôle d'un ironique *deus ex machina* dans la fin tragique de l'inventeur. La fictionalisation est donc ici nettement plus manifeste que dans les deux volumes précédents de la trilogie, à commencer par *Ravel*.

s'ils ne sont certes pas l'apanage de la modernité[56], tendent en revanche indéniablement à se multiplier de nos jours. Va ainsi s'intensifiant une dynamique d'emprunts et d'échanges entre les formes canoniques des récits fictionnel et factuel, dont se trouvent dès lors révélées, du moins pour partie, l'historicité et la contingence des « normes » qui les sous-tendent[57]. Loin de s'en offusquer, les intégrationnistes ou gradualistes modérés, dont je suis, seront enclins à saluer de telles œuvres. Car, plutôt que de menacer de dissolution la frontière entre fiction et non-fiction, dans un geste artistique où le confusionnisme le disputerait à l'irresponsabilité, elles paraissent en mesure de contribuer à *sa problématisation avisée*, en en faisant, pour les lecteurs, un possible objet de réflexion – et ce du sein d'une expérience esthétique d'autant plus gratifiante qu'elle se trouve marquée du sceau de la diversité.

Bibliographie

Baroni, Raphaël, *La Tension narrative : suspense, curiosité et surprise*, Paris, Éd. du Seuil, coll. « Poétique », 2007.

Baroni, Raphaël, *Les Rouages de l'intrigue : les outils de la narratologie postclassique pour l'analyse des textes littéraires*, Genève, Slatkine Érudition, 2017.

Berendt, John, *Midnight in the Garden of Good and evil: A Savannah story*, New York, Random House, 1994. Trad. : *Minuit dans le jardin du Bien et du Mal : Savannah, Géorgie, chronique d'une ville*, trad. T. Piélat, Paris, Belfond, 1996.

Blake, James Carlos, *Friends of Pancho Villa: A Novel*, New York, Berkley Books, 1996. Trad. : *Les Amis de Pancho Villa*, trad. G. Goldfayn, Paris, Payot & Rivages, coll. « Rivages-thriller », 1999.

Buisine, Alain, « Biofictions », *Revue des Sciences Humaines*, nº 224, octobre-décembre 1991, p. 7-13.

Capote, Truman, *In Cold Blood: A True Account of a Multiple Murder and Its Consequences*, New York, Random House, 1965. Trad. : *De sang froid : récit véridique d'un meurtre multiple et de ses conséquences*, trad. R. Girard, Paris, Gallimard, 1966 ; rééd. coll. « Folio », 1999.

Carrère, Emmanuel, *L'Adversaire*, Paris, P.O.L., 2000.

---

56 Sur ce point, voir de nouveau Lavocat, F., *Fait et fiction*, *op. cit.* Françoise Lavocat y montre bien que la production de textes établissant une tension entre factuel et fictionnel peut être repérée largement avant le XXe siècle. De même, elle y établit que cette tendance n'est en rien réservée à la seule culture occidentale.

57 Comme l'affirme Gérard Genette dans *Fiction et diction*, *op. cit.*, p. 92-93.

Cohn, Dorrit, *The Distinction of Fiction*, Baltimore (Md.), London, The Johns Hopkins University Press, 1999. Trad. : *Le Propre de la fiction*, trad. C.-H. Schaeffer, Paris, Éd. du Seuil, coll. « Poétique », 2001.

Dufour, Hortense, *Le Diable blanc : le roman de Calamity Jane*, Paris, Éd. Flamme, 1986 ; rééd. sous le titre *Calamity Jane : le diable blanc. Récit*, Paris, Flammarion, coll. « Grandes biographies », 1998 ; Arthaud poche, 2016.

Dufour, Hortense, *Moi, Néron*, Paris, Flammarion, 1999.

Echenoz, Jean, *Ravel*, Paris, Éd. de Minuit, 2006.

Echenoz, Jean, Entretien avec Emmanuel Laugier et Frédéric Pomier, *Le Matricule des Anges*, nº 70, février 2006, p. 19.

Echenoz, Jean, *Courir*, Paris, Éd. de Minuit, 2008.

Echenoz, Jean, *Des éclairs*, Paris, Éd. de Minuit, 2010.

Genette, Gérard, *Figures III*, Paris, Éd. du Seuil, coll. « Poétique », 1972.

Genette, Gérard, *Nouveau discours du récit*, Paris, Éd. du Seuil, coll. « Poétique », 1983.

Genette, Gérard, *Fiction et diction*, Paris, Éd. du Seuil, coll. « Poétique », 1991.

Grann, David, *The Lost City of Z: A Tale of Deadly Obsession in the Amazon*, New York, Doubleday, 2009. Trad. : *La Cité perdue de Z : une expédition légendaire au cœur de l'Amazonie*, trad. M.-H. Sabard, Paris, R. Laffont, 2010.

Grivel, Charles, *Production de l'intérêt romanesque : un état du texte (1870-1880), un essai de constitution de sa théorie*, La Haye, Paris, Mouton, 1973.

Hamon, Philippe, « Pour un statut sémiologique du personnage », *Littérature*, vol. 6, nº 2, mai 1972, p. 86-110.

Hautcœur, Guiomar, « *L'Adversaire* d'Emmanuel Carrère : du *storytelling* journalistique au récit littéraire », *Comparatismes en Sorbonne* [En ligne], nº 7 : « Fiction littéraire contre storytelling ? Formes, valeurs, pouvoirs du récit aujourd'hui », novembre 2014, p. 6 ; URL : <www.crlc.paris-sorbonne.fr › pdf_revue › revue7 › 8_G_Hautcoeur>.

Hildesheimer, Wolfgang, *Marbot: eine Biographie*, Frankfurt am Main, Suhrkamp, 1981. Trad. : *Sir Andrew Marbot*, trad. M. Kaltenecker, Paris, J.-C. Lattès, 1984.

Imhoff, Aliocha et Quiros, Kantuta (dir.), « Le Procès de la fiction. Procès fictif de la frontière entre fait et fiction ». URL : <http://www.lepeuplequimanque.org/proces-de-la-fiction>.

Kafka, Franz, *Tagebücher. 1, Textband. Kritische Ausgabe*, hrsg. von Hans-Gerd Koch, Michael Müller und Malcolm Pasley, Frankfurt am Main, Suhrkamp, 1990.

Krakauer, Jon, *Into the Wild*, New York, Villard, 1996. Trad. : *Voyage au bout de la solitude*, trad. C. Molinier, Paris, Presses de la Cité, 1997 ; nouv. éd. sous le titre *Into the wild*, 10-18, coll. « Domaine étranger », 2008.

Lavocat, Françoise, *Fait et fiction : pour une frontière*, Paris, Éd. du Seuil, coll. « Poétique », 2016.

Levin, Meyer, *Compulsion*, 1956, New York, Simon and Schuster, 1956. Trad. : *Crime*, trad. M. Paz, Paris, Stock, 1958 ; rééd. Phébus, 1996 ; coll. « Libretto », 2011.

Lourie, Richard, *The Autobiography of Joseph Stalin: A Novel*, Washington (D.C.), Counterpoint, 1999. Trad. : *Moi, Staline*, trad. M. Leroy-Battistelli, Montricher, Noir sur blanc, 2003.

Mailer, Norman, *The Armies of the Night: History as a Novel, the Novel as History*, London, New York, Penguin, 1968. Trad. : *Les Armées de la nuit : l'histoire en tant que roman, le roman en tant qu'histoire*, trad. M. Chrestien, Paris, Grasset, 1970 ; rééd. 1993.

Schaeffer, Jean-Marie, *Pourquoi la fiction ?*, Paris, Éd. du Seuil, coll. « Poétique », 1999.

Thompson, Hunter S., *Hell's Angels: The Strange and Terrible Saga of the Outlaw Motorcycle Gangs*, New York, Random House, 1966. Trad. : *Hell's Angels : l'étrange et terrible saga des gangs de motards hors-la-loi*, trad. S. Durastanti, Paris, R. Laffont, 2000.

Wagner, Frank, « Hadrien, ou la première personne », in Blanckeman, Bruno (dir.), *Lectures de Marguerite Yourcenar*, Rennes, Presses universitaires de Rennes, coll. « Didact. Français », 2014, p. 35-51.

Wilkomirski, Binjamin (alias Bruno Grosjean), *Brüchstucke: aus einer Kindheit 1939-1948*, Frankfurt am Main, Jüdischer Verlag, 1995. Trad. : *Fragments : une enfance 1939-1948*, trad. L. Marcou, Paris, Calmann-Lévy, 1997.

Yourcenar, Marguerite, *Mémoires d'Hadrien*, Paris, Gallimard, 1951 ; rééd. coll. « Folio », 1977, 2014 pour la réédition utilisée.

CHAPITRE 9

Littérature contemporaine : un « tournant documentaire » ?

Marie-Jeanne Zenetti

Résumé

Cet article propose d'interroger le sens et la place de l'expression « tournant documentaire » en littérature et dans les études littéraires, dans le cadre d'une enquête sur les métadiscours servant à décrire et à penser les productions artistiques contemporaines. Il s'agira de montrer que les expressions « non-fiction », « écriture documentaire » et « littérature factuelle » recouvrent des significations et engagent des positionnements méthodologiques distincts. A une époque caractérisée par une augmentation des productions non-fictionnelles et par un appel récurrent à redéfinir et à repenser les études littéraires, l'hypothèse d'un « tournant documentaire » permet d'interroger les effets possibles de ces transformations sur la théorie littéraire.

∴

Cet article propose d'interroger, plus que la validité d'une hypothèse, le sens et la place d'une expression : celle de « tournant documentaire ». Il s'agit à partir d'elle d'enquêter plus largement sur les métadiscours qui nous servent à décrire et à penser les productions artistiques contemporaines dites « documentaires », « non fictionnelles » ou « factuelles », sur la place qu'occupent parmi ces productions les objets qu'on qualifie de « littéraires », et sur la manière dont cette fabrique notionnelle s'élabore en marge de la production en arts visuels, mais aussi en dialogue avec elle.

L'expression « tournant documentaire » n'a de sens que dans son rapport à d'autres, complémentaires ou concurrentes, comme celles de « Parti-pris du document » (P. Roussin et J.-F. Chevrier[1]), de « besoin de réel » (D. Shields[2]), de

1 Chevrier, Jean-François et Roussin, Philippe (dir.), *Le Parti pris du document : littérature, photographie, cinéma et architecture au XXe siècle*, dossier de *Communications*, 71 (2001) ; id. (dir.), *Des faits et des gestes : le parti pris du document, 2*, dossier de *Communications*, 79 (2006).

2 Shields, David, *Reality Hunger: A Manifesto*, New York, Knopf, 2010. Trad. : *Besoin de réel : un manifeste littéraire*, trad. C. Recoursé, Vauvert, Au diable Vauvert, 2016.

 | DOI:10.1163/9789004439313_011

« retour du réel » (H. Foster[3]), expressions qui, si elles sont immédiatement évocatrices, donnent lieu à des interprétations et à des usages plus ou moins précis. Dans leur introduction à l'ouvrage collectif *Un art documentaire*, Aline Caillet et Frédéric Pouillaude soulignent ainsi la « confusion théorique » à laquelle l'expression *documentary turn* donne lieu[4]. Ils rappellent qu'elle est apparue au début des années 2000 dans les discours sur l'art contemporain, et plus précisément chez les curateurs et les théoriciens de l'art. Ils soulignent également que cette expression peut recouvrir deux tendances qui ne se recoupent pas tout à fait : à la fois une présence accrue des documents dans la production plasticienne contemporaine, et une propension inédite à considérer les productions documentaires en tant qu'œuvres d'art[5]. Cette origine a son importance au moment d'interroger la pertinence d'une telle expression en littérature. Ce n'est pas simplement que les expressions « non-fiction », « écriture documentaire » et « littérature factuelle » recouvrent des significations différentes : c'est aussi que de tels choix terminologiques engagent, souvent de façon implicite, des positionnements méthodologiques, et ce à une époque qui n'est pas seulement caractérisée par une augmentation de la production factuelle/non fictionnelle/documentaire, mais aussi par une inquiétude disciplinaire et par un appel récurrent à redéfinir et à repenser les études littéraires. C'est dans cette perspective que je commencerai par examiner les nuances qui distinguent les termes « documentaire » et « non-fiction », pour ensuite interroger l'hypothèse d'un « tournant documentaire » et ses effets possibles sur la théorie littéraire.

1 Documentaire *vs* non-fiction

Les adjectifs « documentaire » et « non fictionnel » ne sont pas synonymes : dans leur introduction à l'ouvrage collectif *Frontières de la non-fiction* (2014),

3 Foster, Hal, *The Return of the Real: The Avant-Garde at the End of the Century*, Cambridge (Mass.), London, The MIT Press, 1996. Trad. : *Le Retour du réel : situation actuelle de l'avant-garde*, trad. Y. Cantraine, F. Pierobon et D. Vander Gucht, Bruxelles, La Lettre volée, 2005.

4 Caillet, Aline et Pouillaude, Frédéric, « Introduction. L'hypothèse d'un art documentaire », in *id.* (dir.), *Un art documentaire : enjeux esthétiques, éthiques et politiques*, Rennes, Presses universitaires de Rennes, 2017, p. 7-25.

5 « L'expression, si elle renvoie à un phénomène observé par tous, n'en reste pas moins le lieu d'une confusion théorique peu relevée et jamais par là même clarifiée : le "tournant documentaire" signifie-t-il que le documentaire se tourne vers l'art – ce qu'induit l'expression tournant artistique – ou que l'art se tourne vers le documentaire ? Auquel cas, l'expression "tournant documentaire de l'art" serait plus adéquate. Ces deux phénomènes sont sans doute en pratique congruents mais engagent des enjeux théoriques distincts et décisifs s'il s'agit de penser un art documentaire par-delà les médiums. » *Ibid.*, p. 18, n. 25.

Alison James et Christophe Reig précisent les différences qui existent entre l'un et l'autre, et les raisons pour lesquelles ils ont choisi le mot de « non-fiction », qu'ils jugent moins ambigu[6]. Aline Caillet et Frédéric Pouillaude, dans *Un art documentaire* (2017), prolongent une telle réflexion et choisissent pour leur part l'autre terme[7]. Je reprendrai ci-dessous les distinctions posées par ces quatre auteurs, mais j'aimerais d'abord les replacer dans une perspective comparatiste et lexigographique. En effet, si les termes « non-fiction » et « documentaire » sont équivoques, c'est notamment parce qu'ils ont une histoire récente en français, du moins dans le domaine des études littéraires, où ils ont été importés depuis des traditions disciplinaires distinctes.

Le terme « non-fiction » est généralement perçu comme un calque de la *non-fiction* (ou *nonfiction*) anglo-saxonne[8], laquelle a d'abord désigné un programme littéraire fondé sur un pacte référentiel (c'est la *non-fiction novel* de Truman Capote en 1966 qui a lancé la vague du *New Journalism*, théorisé par Tom Wolfe en 1973[9]), pour ensuite servir à partager les rayons des librairies entre *fiction* (principalement romanesque) et *non-fiction* (catégorie très large, qui accueille aussi bien les enquêtes littéraires et journalistiques, la littérature de voyage, les biographies, que les essais et manuels les plus divers).

En allemand, une opposition semblable existe dans le milieu éditorial, dans la presse et dans les palmarès des grandes revues, entre *Sachbuch* (littéralement « livre de choses ») et *Belletristik*. On trouve des textes littéraires au rayon *Sachbuch*, comme au rayon *non-fiction*, mais ils n'y sont pas majoritaires. D'où la nécessité de séparer, au sein de ces catégories, ce qui relève du domaine littéraire : en anglais, c'est l'expression *creative non-fiction* qui s'impose dans les études littéraires, notamment à partir des travaux et publications de Lee Gutkind[10] ; en allemand, on emploie plus volontiers le terme

6 James, Alison et Reig, Christophe, « Avant-propos. Non-fiction : l'esthétique documentaire et ses objets », in A. James et C. Reig (dir.), *Frontières de la non-fiction : littérature, cinéma, arts*, Rennes, Presses universitaires de Rennes, 2013, p. 7-21, cit. p. 7.

7 Ils choisissent aussi d'exclure certains genres littéraires constitués, généralement considérés comme factuels ou non fictionnels, tels que l'essai ou l'autobiographie.

8 « À première vue, la dichotomie fiction/non-fiction sert surtout à répartir en deux grandes catégories le territoire de l'écrit, par une vaste simplification qui dissimule la complexité du système des genres. Dans ce partage, certains ont pu voir une contamination du champ littéraire français par les classements du marché littéraire anglo-saxon, voire une hiérarchie qui marginalise les œuvres littéraires par rapport aux « ouvrages sérieux ». James, A. et Reig, C., « Avant-propos... », art. cit., p. 7.

9 Wolfe, Tom, *The New Journalism*, with an anthology edited by Tom Wolfe and E. W. Johnson, New York, Harper & Row, 1973.

10 Gutkind, Lee, *The Art of Creative Nonfiction: Writing and Selling the Literature of Reality*, New York, Wiley Associated Writing Programs, 1997 ; Dillard, Annie, Gutkind, Lee, *In Fact: The Best of Creative Nonfiction*, New York, W. W. Norton & Co, 2005 ; Gutkind, Lee (ed.),

de *Dokumentarliteratur*, titre de l'ouvrage désormais classique d'Heinz Ludwig Arnold et Stephan Reinhardt[11] (1973). Il renvoie à une tradition littéraire distincte de la *non-fiction novel* américaine : le *Dokumentartheater*, défini dès les années 1920-1930 par Piscator, puis Brecht, avant d'être théorisé par Peter Weiss dans les années 1960[12]. C'est sur ce modèle qu'une *Dokumentarliteratur* a été étendue à des formes non théâtrales utilisant un matériau documentaire. L'adjectif *dokumentar*, aussi bien dans le domaine du cinéma qu'en littérature, a ainsi acquis ses lettres de noblesse en langue allemande, et désigne des objets à visée esthétique : la démarche documentaire, qui consiste à capter le réel en le reconfigurant à partir de documents, s'inscrit dans une histoire artistique dotée d'une ambition politique forte, très marquée à gauche, que poursuivent aujourd'hui des écrivains comme Hans Magnus Enzensberger, Alexander Kluge, ou des journalistes d'investigation comme Günter Wallraff. Une telle tradition n'est pas toujours perceptible dans les équivalents de l'adjectif *dokumentar* dans d'autres langues : en anglais, et dans son sens français le plus courant, l'adjectif renvoie d'abord au cinéma documentaire, et, au-delà, aux arts visuels, même si les expressions *documentary fiction*, *documentary prose* et *documentary realism* existent[13]. Plus généralement, « documentaire » implique le recours au document en tant que matériau (souvent de nature iconique), tandis que « non-fiction » met l'accent sur l'idée un pacte référentiel (généralement discursif).

S'il semble utile de prendre en compte ces héritages différenciés selon les termes employés, c'est qu'ils engagent des partis pris méthodologiques souvent implicites. Le premier tient à la perspective disciplinaire impliquée. Le terme « non-fiction », en français comme en anglais, sert presque exclusivement à désigner des œuvres narratives, et d'abord littéraires (même s'il a pu être adopté ponctuellement dans les études cinématographiques). C'est ainsi depuis les études littéraires et les travaux transversaux sur la notion de

Keep It Real: Everything You Need to Know About Researching and Writing Creative Non-fiction, New York, W. W. Norton & Co, 2008.

11 Arnold, Heinz Ludwig, Reinhardt, Stephan (hg.), *Dokumentarliteratur*, München, Boorberg, 1973.

12 Weiss, Peter, « Notes sur le théâtre documentaire », in *Discours sur la genèse et le déroulement de la très longue guerre de libération du Vietnam, illustrant la nécessité de la lutte armée des opprimés contre leurs oppresseurs ainsi que la volonté des États-Unis d'Amérique d'anéantir les fondements de la révolution* [*Diskurs über die Vorgeschichte und den Verlauf des lang andauernden Befreiungskrieges in Viet Nam*, 1967], trad. J. Baudrillard, Paris, Éd. du Seuil, 1968.

13 Toker, Leona, « Toward a Poetics of Documentary Prose – From the Perspective of Gulag Testimonies », *Poetics Today*, vol. 18, nº 2, 1997, p. 187-222.

fiction qu'Alison James et Christophe Reig proposent d'élargir la notion de non-fiction au cinéma et aux différents arts, dans le cadre d'une approche pluridisciplinaire[14].

L'adjectif « documentaire », quant à lui, est d'abord théorisé dans le domaine des arts visuels, de la photographie, du cinéma, mais aussi, via l'héritage allemand, du côté des études théâtrales, dont on sait qu'elles restent en France relativement séparées des études littéraires. Mobiliser le terme « documentaire » revient donc à s'inscrire dans une perspective largement interdisciplinaire, dont le meilleur exemple est sans doute offert par les deux numéros de la revue *Communication* que Philippe Roussin et Jean-François Chevrier ont consacrés à ce qu'ils appellent le « Parti-pris du document » et qui ont fait date sur la question[15]. Quand ils s'attachent à définir ce que serait un « art documentaire », Frédéric Pouillaude et Aline Caillet se situent dans la continuité de cette ambition transdisciplinaire qui vise à penser ensemble différents arts dont les frontières sont rendues poreuses par l'hybridation des médiums caractéristique de l'art contemporain[16]. En parlant de « non-fiction », on se situe ainsi implicitement plutôt dans une histoire de la littérature et de la théorie littéraire, tandis que le terme « documentaire » s'inscrit davantage dans une histoire de l'art fortement marquée par les arts visuels.

Cette différence en implique une seconde, cette fois en termes d'approche, de méthode, et plus généralement de perspective adoptée sur l'objet d'étude. Le terme de « non-fiction », comme celui de « littérature factuelle » que lui préfère Genette[17], est associé à une entreprise de catégorisation de la production

---

14 James, A. et Reig, C., « Avant-propos… », art. cit., p. 7. On pourrait trouver une ambition similaire dans les travaux de F. Pouillaude, qui propose quant à lui la notion de « représentations factuelles » pour désigner un ensemble de diverses pratiques artistiques à partir d'un adjectif, « factuel », lequel sert d'abord, dans la continuité des travaux de G. Genette, à désigner un ensemble de sous-genres littéraires. Pouillaude, Frédéric, « Représentations factuelles : trace, témoignage, document », in A. Caillet et F. Pouillaude (dir.), *Un art documentaire, op. cit.*, p. 39-52.

15 Chevrier, J.-F. et Roussin, P. (dir.), *Le Parti pris du document, op. cit.* ; Chevrier, J.-F. et Roussin, P. (dir.), *Des faits et des gestes : le parti pris du document, 2, op. cit.*

16 Leur « hypothèse d'un art documentaire non inféodé à un médium spécifique qui en serait l'essence » regroupe ainsi un ensemble de pratiques artistiques variées, mais leur perspective s'appuie sur les efforts théoriques et critiques élaborés dans le domaine des arts visuels (cinéma, photographie, arts plastiques), pour les élargir au théâtre, à la littérature, la danse, la bande dessinée. C'est d'une démarche similaire qu'est né le séminaire transdisciplinaire « Ce que les arts font au document », qui se tient depuis 2017 au sein du laboratoire Passages XX-XXI de l'Université Lyon 2.

17 Dans *Fiction et diction* (1991), Genette précise qu'il emploie « faute de mieux cet adjectif qui n'est pas sans reproche (car la fiction aussi consiste en enchaînements de *faits*) pour éviter le recours systématique aux locutions négatives (*non-fiction, non fictionnel*) qui

existante et de définition de ses frontières, internes et externes. C'est la question que pose *Fiction et diction* : comment tracer la ligne de partage entre littéraire et non-littéraire, et, au sein de la catégorie « Littérature », quels sous-ensembles peut-on distinguer et selon quels critères ? C'est aussi la question que soulève le recours aux métaphores spatiales : qu'il s'agisse de s'interroger sur les « frontières » ou sur les « territoires » de la non-fiction, elles prolongent l'entreprise classificatoire qui sous-tend autant les tableaux de Genette que les tables des librairies. Dans tous les cas, le terme « non-fiction » sert à désigner un ensemble de genres et de sous-genres regroupés en un « domaine » défini notamment par son opposition à la catégorie générique « roman », partage qui repose sur la notion de « pacte référentiel » et qui engage le mode de réception de ces textes.

Le terme « documentaire », quant à lui, situe les travaux qui s'en réclament dans une perspective moins descriptive que critique, ce qui s'explique par leur manière de définir leur objet. En effet, si le « document » a pu être défini par Chevrier et Roussin comme une « forme » (non comme un genre[18]), le terme « documentaire » engage d'emblée une ambition double : celle de « documenter », d'une part, donc de contribuer à la production d'un savoir, mais aussi de déconstruire, dans la continuité du projet brechtien, les représentations censées produire un discours de « vérité ». Pour Frédéric Pouillaude et Aline Caillet, l'art documentaire se caractérise ainsi par plusieurs traits :

- un pacte de référentialité ;
- un intérêt pour le particulier au détriment de la généralité ;
- une forte réflexivité ;
- un dépassement de l'opposition entre représentation et action[19].

Ils se situent de la sorte, quoique de façon distanciée, dans le prolongement de la définition du documentaire comme « art politique » par Dominique Baqué[20] (2004) et dans une perspective pragmatiste, qui s'interroge sur les effets concrets que de telles œuvres peuvent produire hors du champ de l'art. Les travaux portant sur la poésie, la prose, le théâtre, le cinéma ou l'art « documentaires » axent ainsi souvent l'analyse sur la portée critique ou

---

reflètent et perpétuent le privilège [qu'il] souhaite précisément questionner ». Genette, Gérard, « Récit fictionnel et récit factuel », in *Fiction et diction*, Paris, Éd. du Seuil, 1991, p. 65-94, cit. p. 66.

18 Là où le genre recouvre un territoire, et se définit au sein d'un art défini par son médium, la forme suppose la reconnaissance d'un ensemble de traits qui peuvent circuler hors de frontières prédéfinies, et donc d'un art à l'autre. Par ailleurs, le terme de genre semble supposer l'existence d'une tradition que n'implique pas nécessairement la notion de forme, construite par le récepteur.

19 Caillet, A. et Pouillaude, F., « Introduction… », art. cit.

20 Baqué, Dominique, *Pour un nouvel art politique : de l'art contemporain au documentaire*, Paris, Flammarion, 2004.

politique des discours artistiques, et sur leurs possibles interactions avec la réalité sociale, là où l'ambition poéticienne dont sont porteurs les travaux sur la « non-fiction » interroge plus volontiers la théorie esthétique. S'exerçant de façon privilégiée au sein d'un ensemble défini par son médium, la Littérature, elle se prolonge dans la délimitation, au sein de cette catégorie, de différents sous-ensembles génériques : mémoires, proses documentaires, factographies, exofictions, etc.

2 L'hypothèse d'un « tournant documentaire » et ce qu'elle fait aux études littéraires

J'aimerais à présent, à partir de ces mises au point, interroger ce que signifie faire l'hypothèse « d'un tournant documentaire » en littérature. En quoi cette hypothèse peut-elle nous aider à considérer autrement les territoires de la non-fiction, et peut-être aussi notre manière de penser la littérature et son histoire ?

Il est pour cela nécessaire de revenir un instant sur l'origine de l'expression *documentary turn* et sur ce qu'elle implique. J'ai dit plus haut, en me référant aux travaux d'Aline Caillet et Frédéric Pouillaude, que cette expression est apparue, ou du moins a été popularisée dans le champ de l'art contemporain, et plus précisément dans le discours des curateurs et critiques d'art[21]. Elle figure notamment dans l'introduction du catalogue de l'exposition *Experiments with Truth* (2004-2005), que son commissaire Mark Nash situe dans le prolongement de *Documenta 11* de Cassel (2002) sous le commissariat d'Okwui Enwezor[22]. Nash a largement contribué à diffuser l'expression « tournant documentaire » : elle a dans son discours partie liée avec la difficulté contemporaine qu'il y aurait à distinguer entre la réalité et ses représentations, et avec la tendance des artistes contemporains à se confronter à ce que Jean Baudrillard nomme « hyperréalité[23] ».

---

21 Voir aussi Haberer, Lilian, « Screenings zum *documentary turn* in der zeitgenössischen Kunst. Einführung », in Sandra Aßmann, Peter Moormann, Karina Nimmerfall, Mirjam Thomann (hg.), *Wenden: Interdisziplinäre Perspektiven auf das Phänomen turn*, Wiesbaden, Springer Fachmedien Wiesbaden, 2017, p. 67-80.

22 Enwezor, Okwui, « Documenta 11, Documentary, and the Reality Effect », in Mark Nash (ed.), *Experiments with Truth, Fabric Workshop and Museum*, Philadelphia, The Fabric Workshop and Museum, 2004, p. 97-103.

23 « In this perspective it is no longer possible to distinguish between "reality" and "its" representation. » Nash, Mark, « Experiments with Truth: The Documentary Turn », *Anglistica*, vol. 11, n° 1-2, 2007, p. 33-40. Nash y critique le fait que le documentaire, né d'un souci de déconstruire les productions médiatiques et notamment télévisuelles, se serait

L'expression a ensuite connu des extensions diverses, d'une précision variable. Au sens large, elle désigne un double phénomène d'inflation : dans la production artistique contemporaine, on assisterait à une présence accrue du document en tant que forme (ce que Chevrier et Roussin nomment le « parti pris du document », dont ils repèrent différents moments au cours du XXe siècle). Symétriquement, les films et photographies « documentaires » se voient de plus en plus systématiquement exposés et désignés en tant qu'art. Cette inflation opère aussi dans les discours et métadiscours artistiques, où les mots « document » et « documentaire » sont de plus en plus fréquemment mobilisés.

Mais pour bien saisir les enjeux que recouvre l'expression « tournant documentaire », il faut l'envisager au sein du réseau d'expressions concurrentes où elle a émergé. Forgée sur le modèle du *linguistic turn*[24] popularisé par Richard Rorty (1967), elle s'inscrit dans un contexte de multiplication des expressions en *turn* dans le discours des historiens de l'art : on peut citer l'*ethnographic turn* d'Hal Foster[25] (1996), le *social turn* de Claire Bishop[26] (2006), le *journalistic turn* identifié par Alfredo Cramerotti[27] (2009), ou le *spatial turn*, d'abord repéré dans les sciences humaines et sociales[28], puis importé dans les discours

esthétisé pour n'être « plus que de l'art », et en partie séparé de son ambition critique, ce qui revient à évacuer sa signification politique. Voir aussi Nash, Mark, « Reality in the Age of Aesthetics », *Frieze Magazine*, n° 114, April 2008 ; Steyerl, Hito, « The Politics of Truth. Documentarism in the Art Field », *Springerin*, 3/03, 2003, URL : <https://www.springerin.at/en/2003/3/politik-der-wahrheit/>.

24 Rorty, Richard (ed.), *The Linguistic Turn: Recent Essays in Philosophical Method*, Chicago, London, The University of Chicago Press, 1967. L'expression, attribuée par Rorty au philosophe Gustav Bergmann, chez qui elle se réfère à l'approche philosophique de Ludwig Wittgenstein dans son *Tractatus logico-philosophicus*, renvoie à la démarche fondatrice de la philosophie analytique et de la philosophie du langage ordinaire, qui insistent sur l'analyse du langage comme fondement du travail conceptuel de la philosophie. L'expression *linguistic turn* a également servi à désigner un courant historiographique, centré notamment autour des travaux d'Hayden White, selon lequel l'historien, parce qu'il a accès à des textes, et non à des faits, n'étudie que les représentations discursives de la réalité.

25 Foster, H., *The Return of the Real*, *op. cit.*, chap. 6 : « The Artist as Ethnographer », p. 171-203 = Foster, H., *Le Retour du réel*, *op. cit.*, chap. 6 : « Portrait de l'artiste en ethnographe », p. 213-247 ; Foster, Hal, « L'artiste comme ethnographe, ou la "fin de l'histoire" signifie-t-elle le retour de l'anthropologie ? », trad. M. Planche, in *Face à l'histoire 1933-1996 : l'artiste moderne devant l'événement historique*, Paris, Centre Georges Pompidou, 1996, p. 498-505.

26 Bishop, Claire, « The Social Turn: Collaboration and Its Discontents », *Artforum*, vol. 44, n° 6, 2006, p. 178-183.

27 Cramerotti, Alfredo, *Aesthetic Journalism: How to Inform Without Informing*, Chicago, Intellect, The University of Chicago Press, 2009.

28 Crang, Mike, Thrift, Nigel (eds.), *Thinking Space: Critical Geographies*, London, Routledge, 2002 ; Warf, Barney, Arias, Santa (eds.), *The Spatial Turn: Interdisciplinary Perspectives*, London, Routledge, 2009.

sur l'art. S'il convient de se méfier d'une mode qui consisterait à voir des « tournants » à chaque coin de rue, on peut néanmoins faire l'hypothèse qu'une expression apparaît, et surtout qu'elle se met à circuler parce qu'on en a besoin, à un moment donné, pour désigner des phénomènes que le vocabulaire existant ne permettait jusqu'alors pas d'appréhender comme tels. Le fait qu'elle « prenne » ne signifie pas qu'elle recouvre une vérité scientifique, mais tend à indiquer qu'elle répond à un besoin terminologique. La notion de « tournant », qui consiste à qualifier un moment historique par certaines opérations de la pensée, a ainsi pu avoir une valeur heuristique, en montrant à quel point les théories censées décrire le réel contribuent à en transformer la perception, et donc la réalité[29].

Que signifierait alors prendre au sérieux la notion de « tournant documentaire » en art ? Il me semble qu'elle invite à considérer que les productions artistiques ont pu prendre en partie le relais de cette réflexion quant à la manière dont les discours chargés de représenter, de modéliser ou d'analyser le réel ont tendance à l'informer et à le modeler à leur image. Par la pratique, et autant, sinon plus, que les discours théoriques, les œuvres « documentaires » interrogent l'impact des technologies et des gestes de documentation sur ce que nous nommons « réel » ou « réalité », à un moment historique où tout un chacun dispose désormais des outils lui permettant de documenter sa propre existence autant que certains faits sociaux.

Le document, on le sait, tend à produire une sorte de réflexe pavlovien de salivation, à entretenir cet appétit de réel qui donne son titre au manifeste de David Shields, *Reality Hunger*[30]. L'intérêt des pratiques artistiques documentaires tient à ce qu'elles jouent de façon ambiguë de ce désir. D'un côté, elles y répondent (en se présentant comme factuelles, ce que font aussi les enquêtes journalistiques, par exemple, ou la télé-réalité). Mais de l'autre (et c'est ce qu'implique le terme de « documentaire », que je préfère pour cette raison à ceux de « non-fiction » ou de « littérature factuelle »), elles interrogent ce désir et ont tendance à problématiser le pacte référentiel sur lequel elles reposent. En ce sens, le « tournant documentaire » dans les arts et la littérature peut être pensé comme une manière de ressaisir de façon critique l'extension contemporaine des territoires de la non-fiction, d'interroger notre « appétit de réel » et la manière dont ces objets que nous identifions comme des « documents » (des photographies, des pièces d'archives, etc.) construisent le réel au moins autant qu'ils nous le révèlent, au point d'être parfois sciemment utilisés dans ce but – par les artistes, mais aussi par les tenants du pouvoir et par les professionnels du savoir.

---

29 Aßmann, S., *et al.* (hg.), *Wenden*, *op. cit.*

30 Shields, D., *Reality Hunger*, *op. cit.*

Un exemple éclairant de cette ambition se manifeste chez l'écrivain W. G. Sebald, dont l'œuvre bénéficie depuis une vingtaine d'année d'une très grande reconnaissance à l'échelle mondiale. Même s'il est loin d'être le premier à avoir inséré dans ses récits des photographies en noir et blanc, Sebald, en tant qu'écrivain allemand, donc très marqué par l'héritage de la *Dokumentarliteratur*, me semble avoir largement contribué à façonner la sensibilité littéraire « documentaire » contemporaine en renouvelant cette tradition et en l'élargissant. Son œuvre, qui oscille entre les genres de l'essai, de l'enquête biographique et de la prose autobiographique, est traversée par une interrogation récurrente, souvent subtile, quant aux leurres que constituent les documents, et quant à leur manière de « produire » le réel plutôt que d'en rendre simplement compte. Dans un entretien daté de 2001, il revient explicitement sur un passage de son récit *Les Émigrants* (*Die Ausgewanderten*) où il est question d'une photographie censée documenter un autodafé, et qui constitue en réalité un montage. Loin de distinguer entre un « bon usage » des documents (dans l'œuvre littéraire, et plus largement dans les discours scientifiques et artistiques, censément « désintéressés ») et un usage perverti (ceux de la propagande nazie), il place d'emblée tous les recours au document sur le même plan : celui de la falsification du réel. Voici ses mots :

> Cette photo fonctionne comme un paradigme pour toute l'entreprise. Le procédé photographique qui consiste à reproduire un élément du réel en prétendant que c'est le réel, mais ne l'est en aucune manière, a transformé la perception que nous avons de nous-mêmes, celle que nous avons des autres, notre notion du beau, notre notion de ce qui perdurera et de ce qui disparaîtra[31].

Cette affirmation, il me semble qu'on pourrait la résumer d'une expression : celle de « tournant documentaire ». Et il est intéressant de voir comment un art, la Littérature, dont l'histoire est intimement liée à la notion de fiction, un art qui ne produit jamais que des représentations du réel (et non des

---

31 Sebald, W. G. cité dans Lubow, Arthur, « Franchir des frontières. Entretien avec Sebald » [2001], in *L'Archéologue de la mémoire : conversations avec W. G. Sebald*, éd. et préf. L. Scharon Schwartz, trad. D. Chartier et P. Charbonneau, Arles, Actes Sud, 2009, p. 161-176, cit. p. 165. = « Crossing Boundaries », in *The Emergence of Memory: Conversations with W. G. Sebald*, ed. L. Scharon Schwartz, New York, London, Seven Stories Press, 2007, p. 159-173, cit. p. 163 : « It acts as a paradigm fort he whole enterprise. The process of making a photographic image, which purports to be the real thing and isn't anything like, has transformed our self-perception, our perception of each other, our notion of what is beautiful, our notion of what will last and what won't. »

enregistrements de celui-ci, contrairement à la photographie ou au cinéma[32]), prend en charge un discours critique sur ce changement de paradigme.

Mon propos ici, néanmoins, est beaucoup plus limité. Il ne s'agit pas d'infirmer ou de confirmer l'hypothèse d'un « tournant documentaire » en littérature, ce qui me paraît devoir faire l'objet d'un travail plus approfondi, ni d'interroger en détails les modalités de mise en question de l'usage documentaire au sein de telle ou telle œuvre, ce que j'ai tenté de faire ailleurs, mais de revenir sur ce que la formulation même de cette hypothèse fait aux études littéraires. Le retour critique sur notre appétit de réel que manifestent les œuvres documentaires s'accompagne d'une participation au débat épistémologique. En cela, elles se situent dans la continuité du *linguistic turn*, qui fut associé à une crise de l'histoire intellectuelle américaine dans les années 1970-1980, à la remise en cause de certains paradigmes des sciences sociales autant qu'à une résistance politique dans les milieux de gauche. Une des principales questions que posent les œuvres documentaires, et parmi elles certaines œuvres littéraires, n'est plus celle de la représentation du réel (c'est-à-dire celle du réalisme), mais celle des modalités d'élaboration et des conditions de validation des discours qui constituent le réel comme tel. Elles font ainsi la part belle à une réflexion sur le document en tant que dispositif d'intellection et interrogent sur un mode critique les procédures et les méthodes des discours scientifiques, qu'ils soient ethnographiques, sociologiques, anthropologiques, géographiques ou historiens, de l'enquête de terrain à l'entretien, et de la recherche aux archives à la collecte de données.

Cette réflexion épistémologique menée *depuis* la littérature (considérée, dans l'ordre du discours contemporain, comme un dehors du savoir), brouille singulièrement les frontières entre discours scientifiques et discours esthétiques. Un des meilleurs exemples français de ce brouillage réside sans doute dans les livres d'Éric Chauvier, qui s'attache à définir depuis son travail d'écrivain une nouvelle anthropologie[33]. On pense aussi au succès des enquêtes d'Ivan Jablonka, qui séduit les littéraires davantage que les historiens, et

32 « C'est le malheur (mais peut-être aussi la volupté) du langage de ne pouvoir s'authentifier lui-même. Le noème du langage est peut-être cette impuissance, ou, pour parler positivement, le langage est, par nature, fictionnel ; pour essayer de rendre le langage infictionnel, il faut un énorme dispositif de mesures : on convoque la logique, ou, à défaut, le serment ; mais la Photographie, elle, est indifférente à tout relais [...]. » Barthes, Roland, *La Chambre claire : note sur la photographie*, Paris, Cahiers du cinéma/Gallimard/Seuil, 1980 ; repris dans *Œuvres complètes*, nouv. éd. rev., corr. et éd. par É. Marty, Paris, Éd. du Seuil, 2002, t. V (1977-1980), p. 785-892, cit. p. 858.

33 Chauvier, Éric, *Anthropologie*, Paris, Alia, 2006.

entreprend de définir l'histoire comme une « littérature contemporaine[34] ». Face à ces scientifiques parfois contestés au sein de leur champ disciplinaire, et qui se tournent vers une littérature perçue comme plus accueillante, un nombre important d'écrivaines et d'écrivains, d'Annie Ernaux à Philippe Vasset, s'emparent, de façon symétrique, des méthodes scientifiques (enquête de terrain, recherches aux archives, entretiens, cartographies, observation participante) tout en critiquant l'usage disciplinaire qui en est fait en sociologie, en anthropologie, en géographie, etc. Cette incursion pose évidemment question : les discours artistiques, contrairement aux discours scientifiques, ne font pas l'objet de procédures de vérification susceptibles de les invalider en tant que tels. L'inscription dans le domaine artistique reste associée à l'idée d'une liberté du créateur, qui l'autoriserait à transgresser le pacte de référentialité au nom de la cohérence d'un projet esthétique. Au-delà du seul brouillage entre discours littéraire et discours scientifique, on touche là à une seconde conséquence du « tournant documentaire » sur les études littéraires : non seulement nous nous retrouvons pris, via les objets que nous étudions, dans des débats épistémologiques propres à d'autres disciplines, au sein d'une littérature qui, pour reprendre le mot de Barthes, s'emploie à « faire tourner les savoirs », mais ces objets sèment le trouble sur les notions mêmes auxquelles nous avons recours pour les identifier et les catégoriser[35]. D'où la tentation de les qualifier d'« hybrides », d'« ovnis », ou d'œuvres « inclassables ». Plus que brouiller frontières et concepts, néanmoins, ils nous obligent, si nous voulons les étudier

---

34 Jablonka, Ivan, *L'histoire est une littérature contemporaine : manifeste pour les sciences sociales*, Paris, Éd. du Seuil, « La Librairie du XXIe siècle », 2014.

35 J'en donnerai un seul exemple : la notion de « fiction », qui sert en général à les définir négativement (comme dans le titre du colloque dont ces actes sont issus). D. Viart, avec la notion de « fictions critiques », ou L. Demanze, avec celle de « fictions encyclopédiques », identifient des corpus littéraires susceptibles d'inclure des œuvres dites « de non-fiction », et insistent sur la porosité des frontières entre romans et œuvres factuelles. Leur définition de la fiction ne repose ainsi plus sur l'idée de « suspension de l'incrédulité » via un pacte fictionnel engageant une certaine réception. Ils se situent davantage dans une perspective qui met l'accent sur la *poiésis*, sur les gestes de ressaisie et de réagencement littéraires du réel, qu'on peut lier à la définition de la fiction par J. Rancière. C'est en ce sens aussi que l'écrivaine E. Pireyre parle de « fictions documentaires ». Or, c'est précisément ce geste de ressaisie, entendu dans un sens critique, que véhicule aussi, depuis une autre histoire théorique, le terme « documentaire » dans les discours contemporains sur l'art. Ce qui permet de résoudre l'apparent paradoxe qu'il y aurait à désigner comme « documentaires » des œuvres reposant, au moins en partie, sur un pacte fictionnel. Voir Viart, Dominique, « Les "fictions critiques" de la littérature contemporaine », *Spirale*, n° 201, mars-avril 2005, p. 10-11 ; Demanze, Laurent, *Les Fictions encyclopédiques : de Gustave Flaubert à Pierre Senges*, Paris, J. Corti, 2015 ; Pireyre, Emmanuelle, « Fictions documentaires », in Collectif Inculte, *Devenirs du roman*, Paris, Inculte Naïve, 2007, p. 119-137.

au sein de notre champ disciplinaire, à une véritable et salutaire mise en question des outils et des méthodes qui informent, autant qu'ils décrivent, ce que nous appelons littérature. Car, de la même manière que « les documents » construisent le réel, des notions comme « documentaire », « fiction » ou « non-fiction » construisent l'objet « littérature ». Il ne s'agit pas de prétendre qu'on peut se passer de telles constructions, mais d'avoir toujours présent à l'esprit ce que ces outils impliquent de choix méthodologiques.

Je me garderai donc de conclure à la validité ou à l'invalidité de l'hypothèse d'un « tournant documentaire » en littérature pour me contenter de situer ma propre recherche dans ce débat. Si l'expression « littérature documentaire » me semble aujourd'hui mieux à même de rendre compte des objets que j'étudie, c'est qu'ils engagent les partis pris méthodologiques suivants :

– D'abord, ne pas étudier la littérature seule, mais dans son rapport aux autres arts, en postulant un dépassement du paradigme moderniste, qui définit séparément l'histoire de chaque art comme exploration de son médium propre.

– À cette porosité entre les arts s'ajoute un brouillage entre différents types de discours, certains identifiés comme artistiques, d'autres comme scientifiques et théoriques, dont les œuvres documentaires interrogent les rouages, les modalités de fabrication et de circulation. Ce qui invite à dépasser l'idée de clôture textuelle au profit d'une analyse des discours, en les contextualisant et en les historicisant.

– Enfin, conséquence de cette mise en cause d'une définition ontologique du littéraire, ces pratiques documentaires interrogent le geste de classification et de délimitation de la poétique, qui postule l'existence de formes, de territoires, de propriétés. Elles appellent davantage, me semble-t-il, une approche pragmatiste consistant à en étudier les fonctionnements, à analyser des dispositifs, à considérer des modalités d'interaction.

Au final, à l'horizon de ces différents glissements paradigmatiques qu'implique la notion d'art ou de littérature « documentaire », la question qui se pose, pour les études littéraires, n'est rien de moins que celle de l'existence de leur objet : pour reprendre le titre d'un texte de Jean-Charles Massera, « is it too late to say Littérature[36] » ?

Je ne pense pas qu'il faille jeter le bébé poétique avec l'eau du bain Littérature, mais prendre acte du fait que nous sommes les héritiers d'une histoire de

36 Massera, Jean-Charles (dir.), « It's Too Late to Say Littérature (Aujourd'hui recherche formes désespérément) », *AH !*, nº 10, Cercle d'art éditions, 2010, p. 40.

la Littérature somme toute récente (Rancière le rappelle assez[37]), et fondée sur des partages que la production contemporaine contribue à mettre en question. Chez Genette, la notion de littérature factuelle apparaît pour désigner un problème : cette case du tableau, ce pan de la production qui ne serait pas ontologiquement mais conditionnellement littéraire, et qui met en crise la poétique « traditionnelle ». Les productions factuelles, ou non fictionnelles, ou documentaires, quelle que soit l'étiquette choisie, invitent ainsi à penser l'historicité des concepts et des approches avec lesquels nous abordons nos objets et à les mobiliser de manière critique. D'où peut-être un goût des théoriciens du présent pour ces œuvres et ces pratiques qui obligent à bousculer les modèles, les méthodes et les théories à l'aide desquels nous arpentons les territoires mouvants de la production littéraire contemporaine.

Bibliographie

Arnold, Heinz Ludwig, Reinhardt, Stephan (hg.), *Dokumentarliteratur*, München, Boorberg, 1973.

Baqué, Dominique, *Pour un nouvel art politique : de l'art contemporain au documentaire*, Paris, Flammarion, 2004.

Barthes, Roland, *La Chambre claire : note sur la photographie*, Paris, Cahiers du cinéma/Gallimard/Seuil, 1980 ; repris dans *Œuvres complètes*, nouv. éd. rev., corr. et éd. par É. Marty, Paris, Éd. du Seuil, 2002, t. V (1977-1980), p. 785-892.

Bishop, Claire, « The Social Turn: Collaboration and Its Discontents », *Artforum*, vol. 44, nº 6, 2006, p. 178-183.

Caillet, Aline et Pouillaude, Frédéric, « Introduction. L'hypothèse d'un art documentaire », in *id.* (dir.), *Un art documentaire : enjeux esthétiques, éthiques et politiques*, Rennes, Presses universitaires de Rennes, 2017, p. 7-25.

Chauvier, Éric, *Anthropologie*, Paris, Alia, 2006.

Chevrier, Jean-François et Roussin, Philippe (dir.), *Le Parti pris du document : littérature, photographie, cinéma et architecture au XXe siècle*, dossier de *Communications*, 71 (2001).

Chevrier, Jean-François et Roussin, Philippe (dir.), *Des faits et des gestes : le parti pris du document, 2*, dossier de *Communications*, 79 (2006).

Cramerotti, Alfredo, *Aesthetic Journalism: How to Inform Without Informing*, Chicago, Intellect, The University of Chicago Press, 2009.

37 Rancière, Jacques, *La Parole muette : essai sur les contradictions de la littérature*, Paris, Hachette, 1998.

Crang, Mike, Thrift, Nigel (eds.), *Thinking Space: Critical Geographies*, London, Routledge, 2002.

Demanze, Laurent, *Les Fictions encyclopédiques : de Gustave Flaubert à Pierre Senges*, Paris, J. Corti, 2015.

Dillard, Annie, Gutkind, Lee, *In Fact: The Best of Creative Nonfiction*, New York, W. W. Norton & Co, 2005.

Enwezor, Okwui, « Documenta 11, Documentary, and the Reality Effect », in Mark Nash (ed.), *Experiments with Truth, Fabric Workshop and Museum*, Philadelphia, The Fabric Workshop and Museum, 2004, p. 97-103.

Foster, Hal, *The Return of the Real: The Avant-Garde at the End of the Century*, Cambridge (Mass.), London, The MIT Press, 1996. Trad. : *Le Retour du réel : situation actuelle de l'avant-garde*, trad. Y. Cantraine, F. Pierobon et D. Vander Gucht, Bruxelles, La Lettre volée, 2005.

Foster, Hal, « L'artiste comme ethnographe, ou la "fin de l'histoire" signifie-t-elle le retour de l'anthropologie ? », trad. M. Planche, in *Face à l'histoire 1933-1996 : l'artiste moderne devant l'événement historique*, Paris, Centre Georges Pompidou, 1996, p. 498-505.

Genette, Gérard, « Récit fictionnel et récit factuel », in *Fiction et diction*, Paris, Éd. du Seuil, 1991, p. 65-94.

Gutkind, Lee, *The Art of Creative Nonfiction: Writing and Selling the Literature of Reality*, New York, Wiley Associated Writing Programs, 1997.

Gutkind, Lee (ed.), *Keep It Real: Everything You Need to Know About Researching and Writing Creative Nonfiction*, New York, W. W. Norton & Co, 2008.

Haberer, Lilian, « Screenings zum *documentary turn* in der zeitgenössischen Kunst. Einführung », in Sandra Aßmann, Peter Moormann, Karina Nimmerfall, Mirjam Thomann (hg.), *Wenden: Interdisziplinäre Perspektiven auf das Phänomen turn*, Wiesbaden, Springer Fachmedien Wiesbaden, 2017, p. 67-80.

Jablonka, Ivan, *L'histoire est une littérature contemporaine : manifeste pour les sciences sociales*, Paris, Éd. du Seuil, « La Librairie du XXIe siècle », 2014.

James, Alison et Reig, Christophe, « Avant-propos. Non-fiction : l'esthétique documentaire et ses objets », in A. James et C. Reig (dir.), *Frontières de la non-fiction : littérature, cinéma, arts*, Rennes, Presses universitaires de Rennes, 2013, p. 7-21.

Lubow, Arthur, « Crossing Boundaries », in *The Emergence of Memory: Conversations with W. G. Sebald*, ed. L. Scharon Schwartz, New York, London, Seven Stories Press, 2007, p. 159-173. Trad. : « Franchir des frontières. Entretien avec Sebald » [2001], in *L'Archéologue de la mémoire : conversations avec W. G. Sebald*, éd. et préf. L. Scharon Schwartz, trad. D. Chartier et P. Charbonneau, Arles, Actes Sud, 2009, p. 161-176.

Massera, Jean-Charles (dir.), « It's Too Late to Say Littérature (Aujourd'hui recherche formes désespérément) », *AH !*, n° 10, Cercle d'art éditions, 2010.

Nash, Mark, « Experiments with Truth: The Documentary Turn », *Anglistica*, vol. 11, nº 1-2, 2007, p. 33-40.

Nash, Mark, « Reality in the Age of Aesthetics », *Frieze Magazine*, nº 114, April 2008.

Pireyre, Emmanuelle, « Fictions documentaires », in Collectif Inculte, *Devenirs du roman*, Paris, Inculte Naïve, 2007, p. 119-137.

Pouillaude, Frédéric, « Représentations factuelles : trace, témoignage, document », in Aline Caillet et Frédéric Pouillaude (dir.), *Un art documentaire : enjeux esthétiques, éthiques et politiques*, Rennes, Presses universitaires de Rennes, 2017, p. 39-52.

Rancière, Jacques, *La Parole muette : essai sur les contradictions de la littérature*, Paris, Hachette, 1998.

Rorty, Richard (ed.), *The Linguistic Turn: Recent Essays in Philosophical Method*, Chicago, London, The University of Chicago Press, 1967.

Shields, David, *Reality Hunger: A Manifesto*, New York, Knopf, 2010. Trad. : *Besoin de réel : un manifeste littéraire*, trad. C. Recoursé, Vauvert, Au diable Vauvert, 2016.

Steyerl, Hito, « The Politics of Truth. Documentarism in the Art Field », *Springerin*, 3/03, 2003, URL : <https://www.springerin.at/en/2003/3/politik-der-wahrheit/>.

Toker, Leona, « Toward a Poetics of Documentary Prose – From the Perspective of Gulag Testimonies », *Poetics Today*, vol. 18, nº 2, 1997, p. 187-222.

Viart, Dominique, « Les "fictions critiques" de la littérature contemporaine », *Spirale*, nº 201, mars-avril 2005, p. 10-11.

Warf, Barney, Arias, Santa (eds.), *The Spatial Turn: Interdisciplinary Perspectives*, London, Routledge, 2009.

Weiss, Peter, « Notes sur le théâtre documentaire », in *Discours sur la genèse et le déroulement de la très longue guerre de libération du Vietnam, illustrant la nécessité de la lutte armée des opprimés contre leurs oppresseurs ainsi que la volonté des États-Unis d'Amérique d'anéantir les fondements de la révolution* [*Diskurs über die Vorgeschichte und den Verlauf des lang andauernden Befreiungskrieges in Viet Nam*, 1967], trad. J. Baudrillard, Paris, Éd. du Seuil, 1968.

Wolfe, Tom, *The New Journalism*, with an anthology edited by Tom Wolfe and E. W. Johnson, New York, Harper & Row, 1973.

CHAPITRE 10

Dire le vrai par le faux. Devenirs du « réalisme » contemporain

Morgane Kieffer

Résumé

Cet article[1] se place dans une perspective esthétique et stylistique pour évaluer la manière dont certains romans contemporains prennent en charge le pari « réaliste », en prêtant notamment une attention hypersensible au détail. Le « réalisme » contemporain ne souscrit plus à un programme explicite ni ne se donne comme un art poétique, mais consiste en une ambition affichée de donner à voir le monde comme il va (selon une dimension politique ou sociologique parfois critique), et la vie comme elle est (selon une dimension phénoménologique et affective). L'enjeu de ces fictions n'est plus celui d'un réalisme scientifique (qui viserait l'acquisition d'un savoir du réel) mais celui d'une implication affective dans le monde qui demande la considération, voire l'action.

•••

> Le roman ne serait rien s'il n'était pas vrai dans les détails.
>
> BALZAC, Avant-propos de *La Comédie humaine*

> Les mots pour dire l'expérience sont les mots qui disent l'écart entre le monde et le sujet, il ne s'agit ni d'une réalité objective, exacte, comme le veut le naturalisme, ni d'un sujet solitaire comme le veut un point de vue romantique : mais la vérité d'un sujet qui est dans le monde comme le monde est en lui.
>
> LESLIE KAPLAN, « Roman et réalité »[2]

---

1 Cet article paraît avec le soutien de la Fondation des Treilles (Prix Jeune chercheur 2018), que je remercie. La Fondation des Treilles, créée par Anne Gruner Schlumberger, a notamment pour vocation d'ouvrir et de nourrir le dialogue entre les sciences et les arts afin de faire progresser la création et la recherche contemporaines. Elle accueille également des chercheurs et des écrivains dans le domaine des Treilles (Var). URL : <www.les-treilles.com>.

2 Kaplan, Leslie, « Roman et réalité », in *Roman et réalité*, Actes des Assises internationales du roman, organisées par la Villa Gillet et *Le Monde des livres*, 30 mai-3 juin 2007 ; disponible sur le site de l'auteur, mis en ligne le 7 juin 2012, URL : <http://lesliekaplan.net/le-detail-le-saut-et-le-lien/article/roman-et-realite>.

 | DOI:10.1163/9789004439313_012

Ce dont je voudrais parler ici, au risque de prendre à revers le projet de cet ouvrage, c'est du caractère expansionniste de la fiction sur des territoires qui relèvent du réel. Je ne me placerai pas du côté d'une réflexion par ailleurs riche et de plus en plus jalonnée autour des savoirs du roman[3], mais dans une perspective esthétique et stylistique, pour évaluer la manière dont certains romans contemporains prennent en charge le pari « réaliste », c'est-à-dire celui de la représentation défait toutefois des approches systématiques du réalisme ou du naturalisme du XIXe siècle. Le « réalisme » contemporain ne souscrit plus en effet à un programme ou à un manifeste, et ne se donne pas comme un art poétique. Il s'agira plutôt ici de mesurer comment le roman prétend donner à voir le réel, le monde comme il va (selon une dimension politique ou sociologique parfois critique), et la vie comme elle est (selon une dimension phénoménologique et affective).

Deux traits principaux me semblent caractéristiques de cet ancrage : l'attention hypersensible du roman au détail, sur laquelle portera cet article, et la pluralité des points de vue. Il s'agit de faire voir le monde à travers des regards multiples à la subjectivité assumée, contre toute volonté totalisatrice et en se maintenant au ras du réel. L'enjeu de ces fictions n'est plus celui d'un réalisme scientifique (qui viserait l'acquisition d'un *savoir* du réel) mais celui d'une implication affective dans le monde qui demande la considération[4], voire l'action[5].

La poétique du détail constitue le socle de cette ambition mimétique : elle ancre le geste dans une morale de l'infra-ordinaire héritée de Perec (« Ce qui se passe chaque jour et qui revient chaque jour, le banal, le quotidien, l'évident, le commun, l'ordinaire, l'infra-ordinaire, le bruit de fond, l'habituel[6] »), qui s'oppose au grandiose traditionnellement associé à l'esthétique romanesque[7], et

---

3 Voir notamment Kieffer, Morgane, « Saisir le monde en arpenteur : Leslie Kaplan, un romanesque de l'expérience singulière », in Russo, Adelaide M., Viart, Dominique (dir.), *Taking Stock/Faire le point – 1. Literature and Criticism*, dossier de *Contemporary French & Francophone Studies* (SITES), Routledge, vol. 20, n° 3, juin 2016, p. 428-435.

4 Selon la définition qu'en donne Marielle Macé dans son essai *Sidérer, considérer*, Lagrasse, Verdier, 2017.

5 Selon le paradigme empathique que décrit notamment Suzanne Keen d'une manière critique dans *Empathy and the Novel*, New York, Oxford University Press, 2007.

6 Perec, Georges, « Approches de quoi ? » [*Cause commune*, n° 5, février 1973, p. 3-4], in *L'Infra-ordinaire*, Paris, Éd. du Seuil, coll. « La librairie du XXe siècle », 1989, p. 9-13, cit. p. 11.

7 Selon la définition qu'en donne Jean-Marie Schaeffer : densité affective et prégnance des sentiments représentés à leur paroxysme, polarisation par l'extrême des situations et personnages, saturation de la diégèse, et ambition mimétique. Schaeffer, Jean-Marie, « La catégorie romanesque », in Declercq, Gilles et Murat, Michel (dir.), *Le Romanesque*, Paris, Presses Sorbonne Nouvelle, 2004, p. 291-302, en particulier p. 295.

adopte une perspective subjective contre toute volonté d'universel tout en ouvrant le roman à un embrassement large du monde. Le pari de la mimésis est redéfini par la mise en acte d'une herméneutique sensuelle à l'ambition paradoxale, puisqu'elle passe par un resserrement du champ sur l'infime, en croisant les perspectives singulières pour rouvrir l'espace d'une connivence intersubjective. Tout un pan du corpus contemporain développe ainsi une entreprise de recensement du réel à partir de ses éclats (lieux, objets, archives, souvenirs et sensations) qui informent, depuis le point de vue du personnage qui les rassemble, un sentiment d'être au monde.

Dans un article au scope très large, Alexandre Gefen dégage les points nodaux du pari réaliste du contemporain – par le petit, les éclats, les fragments tels que les prélève un sujet – en l'inscrivant dans une sensibilité d'époque[8]. Ce sont moins ici des textes qu'il s'agit de rassembler en corpus qu'un souci du réel qui fait saillance à travers le contemporain, et qui se décline en plusieurs formes parfois radicalement différentes : aux littératures dites non fictionnelles s'adjoignent en effet des textes proprement romanesques, tels que ceux qui m'occupent ici. Il s'agit dès lors d'identifier une éthique en partage (celle d'un effort d'attention au détail selon une ambition de défamiliarisation), et des formes reconnaissables par delà les diverses inscriptions génériques (particulièrement deux traits saillants : l'esthétique du détail et le croisement des focales). Alexandre Gefen en trouve un programme dans les écrits du collectif Inculte d'où il retire une définition large de l'univers que donne à voir ce pari réaliste « [d]ataifié, déhiérarchisé, polyphonique, hyper démocratique et hyperréaliste[9] ».

La poétique du détail prégnante dans un vaste pan du contemporain ressortit en effet à une prédilection d'époque pour le singulier, défait des systèmes d'intellection surplombants (si l'on reprend la définition de la postmodernité

8 Gefen, Alexandre, « Le monde n'existe pas : le "nouveau réalisme" de la littérature française contemporaine », in Majorano, Matteo (dir.), *L'incoerenza creativa nella narrativa francese contemporanea*, Macerata, Quodlibet Studio, 2016, p. 115-125. URL : <https://books.openedition.org/quodlibet/824> (consulté le 29/05/2018).

9 *Ibid.*, éd. en ligne, § 7. Gefen s'appuie sur l'ouvrage du Collectif Inculte, *Devenirs du roman*, vol. 2 : *Écritures et matériaux*, Paris, Éd. Inculte, coll. « Essais », 2014. Il associe en outre ces caractéristiques au courant du nouveau réalisme, porté notamment par les philosophes français Alain Badiou, Quentin Meillassoux et Tristan Garcia, ou l'Allemand Markus Gabriel, qu'il lit dans la continuité de l'ambition postmoderne d'un réalisme par juxtaposition et profusion de détails. Pourtant, la pensée de la spéculation qu'adoptent les « nouveaux réalistes » s'oppose en fait très nettement à l'ontologie postmoderne, selon laquelle le réel est toujours perçu dans son lien indéfectible avec la perception subjective (dans une logique corrélationniste).

selon Jean-François Lyotard[10]) dans le souci d'une sensibilité retrouvée de notre rapport au monde ; et se nourrit par ailleurs de plus d'un siècle de mise à distance de l'esthétique réaliste, conçue comme une entreprise romanesque de totalisation du monde[11]. L'écriture cherche un rapport immédiat au réel qui engage tant sur le plan poétique, à travers le travail du détail sensible, que sur le plan éthique et politique, pour y réaménager un espace de partage et établir les fondations d'une communauté interpersonnelle. Écriture tendue vers le réel plutôt que « néo-réaliste[12] », elle fait advenir une réalité partageable en proposant un contrat refondu d'identification à la fiction, pour un réalisme fragmentaire et perspectiviste.

1 Le monde par ses éclats

L'œuvre de Leslie Kaplan se nourrit depuis son premier texte de l'expérience de l'auteure comme établie en usine, d'abord selon une forme non fictionnelle, puis dans une veine romanesque[13]. Kaplan entre ainsi en littérature avec *L'Excès-l'usine*[14], né des deux ans que l'auteure a passés en usine juste avant Mai 68 et un peu après. Le texte résiste à toute dynamique narrative ou romanesque, et se donne comme une collection d'impressions rassemblées sous le

10 Lyotard, Jean-François, *La Condition postmoderne : rapport sur le savoir*, Paris, Éd. de Minuit, coll. « Critique », 1979.

11 La dernière manifestation en date de cette critique apparaît sous la plume des Nouveaux Romanciers ; toutefois Michaël Sheringham montre que ce discours dépréciatif à l'encontre de l'esthétique réaliste a cours dans les dernières décennies du XXe siècle à partir des années structuralistes. Voir Sheringham, Michaël, *Traversées du quotidien : des surréalistes aux postmodernes* [*Everyday Life: Theories and Practices from Surrealism to the Present*, 2006], trad. M. Heck et J.-M. Hostiou, Paris, PUF, coll. « Lignes d'art », 2013, p. 54 et suiv.

12 Je me distingue dans cette réflexion de clôture de ce que Corinne Grenouillet appelle le « nouveau réalisme » des fictions laborieuses, à propos des mises en écriture des témoignages recueillis en usine, en prison, ou dans d'autres zones marginales. Voir Grenouillet, Corinne, *Usines en textes, écritures au travail : témoigner du travail au tournant du XXIe siècle*, Paris, Classiques Garnier, coll. « Études de littérature des XXe et XXIe siècles », 2015. Il s'agit en effet chez elle de réfléchir aux procédés d'intégration, dans la fiction, des différentes voix du réel, selon un principe de polyphonie que les esthétiques qui m'intéressent ici, celles du détail et des modalités optiques de l'écriture romanesque, ne prennent pas en charge.

13 Sur le concept d'établissement en usine, voir Lefort-Favreau, Julien, « Les communautés littéraires de Leslie Kaplan. De l'usine à l'atelier d'écriture, l'égalité des intelligences. », *Tangence* [En ligne], nº 107, 2015, p. 55-72, URL : <https://www.erudit.org/fr/revues/tce/2015-n107-tce02164/1033950ar/> (consulté le 19/02/2018).

14 Kaplan, Leslie, *L'Excès-l'usine*, Paris, Hachette, P.O.L., 1982 ; rééd. P.O.L., 1987.

regard impersonnel d'un « on » anonyme. Notations visuelles, auditives, tactiles, etc., composent et décomposent l'univers ouvrier. Kaplan, qui a largement commenté dans ses essais et articles les événements de Mai, évoque l'atmosphère carcérale voire concentrationnaire de l'usine en neuf sections qui rappellent les neuf cercles de l'Enfer de Dante.

Depuis *Miss Nobody Knows*[15], son écriture s'ouvre toutefois au récit et à la fiction dans le souci de faire comprendre ce qu'étaient ces mois-là, les espoirs et les chutes des ouvriers, le quotidien des grévistes, dès l'ouverture du livre dont l'imprécision dit à la fois l'impossibilité de saisir exactement l'objet du discours et l'urgence d'en faire part. « Comment sait-on que quelque chose s'est passé ? / La grève, en tout cas, a eu lieu[16]. » On retrouve dans le roman le même procédé de fragmentation du réel qu'expérimentait déjà le premier livre de l'auteure, par découpes du souvenir en morceaux sensibles au fil des questions du personnage principal, Marie : « Le mur, comment il était ? La femme blonde ? Le contremaître ? La pause à midi[17] ? ». À travers ces questions que le personnage s'adresse à lui-même et qui ne trouvent aucune réponse, le tissu romanesque subit des accrocs qui en distendent la maille. Le suspens rhétorique ouvre un appel du texte vers son extérieur, dans un mouvement de sollicitation du lecteur à qui l'on demande de participer à l'effort collectif de restauration du souvenir et de la parole qui cherche à se tenir. Les remarques de détail qui émaillent ainsi la prose de Kaplan – et dont on remarque qu'elles prennent, trempée à l'affectivité du roman, la forme de questions, tandis qu'elles achoppaient dans *L'Excès-l'usine* sur un point assertif qui ne concluait à rien d'autre qu'au silence et à la pure présence muette de l'inanimé, signent un fonctionnement métaleptique général du roman. La littérature, pour Kaplan, répond à une éthique du lien.

L'expérience sensorielle du monde demeure centrale au fil de l'œuvre de Kaplan, comme la marque plus générale d'une stylistique du réel. Ainsi, dans *Millefeuille*[18], chaque sortie du personnage donne lieu à une description du paysage parisien en forme d'énumérations. Loin de l'accumulation des images connues, les sensations perçues par le vieil homme défigent la ville et en offrent une vue fragmentée et ramenée à l'échelle du quotidien : perspectives fugitives

15 Kaplan, Leslie, *Depuis maintenant : Miss Nobody Knows*, Paris, P.O.L., 1996.

16 *Ibid.*, p. 8. Sur le passage de l'expérience à la fiction, voir l'entretien de Stéphane Bikialo avec Leslie Kaplan, « L'écrit-usine : de l'expérience à la fiction », in Bikialo, Stéphane et Engélibert, Jean-Paul (dir.), *Dire le travail : fiction et témoignage depuis 1980, La Licorne*, nº 103, Rennes, Presses universitaires de Rennes, 2012.

17 Kaplan, L., *Depuis maintenant, op. cit.*, p. 19.

18 Kaplan, Leslie, *Millefeuille*, Paris, P.O.L., 2012.

entraperçues depuis la fenêtre d'un bus, cris et rires entendus dans la rue sur un trajet familier, promenade olfactive et visuelle au marché...

> Il décida de revenir sur ses pas, et s'arrêta dans un coin qu'il affectionnait, le coin des épices. Poivres, anis, girofle, thym, safran, cumin.
> Des savons aussi, des thés.
> Noix diverses, pistaches, fruits secs.
> Il regarda les fleurs, choisit un bouquet dans les rouges, splendide.
> Voilà, se dit Millefeuille. Voilà, il répéta. On trouve tout[19].

Et juste avant, à son entrée sur le marché : « Il avait toujours un instant d'enthousiasme en arrivant, il se sentait soulevé, l'abondance, la variété, Ah c'est le monde, il s'exclamait, le monde est là[20]. » La juxtaposition des syntagmes nominaux, les pluriels qui disent l'abondance et la variété, la synesthésie qui sous-tend cette description (entre arômes, textures et couleurs) marquent une tension entre le fragment et le tout, les éclats sensuels et « le monde ». Paris se défait de l'identité que son simple nom véhicule, et se disperse en un ensemble de *stimuli* où s'incarne un rapport au monde sensible et singulier. Kaplan travaille cette tension en continu, et les plus grands emportements (l'enthousiasme : le souffle divin en soi) ne durent que l'espace d'un « instant ». Le temps est une suite de secondes, le monde une pile de noix, selon un effort de resserrement du champ sur la perception subjective. Se développe ainsi une écriture sensualiste, proche des réflexions de Condillac sur le savoir humain[21], et invitation tendue au lecteur à se représenter l'espace selon une approche phénoménologique et poly-sensorielle, pour un réalisme hypersensible – voire hypersensuel.

C'est dire que le détail occupe au sein du projet romanesque contemporain une position ontologique liminaire (Frank Wagner parle d'« espace-tampon[22] »), à double sens : embrayeur de fiction, il est aussi, à l'inverse, une brèche ouverte sur le réel. À l'horizon de cette ambivalence statutaire, un pacte de lecture particulier, fondé sur la reconnaissance (et non plus sur la curiosité ou l'intrigue) confère à ces textes romanesques une teneur paradoxale. La dynamique lectorale et scripturaire qu'il soutient obéit à un mouvement qui

---

19 *Ibid.*, p. 74.

20 *Ibid.*, p. 72.

21 Voir Péraud, Alexandre, « Apprendre son temps : la fiction comme activité de connaissance », in Braud, Michel, Laville, Béatrice et Louichon, Brigitte (dir.), *Les Enseignements de la fiction*, dossier de *Modernités*, Bordeaux, Presses universitaires de Bordeaux, nº 23, 2006, p. 101-115, cit. p. 106.

22 Voir la communication de Frank Wagner dans ce colloque. Merci à Frank Wagner qui a accepté de me remettre son texte sitôt descendu de la tribune.

ne cherche plus à aspirer le monde dans le texte, mais bien à projeter l'écriture dans le monde. Dans cette perspective, l'écriture se comprend dans son mouvement constant entre fiction et réel, pour une dynamique oscillatoire où sujets auteur et lecteur sont constamment en train d'effectuer le passage et de former, dans cet entre-deux, une communauté discrète.

Il se joue dans cette écriture paradoxale, où fabulation romanesque et pratique de l'inventaire s'entre-tissent, un « retournement du regard[23] » vers l'insignifiant en même temps qu'un réinvestissement affectif du détail, qui s'articule en outre à une évolution épistémologique plus globale des sciences humaines (particulièrement en histoire[24] ou en sociologie[25]) pour un changement général de focale. L'ambition littéraire réaliste se renouvelle au prisme d'une subjectivité requalifiée en force herméneutique : ce que ces textes décrivent, c'est le monde vu par les personnages et passé sur le devant de la scène. L'instance fictive s'offre comme un prisme, un capteur, pour une mise en présence tangible du monde. Le détail est en effet le lieu que ces romans investissent pour y nouer les enjeux de la représentation contemporaine du monde.

2 Pour une stylistique contemporaine du détail

Contrairement à l'« effet de réel[26] » barthésien, au sein duquel le détail renvoie au réel par connotation seulement et officie donc comme un marqueur de

23 Certeau, Michel de, *L'Invention du quotidien 2. Habiter, cuisiner* [1980], éd. L. Giard, Paris, Gallimard, coll. « Folio essais », 1990, p. V. Ceci n'est pas sans rappeler la conception bergsonienne de la philosophie comme « conversion de l'attention » (« La perception du changement » [1911], in *La Pensée et le Mouvant* [1934], Paris, PUF, 1969, p. 85, cité dans Sheringham, Michaël, *Traversées du quotidien : des surréalistes aux postmodernes*, trad. M. Heck et J.-M. Hostiou, Paris, PUF, coll. « Lignes d'art », 2013, p. 89.)

24 On pense aux courants contemporains de la *microstoria* en Italie (selon le paradigme de Carlo Ginzburg), de l'*Alltagsgeschichte* (histoire de la vie quotidienne) en Allemagne (sur les pas d'Alf Lütdtke), ou même, plus éloignée dans le temps, de l'École des Annales en France, fondée par Lucien Febvre et Marc Bloch. Pour une réflexion sur le paradigme de la microhistoire comme changement de focale, voir Revel, Jacques (dir.), *Jeux d'échelles : la micro-analyse à l'expérience*, Paris, Éd. du Seuil, coll. « Hautes Études », 1996.

25 Le mouvement des établis s'inscrit notamment dans le paradigme de l'observation participante, défini par l'École de Chicago. Dominante dans la sociologie américaine entre les années 1920 et 1940, l'École de Chicago promeut des méthodes qualitatives, fondées sur l'empirisme et l'observation de l'intérieur du vécu des individus (par l'intégration au milieu étudié) contre la sociologie quantitative et le positivisme scientifique : le choix d'une approche micro-analytique pour articuler expérience singulière et action collective. Il s'agit, là encore, de changer de focale.

26 Barthes, Roland, « L'effet de réel » [*Communications*, nº 11, mars 1968], in *Œuvres complètes*, nouv. éd. rev., corr. et éd. par É. Marty, Paris, Éd. du Seuil, 2002, t. III (1968-1971), p. 25-32.

fictionnalité, le détail dans ces textes contemporains, au contraire, devient marqueur de non-fictionnalité le long d'un *continuum* affectif : on ne cesse de reconnaître le réel dans le détail au plus profond même de l'immersion fictionnelle. Il travaille le texte comme un seuil, un lieu de passage de la fiction vers le réel, du particulier vers le général (au sens d'une identification possible, et non de la construction d'un système totalisant) et du personnage vers le lecteur, par voie d'immersion fictionnelle. Ainsi, le détail ne renvoie pas chez les contemporains à un *monde-système*, mais à un *monde-expérience*. Il est affectif avant d'être cognitif. Pour Jean-Marie Schaeffer, l'immersion fictionnelle repose en effet sur la conjonction de fonctions cognitives et d'une dimension affective :

> Ce terme [cognitif] est souvent lié à l'opposition cognitif / affectif. Or, quand je dis « fonction cognitive », c'est une cognition qui est saturée affectivement. Il me semble qu'il n'y a que cette cognition-là qui soit effective dans la vie réelle. Seules les croyances qui sont saturées affectivement guident nos actions[27].

Dans *La vie est faite de ces toutes petites choses*[28], Christine Montalbetti fait jouer à plein ce couple cognitif/affectif. Le roman, qui retrace le dernier voyage de la navette spatiale Atlantis et le quotidien des astronautes à son bord, prend en effet la forme d'un documentaire, nourri d'ailleurs d'images d'archives authentiques et d'entretiens menés par l'auteure avec des professionnels de ce domaine, et dont l'efficace romanesque tient au travail de l'identification du lecteur aux situations décrites. Le motif de l'apesanteur y offre à la plume montalbettienne un prétexte pour s'adonner à la passion du détail qui la caractérise. Dans cet extrait où les astronautes se séparent, gros plan sur les larmes :

> C'est qu'il faut faire attention, ici, avec les larmes. Au lieu de couler bien gentiment sur les joues, comme sur la Terre, elles formeraient des petites billes qui demeureraient un temps suspendues au bord [des cils de Sandra] avant de se décoller et de s'en aller voleter parmi eux, et imaginez alors, ces dix individus regroupés devant l'écoutille, en train de se quitter, le corps léger comme plume, qu'ils s'efforcent de maintenir à la verticale et à même hauteur pour que tout ça ait l'air de quelque chose, et parmi ces corps, des bulles de liquide lacrymal qui se fraieraient leur chemin, comme ça, transparentes, délicates, comme des perles, qui se

27 Schaeffer, Jean-Marie, « Pourquoi la fiction ? », entretien avec Alexandre Prstojevic, *Vox Poetica* [En ligne], URL : <http://www.vox-poetica.org/entretiens/intSchaeffer.html>.

28 Montalbetti, Christine, *La vie est faite de ces toutes petites choses*, Paris, P.O.L., 2016.

> faufileraient, brillantes, réfléchissant la lumière, tachetant la scène de points chatoyants et mobiles, de minuscules sphères miroitantes qui tournoieraient doucement, dans un effet d'une joliesse presque idéale, pour signifier tout ce qui se joue, à chaque au revoir, qu'on ne comprend pas bien soi-même, tout ce qui bataille à l'intérieur de soi, la perception soudain si vive du lien et l'arrachement que c'est toujours, l'affolement devant ce geste-là des adieux qu'il faut pourtant si souvent renouveler, l'idée confuse et terrifiante de la fragilité de l'autre, comme de la sienne, enfin, tout ça, ces sentiments terribles et mêlés [...][29].

Le détail, grossi au microscope romanesque, permet le passage du elle (l'astronaute Sandra) au « on » inclusif, et du présent d'énonciation à celui de vérité générale. Il devient un embrayeur d'affectivité hyper réaliste, secondé par une mise en abyme de la question de la représentation. La scène repose en effet sur un effort de description des images d'archives disponibles, et emprunte à cette fin les formes d'architextes romanesques familiers (ici, la préciosité délibérée d'une scène topique d'adieux) pour rendre sensible une expérience à la fois particulière (le départ des astronautes) et collective (la mélancolie de toute séparation). La dimension sensible de ces textes, centrée sur le détail (ici, les larmes en gros plan) est une invitation au lecteur : le lien intersubjectif que la fiction espère nouer repose sur une écriture de la reconnaissance, autour d'un socle d'expériences communes qui sous-tendent l'écriture romanesque.

La spécificité du traitement contemporain du détail tient ainsi à l'approche stylistique, voire phrastique, qui s'y fait jour. Tout un paradigme visuel se déploie qui thématise les motifs du regard et de l'attention, et informe des procédés de spectacularisation du détail de plusieurs types :

– des procédés *énonciatifs* de présentification : déictiques, présents d'énonciation, figures de l'adresse ;
– des procédés *optiques* qui travaillent la proportion : ajustements de focale, travail du gros plan, du flou ;
– des procédés *narratologiques* de dilatation : digressions, pauses, effets de ralentissement, suspension du récit ;
– des procédés *imageants* proches de l'*ekphrasis* : travail de caractérisation entre hyper réalisme et métamorphoses ;
– des procédés *stylistiques* de fragmentation : disposition typographique du blanc, listes, inventaires, juxtaposition.

29 *Ibid.*, p. 311.

Cette épistémologie souple du détail qui se déploie à partir de la notation infime traverse le romanesque contemporain, et informe une éthique du regard en partage, sans distinction des esthétiques particulières. Si on peut en prendre la piste à partir des textes de Georges Perec, celle-ci se ramifie dans des projets divers mais comparables, toutefois, où désir de réel et élan romanesque se rejoignent. Ainsi des romans de Kaplan ou de Montalbetti, mais aussi de Pascal Quignard : dans *Les Tablettes de buis d'Apronenia Avitia*[30], le paradigme affectif et la tension du détail vers l'archéologie d'un monde qui sombre sont patents ; les grands romans que sont *Le Salon du Wurtemberg*[31] ou *Les Escaliers de Chambord*[32] reposent sur la représentation d'un quotidien hypersensible et dilaté dans le temps. Les enjeux de ce réalisme du détail tiennent là à la recomposition affective et affectée d'un rapport mélancolique au monde. D'autres textes investissent le détail d'une dimension nettement critique, tant sur le plan social que sur le plan politique. Par exemple, on peut lire *Loin d'eux*[33] de Mauvignier comme le récit d'un quotidien voué à la catastrophe qui met en scène, à travers le personnage de Luc, une solitude sociale et psychologique largement contemporaine à partir de ses attributs les plus communs. Les affiches de rock punaisées aux murs chez le jeune homme, alors, vaudraient comme les emblèmes imperceptibles d'une détresse larvée : décrites comme la seule compagnie du personnage, elles offrent un point d'entrée dans la critique sociale. On retrouve cela sous la plume de Marie NDiaye : dans *Ladivine*[34], la collection de bibelots de la mère du personnage éponyme rassemble les éclats des solitudes urbaines et familiales du roman, elles-mêmes liées à des questions socio-économiques et raciales proprement contemporaines.

3 Le romanesque, mode de captation sensible du réel

L'ambition réaliste de ces récits contemporains reprend ainsi ce mot de Perec : « Pour moi c'est cela le véritable réalisme : s'appuyer sur une description de la réalité débarrassée de toutes présomptions[35]. » Le détail fait dérailler les conceptions systémiques et les discours idéologiques sur le réel, il est le lieu de

30 Quignard, Pascal, *Les Tablettes de buis d'Apronenia Avitia : roman*, Paris, Gallimard, 1984.
31 Quignard, Pascal, *Le Salon du Wurtemberg : roman*, Paris, Gallimard, 1986.
32 Quignard, Pascal, *Les Escaliers de Chambord : roman*, Paris, Gallimard, 1989.
33 Mauvignier, Laurent, *Loin d'eux*, Paris, Éd. de Minuit, 1999.
34 NDiaye, Marie, *Ladivine : roman*, Paris, Gallimard, 2013.
35 Perec, Georges, « Le travail de la mémoire. Entretien avec Frank Venaille » [« Perec le contraire de l'oubli », *Mr Bloom*, n° 3, mars 1979, p. 72-75], in *Je suis né*, Paris, Éd. du Seuil, coll. « La librairie du XXe siècle », 1990, p. 81-93, cit. p. 90.

ce réalisme à nouveaux frais. Ce travail marque un profond renouvellement, non seulement esthétique, mais épistémologique et quasi-cognitif, de la littérature contemporaine : ce n'est plus une connaissance objective ou attestée du monde que visent ces textes, mais la recherche d'une forme qui en accueille la captation sensible, pour un réalisme perspectiviste et fragmentaire.

Décentrement et renouvellement du regard s'allient pour générer ce que Jean Bellemin-Noël appelle un « *effet de révélation*[36] », et que Gérard Dassons commente comme une double ambition : le détail est révélé dans son lien constitutif avec le tout sans pourtant qu'il s'y subsume (comme dans le réalisme traditionnel), et il se convertit aussi en indice d'intersubjectivité : il vient saisir le lecteur/spectateur, il est un appel du texte à ses frontières[37]. Bref, le détail porte un souci de l'altérité du discours, il est un signe de l'écoute. Il engage une esthétique de l'adresse, qui cherche à générer une implication du lecteur dans le texte plus qu'à constituer un répertoire de savoirs du réel.

Cette manière d'attraper le monde par ses aspérités à peine remarquables, soit en adoptant des formes brèves soit en isolant le détail à la lecture par un effort particulier de caractérisation, n'est pas sans rappeler la définition que propose Roland Barthes du romanesque comme mode privilégié de captation de l'expérience :

> Le romanesque est un mode de discours qui n'est pas structuré selon une histoire ; c'est un mode de notation, d'investissement, d'intérêt au réel quotidien, aux personnes, à tout ce qui se passe dans la vie[38].

Dans cette définition qui s'oppose radicalement au sentiment de lecture romanesque (sur lequel Jean-Marie Schaeffer s'appuie, plus tard, pour élaborer une définition de cette catégorie qui fait consensus et qui insiste sur son caractère spectaculaire[39]), Barthes dépouille celui-ci de ses motifs, situations et personnages pour en faire un mode discursif de relation au monde. Le romanesque devient ainsi le lieu de transcription d'une présence sensible au monde, dont l'attention à l'infra-ordinaire constitue la voie d'accès[40]. En un mot, le roma-

36 Bellemin-Noël, Jean, « L'Infiniment détail », in Rasson, Luc et Schuerewegen, Franc (dir.), *Pouvoir de l'infime : variations sur le détail*, Saint-Denis, Presses universitaires de Vincennes, 1997, p. 17-38, cit. p. 33.

37 Dassons, Gérard, « La stratégie du détail dans la critique d'art et la critique littéraire », *ibid.*, p. 53-70.

38 Barthes, Roland, « Vingt mots-clés pour Roland Barthes » [*Le Magazine littéraire*, février 1975], in *Œuvres complètes*, *op. cit.*, t. IV (1972-1976), p. 851-875, cit. p. 866-867.

39 Voir *supra* la note 7.

40 Proche en cela de la « micrologie » du philosophe Miguel Abensour : « D'abord une posture qui se constitue dans un choix polémique, une insurrection de la volonté, un

nesque (et pas le roman) constituerait le lieu essentiel de la mimésis, mode de saisie sensible du monde par un sujet intime.

Aline Mura-Brunel qualifie cette approche du réel par une attention renouvelée à la surface des choses et aux expériences les plus infimes de poétique de « l'extimation[41] », où « l'intime affleure paradoxalement, dans la représentation du monde, de l'autre, de la foule des villes ». Rompant d'une part avec les esthétiques réalistes à l'ambition objectiviste, d'autre part avec les écritures du sujet à tendance psychologique, ces écritures contemporaines feraient ainsi advenir le monde par le prisme du sujet, grâce à une attention accrue au détail qui passe par le corps. Philippe Vasset, lui, propose le terme d'« exofiction », et met l'accent non seulement sur le corps mais sur les projections du sujet qui informent son expérience du monde lorsqu'il décrit « une littérature qui mêle au récit du réel tel qu'il est celui des fantasmes de ceux qui le font[42] ». Tiphaine Samoyault, enfin, place l'emphase sur le pôle subjectif de ce spectre *exo-ego*, et parle quant à elle de « réalisme lyrique[43] », tendu vers la restauration d'un « commun » (le monde) par refondation d'un sujet qui assume sa subjectivité. Attention au détail, projection subjective sur le monde extérieur et aménagement du romanesque en lieu de l'expérience commune, donc partageable, sont donc les trois aspects principaux de cette tendance réaliste contemporaine.

Ces écritures ne se rassemblent pas sous une commune bannière esthétique, mais partagent plutôt une ambition de se faire le miroir sensible du monde tel qu'il est et qu'il va. Le pari réaliste ne se définit plus, aujourd'hui, comme une quête de savoir sur le monde que l'écrivain, observateur sagace, aurait la charge de transmettre par des fables instructives, mais comme une

---

refus venu du corps, des nerfs les plus ténus qui s'opposent à la réquisition, une posture aussi au sens d'une situation, d'une station auprès du détail, de l'infime, du tenu pour le dérisoire, où entre sans doute un moment de fantaisie, mais qui ne saurait s'y réduire. Une conversion, un affinement du regard qui exige de faire crédit à des qualités jusque-là tenues pour secondaires ; bref l'essai d'une autre expérience du monde. » Abensour, Miguel, « Le choix du petit », *Passé Présent*, nº 1982, repris en postface à Adorno, Theodor W., *Minima moralia : réflexions sur la vie mutilée*, Paris, Payot, 1991, p. 231-243, cit. p. 234.

41 Mura-Brunel, Aline, *Silences du roman : Balzac et le romanesque contemporain*, Amsterdam, New York, Rodopi, 2004, p. 38.

42 Vasset, Philippe, « L'Exofictif », *Vacarme* [En ligne], nº 54, hiver 2011, p. 29, URL : <https://vacarme.org/article1986.html>.

43 « [...] pour relever le défi de ce commun fondé sur l'expression de ce qui est irréductible et de son effet, il faut en passer par la refondation d'un sujet poétique qui l'assume ; et l'on peut penser que cette refondation passe aujourd'hui par le lyrisme ». Samoyault, Tiphaine, « Un réalisme lyrique est-il possible ? », in Blanckeman, Bruno et Millois, Jean-Christophe (dir.), *Le Roman français aujourd'hui : transformations, perceptions, mythologies*, Paris, Prétexte éditeur, 2004, p. 79-94, cit. p. 87.

invitation à un regard – sinon à des pratiques – renouvelé sur le monde, ancré dans le présent par le particulier, l'occurrence singulière, l'individualité. Elles engagent une éthique plus qu'une science, et sont invitations à *sentir avec* plutôt qu'à *connaître* : le paradigme empathique agit là à plein. Ces écritures du détail entretiennent ainsi des affinités avec la philosophie de la pensée par cas, qui revalorise le singulier comme base valable d'une réflexion théorique en même temps qu'elle interroge les limites de la pensée générale et les contradictions des systèmes normatifs[44].

Le cas offre le point de départ d'une herméneutique affectée et sensible, qui articule l'écriture du détail avec l'ambition relationnelle que j'ai mise au jour particulièrement chez Kaplan et Montalbetti. Dans cette perspective, le détail travaille donc le texte comme une passerelle entre les mondes qui feint de gommer, en synchronisant les affects, les frontières du fictif et du non-fictif. L'enjeu de ces textes n'est plus alors la *vérité* (pour un « réalisme » qui s'opposerait au faux, et face à quoi la vraisemblance est longtemps apparue comme la sortie dialectique d'une alternative insoluble) mais la *justesse*, qui est affaire de disponibilité au monde.

Bibliographie

Abensour, Miguel, « Le choix du petit », *Passé Présent*, nº 1982, repris en postface à Adorno, Theodor W., *Minima moralia : réflexions sur la vie mutilée*, Paris, Payot, 1991, p. 231-243.

Barthes, Roland, « L'effet de réel » [*Communications*, nº 11, mars 1968], in *Œuvres complètes*, nouv. éd. rev., corr. et éd. par É. Marty, Paris, Éd. du Seuil, 2002, t. III (1968-1971), p. 25-32.

Barthes, Roland, « Vingt mots-clés pour Roland Barthes » [*Le Magazine littéraire*, février 1975], in *Œuvres complètes*, *op. cit.*, t. IV (1972-1976), p. 851-875.

44 Voir Passeron, Jean-Claude et Revel, Jacques, « Raisonner à partir de singularités », in *Penser par cas*, Paris, Éd. de l'EHESS, 2005, p. 9-44, en particulier p. 10. Voir également Darsel, Sandrine, « Imagination narrative, émotions et éthique », in Alexandre Gefen (dir.), *L'Émotion, puissance de la littérature*, *Fabula*, « Colloques en ligne », URL : <http://www.fabula.org/colloques/document2318.php> (consulté le 27/04/2018) : « Le cas, par son individualité, sollicite, et ce de manière spécifique : il donne à penser de manière sensible. C'est une pensée authentique qui dépasse et chevauche la distinction entre la pensée et la sensibilité. Il ne s'agit pas de penser *que*, de concevoir *que* (attitude propositionnelle), mais de penser *en*, c'est-à-dire en mobilisant ses capacités perceptives, imaginatives et émotionnelles » (§ 36). Ce dossier reprend en partie le collectif Bouju, Emmanuel et Gefen, Alexandre (dir.), *L'Émotion, puissance de la littérature*, dossier de *Modernités*, Bordeaux, Presses universitaires de Bordeaux, nº 34, 2012.

Bellemin-Noël, Jean, « L'Infiniment détail », in Rasson, Luc et Schuerewegen, Franc (dir.), *Pouvoir de l'infime : variations sur le détail*, Saint-Denis, Presses universitaires de Vincennes, 1997, p. 17-38.

Bergson, Henri, « La perception du changement » [1911], in *La Pensée et le Mouvant* [1934], Paris, PUF, 1969.

Bouju, Emmanuel et Gefen, Alexandre (dir.), *L'Émotion, puissance de la littérature*, dossier de *Modernités*, n° 34, Bordeaux, Presses universitaires de Bordeaux, 2012.

Certeau, Michel de, *L'Invention du quotidien 2. Habiter, cuisiner* [1980], éd. L. Giard, Paris, Gallimard, coll. « Folio essais », 1990.

Darsel, Sandrine, « Imagination narrative, émotions et éthique », in Alexandre Gefen (dir.), *L'Émotion, puissance de la littérature*, *Fabula*, « Colloques en ligne », URL : <http://www.fabula.org/colloques/document2318.php> (consulté le 27/04/2018).

Dassons, Gérard, « La stratégie du détail dans la critique d'art et la critique littéraire », in Rasson, Luc et Schuerewegen, Franc (dir.), *Pouvoir de l'infime : variations sur le détail*, Saint-Denis, Presses universitaires de Vincennes, 1997,p. 53-70.

Gefen, Alexandre, « Le monde n'existe pas : le "nouveau réalisme" de la littérature française contemporaine », in Majorano, Matteo (dir.), *L'incoerenza creativa nella narrativa francese contemporanea*, Macerata, Quodlibet Studio, 2016, p. 115-125. URL : <https://books.openedition.org/quodlibet/824> (consulté le 29/05/2018).

Grenouillet, Corinne, *Usines en textes, écritures au travail : témoigner du travail au tournant du XXI*e *siècle*, Paris, Classiques Garnier, coll. « Études de littérature des XXe et XXIe siècles », 2015.

Inculte, *Devenirs du roman*, vol. 2 : *Écritures et matériaux*, Paris, Éd. Inculte, coll. « Essais », 2014.

Kaplan, Leslie, *L'Excès-l'usine*, Paris, Hachette, P.O.L., 1982 ; rééd. P.O.L., 1987.

Kaplan, Leslie, *Depuis maintenant : Miss Nobody Knows*, Paris, P.O.L., 1996.

Kaplan, Leslie, « Roman et réalité », in *Roman et réalité*, Actes des Assises internationales du roman, organisées par la Villa Gillet et *Le Monde des livres*, 30 mai-3 juin 2007 ; disponible sur le site de l'auteur, mis en ligne le 7 juin 2012, URL : <http://lesliekaplan.net/le-detail-le-saut-et-le-lien/article/roman-et-realite>.

Kaplan, Leslie, *Millefeuille*, Paris, P.O.L., 2012.

Kaplan, Leslie, « L'écrit-usine : de l'expérience à la fiction », entretien avec Stéphane Bikialo, in Bikialo, Stéphane et Engélibert, Jean-Paul (dir.), *Dire le travail : fiction et témoignage depuis 1980*, *La Licorne*, n° 103, Rennes, Presses universitaires de Rennes, 2012.

Keen, Suzanne, *Empathy and the Novel*, New York, Oxford University Press, 2007.

Kieffer, Morgane, « Saisir le monde en arpenteur : Leslie Kaplan, un romanesque de l'expérience singulière, in Russo, Adelaide M., Viart, Dominique (dir.), *Taking Stock/ Faire le point – 1. Literature and Criticism*, dossier de *Contemporary French & Francophone Studies* (SITES), Routledge, vol. 20, n° 3, juin 2016, p. 428-435.

Lefort-Favreau, Julien, « Les communautés littéraires de Leslie Kaplan. De l'usine à l'atelier d'écriture, l'égalité des intelligences. », *Tangence* [En ligne], n° 107, 2015, p. 55-72, URL : <https://www.erudit.org/fr/revues/tce/2015-n107-tce02164/1033950ar/> (consulté le 19/02/2018).

Lyotard, Jean-François, *La Condition postmoderne : rapport sur le savoir*, Paris, Éd. de Minuit, coll. « Critique », 1979.

Macé, Marielle, *Sidérer, considérer*, Lagrasse, Verdier, 2017.

Mauvignier, Laurent, *Loin d'eux*, Paris, Éd. de Minuit, 1999.

Montalbetti, Christine, *La vie est faite de ces toutes petites choses*, Paris, P.O.L., 2016.

Mura-Brunel, Aline, *Silences du roman : Balzac et le romanesque contemporain*, Amsterdam, New York, Rodopi, 2004.

NDiaye, Marie, *Ladivine : roman*, Paris, Gallimard, 2013.

Passeron, Jean-Claude et Revel, Jacques, « Raisonner à partir de singularités », in *Penser par cas*, Paris, Éd. de l'EHESS, 2005, p. 9-44.

Péraud, Alexandre, « Apprendre son temps : la fiction comme activité de connaissance », in Braud, Michel, Laville, Béatrice et Louichon, Brigitte (dir.), *Les Enseignements de la fiction*, dossier de *Modernités*, Bordeaux, Presses universitaires de Bordeaux, n° 23, 2006, p. 101-115.

Perec, Georges, « Approches de quoi ? » [*Cause commune*, n° 5, février 1973, p. -3-4], in *L'Infra-ordinaire*, Paris, Éd. du Seuil, coll. « La librairie du xxe siècle », 1989, p. 9-13.

Perec, Georges, « Le travail de la mémoire. Entretien avec Frank Venaille » [« Perec le contraire de l'oubli », *Mr Bloom*, n° 3, mars 1979, p. 72-75], in *Je suis né*, Paris, Éd. du Seuil, coll. « La librairie du xxe siècle », 1990, p. 81-93.

Quignard, Pascal, *Les Tablettes de buis d'Apronenia Avitia : roman*, Paris, Gallimard, 1984.

Quignard, Pascal, *Le Salon du Wurtemberg : roman*, Paris, Gallimard, 1986.

Quignard, Pascal, *Les Escaliers de Chambord : roman*, Paris, Gallimard, 1989.

Revel, Jacques (dir.), *Jeux d'échelles : la micro-analyse à l'expérience*, Paris, Éd. du Seuil, coll. « Hautes Études », 1996.

Samoyault, Tiphaine, « Un réalisme lyrique est-il possible ? », in Blanckeman, Bruno et Millois, Jean-Christophe (dir.), *Le Roman français aujourd'hui : transformations, perceptions, mythologies*, Paris, Prétexte éditeur, 2004, p. 79-94.

Sheringham, Michaël, *Traversées du quotidien : des surréalistes aux postmodernes* [*Everyday Life: Theories and Practices from Surrealism to the Present*, 2006], trad. M. Heck et J.-M. Hostiou, Paris, PUF, coll. « Lignes d'art », 2013.

Schaeffer, Jean-Marie, « La catégorie romanesque », in Declercq, Gilles et Murat, Michel (dir.), *Le Romanesque*, Paris, Presses Sorbonne Nouvelle, 2004, p. 291-302.

Schaeffer, Jean-Marie, « Pourquoi la fiction ? », entretien avec Alexandre Prstojevic, *Vox Poetica* [En ligne], URL : <http://www.vox-poetica.org/entretiens/intSchaeffer.html>.

Vasset, Philippe, « L'Exofictif », *Vacarme* [En ligne], n° 54, hiver 2011, p. 29, URL : <https://vacarme.org/article1986.html>.

PARTIE 3

Expérimentations de l'extrême contemporain

∵

CHAPITRE 11

Science et non-fiction : *Le Chat de Schrödinger*

Isabelle Dangy

Résumé

Le Chat de Schrödinger de Philippe Forest (Gallimard, 2013) est peut-être un roman, mais un roman qui ne doit rien, ou presque, à la fiction. Le récit épouse chapitre après chapitre l'histoire de la mécanique quantique ; cependant il n'est pas question de vulgarisation scientifique, mais plutôt d'un itinéraire intérieur poursuivi à travers les paradoxes de la pensée. Une autre histoire apparaît en contrepoint, liée à la disparition d'un chat inconnu, dans une maison au bord de la mer qu'habite le narrateur. La relation avec l'animal incarne le désir d'appréhender l'insaisissable, en même temps qu'elle éveille dans le texte les échos du deuil lié à la mort d'un enfant. Ainsi le récit explore constamment la porosité de la frontière entre fiction et non-fiction.

∵

L'œuvre de Philippe Forest se partage entre des essais, des biographies comme celle de Louis Aragon qui lui valut en 2015 le prix Goncourt de la biographie, et des récits publiés chez Gallimard sous l'appellation générique de romans, mais qui relèvent au moins partiellement de l'autofiction. Ces récits contiennent des zones fictionnelles et des zones non fictionnelles entre lesquelles la frontière est souvent indécidable : l'existence-même de cette frontière se voit constamment remise en cause. Dans un entretien publié en même temps que les actes d'un colloque consacré à son œuvre en 2016, Forest a en effet explicité sa position relative aux polémiques qui divisent les théoriciens de l'autofiction, qu'il appelle d'une part « factualistes » et d'autre part « fictionnalistes », les premiers insistant « sur la nécessité pour le texte de reposer sur la réalité[1] », les seconds soulignant à l'inverse « la faculté de fabuler inhérente au texte

1 Entretien inédit avec Philippe Forest (avril 2016), in Foglia, Aurélie, Mayaux, Catherine, Saliot, Anne-Gaëlle et Zimmermann, Laurent (dir.), *Philippe Forest, une vie à écrire*, actes du colloque international, Paris, Gallimard, coll. « Les Cahiers de la NRF », 2018, p. 285-303, cit. p. 288.

 | DOI:10.1163/9789004439313_013

littéraire[2] ». Il affirme à ce sujet : « Ma position est double. Elle consiste à soutenir simultanément que tout est fait et que tout est fiction. Chacune de ces propositions n'a de sens que si elle s'accompagne de la proposition contraire[3] ». Il rejette notamment avec vigueur toute tentative de le classer radicalement dans le camp des fictionnalistes, et précise : « j'ai toujours défendu l'idée qu'une œuvre littéraire se devait d'abord d'être gagée sur l'épreuve personnelle de l'impossible réel dont l'écrivain a fait lui-même l'expérience d'une façon ou d'une autre[4] ».

Le Chat de Schrödinger[5], roman paru en 2013, illustre cette position englobante. Hybridant lui aussi les genres, il semble surplomber la distinction entre fiction et non-fiction, ou plus exactement la renvoyer au paradoxe qu'elle génère. L'auteur revendique ce paradoxe dans des termes en rapport avec la trame scientifique du texte : « dire de la lumière qu'elle est en même temps de nature ondulatoire et de nature corpusculaire n'est ni plus ni moins absurde que de prétendre de la réalité qu'elle est simultanément factuelle et fictionnelle[6] ». En outre, dans *Le Chat de Schrödinger*, Forest évoque assez fréquemment des thèmes en rapport avec l'origine de la fiction, c'est-à-dire avec les mécanismes mentaux par lesquels elle se détache peu à peu du monde de référence : c'est la complexité de cette matière qui sera observée et analysée ici.

Il importe de préciser d'emblée que, dans le cas de Forest, l'ancrage dans les territoires de la fiction ou de la non-fiction se distingue fondamentalement d'un questionnement sur la littérarité de son œuvre. Les différentes facettes de son écriture présentent, dans *Le Chat de Schrödinger* comme ailleurs, une littérarité évidente, et cela que l'on choisisse comme critère le sentiment subjectif du lecteur ou des indices plus concrets, tels que l'élégance de la forme, l'élaboration stylistique ou la présence d'un important intertexte littéraire.

1 Un roman à trois dimensions

Le titre, *Le Chat de Schrödinger*, fait référence à la mécanique quantique et à la célèbre expérience qui porte ce nom, expérience de pensée et non de laboratoire qui, si on la résume exagérément, conduit à affirmer l'existence d'un chat à la fois mort et vivant. En voici la description, telle qu'elle apparaît au début du premier chapitre :

---

2 *Ibid.*
3 *Ibid.*, p. 289.
4 *Ibid.*, p. 288.
5 Forest, Philippe, *Le Chat de Schrödinger : roman*, Paris, Gallimard, 2013.
6 *Ibid.*, p. 290.

> Dans une boîte, on enferme un chat avec à ses côtés un mécanisme plutôt cruel. Celui-ci est constitué d'un dispositif conçu de sorte que l'émission d'une particule consécutive à la désintégration d'un atome, telle que peut l'enregistrer un compteur Geiger repérant la présence d'une source radio active, entraîne la chute d'un marteau sur une fiole de verre contenant un poison foudroyant dont l'évaporation dans l'espace où il a été confiné fait instantanément passer l'animal de vie à trépas. Je ne dis rien du caractère baroque d'un tel bricolage qui explique pour beaucoup la fascination qu'il a exercée sur les esprits. L'essentiel est ailleurs. Le principe de l'opération se laisse exposer assez simplement : si au cours du temps imparti à l'expérience l'atome se désintègre, le chat meurt ; et, inversement, si l'atome ne se désintègre pas, le chat reste en vie. Sauf que, précisément, le propre du phénomène ainsi étudié conduit à compliquer assez sérieusement la donne de départ : au lieu de s'exclure l'une l'autre, les deux hypothèses envisagées doivent en effet être considérées comme s'appliquant conjointement à la situation concernée. Tant que dure l'opération et que l'observation ne la fait pas s'interrompre, il faut supposer en même temps que l'atome est *et* n'est pas désintégré, que le chat est mort *et* qu'il est vivant[7].

On ne s'attardera pas ici sur le climat sinistre qui entoure cette expérience, où le chat, si abstrait qu'il soit, joue le rôle de victime, car Forest minimise cet aspect[8]. En tout cas le titre et l'évocation de ce protocole placent d'emblée sur le terrain scientifique la réflexion qui sera l'un des fils conducteurs du récit. C'est une position originale dans le champ littéraire français contemporain, où l'intérêt pour les questions scientifiques, sans être totalement absent, est relativement rare. Certes, quelques écrivains s'attachent parfois à évoquer des figures de savants ou d'inventeurs, mais le plus souvent ils le font en écrivant des biofictions qui accordent plus de place à la personnalité du héros qu'à la nature des recherches ou des découvertes effectuées par celui-ci. C'est le cas, par exemple, du physicien Tesla dans *Des éclairs*[9], d'Echenoz, ou encore du docteur Yersin dans *Peste et choléra*[10] de Patrick Deville.

---

7 *Ibid.*, p. 17-18.

8 Malgré l'absence de pathos de cette description, l'expérience relatée ici pourrait faire songer à d'autres images comparables, notamment au tableau de Joseph Wright of Derby, *An Experiment on a Bird in the Air Pump* (1768), qui représente la mort d'un oiseau asphyxié dans le but de prouver la dépendance des animaux à l'oxygène. Le sacrifice de l'animal sur l'autel de la science engendre un climat d'angoisse et de fascination mêlées, sensibles dans le tableau anglais, qui entre en résonance, par anticipation, avec le sens que prendra la mort du chat dans la suite du récit de Forest.

9 Echenoz, Jean, *Des éclairs*, Paris, Éd. de Minuit, 2010.

10 Deville, Patrick, *Peste & Choléra : roman*, Paris, Éd. du Seuil, coll. « Fiction & Cie », 2012.

La situation est différente dans *Le Chat de Schrödinger*, dont l'auteur choisit d'affronter directement la difficulté, notoire, que représente pour le profane l'appréhension des principaux concepts de la physique quantique. Le lecteur se trouve d'emblée confronté à des séquences avérées de l'histoire des sciences ainsi qu'aux personnages référentiels qui les animèrent, et donc projeté, à première vue, en plein territoire de la non-fiction.

Cependant, en même temps que s'effectue l'exploration de la mécanique quantique, se déploie une seconde dimension du texte, liée à l'apparition-disparition d'un chat beaucoup plus banal. Le titre du premier chapitre, « Il était deux fois[11] », signale immédiatement cette construction duelle. Des fragments d'existence banale, quotidienne, se juxtaposent sans véritablement s'agréger, du moins au début, autour de la présence capricieuse d'un animal qui surgit de l'ombre un soir et s'installe à la fois dans le jardin et dans la méditation de ce même narrateur qui sonde les arcanes de la pensée physique du XXe siècle. Il ne s'agit plus cette fois de l'animal emblématique de Schrödinger, mais d'un matou bien réel qui s'apprivoise peu à peu et finit par manger des croquettes. L'ensemble des notations relatives à l'animal finit par constituer ce que l'on pourrait appeler un « roman du chat », éveillant des harmoniques dans la conscience du lecteur qui se souvient des occurrences littéraires variées du félin, notamment du récit de Sôseki, *Je suis un chat*[12], ainsi que d'autres variations japonaises autour de la figure du chat[13]. Par ces références souterraines, mais aussi en raison de la forme narrative adoptée, l'histoire du chat et la suggestion de l'univers, domestique et mental, qui se crée autour de l'animal, relèveraient plutôt, toujours à première vue, de la fiction, ou du moins d'un genre aux contours imprécis centré sur l'autofiction.

Bien entendu un constant mouvement de navette relie les deux lignes de fuite de l'ouvrage de Forest (l'exploration quantique et l'histoire du chat), au point que souvent les deux perspectives se confondent ; du reste, loin de s'en tenir à une stricte alternance des chapitres, l'auteur en vient assez vite à mêler les deux aspects à l'intérieur d'un même chapitre, voire d'un même paragraphe.

Enfin, comme le souligne Hélène Baty-Delalande, le dispositif qui régit l'écriture du *Chat de Schrödinger* s'augmente d'une troisième dimension, qu'elle définit comme une « spéculation mélancolique[14] », et qui correspond

11 Forest, P., *Le Chat de Schrödinger*, *op. cit.*, p. 17.

12 Sôseki, Natsume, *Je suis un chat* [1905], trad. et prés. J. Cholley, Paris, Gallimard/Unesco, coll. « Connaissance de l'Orient », 1986.

13 Le choix de ces rapprochements est dicté par l'imprégnation japonaise des romans et essais de Philippe Forest. D'autres références seraient évidemment possibles.

14 Baty-Delalande, Hélène, « L'imagination scientifique : chats et autres figures », in *Philippe Forest, une vie à écrire*, *op. cit.*, p. 112-128, cit. p. 119.

au déploiement d'une méditation au cours de laquelle le chat devient le signe de l'insaisissable, de l'absence, de l'incertitude, s'identifiant à l'expérience de la perte qui affleure un peu partout dans l'œuvre de Philippe Forest. Elle écrit ainsi :

> D'un paradoxe intenable – le chat ne peut raisonnablement être mort et vivant à la fois –, on passe à un paradigme définissant un nouveau rapport au réel, feuilleté, contradictoire, où s'éprouve l'absence radicale de sens des phénomènes sensibles et des vies humaines, où les hypothèses propres à la physique quantique sont étendues au macrocosme, jusqu'à ruiner toute forme d'évidence tangible, touchant à la permanence du moi ou à la mort[15].

C'est en vertu de ce dispositif ternaire que se chevauchent dans *Le Chat de Schrödinger* les territoires de la fiction et de la non-fiction, territoires que l'on peut essayer de cartographier.

Pour ce faire on reviendra d'abord successivement sur les deux paysages littéraires mentionnés plus haut, l'exposition de découvertes scientifiques et le roman du chat. Puis on s'intéressera plus spécifiquement à l'éclairage que projette constamment sur ce couple de notions le thème central du *Chat de Schrödinger*, à savoir la révolution induite dans la pensée par le principe d'indétermination qui, au niveau atomique du moins, permet la coexistence d'une affirmation et de son contraire.

2 L'exploration scientifique

Le lecteur tombe dès le début sur une formule mise en exergue, empruntée à Picasso, « Quand je lis un livre sur la physique d'Einstein auquel je ne comprends rien, ça ne fait rien : ça me fera comprendre *autre chose*[16]. » Cette formule résume assez bien la posture de Forest. L'enjeu annoncé est de comprendre (ou de ne pas comprendre), puis de déplacer l'appréhension conceptuelle : il s'agit donc d'une série d'opérations cognitives, d'une appropriation intellectuelle relative à des données scientifiques ardues ou difficilement accessibles. Dès le premier chapitre, il sera résolument question de « réduction du paquet d'ondes », de « principe de superposition » et de « théorie de la décohérence », notions dont le contenu, tel que l'a compris l'auteur, est exposé avec rigueur,

---

15 *Ibid.*

16 Forest, P., *Le Chat de Schrödinger*, *op. cit.*, p. 11 (épigraphe).

même si aucun appel n'est fait à des équations ou des formulations mathématiques. Toutefois cette appropriation est libre et subjective. L'auteur assume sa posture de profane (il dédicace du reste *Le Chat de Schrödinger* « *Aux scientifiques / Avec toutes mes excuses*[17] ») et cherche simplement à montrer par quel cheminement mental un individu sans formation scientifique particulière, mais curieux et suffisamment obstiné pour se documenter, peut s'approprier ces notions en les transposant dans un langage accessible et en les prenant pour point de départ d'une réflexion psychologique et philosophique.

Le roman se compose d'un Prologue et de quatre parties : chacun des chapitres qui ouvrent ces parties est consacré à l'exposé des travaux de Schrödinger et de ses acolytes, Heisenberg, Planck, Bohr, Einstein, Everett, etc., ainsi qu'aux divergences qui, historiquement, les divisèrent. Derrière leur écriture se dissimule une documentation importante, qui n'apparaît que fugitivement, par exemple lorsqu'il est question, au chapitre 12, de la biographie de Schrödinger, publiée par Walter Moore aux Presses universitaires de Cambridge en 1989. À bien des égards ces chapitres inauguraux pourraient relever de la vulgarisation scientifique, par le thème qu'ils traitent mais aussi par le lexique employé, l'articulation serrée de la syntaxe, et même l'emploi de métaphores qui facilitent l'accès à certains résultats, car souvent l'effort fourni mène au cœur du paradoxe ou de l'impensable. Le recours à des transpositions imagées, qui permet de contourner cette difficulté, est une recette fréquemment utilisée dans les textes à visée didactique. Néanmoins, encore une fois, à la différence de la plupart des ouvrages de vulgarisation, l'auteur ne se place pas du côté des savants qui chercheraient à révéler, en les apprivoisant à l'intention du grand public, les secrets de leur discipline, mais du côté du lecteur peu averti de ces matières, qui se voit invité à l'accompagner dans une démarche progressive de saisie intellectuelle semée de perplexités. Il s'agit bel et bien d'une conquête (ou reconquête) de la non-fiction scientifique par le langage littéraire, et non d'un empiétement de la science sur la littérature. Quoi qu'il en soit, la part de non-fiction que l'on rencontre ici se définit par le critère de vérifiabilité, tel que le définissait déjà Michel Butor, lorsqu'il distinguait la fiction ce qu'il appelait le « récit véridique » dont le caractère principal est que son contenu peut être vérifié par recoupement avec d'autres informations[18]. Et en effet, les données véhiculées par *Le Chat de Schrödinger* se retrouveraient, quoique formulées différemment, dans des essais de diffusion scientifique.

---

17 *Ibid.*, p. 9.

18 Butor, Michel, « Le roman comme recherche » [1955], in *Essais sur le roman*, Paris, Gallimard, coll. « Tel », 1992, p. 7-14.

Cependant, même dans ces chapitres-là, la fiction reprend ses droits. Elle ne cesse en effet de mordre sur le discours scientifique et s'y insère de plusieurs manières différentes. Pour commencer, l'histoire proprement dite du chat de Schrödinger est une sorte de mythe. Le texte la définit comme « une expérience de pensée dont personne, et certainement pas l'homme qui l'a conçue, n'a jamais sérieusement songé que, sous cette forme en tout cas, elle puisse être réalisée[19] ». Cette affirmation sera reprise et développée à plusieurs reprises : l'histoire du chat de Schrödinger est une fable destinée à montrer l'absurdité qu'il y aurait à transposer sans précaution au niveau macroscopique, qui est celui de la vie courante, des observations valables au niveau atomique. Dans un premier temps l'apologue est en quelque sorte utilisé à contre-courant, pour ramener la science au respect du réel, mais il conduit pourtant, dès la première page, à l'idée que la science est apparentée à la fable, au conte, au poème, au roman (termes qui reviendront constamment à son sujet) et, dès lors, les insertions fictionnelles se multiplient de chapitre en chapitre, prenant souvent la forme de « légendes chinoises » destinées à illustrer tel ou tel paradoxe, comme celle qui occupe le centre du chapitre 17, histoire de l'homme qui cherche en vain le jour une maison dont il rêve toutes les nuits, finit par la découvrir mais doit s'en éloigner lorsqu'il découvre qu'elle est hantée – hantée par lui-même évidemment. Appartenant à « la poignée d'histoires qui expriment toutes le même vertige devant la vérité vide de la vie[20] », elle serait, selon l'auteur, « la meilleure transposition de l'expérience de pensée qu'a conçue Schrödinger[21] ». Le livre est ainsi ponctué de légendes chinoises ou pseudo chinoises de cette sorte, dont assez rapidement l'auteur laisse entendre qu'il les a lui-même inventées.

Ailleurs, dans le chapitre 12 pourtant fondé sur l'ouvrage érudit de Walter Moore mentionné plus haut, le texte bascule soudain du côté de la fiction en donnant la parole à Schrödinger auquel s'identifie provisoirement le narrateur qui raconte, à la première personne, différents épisodes de sa vie, y compris la manière dont, dans les intervalles d'une intensive session amoureuse dans un chalet des Alpes, il élabore l'équation qui, plus tard, portera son nom, autrement dit la fonction d'onde, et finit par émettre plaisamment l'hypothèse que les complications de sa vie amoureuse, toujours partagée entre plusieurs femmes, lui ont donné l'idée du « principe de superposition[22] ».

19 Forest, P., *Le Chat de Schrödinger*, *op. cit.*, p. 17.
20 *Ibid.*, p. 185.
21 *Ibid.*, p. 182.
22 *Ibid.*, p. 141.

Un tropisme narratif s'empare ainsi progressivement du *Chat de Schrödinger*, le détachant par pans importants du récit factuel des expériences et raisonnements effectués et l'entraînant de manière irrépressible du côté de la fabulation. Comme on pouvait s'y attendre, fiction et non-fiction s'y embrassent étroitement.

3 Le roman du chat

Un mouvement analogue se dessine si l'on suit le deuxième fil du récit, l'histoire du chat adopté, qui possède sa propre structure narrative, éclatée, où le temps se retourne puisque l'une des particularités de l'animal est qu'il disparaît avant d'être apparu – ou plutôt que le regard de l'auteur, à l'origine, ne prend acte de sa présence que lorsque celle-ci s'est effacée en un frôlement nocturne. Il s'agit d'un récit à la première personne, tantôt rétrospectif, tantôt rédigé au présent à la manière d'un journal, constitué de fragments séparés par des îlots de blanc. À la différence des œuvres les plus connues dont le héros est un chat, le récit de Forest ne donne pas la parole à l'animal, qui traverse les pages sous forme de silhouette insaisissable, de sorte que le thème principal demeure constamment la relation qui évolue entre le chat et l'individu dans la vie duquel il a fait irruption et sème le trouble.

La figure féline se précise cependant peu à peu. Une durée d'un an s'écoule entre la première fois où il fait son entrée et la dernière fois où il se manifeste, bornes d'un récit définies *a posteriori* par l'auteur, car elles ne sont que la cristallisation arbitraire de sensations imprécises et de péripéties incertaines. Autour de l'animal se dessine peu à peu un décor : une maison, un arbre, un jardin, une localité de bord de mer. Des personnages : des voisins anonymes, une femme, d'abord désignée comme « elle », avec laquelle intervient, par intermittences, un dialogue qui théâtralise le texte, personnage flou qui acquiert petit à petit le statut de compagne. Des affects, car peu à peu le chat s'installe, se fait aimer, crée l'angoisse et déclenche des recherches quand il ne paraît plus. C'est à partir de l'animal que le sujet cesse d'être une voix anonyme pour se constituer progressivement en personnage, et plus ce personnage s'incarne, plus il devient proche de l'auteur dont il reprend certaines données biographiques.

Cette histoire du chat n'a rien d'un romanesque échevelé. Elle s'inscrit dans la banalité du quotidien. Qu'elle ait eu lieu ou non dans la vie de Philippe Forest, cela importe peu : elle est du côté du réel, elle arbore la simplicité du vraisemblable, elle pourrait être arrivée à chacun de nous. Et surtout, qu'elle soit ou non fictionnelle, cette histoire entraîne dans son sillage d'autres éléments qui, eux, ne le sont pas : « quoi qu'on fasse, on raconte toujours une histoire à la place d'une autre[23] », écrit Philippe Forest. La disparition du chat réveille le souvenir de la perte de l'enfant, expérience dévastatrice réelle vécue par l'auteur et qui habite l'ensemble de son œuvre. Elle permet de dire une fois de plus cette expérience et l'évolution du souvenir qui en reste, de même que la rêverie autour d'un chat insaisissable, messager entre le réel et l'envers du réel, exprime allusivement les traces d'une méditation sur le scandale incompréhensible de la mort. Le roman du chat renvoie dos à dos fiction et non-fiction en montrant que l'expression des faits les plus douloureusement réels, même si elle est particulièrement sobre et dépourvue de tout vain apparat, fabrique des personnages et sécrète de la fiction.

4 Les mondes parallèles

Dans *Le Chat de Schrödinger*, les deux branches principales du récit, autrement dit l'évocation discrète et intermittente de la petite fille disparue qui sous-tend l'histoire du chat, et le déroulement progressif de l'exposé scientifique, toutes deux rattachées à une matière non fictionnelle, proposent en définitive, de manière assez paradoxale, une réflexion sur la capture du réel par la fiction. Cette capture coexiste avec une déstabilisation de l'idée même de réalité.

Tout d'abord ce phénomène emprunte la voie d'une réflexion sur l'imaginaire enfantin et sur la manière dont le monde environnant vire naturellement pour celui-ci du réel au fictionnel. Ici interviennent non seulement des fragments liés à l'enfant morte et à ses derniers moments, mais aussi des réminiscences autobiographiques que l'auteur date de l'époque où il avait cinq ou six ans ; le soir, dans l'obscurité, attendant le sommeil, il vivait la métamorphose de sa chambre :

> Les yeux s'accommodant à l'obscurité se mettaient au travail, incapables désormais de restituer leur visage disparu aux choses, imaginant à partir de rien un autre univers, y inventant les contours de créatures inconnues sortant de ce vide qui avait l'allure d'un trou, de l'entrée d'un tunnel qui devait remonter jusqu'en un lieu, le plus dérobé de tous, conduisant nulle part ou alors vers un territoire si lointain qu'il fallait supposer qu'il fût celui-là dont le monde lui-même était issu[24].

23 *Ibid.*, p. 300.
24 *Ibid.*, p. 45.

Plus loin, au cours du chapitre 14, Philippe Forest revient sur ce thème qui évoque une genèse de la fiction directement décrite comme un enjambement vers des mondes différents :

> Les enfants imaginent toujours, je crois, que les placards de leur chambre ouvrent sur une autre maison que celle où ils vivent, qu'un mécanisme secret fait pivoter les cloisons, qu'un bouton dissimulé dans le bois de leur lit, s'ils l'actionnaient par mégarde, basculerait celui-ci de l'autre côté de la paroi. Avec le sentiment que tout lieu en dissimule un autre qui se tient derrière lui, totalement invisible et avec lequel il communique cependant par une série de portes plus ou moins cachées de l'autre côté desquelles se trouve tapi tout le peuple passablement inquiétant de la nuit[25].

Ainsi qu'on le constate à la lecture de ces passages, l'auteur renoue avec la tradition du Nocturne, en insistant sur le rôle des ombres, des ténèbres, favorables à l'enfantement des mondes fictifs, de même que la boîte close de Schrödinger est une boîte noire enfermant dans l'obscurité le secret de son chat mort-vivant.

Mais ce que disent et redisent surtout de tels paragraphes, c'est à la fois la prescience et le besoin d'un autre univers, ou d'autres univers, parallèle(s) à celui du monde éveillé, que nous considérons comme réel. Or la physique quantique, dans certains de ses développements du moins, affirme précisément l'existence de ces univers, tandis que le laboratoire de la fiction les fabrique systématiquement. Marie-Laure Ryan, en récapitulant les points de contact et les zones de divergence entre « la postulation d'univers parallèles en physique théorique[26] » et « le recours à la notion de mondes possibles en narratologie et en théorie de la fiction[27] », établit une typologie des récits fondés sur l'invention de mondes parallèles, et les distinctions qu'elle opère, notamment entre mentalisme, virtualisation, allégorie, méta-textualisme et structure en fromage suisse, entrent en résonance avec bien des pages du *Chat de Schrödinger*. Cependant elle affirme que, pour les physiciens, « ces univers [parallèles] existent objectivement et la postulation de leur existence devrait être sujette à la vérification ou à la falsification[28] », tandis que, dans le domaine

---

25 *Ibid.*, p. 156-157.

26 Ryan, Marie-Laure, « Cosmologie du récit des mondes possibles aux univers parallèles », in Lavocat, Françoise (dir.), *La Théorie littéraire des mondes possibles*, Paris, CNRS éd., 2010, p. 53-82, cit. p. 53.

27 *Ibid.*

28 *Ibid.*, p. 66.

littéraire, « les mondes possibles peuvent être considérés comme des fictions théoriques, c'est-à-dire comme des entités imaginaires postulées pour leur pouvoir explicatif[29] », et que « la question de leur existence objective n'importe pas[30] ». Ce qui revient plus ou moins à reconduire la distinction établie par Michel Butor dont il était question plus haut.

Il n'est pas certain que cette très raisonnable partition entre l'imaginaire scientifique et l'imaginaire littéraire corresponde à l'esprit du *Chat de Schrödinger.* À plusieurs reprises, Forest évoque en effet la théorie physique des mondes parallèles, issue des recherches de Schrödinger même si celui-ci n'y a pas positivement adhéré, également développée dans les années 1950 par le savant américain Hugh Everett et redécouverte dans les années 1970. Il est impossible de présenter exhaustivement cette théorie, mais elle revient à

> poser que l'univers se divise en autant de versions différentes de lui-même qu'en demande la fonction d'onde, versions à l'intérieur desquelles l'un ou l'autre des états se réalise sous les yeux d'un observateur qui n'assiste jamais qu'à l'une de ces multiples manifestations qui ont pourtant simultanément lieu. Chaque fois qu'une particule paraît sortir de l'état de suspension au sein duquel elle revêt simultanément ses caractéristiques opposées, se crée du même coup un monde correspondant[31].

Il est vrai que, plus loin, Forest prend ses distances par rapport à certaines applications littéraires faciles que l'on pourrait faire de cette théorie : Everett, écrit-il, en a d'une part trouvé l'idée dans ses lectures de science-fiction, et d'autre part bien des écrivains se sont approximativement emparés de l'idée des mondes parallèles pour « fournir un fondement scientifique à leurs nouvelles élucubrations[32] ». Toutefois, dans les chapitres ultérieurs, il semble lui accorder partiellement crédit, en se fondant sur l'hypothèse de l'infini, qui « amène à poser un signe d'égalité entre le virtuel et le réel[33] ». Dans ces conditions l'évocation de l'imaginaire enfantin et l'exposé de l'histoire scientifique convergent naturellement pour privilégier la toute-puissance de la fabulation et de la fiction, celle-ci se confondant avec l'invention de mondes parallèles, à la faveur de cette « conjonction entre fiction, simulation et hypothèse[34] » que

29 *Ibid.*
30 *Ibid.*
31 Forest, P., *Le Chat de Schrödinger, op. cit.*, p. 104.
32 *Ibid.*, p. 202.
33 *Ibid.*, p. 226.
34 Lavocat, Françoise, « Avant-propos », in *La Théorie littéraire des mondes possibles, op. cit.*, p. 5-11, cit. p. 5.

met en évidence Françoise Lavocat dans l'introduction à l'ouvrage qu'elle a dirigé sur ce sujet.

Il faudrait sans doute introduire ici une distinction, même si Forest ne l'explicite pas, entre fabulation, dans le cas de l'enfant qui interprète la montée des ombres le soir, et fiction proprement dite, dans le cas du scientifique ou de l'écrivain qui imaginent des mondes parallèles. La fabulation est un mouvement spontané de l'imaginaire humain, la fiction un produit fini, organisé selon ses propres règles, soutenu par une cohérence interne, par un ensemble de lois qui en forment l'axiomatique. La fabulation mène à la fiction et se nourrit d'elle, mais elle conserve un pied dans le réel, comme si elle constituait une passerelle entre non-fiction et fiction.

Tout cela signifie-t-il en fait que, dans une telle perspective il n'y a plus de territoire possible pour la non-fiction ? La réponse, me semble-t-il, est négative. En effet l'abandon au vertige du virtuel, l'éclatement d'un sujet qui existerait simultanément dans une quantité infinie de mondes superposés, pourrait bien être une réaction de défense contre l'évidence de la douleur qui, elle, s'implante dans la réalité quotidienne et en est même le critère primordial. Se dissoudre dans la pluralité des mondes permettrait d'échapper à l'aiguillon persistant de la disparition et, en même temps, de rêver un univers où ce chagrin n'aurait plus lieu d'être et où l'érosion de ce chagrin cesserait elle aussi d'être un tourment. Cela nous ramène au chat mort et vivant de la boîte, et, derrière ce chat, à une autre distribution possible de la vie et de la mort dans un univers qui serait l'opposé de celui où nous vivons. Dans cette optique, la non-fiction, ce serait la présence et la persistance, sous les rêveries de cosmologie plurielle, de la souffrance et de la fidélité à la souffrance, exprimées tantôt directement, tantôt indirectement dans le mouvement même qui conduit à la fabrique infatigable des « comme si ».

5 Conclusion

Deux formes de non-fiction se jouxtent dans *Le Chat de Schrödinger* : d'une part l'œuvre renoue avec des formes littéraires anciennes, voire antiques[35], qui prêtaient à la réflexion scientifique la voix de la poésie ou de la spéculation philosophique et cosmologique. D'autre part le « roman » de Forest travaille la frontière entre fiction et non-fiction, en montrant sa porosité, en présentant le réel comme une province particulière de la fiction généralisée, enfin en suggérant, grâce à l'analogie esquissée entre théorie scientifique et imagination

35 On peut songer à Lucrèce, à Pascal.

littéraire, une idée de la fiction qui serait dominée non par la vraisemblance, mais par une simple exigence de cohérence interne : créer un monde reviendrait à développer jusqu'au bout, de manière un peu totalitaire, une hypothèse de base en fonction de lois prédéfinies. Une seconde forme de non-fiction serait alors le résidu incompressible de ce processus, ce qui reste quand on ne peut plus enserrer le réel dans les mailles de la fabulation : la douleur, le doute, l'aléatoire, le rhapsodique, un chat échappé de sa boîte qui se faufile dans la nuit noire.

Bibliographie

Baty-Delalande, Hélène, « L'imagination scientifique : chats et autres figures », in Foglia, Aurélie, Mayaux, Catherine, Saliot, Anne-Gaëlle et Zimmermann, Laurent (dir.), *Philippe Forest, une vie à écrire*, actes du colloque international, Paris, Gallimard, coll. « Les Cahiers de la NRF », 2018, p. 112-128.

Butor, Michel, « Le roman comme recherche » [1955], in *Essais sur le roman*, Paris, Gallimard, coll. « Tel », 1992, p. 7-14.

Deville, Patrick, *Peste & Choléra : roman*, Paris, Éd. du Seuil, coll. « Fiction & Cie », 2012.

Echenoz, Jean, *Des éclairs*, Paris, Éd. de Minuit, 2010.

Foglia, Aurélie, Mayaux, Catherine, Saliot, Anne-Gaëlle et Zimmermann, Laurent (dir.), *Philippe Forest, une vie à écrire*, actes du colloque international, Paris, Gallimard, coll. « Les Cahiers de la NRF », 2018.

Forest, Philippe, *Le Chat de Schrödinger : roman*, Paris, Gallimard, 2013.

Forest, Philippe, Entretien inédit (avril 2016), in Foglia, Aurélie, Mayaux, Catherine, Saliot, Anne-Gaëlle et Zimmermann, Laurent (dir.), *Philippe Forest, une vie à écrire*, actes du colloque international, Paris, Gallimard, coll. « Les Cahiers de la NRF », 2018, p. 285-303.

Lavocat, Françoise, « Avant-propos », in Lavocat, Françoise (dir.), *La Théorie littéraire des mondes possibles*, Paris, CNRS éd., 2010, p. 5-11.

Ryan, Marie-Laure, « Cosmologie du récit des mondes possibles aux univers parallèles », in Lavocat, Françoise (dir.), *La Théorie littéraire des mondes possibles*, Paris, CNRS éd., 2010, p. 53-82.

Sôseki, Natsume, *Je suis un chat* [1905], trad. et prés. J. Cholley, Paris, Gallimard/Unesco, coll. « Connaissance de l'Orient », 1986.

CHAPITRE 12

Poétiques de la voix chez Emmanuel Carrère et Olivier Rolin

Yona Hanhart-Marmor

Résumé

Les récits que j'ai choisi d'interroger, *Tigre en papier* d'Olivier Rolin, *D'autres vies que la mienne* et *Le Royaume* d'Emmanuel Carrère, tournent tous trois autour de la question de la transmission qui est justement la condition sine qua non de leur propre existence, et la légitimité de la réponse qu'ils y apportent réside paradoxalement dans le fait qu'ils racontent une incapacité à transmettre. C'est la façon de raconter cet échec, la voix spécifique par laquelle chaque narrateur met en scène ses quêtes manquées, les inhibitions, les blocages et les rancœurs qui l'excluent tant de la place du fils que de celle du père, qui *in fine* fera de ces textes les récits d'une transmission réussie. Une transmission à laquelle le narrateur sera habilité en raison du processus de transformation qui a été le sien, et qui constitue précisément le sujet même du récit qu'il nous livre.

∴

Ma réflexion est partie de la question suivante : quelle est la légitimité d'un auteur de non-fiction ? Lorsque ce n'est pas la capacité d'invention, de fictionnalisation d'un auteur qui lui confère le droit d'écrire, comme c'est le cas dans le territoire de la fiction, qu'est-ce qui fait qu'on le considère comme particulièrement habilité à prendre la plume ? Qu'est-ce qui fonde sa légitimité à produire un récit ? J'exclus bien entendu de ce questionnement les ouvrages portant sur des sujets que seule l'enquête, dangereuse ou insolite, entreprise par l'auteur, permettait de traiter et de faire découvrir aux lecteurs. Pour ne prendre qu'un exemple, *Dans le nu de la vie*, de Jean Hatzfeld, tire son évidente légitimité du fait que, résultant de l'enquête effectuée au Rwanda par son auteur, il permet de nous faire entendre la voix des rescapés du génocide rwandais. Ma question porte sur les ouvrages de non-fiction qui relatent des événements plus ou moins banals ou connus, et dont la légitimité auctoriale

 | DOI:10.1163/9789004439313_014

est de ce fait bien plus problématique. J'ai choisi de focaliser mon exploration sur trois œuvres, *D'autres vies que la mienne*[1] et *Le Royaume*[2] d'Emmanuel Carrère, ainsi que *Tigre en papier* d'Olivier Rolin[3], et les conclusions que j'en tirerai sont certainement loin de s'appliquer à l'ensemble du territoire de la non-fiction. Elles me semblent cependant propres à éclairer la démarche des deux auteurs que j'ai choisis : j'essaierai en effet de montrer que la voix narratoriale que l'on entend dans ces trois œuvres émane d'un lieu extrêmement spécifique, et que c'est ce lieu qui leur donne leur légitimité. Cette hypothèse d'une légitimité conférée par une certaine voix me semble intéressante, parce qu'elle pose autrement la question des frontières entre fiction et non-fiction. Elle implique la possibilité que ces frontières ne se jouent pas seulement dans les contenus de l'œuvre (leur degré de réalité, leur nature de faits) mais dans la voix qui s'y fait entendre, et qui définit le genre au moins autant que ce dont traitent les œuvres y ressortissant.

Cette voix spécifique à la non-fiction, quelle est-elle dans le corpus qui va ici m'occuper ? Au-delà du contraste entre la tonalité désabusée, désillusionnée de *Tigre en papier*, et le récit d'une incroyable métamorphose, d'un apaisement, d'une réconciliation du narrateur avec lui-même dans *D'autres vies que la mienne* et, dans une moindre mesure, dans *Le Royaume*, l'économie des trois récits repose sur la conscience aiguë d'un échec dont le récit est à la fois l'analyse et le dépassement. Dans chacun des récits, le narrateur fait entendre une voix reconnaissable entre toutes, celle de qui non seulement admet mais comprend, analyse, dissèque son échec, et, par ce travail réflexif même, dépasse cet échec. Pour le formuler autrement, la voix narratoriale est performative au sens où l'énonciation de l'échec constitue *de facto* son dépassement. Grâce à cette voix, le récit de l'échec devient aussi, en même temps, *réparation* de l'échec, et s'inverse en son contraire.

Cet échec, c'est celui du protagoniste à s'insérer harmonieusement dans la temporalité de l'histoire, de la génération et, partant, de la transmission. C'est pourquoi les récits dont je parle ici ont d'emblée un statut paradoxal, et semblent au départ constituer un oxymore en acte : ils *transmettent* une *incapacité à transmettre*. Seul le renversement induit par la spécificité de la voix narratoriale permet d'expliquer l'existence, la viabilité et même la fécondité de cet oxymore.

---

1 Carrère, Emmanuel, *D'autres vies que la mienne*, Paris, P.O.L., 2009.

2 Carrère, Emmanuel, *Le Royaume*, Paris, P.O.L., 2014.

3 Rolin, Olivier, *Tigre en papier : roman*, Paris, Éd. du Seuil, coll. « Fiction & Cie », 2002, pour la première édition. Les citations de cet article proviendront de la publication du roman dans *Circus 2 : romans, récits, articles (1999-2011)*, Paris, Éd. du Seuil, coll. « Fiction & Cie », 2012.

Échec à s'inscrire dans la temporalité de l'histoire et de la transmission, disais-je. Cette incapacité du narrateur concerne à la fois l'amont et l'aval de la chaîne générationnelle, et c'est la raison pour laquelle les motifs tant de la filiation impossible que de la paternité impossible traversent avec insistance les trois récits.

1 Filiation et paternité

1.1 *Filiation*

Je ne m'appesantirai pas sur la construction cyclique de *Tigre en papier* : la structure même de l'œuvre, ces tours sans but sur le *péri*phérique, ces circonvolutions qui semblent ne mener nulle part, ce trajet qui repasse indéfiniment par les mêmes points, témoignent bien d'un échec à trouver sa place dans l'histoire. Le narrateur de *Tigre en papier*, après l'échec de La Cause, s'est retiré de l'histoire, s'est enfermé dans un temps cyclique. Il a abandonné l'idée d'une grande Révolution pour accomplir sans fin des révolutions au sens étymologique du terme, à savoir, au sens physique, des mouvements en courbe fermée, revenant sur eux-mêmes, ou, au sens astrologique, un retour périodique, le temps nécessaire au parcours complet de son orbite. De nombreux éléments, que je n'ai pas le temps d'évoquer ici par le détail, viennent rappeler et renforcer cette cyclicité. Or cette structure cyclique du récit fonctionne en écho avec la double thématique obsessionnelle de la filiation impossible et de la paternité impossible. Le narrateur revient sans arrêt sur la quête manquée du père autant que sur l'impossibilité ou le refus de devenir père lui-même. Il ne parvient donc, ni en amont, ni en aval, à s'insérer dans une continuité générationnelle. À l'appui de mon hypothèse, j'aimerais mentionner le fait que l'un des seuls éléments qui, dans *Tigre en papier*, relèvent véritablement de la fiction, est précisément le destin tragique du père décédé en Indochine alors que le narrateur était tout bébé. Le statut fictionnel de cet élément biographique constitue une telle exception dans le livre que nombre de lecteurs s'y sont laissé prendre, et plusieurs articles consacrés à l'œuvre ont retracé la biographie de l'auteur en y intégrant en toute bonne foi ce père mort en héros à l'aube de sa vie. Étant donné que la majorité des autres composantes de l'œuvre relève clairement de la non-fiction, on peut sans grand risque de se tromper postuler que si l'auteur a jugé bon d'y introduire cet élément, c'est qu'il était essentiel à l'économie du récit, et que l'un de ses enjeux principaux, l'une des assises de sa légitimité, résidait dans cette impossibilité d'être fils.

En outre, le traitement de cette quête manquée du père, mise en lumière par l'intertextualité évidente avec l'*Odyssée* – le narrateur se décrivant comme un nouvel Ulysse, se rendant aux Enfers pour visiter ses morts – pointe également l'importance du motif, et surtout, avec la rupture brutale, ironique et décalée du marin qui sabote sans le vouloir la beauté de la cérémonie, l'importance de l'échec par lequel se solde cette quête :

> Ce marin, tu lui faisais vertement valoir que tu ne voulais pas être dérangé, que ta vie entière, peut-être, s'était écoulée dans l'attente de ce moment, qu'il y avait là, quelque part dans la nuit, un fantôme dont ta présence sur le pont, au-dessus des noirs tourbillons, pourrait apaiser l'existence inquiète. Tu étais, essayais-tu de faire comprendre à ce marin, comme Ulysse descendant aux Enfers à la rencontre des ombres de Tirésias et de sa mère, Anticleia. Va te faire foutre. Il n'entravait rien à tes considérations[4].

Du côté de la mère, c'est également un temps immobile, presque mort qui la caractérise : elle est toujours figée dans les mêmes postures, comme morte-vivante, immobilisée dans le deuil du père. Et ce sont toujours les deux mêmes scènes avec elle que le narrateur évoque, le voyage en voiture (sur une route qui semble ne jamais mener nulle part) ou les vacances, un lieu hors du temps, où le nom de lieu même fait signe vers cette immobilisation de tout : *Côte d'Émeraude*, qui donne à entendre la minéralisation de l'élément marin lui-même.

Pour en revenir à la figure inaccessible du père et à l'impossibilité de la filiation, une figure de père par substitution hante également le roman, celle de Démétrios, le révolutionnaire grec, mais là aussi, l'échec finira par caractériser la relation entre celui-ci et le narrateur, puisque ce dernier ne peut se défaire du sentiment d'être un usurpateur, de n'avoir pas de légitimité à occuper la place du fils, au point qu'il coupera radicalement les ponts avec lui durant plusieurs décennies, et que lorsqu'il tentera de le revoir, ce sera trop tard, il aura disparu. Sa conclusion sera la suivante :

> J'avais peur de ne pas être un fils à la hauteur. Et c'est ce qui est arrivé, puisque je suis devenu, en fin de compte, une sorte d'homme de lettres, tu imagines[5]...

La relation de cause à effet est ici évidente : c'est l'échec de la filiation qui donne lieu au récit, c'est parce qu'il n'a pas été un fils à la hauteur qu'il devient

4 Rolin, O., *Tigre en papier, op. cit.*, p. 328.
5 *Ibid.*, p. 301.

« homme de lettres », autrement dit l'auteur de ce récit. Mais à ce stade manque encore le chaînon intermédiaire, celui qui permettrait d'expliquer le passage de l'échec de la filiation à l'écriture.

Cette impossibilité à être fils se retrouve chez Carrère. Lorsqu'il introduit dans *Le Royaume* la figure de mère substitutive qu'est la marraine, il écrira en toutes lettres que sa mère n'a pas été capable de jouer le rôle qui aurait dû être le sien :

> Il me semble parfois que ma mère, à ma naissance, a deviné qu'elle pourrait me donner beaucoup d'armes, de l'ordre de la culture et de l'intelligence, mais que pour toute une dimension de l'existence, qu'elle savait essentielle, il faudrait qu'elle s'en remette à quelqu'un d'autre, et ce quelqu'un d'autre était cette femme plus âgée qu'elle, à la fois excentrique et totalement centrée, qui l'avait prise sous sa protection quand elle avait vingt ans[6].

Il s'agit paradoxalement d'une impossibilité transmise : la mère ne peut pas être mère parce qu'elle-même n'a pas eu de parents, nous précise le narrateur. Le lieu de l'apaisement pour ce dernier est celui qui appartient à la mère d'un autre, celle d'Hervé, qu'il a connu, justement, grâce à sa marraine : finalement, c'est chez une autre mère, dans le chalet suisse qui lui appartient, que Carrère peut trouver la sérénité.

De même que dans *Tigre en papier*, le narrateur prend soin de disséminer dans le texte plusieurs indices de l'importance et de l'échec de la relation à la mère. Ainsi, résumant le roman qu'il avait commencé d'écrire à partir de la vie de Jamie, cette Américaine instable qu'il avait engagée comme nounou, le narrateur n'en cite textuellement aucun passage, à l'exception notoire du Psaume qu'il avait choisi d'y faire figurer, et qui s'achève par la saisissante métaphore scindant le moi entre deux entités correspondant à l'enfant et à sa mère :

> mon âme est en moi comme un enfant
> comme un petit enfant contre sa mère[7].

Plus généralement, il est beaucoup question dans *Le Royaume* de mères qui ne sont pas à la hauteur. Ainsi, lorsque sont évoqués les déboires familiaux de Jésus, le problème semble être plus précisément sa mère, puisque Jésus rabroue

6 Carrère, E., *Le Royaume*, *op. cit.*, p. 39.
7 *Ibid.*, p. 101.

celle qui vante les seins qu'il a tétés et le ventre qui l'a porté[8]... Lors de l'évocation du siège de Jérusalem, il est question de « mères perdant la raison après avoir mangé leurs enfants[9] », et, lorsque Carrère fait référence à l'*Odyssée* – on voit que chez Carrère comme chez Rolin, la référence homérique sert à pointer l'importance du motif – il évoque Télémaque qui « accuse sa mère d'avoir un cœur de pierre[10] ». Éric, l'handicapé évoqué à la fin du livre, lorsque le narrateur écoute le récit de Jean Vanier, est dans un malheur et une souffrance insupportables parce que « sa mère l'avait abandonné à la naissance, il avait passé toute sa vie à l'hôpital, sans jamais entrer dans une vraie relation avec quelqu'un[11] ».

Et l'extrait que le narrateur choisit de nous rapporter pour nous faire comprendre que, chez Luc, « c'est plus compliqué que ça » préconise, comme par hasard, la haine pour la mère : « Car là où les autres rapportent : "Qui aime son père, sa mère, son fils, sa fille plus que moi n'est pas digne de moi", c'est le gentil Luc qui renchérit de violence : "Qui vient à moi sans haïr son père, sa mère, sa femme (on l'avait oubliée, celle-là), ses enfants, ses frères, ses sœurs et jusqu'à sa propre vie ne peut être mon disciple[12]." »

Quant au père, il est pour ainsi dire absent du livre, sauf en deux occurrences essentielles : il est tout d'abord celui qui décrédibilise le christianisme, lorsqu'il regrette que la messe ne soit plus dite en latin, parce qu'ainsi « on ne se rendait pas compte que c'était si bête[13] », mais en laissant l'enfant dans une immense détresse spirituelle, puisqu'il ne propose aucune solution alternative. Et surtout, lorsqu'après avoir écouté le récit plein de larmes et de douleurs que le narrateur lui fait de sa lecture de l'article dans lequel il a découvert l'histoire de l'enfant devenu sourd et aveugle, emmuré en lui-même, la psychanalyste pose l'hypothèse que « ce Père tout-puissant, tout-aimant, tout-guérissant, qui est entré dans ma vie au moment précis où j'entamais la cure, que j'ai apporté à la première séance comme une sorte de joker encombrant dont je refusais de me défausser, n'est-il pas possible qu'il soit une simple figure, passagère, nécessaire en son temps, dans le travail de l'analyse ? Une béquille dont je me sers dans le voyage qui me conduit à cerner la place, dans ma vie, de mon propre père[14] ? »

8 *Ibid.*, p. 300.
9 *Ibid.*, p. 501-502.
10 *Ibid.*, p. 505.
11 *Ibid.*, p. 625.
12 *Ibid.*, p. 577.
13 *Ibid.*, p. 15.
14 *Ibid.*, p. 119-120.

Dans cette perspective, que le silence du narrateur face à l'hypothèse de la psychanalyste semble confirmer, *Le Royaume* tout entier serait à lire comme une quête du père, et une tentative de trouver des pères de substitution face à la défaillance du père biologique.

Comme chez Rolin, le narrateur du *Royaume* est ainsi avant tout celui qui ne parvient pas à être un fils.

1.2 *Paternité*

Dans les deux cas, il y a également impossibilité du narrateur à être père lui-même. Dans *Tigre en papier*, le narrateur revient à plusieurs reprises sur le fait qu'il n'a pas eu, pas pu avoir d'enfants, au point que la phrase devient l'un des leitmotivs du récit. La première fois que cette question est évoquée, le narrateur met bien en évidence à la fois son caractère crucial, et son rapport avec cet être-hors-du-temps, hors de l'histoire, hors de la possibilité de transmettre qui le caractérise :

> Pourquoi tu n'as pas eu d'enfant ? te demande-t-elle soudain. Ah… Bien visé. La balle transperce le cœur. Sa jolie petite gueule d'assassin sur les bouillons de l'aube. Eh bien… Il y a très longtemps, à l'époque de La Cause, il y avait l'idée que l'avenir était trop dangereux, trop incertain. Mais après… franchement je ne sais pas. Tu vois comme je suis un autre que moi. Peut-être parce que j'ai été marqué à l'encre violette de la mort, quelques mois après ma naissance ? Ou bien dans le dessein insensé d'échapper au temps, à tout ce qui était de l'ordre de la succession : génération, corruption[15] ?

Quant à Carrère, être père semble pour lui relever de la gageure et de l'impossibilité. D'ailleurs, dans *D'autres vies que la mienne*, la première fois qu'il expose cette difficulté d'être père, il la met en relation avec la difficulté d'être fils, comme si les deux échecs allaient de pair :

> C'était un préadolescent typique, en somme, et moi un père typique de préadolescent, me surprenant à lui faire, au mot près, les remarques qui quand j'avais son âge m'exaspéraient tellement dans la bouche de mes propres parents : tu devrais sortir, être curieux, c'est bien la peine de t'emmener si loin[16]…

15 Rolin, O., *Tigre en papier*, *op. cit.*, p. 385.
16 Carrère, E., *D'autres vies que la mienne*, *op. cit.*, p. 9.

À chaque fois qu'il fait son autoportrait en père, il se révèle aussi déplorable que possible, et le bât semble précisément blesser du côté de la capacité à transmettre, à s'insérer et à insérer son enfant dans cette continuité qui est le contraire de la rumination, du ressassement, du sur-place dans lequel il semble se complaire. À cet égard, la référence à Nicolas Bouvier dans les premières pages de *D'autres vies que la mienne* est très éloquente. Évoquant la lassitude qui gagne la famille après trois jours seulement de vacances, il écrit :

> Ou alors il aurait fallu être de ces gens qui peuvent traîner des jours durant dans un village de pêcheurs en se passionnant pour tout ce que font les autochtones, le marché, les techniques de réparation des filets, les rituels sociaux en tous genres. Je n'en étais pas et me reprochais de ne pas en être, de ne pas transmettre à mes fils cette curiosité généreuse, cette acuité du regard que j'admire par exemple chez Nicolas Bouvier. [...] Bouvier a manqué y laisser sa raison et notre séjour à nous, qu'on l'envisage comme un voyage de noces ou comme un examen de passage pour une éventuelle famille recomposée, était raté. Mollement raté d'ailleurs, sans tragique et sans risque[17].

Le « raté », l'échec vient donc bien de son incapacité à être père, à « transmettre » à ses fils, et la comparaison avec l'écrivain suisse montre à quel point échec parental et échec scriptural vont de pair. Profondément, il semble qu'il soit incapable de se positionner en amont sur la ligne du temps, incapable, donc, de trouver sa juste place dans la temporalité. En témoignent les sentiments qui l'emplissent lorsqu'Hélène, sa compagne, part avec Jérôme pour tenter de retrouver le corps de Juliette, la petite fille de ce dernier :

> Je me sens comme un enfant que les adultes laissent à la maison pour s'occuper de choses sérieuses. Comme Jean-Baptiste et Rodrigue, qui depuis quarante-huit heures sont livrés à eux-mêmes[18].

Les deux comparaisons mettent le père strictement sur le même plan que ses fils, et on comprend que l'échec à assumer la paternité découle en droite ligne de l'échec à s'intégrer harmonieusement dans le temps. Logiquement, le narrateur ne peut donc pas assumer la fonction paternelle, et lorsque son fils lui

17 *Ibid.*, p. 10-11.
18 *Ibid.*, p. 39.

posera une question, il sera incapable de lui donner une réponse : « J'hésite, je ne sais pas[19]. »

D'autres vies que la mienne et *Le Royaume* s'appesantissent également tous deux sur la peur panique que déclenche chez Carrère la grossesse de sa compagne, et l'interprétation du narrateur va à nouveau dans le sens d'une impossibilité à s'insérer dans une continuité générationnelle. Dans *D'autres vies que la mienne* : « La seule explication que je trouve à cette peur, c'est que je ne me sentais pas prêt : trop d'entraves subsistaient, trop de nœuds pas tranchés. Pour être à nouveau père dans la seconde moitié de ma vie, il aurait fallu que je sois un fils à peu près tranquille et je m'en croyais loin[20]. »

À nouveau, l'intertexte homérique a pour fonction – et, comme chez Rolin, avec un décalage comique – de mettre le doigt sur un motif essentiel du récit. Lorsque le narrateur réécrit le plaidoyer de Calypso, l'un des arguments censés convaincre Ulysse de ne pas rentrer chez lui est le suivant : « Tu sais ce qui t'attend, chez toi ? [...]. Un fils que tu te rappelles comme un adorable petit garçon mais qui est devenu en ton absence un adolescent à problèmes et qui a de fortes chances de tourner toxico, islamiste, obèse, psychotique, tout ce que les pères redoutent pour leurs fils[21]. »

On remarque que le dénominateur commun de toutes ces évocations de fils rétif et de pères incompétents se situe dans l'âge du fils, systématiquement présenté comme un adolescent, autrement dit dans ce moment crucial de passage entre l'enfance et l'âge adulte, cet instant d'insertion – réussie ou non – dans la temporalité de la vie humaine.

2 La réussite dans le récit de l'échec

Comment se fait-il, alors, que les ces récits aient pu être écrits ? Que leurs narrateurs aient réussi à faire œuvre de transmission ? Comment l'énonciation de cet échec le transforme-t-elle en réussite ? Commençons par un passage métatextuel du *Royaume*, situé vers la fin du récit, dans lequel le narrateur entrecroise poétique narratoriale et question de la filiation :

> Longtemps, j'ai pensé que je terminerais ce livre sur la parabole du fils prodigue. Parce que je me suis souvent identifié à lui, quelquefois – plus

19 *Ibid.*, p. 42.
20 *Ibid.*, p. 298.
21 Carrère, E., *Le Royaume*, *op. cit.*, p. 292-293.

> rarement – au fils vertueux et mal-aimé, et parce que j'atteins l'âge où un homme s'identifie au père[22].

Une raison a remplacé l'autre. La première disait l'incapacité à être un fils. La seconde témoigne de ce que le passage a finalement été accompli, et de ce que Carrère, enfin, peut s'assumer en tant que père. Comme si le récit avait enfin permis au narrateur de franchir ce cap, et de trouver sa place dans l'ordre des générations

De façon beaucoup plus évidente, dans *D'autres vies que la mienne*, Carrère décrit un long processus dont l'une des étapes essentielles est l'acceptation et surtout le bonheur de la paternité de Jeanne, et dont l'aboutissement, qui est exposé dans l'explicit, consiste précisément à *transmettre* la mémoire de leur *mère* disparue aux petites orphelines. À la fin du récit, Carrère se trouve ainsi doublement à la place qu'il ne pouvait pas occuper au moment des faits qu'il raconte : père à la fois au sens biologique, d'où l'importance de la mise en scène d'instants attendrissants avec Jeanne, sa propre fille, et au sens spirituel de transmission :

> Et moi qui suis loin d'eux, moi qui pour le moment et en sachant combien c'est fragile suis heureux, j'aimerais panser ce qui peut être pansé, tellement peu, et c'est pour cela que ce livre est pour Diane et ses sœurs[23].

Non seulement il transmet la mémoire de la mère disparue, mais ce faisant, il se substitue au père biologique des trois petites filles. Le passage que je viens de citer suit immédiatement la scène très pathétique durant laquelle Patrice, le veuf de Juliette, montre à sa petite fille un diaporama de sa mère :

> Patrice regarde sa femme. Diane regarde sa mère. Patrice regarde Diane la regarder. Elle pleure, il pleure aussi, il y a de la douceur à pleurer ainsi tous les deux, le père et sa toute petite fille, mais il ne peut pas et ne pourra jamais plus lui dire ce que les pères voudraient dire à leurs enfants, toujours : ce n'est pas grave[24].

Carrère prend ainsi la place de Patrice, même syntaxiquement (« et moi »), et c'est à lui qu'échoit la tâche de consoler la petite fille – en se faisant le transmetteur de la mémoire de la mère.

---

22 *Ibid.*, p. 595-596.

23 Carrère, E., *D'autres vies que la mienne*, *op. cit.*, p. 310.

24 *Ibid.*, p. 309-310.

Il aura donc fallu que l'échec soit compris pour que le récit puisse être écrit. La légitimité de Carrère comme auteur de non-fiction vient ainsi de sa posture paradoxale : pour être celui qui a droit à la parole, droit au récit, il faut qu'il ait d'abord été celui qui ne peut s'intégrer dans la continuité générationnelle, dans le courant de la transmission, et c'est uniquement une fois qu'il aura compris les causes de cet échec et se sera révélé capable de l'analyser qu'il pourra écrire ce récit – récit qui consiste précisément à raconter tout ce processus.

Le temps me manque pour montrer comment, dans *Le Royaume* également, à la cyclicité angoissante du début (en particulier l'incipit inquiétant consacré à l'évocation des « revenants », ces morts qui reviennent parmi les vivants et perturbent le cycle naturel de la vie et de la mort humaines[25], ainsi que la rumination masochiste permanente du narrateur) répond à la fin une série d'effets de « bouclage » extrêmement apaisés et apaisants : chacun des motifs du début, tous marqués au sceau de l'échec, est repris d'une façon cette fois harmonieuse, témoignant du fait que cette étape de la vie du narrateur a été définitivement dépassée : par exemple, le *Benedictus* lu au baptême du fils du narrateur, Jean Baptiste, dont n'est plus retenue que la beauté saisissante, tandis que ce baptême absurde, au début du récit, marquait ce que la conversion du narrateur avait d'artificiel[26] ; ou encore l'évocation d'Éric, cet handicapé aveugle, sourd et muet, que son père substitutif, Jean Vanier, réussit à sortir de son enfer de solitude, qui fonctionne en écho avec l'histoire désespérée de ce petit garçon de quatre ans emmuré en lui-même avec lequel ses parents sont impuissants à établir la moindre communication, et à laquelle le narrateur avait réagi avec un désespoir qui témoignait de son malaise existentiel[27]. C'est en tout cas également un récit dans lequel la cyclicité aporétique finit par être rompue pour laisser place à une capacité de transmettre, et ce n'est pas pour rien que le narrateur prend soin, régulièrement, de se mettre en scène comme père de la petite Jeanne en même temps qu'il déplie les différentes étapes de son enquête : car, à nouveau, les deux vont de pair, et si il est habilité à devenir narrateur-transmetteur, à l'instar de Luc avec qui la relation de spécularité est évidente, c'est parce qu'il est père de la petite Jeanne, parce qu'il réussit avec elle là où il a échoué avec ses deux fils aînés.

Enfin, pour ce qui est de *Tigre en papier*, contrairement aux apparences, la cyclicité est également rompue, ne serait-ce que parce que le narrateur finit par arrêter ses tours sur le périphérique pour finalement déposer Marie chez elle. Plus profondément, le fait même que le narrateur soit non seulement

25 Carrère, E., *Le Royaume*, *op. cit.*, p. 9 *sqq.*
26 *Ibid.*, p. 77-78 et 568.
27 *Ibid.*, p. 625-627 et 117-119.

capable de faire le récit, de transmettre à une représentante de la génération suivante l'expérience qui a été la sienne mais, surtout, qu'il assume en fait exactement le même rôle que Carrère dans *D'autres vies que la mienne*, à savoir transmettre la mémoire du père, et donc par ses mots remplacer le père absent, se substituer au père, montre bien que, à nouveau c'est là que se situe toute l'assise du récit. À l'échec de sa propre quête du père répond la réussite de la quête de Marie, réussite qui ne peut avoir lieu que grâce à lui. De la quête manquée à la transmission réussie, de la filiation impossible à la paternité restaurée, le narrateur a transformé son échec en réussite, et c'est cette transformation qui est le cœur du récit.

Les récits tournent ainsi tous trois autour de la question de la transmission qui est justement la condition *sine qua non* de leur propre existence, et la légitimité de la réponse qu'ils y apportent réside paradoxalement dans le fait que ce sont des récits qui racontent une incapacité à transmettre. C'est la façon de raconter cet échec, la voix spécifique par laquelle chaque narrateur met en scène ses quêtes manquées, les inhibitions, les blocages et les rancœurs qui l'excluent tant de la place du fils que de celle du père, qui *in fine* fera de ces récits les récits d'une transmission réussie. Une transmission à laquelle le narrateur sera habilité en raison du processus de transformation qui a été le sien. Peut-être est-ce ce que le jeu très subtil et discret joué par le narrateur de *D'autres vies que la mienne* autour du couple posture/imposture est destiné à nous faire comprendre. L'incipit du récit, en effet, nous le décrit occupé à « faire des postures » avec un groupe de Suisses « ayurvédiques », qui font un stage de yoga[28]. Et il n'est, en effet, à ce stade de récit, que « posture » et « imposture », très loin d'avoir trouvé la voix authentique qui lui permettra de délivrer un récit, de transmettre. Bien plus loin, en revanche, à un moment où le processus de transformation est bien amorcé, et où il se révèle capable d'une attention et d'une empathie à autrui qui sont le terreau d'où pourra éclore le récit, il accompagne Hélène, sa compagne, dans la longue nuit blanche durant laquelle sa sœur agonise à l'hôpital. Pour trouver un exutoire à l'attente insupportable, ils entreprennent de faire l'inventaire de la chambre d'hôtel dans laquelle ils se trouvent. La dernière phrase de la description est la suivante : « Le mot "imposte", dans les lignes que je viens de citer, je sais que c'est elle[29]. »

L'imposte, l'imposture, ce n'est plus lui. Il est sorti de l'ère des postures, de l'inauthenticité, du faux moi, et entre dans celle où il pourra être ce narrateur qui nous transmet son histoire.

28 Carrère, E., *D'autres vies que la mienne*, *op. cit.*, p. 10.

29 *Ibid.*, p. 95.

Bibliographie

Carrère, Emmanuel, *D'autres vies que la mienne*, Paris, P.O.L., 2009.

Carrère, Emmanuel, *Le Royaume*, Paris, P.O.L., 2014.

Rolin, Olivier, *Tigre en papier : roman*, Paris, Éd. du Seuil, coll. « Fiction & Cie », 2002.

Rolin, Olivier, *Circus 2 : romans, récits, articles (1999-2011)*, Paris, Éd. du Seuil, coll. « Fiction & Cie », 2012.

CHAPITRE 13

Limitation de Jésus-Christ. *Le Royaume* d'Emmanuel Carrère et les apories du roman documentaire

Bruno Thibault

Résumé

Cet article analyse les enjeux de l'approche (auto)biographique et de l'approche exégétique d'Emmanuel Carrère dans *Le Royaume*. Dans un premier temps, l'article souligne l'influence sur le travail de Carrère de ce qu'il nomme lui-même 'le roman documentaire' issu de la narrative nonfiction américaine. Cette section permet de mieux cerner le positionnement si particulier de l'auteur par rapport au récit de vie, à la biographie romancée, à l'essai autobiographique et au journalisme d'investigation combinés. Dans un second temps, l'article examine comment le récit de vie et la biographie sont pour Carrère des lieux d'expérimentation et d'élucidation intimes qui tentent d'échapper à l'espace de la fascination.

∴

Le Royaume, publié par Emmanuel Carrère aux éditions P.O.L. en 2014, a connu un réel succès de librairie dès sa parution[1]. L'une des causes de ce succès auprès du grand public mais aussi auprès des critiques est le débat très animé concernant la laïcité et le fondamentalisme religieux qui occupe depuis quelques années le devant de la scène intellectuelle en France[2]. Une autre cause de ce succès, c'est sans doute le positionnement très original de Carrère par rapport au personnage de Jésus et au récit biographique. Notre analyse détaillera donc l'approche (auto)biographique et l'approche exégétique de l'auteur, ainsi que son point de vue (anti)théologique. Mais, avant de commencer, disons

1 Cet ouvrage a été distingué par le Prix littéraire *Le Monde* et élu meilleur livre de l'année par le magazine *Lire*. Il a aussi été le lauréat du palmarès 2014 du magazine *Le Point* et nommé aux Globes de cristal en 2015 dans la catégorie « Meilleur roman ou essai ».

2 Concernant ce débat, voir Thibault, Bruno, *Un Jésus postmoderne : les récritures romanesques contemporaines des Évangiles*, Boston/Leiden, Brill-Rodopi, 2016, p. 1-10.

 | DOI:10.1163/9789004439313_015

quelques mots sur ce que Carrère nomme lui-même « le roman documentaire[3] » et sur le genre de la *narrative nonfiction* anglo-saxonne contemporaine. Cela nous permettra de cerner le positionnement si particulier de Carrère par rapport au récit de vie, à la biographie romancée, à l'essai autobiographique et au journalisme d'investigation combinés.

L'influence américaine : on sait combien Emmanuel Carrère a été marqué par l'œuvre de science-fiction de Philip K. Dick, qu'il a fait mieux connaître au public français avec *Je suis vivant et vous êtes morts* (Seuil, 1993). Mais, à un tout autre pôle, on doit noter l'influence capitale de Truman Capote. Dans plusieurs entretiens et articles, Carrère a reconnu sa dette à l'égard de l'enfant terrible des lettres américaines et il a souligné que *L'Adversaire* (2000) doit beaucoup au travail original de Capote dans *In Cold Blood* (1966). De plus, il faut souligner l'influence plus récente de Janet Malcolm. Emmanuel Carrère a consacré une chronique au récit « à trois étages » construit par Janet Malcolm dans *Le Journaliste et l'Assassin* (1990), à sa méthode particulière d'enquête et d'écriture, et à la polémique suscitée par cette méthode[4]. Quant à *Limonov* (2011), ce texte s'inspire dans une certaine mesure des séquences biographiques dérangeantes mêlées d'autobiographie déjantée de Joan Didion, notamment dans *Slouching Towards Bethlehem* (1969) et *The White Album* (1979), œuvres qui évoquent – entre autres – un John Wayne vieillissant, atteint d'un cancer, ou une Linda Kasabian, complice docile de Charles Manson dans le meurtre de Sharon Tate, ou encore une Joan Baez de 24 ans, très mal préparée à la célébrité qui s'abat sur elle et qui la perturbe profondément. Bref, inspiré par ces modèles américains, Carrère se voit confronté, comme eux, à deux ou trois questions fondamentales : comment combiner la vision empirique du journaliste avec la vision morale du romancier ? comment naviguer entre vie romancée et vie romanesque ? jusqu'où faire résonner la voix autobiographique dans le reportage documentaire proprement dit ?

On connaît la déclaration de Janet Malcolm : « Je peux raconter mais je ne peux pas inventer. Ce que les auteurs de non-fiction empruntent aux romanciers et aux nouvellistes, c'est le dispositif narratif[5]. » Il s'agit d'une bonne

---

3 Voir Carrère, Emmanuel, « Capote, Romand et moi », *Télérama* [En ligne], 11 mars 2006, URL : <http://www.telerama.fr/cinema/8489-capote_romand_et_moi_par_emmanuel_carrere.php> ; repris dans *Il est avantageux d'avoir où aller*, Paris, P.O.L., 2016, p. 265-272, cit. p. 266.

4 Carrère, Emmanuel, « Tu seras mon personnage », *Le Monde des livres* [En ligne], 12 juin 2013, URL : <https://www.lemonde.fr/livres/article/2013/06/12/tu-seras-mon-personnage_3428838_3260.html> ; repris sous le titre « *Le Journaliste et l'Assassin*, de Janet Malcolm » dans *Il est avantageux de savoir où aller*, *op. cit.*, p. 485-490.

5 Malcolm, Janet, « The Art of Nonfiction No. 4. Interview by Katie Roiphe », *The Paris Review* [En ligne], n° 196, printemps 2011, URL : <https://www.theparisreview.org/interviews/6073/janet-malcolm-the-art-of-nonfiction-no-4-janet-malcolm>. Trad. : « Je ne peux pas inventer », trad. Jérôme Orsini, *Feuilleton*, n° 18, 6 octobre 2016 ; revue créée et dirigée par Adrien Bosc.

définition de la *narrative nonfiction* mais cette définition est un peu rapide. Il faut se souvenir en effet que Truman Capote et Norman Mailer pensaient dans les années 1960 que le « non-fiction novel » devait éviter autant que possible la narration à la première personne, justement l'un des traits caractéristiques des œuvres de Janet Malcolm et de Joan Didion. On voit bien dans les premiers romans non fictionnels de Capote et de Mailer – notamment *In Cold Blood* (1966) et *The Armies of the Night* (1968) – que ces deux auteurs éliminent le *je* du reportage documentaire, souvent au prix de pénibles contorsions[6]. Quelques années après, en 1973, Tom Wolfe détaille dans une série d'articles qui ont fait date les techniques de ce « nouveau journalisme littéraire[7] » : construction du récit scène par scène ; dialogues reproduits dans leur intégralité ; importance des petits détails pour camper les scènes et les personnages ; emploi ponctuel et limité du point de vue de l'auteur qui est inséré au sein de multiples autres points de vue offerts par les acteurs et les témoins du drame (autrement dit, refus de toute fausse objectivité). Outre les questions de la technique descriptive, de l'organisation du récit et des scènes, du positionnement narratif et de l'empathie, il y a aussi, la question capitale de la longueur de l'enquête, c'est-à-dire sa durée. Cette durée permet seule une recherche exhaustive sur le drame et les personnes mises en scène.

Laurent Demanze a noté avec justesse que, depuis *L'Adversaire* (2000), Emmanuel Carrère « consigne des existences qui sont des lieux d'expérimentation et d'élucidation intimes[8] ». Ce critique souligne combien Carrère est travaillé par le trouble ou « la hantise de ne pas être soi », et comment l'existence d'autrui est ce « détour » qui permet une certaine « fabrique de l'identité[9] ». L'écriture biographique se double donc chez Carrère d'une veine

---

6 Les détracteurs de Capote et Mailer ont d'ailleurs raillé à l'époque leur façon fictionnelle et parfois un peu artificielle de raconter une histoire factuelle. Sur ce point, voir Kaul, Arthur J., *American Literary Journalists, 1945-1995: First Series*, Detroit (Mich.), Washington (D.C.), London, Gale Research, « Dictionary of Literary Biography; 185 », 1997, p. 35-36 et 168-172. Carrère souligne quant à lui la distinction qui existe entre le « je » journalistique et le « je » autobiographique : « Ce qui est grave, c'est [...] de se draper dans un rôle de témoin impartial et navré. C'est de n'avoir pas conscience qu'en racontant l'histoire, on devient soi-même un personnage de l'histoire, aussi faillible que les autres. Je dis, moi, [...] qu'il y a une frontière et que cette frontière ne passe pas, comme certains voudraient le croire, entre le statut de journaliste – hâtif, superficiel, sans scrupule – et celui d'écrivain – noble, profond, bourrelé de scrupules moraux –, mais entre les auteurs qui se croient au-dessus de ce qu'ils racontent et ceux qui acceptent l'idée inconfortable d'en être partie prenante. » Carrère, E., « *Le Journaliste et l'Assassin*, de Janet Malcolm », art. cit., p. 489.

7 Wolfe, Tom, *The New Journalism*, with an anthology edited by Tom Wolfe and E. W. Johnson, New York, Harper & Row, 1973.

8 Demanze, Laurent, « Les vies romanesques d'Emmanuel Carrère », *Roman 20-50. Revue d'étude du roman des XXe et XXIe siècles*, n° 57 : « Emmanuel Carrère », juin 2014, p. 5-14, cit. p. 2.

9 *Ibid.*

autobiographique originale car l'auteur y interroge divers modèles fascinants – tantôt négatifs tantôt positifs – par rapport auxquels il cherche à se jauger, se juger, se définir, ou au contraire se défaire de soi comme un serpent de sa peau morte. Chaque vie racontée suscite chez Carrère « le désir d'une *vita nova*, d'une réforme de soi, au point de pouvoir considérer que l'écriture biographique n'est pas loin de l'exercice de soi[10] ». Nous allons voir maintenant dans quelle mesure ces observations s'appliquent aussi au *Royaume*.

Le Royaume est un gros pavé d'environ 630 pages consacré à la vie de Jésus, à l'évangile de Luc et à la naissance des premières communautés chrétiennes. En fait, la perspective de Carrère est décalée : le récit porte sur la vie de Jésus telle qu'elle est relatée par l'évangéliste Luc, et Carrère y ajoute ses propres réflexions sur Luc et sur son maître Paul, sur leur travail missionnaire commun autour de la Méditerranée au Ier siècle. S'interrogeant sur les modalités du récit biographique historique, Emmanuel Carrère note dès le départ tout ce qui sépare son approche de celle de Yourcenar dans *Mémoires d'Hadrien* par exemple. Lui ne cherche nullement à éliminer l'ombre portée par la conscience contemporaine sur l'intrigue et sur les personnages. Au contraire, il met cette ombre en relief dans l'écriture : il joue avec elle et il en fait l'un de ses objets de réflexion.

> Je crois que l'ombre portée, on la verra toujours, qu'on verra toujours les astuces par lesquelles on essaye de l'effacer et qu'il vaut mieux dès lors l'accepter et la mettre en scène. [...] Je ne prétends pas que c'est mieux. Ce sont deux écoles, et tout ce qu'on peut dire en faveur de la mienne, c'est qu'elle est plus accordée à la sensibilité moderne, amie du soupçon, de l'envers des décors et des *making of* [...][11].

La première section du livre, « Une crise » (p. 29-142), relate la crise mystique de l'auteur, à l'automne 1990. Pendant trois années, Carrère s'est plongé quotidiennement dans la lecture du Nouveau Testament et des grands mystiques chrétiens. S'inspirant de la « lectio divina », il a noirci une vingtaine de cahiers de commentaires relatifs à l'évangile de Jean. Pourquoi cet évangile-là plutôt que les synoptiques ? Carrère considère à ce moment-là de sa vie que « de la bande des quatre, [Jean] est le plus mystique, le plus profond[12] ». Comme de nombreux intellectuels, il est séduit d'emblée par cet évangile qui lui semble le plus élevé, le plus relevé, le plus philosophique ou gnostique avec son

10 *Ibid.*
11 Carrère, Emmanuel, *Le Royaume*, Paris, P.O.L., 2014, p. 385,
12 *Ibid.*, p. 58.

préambule fameux tout imprégné de pensée grecque (le logos). Comparés à « ce pur-sang », Marc, Matthieu et Luc lui font l'effet de « rudes percherons[13] ». Mais cette première section est surtout intéressante parce que Carrère y interroge la frontière entre l'expérience mystique et le fantasme, « à supposer qu'il en existe une[14] ». C'est autour de ce « point indécidable[15] » que s'organise la réflexion de l'auteur concernant la foi religieuse, sa conversion, ses efforts d'alors pour obtenir une sorte de révélation, d'illumination ou de vérité. Que croyait au juste l'auteur pendant cette courte période de sa vie ? Et pourquoi ? Carrère se souvient que cette conversion soudaine est survenue au cours d'une période de dépression, de blocage de l'écriture, d'échec de sa vie conjugale ; bref cette conversion répondait à un cuisant sentiment d'impuissance et d'échec. Derrière toute conversion au Christ, Carrère considère donc qu'il existe une sorte de déception ou de désillusion du monde – voire de démission – qui sont vécues, une fois franchi le pas, comme un immense soulagement : « Cela s'appelle l'abandon et je n'aspirais qu'à m'abandonner[16] ». Au fond la conversion religieuse est présentée par Carrère dans ces pages comme une sorte de jeu « à qui perd gagne ». En s'abandonnant, en se renonçant, on fait l'expérience d'une abdication ou d'une abjection plus ou moins masochiste mais on touche le fond d'où l'on pourra remonter à la surface, recentré sur l'essentiel et transformé. La conversion est tout à la fois abandon de soi, sacrifice de l'intellect, apprentissage de l'humilité et initiation par le gouffre. Mais échappe-t-on jamais à l'orgueil ? Carrère en doute :

> On décide d'engager sa vie sur cette croyance folle : que la Vérité avec un grand v a pris chair en Galilée il y a deux mille ans. On est fier de cette folie, parce qu'elle ne nous ressemble pas, parce qu'en l'adoptant on se surprend et on s'abdique, parce que personne ne la partage autour de nous[17].

Au bout de trois années de ruminations intérieures, Carrère se souvient qu'il a éprouvé un sentiment de lassitude, de désaffection, de doute et d'éloignement concernant cette expérience religieuse. Cependant, ce qui est intéressant dans *Le Royaume*, c'est que, plus de vingt ans après sa crise mystique, le romancier a éprouvé le besoin de revenir sur cette expérience insolite dans un long récit personnel doublé d'une enquête historique. Cette enquête est menée en trois

---

13 *Ibid.*
14 *Ibid.*, p. 134.
15 *Ibid.*
16 *Ibid.*, p. 53.
17 *Ibid.*, p. 107.

grandes sections : la première, « Paul », porte sur l'action missionnaire de Paul durant les années 50-58, en Grèce et en Macédoine (p. 143-296) ; la deuxième, « L'Enquête », évoque le séjour de l'apôtre avec son compagnon Luc en Judée au cours de deux années, de 58 à 60 (p. 297-435) ; la troisième, « Luc », relate le séjour des deux hommes à Rome, au début des années 60 (p. 439-597). Ces deux dernières périodes ne sont pas prises au hasard : dans les Actes des apôtres, aux chapitres 16 et 25, Luc indique qu'il a été le témoin oculaire des événements qu'il relate.

La méthode employée par Carrère est donc très originale : avant de tracer un portrait de Jésus, il commence par examiner le récit de Luc dans les Actes et les épîtres de Paul, en soulignant les petits décalages qui existent entre ces deux témoignages et en mettant l'accent sur les débats qui agitaient les premières communautés judéo-chrétiennes. Pourquoi Carrère choisit-il maintenant Luc plutôt que Jean, dont il admirait quelques années auparavant la hauteur de vue ? Parce que Luc est une figure moins intimidante. Mais aussi parce que Luc est un témoin venu de l'extérieur, donc peut-être plus impartial. Luc, médecin macédonien lettré, citadin de langue et de culture grecque (comme Paul), est au départ très éloigné du monde de la Judée et de la Galilée. C'est un « craignant-Dieu » attiré par la religion austère des Juifs. Carrère souligne d'ailleurs qu'à l'époque les hommes comme Luc étaient assez nombreux :

> Je me représente cet engouement pour le judaïsme, si répandu au premier siècle sur les bords de la Méditerranée, un peu comme l'intérêt pour le bouddhisme aujourd'hui chez nous : une religion à la fois plus humaine et plus épurée, avec le supplément d'âme qui manquait au paganisme à bout de souffle[18].

En cette époque assez confuse, fascinée par les religions orientales et globalisée par l'empire romain, la religion des Juifs était selon Carrère « ce qu'il y avait de mieux sur le marché[19] ». Cette religion était présente sur tout le pourtour de la Méditerranée grâce à une importante diaspora. « Leur dieu unique était moins pittoresque que les dieux de l'Olympe mais il comblait des aspirations plus hautes. Ceux qui l'adoraient prêchaient par l'exemple. Ils étaient graves, industrieux, totalement exempts de frivolité[20] ». Comme un romancier enquête sur le décor et sur la période de son roman en cours, en s'appuyant sur les recherches de nombreux érudits français, de Jérôme Carcopino à Paul

---

18 *Ibid.*, p. 150.
19 *Ibid.*, p. 151.
20 *Ibid.*

Veyne, en passant par Pierre Vidal-Naquet, Marcel Simon et Claude Simon Mimouni, mais aussi sur les travaux de grands exégètes anglo-saxons tels Paul L. Maier, John Paul Meier, Hyam Maccoby, Daniel Boyarin et Geza Vermes, Carrère décrit les premières communautés chrétiennes d'Asie Mineure et leurs croyances. Il rappelle que les toutes premières communautés chrétiennes n'avaient pas encore d'évangile : leur livre sacré était la Bible hébraïque. Ce sont donc les lettres de Paul qui définissent la nouvelle théologie. Or cette théologie s'élaborait au gré des circonstances et des controverses. Carrère oppose, à la suite d'Ernest Renan, les fines paraboles de Jésus aux prêches dogmatiques de Paul mais ce qui intéresse vraiment l'écrivain c'est le travail d'écriture de Luc, son montage biographique.

La section du *Royaume* intitulée « L'Enquête » est intéressante : elle relate la rencontre de Paul et de Luc à Assos, et leur voyage commun en Judée en 58-60. Carrère imagine la surprise de Luc fraîchement arrivé à Jérusalem lorsqu'il a rencontré, pour la première fois, Jacques, le propre frère de Jésus, et quelques-uns des disciples qui avaient partagé la vie du Nazaréen. Jusqu'à ce jour, il est probable que Luc ne savait pas grand-chose des mœurs de la Galilée et de la Judée : il n'avait sans doute pas pris conscience de la puissance du milieu intégriste juif de Jérusalem, ni des menaces que le Temple faisait peser sur la jeune église. Enfin Luc n'avait certainement pas mesuré l'incroyable indépendance d'esprit de Jésus, son anticonformisme et ses mauvaises fréquentations. Subitement, le voyageur macédonien comprend que « ce Christ dont Paul parlait constamment, [...] dont la mort et la résurrection allaient sauver le monde et en même temps précipiter sa fin, ce Christ avait été un homme de chair et de sang, qui avait vécu sur cette terre et marché sur ces chemins même pas vingt-cinq ans auparavant[21] ». À partir de ce jour, avance Carrère, Luc a tourné le dos à la théologie abstraite de son maître et s'est transformé en historien. Inspiré par l'exemple de Thucydide, et dans une langue grecque élégante, il s'est penché sur cette sombre affaire juive : la vie, l'enseignement et la mort de Jésus.

Comme les lecteurs d'aujourd'hui, Luc s'est donc éloigné progressivement de la figure christique dogmatique paulinienne pour s'intéresser à l'homme Jésus, au maître spirituel. C'est pour cette raison que l'évangéliste est pour Carrère le guide idéal pour son enquête. En 2010, au cours d'un séjour dans le petit village balnéaire de Selimiyé en Turquie, Carrère noircit un cahier entier de notes consacrées au troisième évangile. La question qui habite alors le romancier n'est plus celle qui animait sa recherche, vingt ans plus tôt, sur l'évangile de Jean. Carrère ne cherche plus à saisir la parole de Dieu pour conduire sa vie ; il examine simplement la démarche de Luc comme écrivain, c'est-à-dire

21 *Ibid.*, p. 338.

son intention et sa méthode. Luc est évidemment un écrivain sérieux et scrupuleux mais Carrère relève les moments d'improvisation et d'invention de l'évangéliste, ce qu'il nomme « ses trouvailles de scénariste[22] ».

À plusieurs reprises dans *Le Royaume*, Carrère exprime son appréhension dès qu'il s'agit de parler directement de Jésus, d'en faire le portrait. « Si elle n'illumine pas, la figure de Jésus aveugle. Je ne veux pas l'aborder de front[23]. » Sa méthode est donc d'approcher le personnage de Jésus de biais, par une série d'intermédiaires, d'abord les écrits de Jean, puis les épîtres de Paul puis l'évangile de Luc. Arrivé à ce point de son enquête, Carrère se concentre sur l'entourage de Jésus, tel qu'il est décrit par Luc. « Comme on fait un casting, je passe son évangile au peigne fin, attentif aux seconds et aux troisièmes couteaux[24]. » L'écrivain examine ainsi le rôle joué par les deux sœurs de Béthanie, Marthe et Marie, proches disciples de Jésus[25], ou encore celui de Jeanne, la femme de l'intendant d'Hérode, qu'il imagine comme une bourgeoise oisive et déprimée, une sorte « d'Emma Bovary juive, cliente idéale pour un gourou[26] ». Carrère développe aussi le personnage de Philippe, ce vieux « franc-tireur[27] » de l'Église chrétienne primitive, établi à Césarée avec ses filles. C'est Philippe qui aurait détaillé à Luc la vie et la prédication de Jésus en Galilée. Carrère avance aussi l'hypothèse selon laquelle Philippe aurait été l'un des deux pèlerins d'Emmaüs.

Quoi qu'il en soit, tout comme Guy Hocquenghem voulait montrer dans *La Colère de l'agneau* (1985)[28] la « géniale trahison » de la pensée de l'apôtre Jean dans l'évangile rédigé en son nom par son secrétaire Jean Prokhore, Emmanuel Carrère veut montrer dans *Le Royaume* que Luc, après avoir été l'interprète fidèle de Paul dans les Actes des apôtres, a pris ensuite ses distances vis-à-vis de son maître dans son évangile. Pour rédiger ce texte, Luc n'a pas hésité à confronter les témoignages, à utiliser son propre jugement, à préserver les petits faits vrais concernant la vie de Jésus même si ceux-ci semblaient contredire la doctrine paulinienne. Malgré quelques entorses à la réalité, la contribution de Luc est donc capitale : « [Son] intérêt pour les hommes plus que pour les idées [...] a fait de lui le premier auteur antique à présenter un mouvement religieux en

---

22 *Ibid.*, p. 466.
23 *Ibid.*, p. 146.
24 *Ibid.*, p. 376.
25 Carrère s'étonne à juste titre que Luc ne dise rien de Lazare, leur frère, ni de sa résurrection rapportée par Jean, « qui, si elle a eu lieu, a dû être pourtant un événement considérable » (*ibid.*, p. 378).
26 *Ibid.*, p. 380.
27 *Ibid.*, p. 337.
28 Hocquenghem, Guy, *La Colère de l'agneau*, Paris, A. Michel, 1985.

exposant non sa doctrine mais son histoire[29]. » Or cette histoire, Luc n'a eu de cesse de la rattacher au judaïsme. « Tout en étant partie prenante d'un mouvement qui, irrésistiblement, s'affranchit du judaïsme, Luc a voulu connaître le judaïsme », note Carrère. Et il ajoute : « Luc a fait mieux que le connaître : il l'a aimé[30]. »

Le positionnement très particulier d'Emmanuel Carrère dans *Le Royaume* est, à nos yeux, caractéristique de la posture postmoderne. Tout comme Jean Rouaud dans *Évangile* (*selon moi*) (2010)[31], Carrère s'implique personnellement dans son récit et ne voile pas l'ombre portée par la conscience contemporaine. Les deux auteurs rejettent les « vies de Jésus » qui correspondent à une entreprise de simplification (c'est-à-dire de mensonge) et optent pour un art de vérité (c'est-à-dire de complexité). Ils soulignent la variété des témoignages, sans jamais chercher à la réduire. Au contraire, ils pointent du doigt les variantes et s'interrogent sur leurs motivations. Ils questionnent les contradictions et les lacunes. Ils rejettent les récits hagiographiques mais aussi les grandes fresques historiques parce que l'auteur *ne s'y trouve pas*. Ils nouent dans leur texte un récit parallèle sur les aléas de leur foi, sur leurs problèmes conjugaux ou sentimentaux. Enfin ils interrogent la ligne de partage incertaine du judaïsme et du christianisme, en évitant soigneusement, autant que possible, les préjugés historiques ou théologiques. Le travail de l'écrivain, en s'appuyant sur de solides recherches historiques, n'est-il pas d'interroger les fausses évidences et de montrer comment les acteurs de l'époque ont réellement saisi (ou non) les événements et les enjeux ?

Dans *Le Royaume*, Carrère cherche à saisir l'existence de Jésus dans sa complexité, en traquant « ses replis, ses incertitudes et ses zones d'ombre, qui la font échapper à l'exemplarité du modèle ou de l'idéal[32] ». En même temps Carrère dénonce l'illusion selon laquelle, si on possédait plus de documents, on pourrait parfaitement cerner l'existence de Jésus et sa personnalité. Carrère nous montre que, toujours accompagnée d'ombres ou de doutes, « la vie ne saurait s'écrire à la façon d'un récit linéaire, mais seulement dans des dispositifs complexes et diffractés, qui permettent tout à la fois d'en saisir les différentes facettes et d'en dérober toute saisie totalisante[33] ». Il existe par conséquent chez Carrère « un protocole de véracité », qui est basé sur un « scrupule éthique[34] ». Mais il existe aussi chez lui un réel souci d'empathie. Cependant il ne faut pas

---

29 *Ibid.*, p. 486.
30 *Ibid.*, p. 562.
31 Rouaud, Jean, *Évangile* (*selon moi*), Paris, Éd. des Busclats, 2010.
32 Demanze, L., « Les vies romanesques d'Emmanuel Carrère », art. cit., p. 16.
33 *Ibid.*
34 *Ibid.*, p. 5.

confondre empathie et fusion affective. À aucun moment Carrère ne souhaite s'exalter (ou se perdre) dans l'adoration de son modèle. Au contraire, il établit dans *Le Royaume* un très net contraste entre sa lecture fascinée de l'évangile de Jean – une lecture pieuse et aveugle au texte – et sa lecture plus attentive ou plus scrupuleuse de l'évangile de Luc quelques années plus tard (en attendant la lecture de l'évangile de Marc qui est évoquée brièvement dans la conclusion de son enquête[35]). Nous sommes très loin ici d'une biographie hagiographique. Nous sommes très loin aussi de ces pseudo-biographies iconoclastes, assorties de révélations fracassantes, qui alimentent régulièrement le marché[36]. Nous sommes très loin enfin des fictions biographiques à la Michon ou à la Macé[37]. La recherche de Carrère est exhaustive et son travail est méticuleux, mais l'écrivain souligne à plusieurs reprises la nature forcément hypothétique de toute reconstitution de la vie de Jésus. « [Si Carrère] s'aventure au-delà des données factuelles », observe Laurent Demanze, « c'est toujours en démarquant soigneusement son ignorance » et en évitant « les séductions de l'imaginaire[38] ». Ces remarques s'appliquent parfaitement au *Royaume*. Ajoutons que si Carrère écorne ici et là le pacte de véracité, c'est le plus souvent dans les récits personnels annexes – certains hilarants, certains émouvants – qui ponctuent le roman d'investigation biographique et s'y mirent, ou pour mieux dire : s'y réfractent.

Bibliographie

Aslan, Reza, *Zealot: The Life and Times of Jesus of Nazareth*, New York, Random House, 2013.

Carrère, Emmanuel, « Capote, Romand et moi », *Télérama* [En ligne], 11 mars 2006, URL : <http://www.telerama.fr/cinema/8489-capote_romand_et_moi_par_emmanuel_carrere.php> ; repris dans *Il est avantageux d'avoir où aller*, Paris, P.O.L., 2016, p. 265-272.

35 Pour plus de détails sur ce point, voir Thibault, Bruno, *Un Jésus postmoderne : les récritures romanesques contemporaines des Évangiles*, Boston, Leiden, Brill-Rodopi, 2016, p. 140-141.

36 La dernière en date est *Zealot: The Life and Times of Jesus of Nazareth*, de Reza Aslan (New York, Random House, 2013), qui présente Jésus comme un nationaliste juif fanatique. La liste de ces pseudo-biographies – qui correspondent à diverses modes intellectuelles – est longue : Jésus gnostique ; Jésus, sage thaumaturge aux pouvoirs chamaniques ; Jésus, époux de Marie-Madeleine ; Jésus, visionnaire anarchiste insurgé contre les autorités ; Jésus, gay et amant de Jean ; Jésus, paysan illettré héritier des Cyniques ; Jésus, porte-parole des Esséniens ; Jésus bouddhiste, etc. Pour plus de détails, voir Thibault, Bruno, *Un Jésus postmoderne, op. cit.*, chap. « Jésus mangé à toutes les sauces », p. 153-183.

37 Rappelons ici que Jean Grosjean a publié chez Gallimard, dès 1974, une courte et très remarquable fiction biographique consacrée à Jésus, intitulée *Le Messie*.

38 Demanze, L., « Les vies romanesques d'Emmanuel Carrère », art. cit., p. 6.

Carrère, Emmanuel, « Tu seras mon personnage », *Le Monde des livres* [En ligne], 12 juin 2013, URL : <https://www.lemonde.fr/livres/article/2013/06/12/tu-seras-mon-personnage_3428838_3260.html> ; repris sous le titre « *Le Journaliste et l'Assassin*, de Janet Malcolm » dans *Il est avantageux de savoir où aller*, *op. cit.*, p. 485-490.

Carrère, Emmanuel, *Le Royaume*, Paris, P.O.L., 2014.

Demanze, Laurent, « Les vies romanesques d'Emmanuel Carrère », *Roman 20-50. Revue d'étude du roman des XX*e *et XXI*e *siècles*, nº 57 : « Emmanuel Carrère », juin 2014, p. 5-14.

Hocquenghem, Guy, *La Colère de l'agneau*, Paris, A. Michel, 1985.

Kaul, Arthur J., *American Literary Journalists, 1945-1995: First Series*, Detroit (Mich.), Washington (D.C.), London, Gale Research, « Dictionary of Literary Biography; 185 », 1997, p. 35-36 et 168-172.

Malcolm, Janet, « The Art of Nonfiction No. 4. Interview by Katie Roiphe », *The Paris Review* [En ligne], nº 196, printemps 2011, URL : <https://www.theparisreview.org/interviews/6073/janet-malcolm-the-art-of-nonfiction-no-4-janet-malcolm>. Trad. : « Je ne peux pas inventer », trad. Jérôme Orsini, *Feuilleton*, nº 18, 6 octobre 2016 ; revue créée et dirigée par Adrien Bosc.

Rouaud, Jean, *Évangile* (*selon moi*), Paris, Éd. des Busclats, 2010.

Thibault, Bruno, *Un Jésus postmoderne : les récritures romanesques contemporaines des Évangiles*, Boston/Leiden, Brill-Rodopi, 2016.

Wolfe, Tom, *The New Journalism*, with an anthology edited by Tom Wolfe and E. W. Johnson, New York, Harper & Row, 1973.

CHAPITRE 14

La guerre civile des noms : histoire/littérature/ document. Leçon de Pascal Quignard

Nenad Ivić

Résumé

Les trois récits qui font le petit livre de Pascal Quignard *Leçons de solfège et de piano* (2013), mettent en jeu la littérature, la mémoire, le document, le témoignage, l'histoire et l'autobiographie. Considérés comme une variété, ou variante du discours feuilleté (Michel de Certeau), ces trois récits permettent d'articuler les rapports entre le discours historiographique et les discours littéraires (romans, souvenirs, témoignages etc.) en termes non pas d'une distinction nette entre les deux (fait *vs* fiction), mais d'un voisinage constant et nécessaire, d'une tension perpétuelle, constitutive aussi bien de la littérature que de l'histoire. L'écriture de Quignard exploite cette tension : son témoignage se révèle littéraire, unique justement parce que sa démonstration historique est répétable, et, à la fois, historique, substituable et contrôlable, parce que sa narration est unique, impossible à répéter.

1 Le signe

En 2013, Pascal Quignard publie un petit livre autobiographique, intitulé *Leçons de solfège et de piano*, réécriture des versions successives d'une conférence prononcée trois années auparavant : « Les leçons de solfège et de piano de Louis Poirier à Ancenis en 1919 et 1920 », suivi de « Compléments aux *Leçons de solfège et de piano* sur Gérard Bobillier et sur Paul Celan » et de « Sur Paul Celan »[1]. Trois apprentissages de l'amitié, de la traduction, et de la musique, et trois dettes contractées, commémorées, reconnues et soldées, mis ensemble par une écriture dite feuilletée, « qui "comprend" son autre », c'est-à-dire soi-même, son passé, les souvenirs et les documents, « dont une moitié,

1 Quignard, Pascal, *Leçons de solfège et de piano*, Paris, Arléa, 2013, respectivement p. 7-28, 29-39 et 41-50.

 | DOI:10.1163/9789004439313_016

continue », celle de la narration, de l'autobiographie, de l'histoire, « s'appuie sur l'autre, disséminée », celle des documents, des citations, « et se donne ainsi le pouvoir de dire ce que l'autre signifie sans le savoir[2] ». Un livre fiable dans sa circularité, apparemment historiographique, et, aussi, littéraire, histoire et littérature inséparables, comme le *recto* et le *verso* d'une page. Bien qu'il ne soit peut-être pas souhaitable de commenter les pages de Pascal Quignard, « car le commentaire ne pourrait rien faire d'autre que de démonter des pièces qu'il remonterait dans un autre ordre, lequel ne rendrait rien plus explicite ni plus convaincant[3] », l'agencement de ces trois récits, mettant en jeu la mémoire, le document, le témoignage, l'histoire et l'autobiographie, la vie et la lecture, le témoin et l'écrivain, la langue et le passé, nous fait, peut-être, signe. Un signe de la « distance » entre le « champ d'expérience » de la littérature, et l'« horizon d'attente », de ce qu'on attend de la littérature, distance « à la limite de la rupture[4] ». C'est du signe de notre présent qu'il s'agit, da sa lisibilité illisible, de décryptage de ce qu'on devine être sa forme et sa signification, sa possibilité de faire sens.

2 *Folium discerptum* – la feuille déchirée

« Bien évidemment, ni le sens comme direction, ni le sens comme teneur ne sont donnés. Ils sont chaque fois à inventer : autant dire à créer, c'est-à-dire à faire surgir du rien et à faire surgir comme ce rien-de-raison qui soutient, qui conduit et qui forme les énoncés véritablement créateurs de sens, qui sont ceux de la science, de la poésie, de la philosophie, de la politique, de l'esthétique et de l'éthique : sur tous ces registres, il ne s'agit que des aspects et des allures multiples de ce qu'on pourrait nommer l'*habitus* du sens du monde », écrivait en 2002 Jean-Luc Nancy[5]. Et Nancy d'ajouter, dans le paragraphe suivant, une restriction littéralement capitale : « Cela ne signifie absolument pas que n'importe quoi fasse sens n'importe comment : cela, précisément, est la version capitaliste du sans-raison, qui fait l'équivalence générale de toutes les

2 Certeau, Michel de, *L'Écriture de l'histoire*, Paris, Gallimard, « Bibliothèque des histoires », 1975, p. 111.

3 Nancy, Jean-Luc, *Demande : philosophie, littérature*, textes réunis avec la collaboration de Ginette Michaud, Paris, Galilée, coll. « La Philosophie en effet », 2015, p. 385.

4 Hartog, François, *Régimes d'historicité : présentisme et expériences du temps*, Paris, Éd. du Seuil, coll. « La Librairie du XXIe siècle », 2003, p. 28.

5 Nancy, Jean-Luc, *La Création du monde ou la mondialisation*, Paris, Galilée, coll. « La Philosophie en effet », 2002, p. 57-58.

formes de sens dans une informité infinie[6]. » Nancy s'appuie, évidemment, sur Marx ; après tant d'autres, il propose la fameuse thèse marxiste dans un champ particulier, celui de la production culturelle (dans le sens le plus large, englobant aussi les sens) et dans un contexte particulier, celui du présent, du contemporain vu comme histoire-création des énoncés divers (englobant aussi les gestes). Si l'on se tient aux énoncés, ce présent diffère du présent du XIXe siècle par un trait de toute première importance, qui change le ton, la direction et la teneur des énoncés. Le XIXe siècle vivait encore sous l'axiome hérité des Lumières « *il n'y a pas de pouvoir total* », car « [s]i arbitraire qu'en soit l'exercice, si violents qu'en soient les moyens, si persistante que soit sa volonté d'asservir, un pouvoir rencontre toujours un îlot infracassable, sur lequel il ne peut rien : la langue[7] ».

Le XXe, et le XXIe siècle ont fait, par contre, une expérience radicalement nouvelle, celle du *pouvoir total* ; en découvrant que le pouvoir politique peut toucher à la langue (dans les systèmes dits totalitaires, mais aussi dans les systèmes dits libres : qu'on songe aux pouvoirs médiatiques), ils ont découvert « du même coup son illimitation[8] ». Curieusement, c'est après l'avènement de la linguistique (résumant la tradition des Lumières), qui, contre l'asservissement de la parole, décrète que « la langue est ailleurs, dans un espace et un temps que rien ne peut fracturer, ni les lois de l'univers, ni les décisions des politiques », qu'elle ne s'autorise que d'elle-même (un axiome scientifique), que la figure du pouvoir total s'est déplacée : « Sous le nom de contrôle, elle réapparaît dans les discours, avec le trait distinctif de son illimitation : le contrôle trouve ses manifestations les plus évidentes au plus intime de la langue[9]. » « Elles semblent prouver », précise Jean-Claude Milner, « l'illimitation du pouvoir de la marchandise » ; et se ramènent « à l'art de rendre synonymes liberté et servitude, paix et guerre, démocratie et dictature[10] », mais aussi, j'ajoute, histoire et fiction, vérité et mensonge, réel et imaginaire. L'analyse de Nancy de 2002 rejoint celle de Milner de 2014 : l'informité infinie, détectée par Nancy, a aussi ses formes, qui ne sont pas, on le sait trop bien, savoureuses. Le signe est attaqué dans sa substance ; ou bien c'est le signe qui signifie l'assaut et la possibilité du contrôle illimité.

On a touché à la langue, donc, juste au moment où, dans les humanités, tout est devenu langue, où le texte « bâti sur un espace propre » est devenu

6 *Ibid.*, p. 58.

7 Milner, Jean-Claude, *La Puissance du détail : phrases célèbres et fragments en philosophie*, Paris, B. Grasset, coll. « Figures », 2014, p. 243-244. C'est l'auteur qui souligne.

8 *Ibid.*, p. 247.

9 *Ibid.*, p. 246, 247.

10 *Ibid.*, p. 247-248.

« l'utopie fondamentale et généralisée de l'Occident moderne[11] ». Ceci a eu de nombreuses conséquences : d'un côté, le sentiment de l'impuissance de la langue de rendre compte de ce qui est en dehors d'elle (la fameuse constatation – surinterprétée et mal comprise – d'Adorno, *nach Auschwitz ein Gedicht zu schreiben, ist barbarisch*, en est l'exemple éclatant[12]) et, de l'autre, le questionnement pyrrhonien du fonctionnement et des procédés de la langue (ce qu'on appelle, le *linguistic turn* dans les humanités). Dans cette perspective, la querelle qui opposait les historiens, défenseurs de l'histoire scientifique, telle qu'elle s'est constituée dans la modernité comme acquis pérenne de l'humanité, à ceux qui questionnaient les mots, la langue et les discours historiques, appelés dans la plupart des cas bien à tort relativistes, menée, le plus souvent, à coups de caricature, peut être considérée comme une manifestation parmi d'autres de la manière de s'en prendre à ce manque d'auto-autorisation de la langue, ressenti comme l'*habitus* du monde contemporain. Monde « fou de prison », comme le disait René Char[13] : dans cette prison, qui est celle du langage (selon la métaphore connue) tout tient dans l'ambiguïté du *de* qui exprime bien la toute puissance (désir fou) impuissante (emprisonnement) de celui qui pense et écrit. Il semble donc raisonnable de douter que, le « langage » étant « notre problème et notre solution », la solution est à chercher dans l'invention d'« une forme hybride qu'on peut appeler texte-recherche ou *creative history* – une littérature capable de dire vrai sur le monde[14] ».

Pour deux raisons. Premièrement, tout simplement, la littérature, et l'histoire aussi, étaient toujours capables de dire vrai sur le monde. L'incapacité de dire vrai sur le monde, n'est qu'une capacité non reconnue, insoupçonnée, comme l'étaient, à son temps, celles d'Hérodote et de Thucydide, d'Augustin Thierry et de Jules Michelet, d'Emmanuel Le Roy Ladurie et d'Alain Corbin. Pourvu qu'on ne touche pas à la langue. La tentative de Jablonka se situe dans un paradis, celui de la langue intouchable, et ce paradis et, semble-t-il, irrémédiablement perdu. Au lieu de pleurer ce qu'on a perdu (démarche autorisée par l'*habitus* de notre monde noyé dans l'héritage judéo-chrétien), il serait plus

11 Certeau, Michel de, *L'Invention du quotidien. I, Arts de faire* [1980], Paris, Gallimard, coll. « Folio essais », 1990, p. 200.

12 Adorno, Theodor W., *Prismen: Kulturkritik und Gesellschaft* [1951], in *Gesammelte Schriften*, Bd. 10.1 : *Kulturkritik und Gesellschaft I*, hrsg. R. Tiedemann, Frankfurt am Main, Suhrkamp, 1977 ; rééd. Darmstadt, Wissenschaftliche Buchgesellschaft, 1998, p. 30.

13 Char, René, « La Sorgue », in *Œuvres complètes*, Paris, Gallimard, « Bibliothèque de la Pléiade », 1995, p. 274.

14 Jablonka, Ivan, *L'histoire est une littérature contemporaine : manifeste pour les sciences sociales*, Paris, Éd. du Seuil, « La Librairie du XXIe siècle », 2014, p. 15, 19.

intéressant (intéressant : c'est le mot de l'historien, souligne Paul Veyne[15]) de s'en prendre à cette langue blessée, fracturée, asservie. S'en prendre à la perte de la langue, signifie embrasser l'interprétation : l'érudition, le détail, la minutie et le différend. Dans l'histoire, une récapitulation consciente et entêtée de l'ontogénèse de l'histoire dans la phylogenèse du discours historique est le seul barrage contre l'ennui ravageur de l'histoire-valeur des projets nationalistes, car cet autre qu'elle exorcise, dans le cas de l'histoire, n'est que l'histoire même. De même que la linguistique, l'histoire est un savoir relatif, relatif à celui qui le conçoit (elle a toujours un auteur), relatif aux données (sources : témoignages, documents etc.) et relatif au temps (*Weltanschauung*, air du temps, mentalité), d'où elle puise ses garanties de vérité. Cette vérité est provisoire et relative, « son relativisme », toutefois, « ne se félicite pas stérilement des résultats agnostiques, mais prend acte du véritable et propre combat qui est à la base du travail historiographique[16] ». En fait, l'histoire, bien que, pour la plupart du temps, nous pensons différemment, ne s'autorise que de l'histoire : son défi actuel, c'est de faire l'histoire de cette autorisation dans une langue blessée et asservie. L'annonce de la fin de l'histoire (symptôme du changement, comme la fracturation de la langue) appelle une histoire de la création, un tableau ontogénétique (voilà du Michelet ressuscité, greffé sur Foucault) dans lequel « la langue, qui a désactivé ses fonctions utilitaires, repose en elle-même, et contemple son pouvoir de dire[17] ». C'est à ce point là, où la littérature se dissout constamment dans histoire et l'histoire, à son tour, se transforme en littérature, que l'histoire devient distincte dans son indistinction, quel que soit le produit final, de l'activité poétique.

Deuxièmement, parce que, comme la capacité de dire vrai sur le monde, cette forme hybride qu'on peut appeler texte-recherche ou *creative history*, ou « littérature traversée par un raisonnement[18] » existait, elle aussi, depuis toujours. Pour mener à bien ses recherches, pour créer son objet, Thucydide emprunte les concepts à la médecine contemporaine ; les historiens médiévaux en appellent à la théologie ou à la science des mots ; ceux de la Renaissance, Etienne Pasquier par exemple, s'inspire de procédures juridiques ; dans

15 Veyne, Paul, *Comment on écrit l'histoire : essai d'épistémologie*, Paris, Éd. du Seuil, coll. « L'Univers historique », 1978, p. 44.

16 Canfora, Luciano, *Noi e gli antichi. Perché lo studio dei Greci e di Romani giova all'intelligenza dei moderni* [2002], Milan, Rizzoli, 2016, p. 61 : « Un relativismo, dunque, che non si compiace sterilmente di esiti agnostici, ma che prende atto del vero e proprio combattimento che sta alla base del lavoro storiografico. » Je traduis.

17 Agamben, Giorgio, « Che cos'è l'atto di creazione? », in *Il fuoco e il racconto*, Rome, Nottetempo, 2014, p. 39-61, cit. p. 59 : « in cui la lingua, che ha disattivato le sue funzioni utilitarie, riposa in se stessa, contempla la sua potenza di dire ». Je traduis.

18 Jablonka, I., *L'histoire est une littérature contemporaine*, *op. cit.*, p. 298.

la modernité, Augustin Thierry s'approprie les procédés romanesques et la nouvelle histoire puise dans le savoir anthropologique, climatologique etc. Depuis toujours, même dans ses moments les plus scientifiques, l'histoire, pour se faire histoire, a fait feu de tout bois : la création historique, l'histoire de l'histoire est une histoire de l'appropriation, du métissage et de la greffe. L'historien a toujours été un passeur. L'isolement du savoir historique et de ses méthodes, fruit de son devenir science, est un trait de mentalité scientifique, elle aussi historique.

L'isolement de l'histoire comme science a été rendu possible grâce à la langue qu'on croyait intouchable. Aujourd'hui, par contre, on vit dans un régime d'historicité différent, dont nous saisissons à peine les enjeux : le savoir ne semble plus être détachable de son détenteur ou créateur, ses spécificités s'estompent, les vocabulaires et les savoir-faire sont frappés d'obsolescence, impuissants devant la perte d'évidence des « articulations du passé, du présent et du futur[19] » ; le *globish* s'impose comme langue unique. Vendeur de sa pensée, l'historien, soucieux d'acquérir une audience, est, lui aussi, vendu ; simple marchandise, il n'est plus sujet : il est la manifestation de « [l]'universalité de quelconque comme transformation généralisée des êtres parlants en choses[20] ». Le signe, cette simple commodité saussurienne[21], se meut en *globish commodity* ; l'histoire-valeur va de pair avec l'être parlant-chose et c'est cette chose qui autorise la langue de l'histoire-valeur : on est dans la circularité de l'univers médiatique, dans un présent éternel où n'importe quoi fait sens n'importe comment.

L'histoire, dit Roger Chartier reprenant la thèse de Michel de Certeau, « est un discours qui met en œuvre des constructions, des compositions, des figures qui sont celles de l'écriture narrative, donc aussi de la fiction, mais qui, en même temps, produit un corps d'énoncés prétendant à un statut de vérité, donc "scientifique", si on entend par là la possibilité d'établir un ensemble de règles permettant de "contrôler" des opérations proportionnées à "la production d'objets déterminés[22]". » Il s'agit donc – tâche parmi d'autres – d'inventer la spécificité de l'histoire, en reliant, de nouveau, le discours à l'opération. Et puisque cette invention ne peut pas se faire sans invention de la langue (il ne s'agit pas d'un nouveau vocabulaire technique) elle s'accomplit parallèlement avec des transformations de la littérature.

---

19 Hartog, F., *Régimes d'historicité*, *op. cit.*, p. 27.

20 Milner, Jean-Claude, *Le Juif de savoir*, Paris, B. Grasset, coll. « Figures », 2006, p. 220.

21 Milner, Jean-Claude, *Le Périple structural*, Verdier, Lagrasse, 2002, p. 34.

22 Chartier, Roger, *Au bord de la falaise : l'histoire entre certitudes et inquiétude*, Paris, A. Michel, 1994, p. 104-105, résumant Certeau, M. de, *L'Écriture de l'histoire*, *op. cit.*, p. 63-120.

Pascal Quignard écrit : « Dans Spinoza ce n'est pas dans les démonstrations, c'est dans les *scolies* que la pensée se fait. Les scolies, telles fut l'invention de Dédale quand, venu d'Athènes et proscrit, il construisit le Labyrinthe à l'instigation du roi Minos : les recoins, les détours, les voies sans issue, *aporos*, les fausses pistes, les angles morts, les cheminements *hilflos*, les *skolia* en zigzag, les scolioses de l'espace[23]. » La lecture et l'érudition y sont directement liées à l'invention, qui, avec le rappel mythique, est celle dans et par la langue : l'invention, où le grec ancien se superpose au français, demande toujours la traduction, « dénatur[e] de fond en comble la langue » et la rend barbare[24] ; la scolie, genre par excellence intellectuel de l'explication de texte, détourne la démonstration argumentative et crée le vertige, peut-être parodique, « d'une non-maîtrise, une perte de connaissance[25] ». Pirouettant, le texte assemble et confond les savoirs historiques, philosophiques, linguistiques et littéraires dans l'indistinction d'un pensée qui fouille son pouvoir dire. Le discours feuilleté, propre à l'histoire, qui est à la fois une expérience particulière et une chronosophie, une sagesse et une saveur du temps, y est à la fois exposé et suspendu, articulé par l'écrivain et désarticulé par l'historien érudit, offert et soustrait au contrôle de la science et de la langue. Le jugement historique qu'il rend, répétant le verdict de Pilate dans les Évangiles, « est implacable et, aussi bien, impossible, parce qu'en lui les choses apparaissent comme perdues et insauvables » perdues dans le labyrinthe du passé et impossibles à sauver, mortes et exsangues ; « le salut » par la littérature des êtres morts qu'il offre « est compatissant et, cependant, inefficace, parce qu'en lui les choses apparaissent comme impossibles à juger[26] », anhistoriques, car éternellement vivantes. Le jugement historique ne sauve pas les choses ; il les montre en les perdant, en les enfouissant encore plus dans l'oubli ; l'autobiographie, la mémoire, le document, le récit littéraire, par contre, gardent en vie pieusement leur saveur et cela rend le jugement historique inefficace. Toutefois, l'un n'exclut pas l'autre ; le jugement impossible et la mémoire inefficace créent un champ de tension perpétuelle – les scolioses de l'espace de la feuille – entre l'exposition qui suspend les choses et la suspension qui les expose. Les frontières établies entre le discours dit scientifique

23 Quignard, Pascal, *Leçons de solfège et de piano*, *op. cit.*, « Compléments… », p. 31.

24 *Ibid.*, p. 35.

25 Derrida, Jacques, *Éperons : les styles de Nietzsche*, Paris, Flammarion, coll. « Champs », 1978, p. 80.

26 Agamben, Giorgio, *Pilate et Jésus*, trad. Joël Gayraud, Paris, Payot & Rivages, « Bibliothèque Rivages », 2014, p. 78. = *Pilato e Gesù*, Rome, Nottetempo, 2013, p. 63 : « Il giudizio è implacabile e, insieme, impossibile, perché in esso le cose appaiono come perdute e insalvabili; la salvezza è pietosa e, tuttavia, inefficace, perché in essa le cose appaiono come ingiudicabili. »

et le discours dit littéraire désactivent cette tension, déchirent les feuilles, et rendent l'opération, tant littéraire que historique, sinon impossible, alors très gênée. Il n'y a pas de littérature sans histoire, de même qu'il n'y a pas d'histoire sans littérature.

Il n'est, donc, plus question de reconnaître, ou de retracer, les frontières pour les abolir ensuite. « L'histoire de la littérature », qui a « comme objet premier la reconnaissance des frontières diverses selon les temps et les lieux, entre la "littérature" et ce qui n'est pas elle[27] », quelle que soit l'utilité de l'historisation de la spécificité littéraire, semble, aujourd'hui, être une chose du passé, dans le monde dont l'*habitus* de sens est caractérise par le divorce de la construction du discours et de production des objets scientifiques. Quignard, par contre, fait travailler ensemble les pouvoir dire littéraires et historiques, en les jouant l'un contre l'autre ; l'historique y est désactivé par le littéraire et le littéraire par l'historique : c'est en devenant « couleur de la mort[28] » que, appuyé par une autocitation – Quignard cite son conte *L'Enfant au visage couleur de la mort*[29] – son récit acquiert une vie, devient capable de dire vrai, de raconter une vérité dont les liens avec des règles de contrôle des opérations de la production des objets ne sont pas donnés mais négociés et refaites à même le texte. « C'est sans doute cela, la *sublimation* : détourner des morceaux de papier et des dos de carton de la poubelle collective qui fait d'ordinaire leur fin[30] », recoller ces feuilles déchirées sur une page blanche.

3 Une page d'amour

François Hartog décrit, en 2003, la situation des études et des savoirs historiques de la façon suivante : « *Mémoire* est, en tout cas, devenu le terme le plus englobant : une catégorie métahistorique, théologique parfois. On a prétendu faire mémoire de tout et, dans le duel entre la mémoire et l'histoire, on a rapidement donné l'avantage à la première, porté par ce personnage, devenu central dans notre espace public : le témoin. On s'est interrogé sur l'oubli, on a fait valoir et invoqué le "devoir de mémoire" et commencé, parfois aussi, à stigmatiser des abus de la mémoire et du patrimoine[31]. »

---

27 Chartier, R., *Au bord de la falaise*, *op. cit.*, p. 272.

28 Diogène Laërce cité dans Quignard, P., *Leçons de solfège et de piano*, *op. cit.*, « Compléments… », p. 32.

29 Quignard, Pascal, *L'Enfant au visage couleur de la mort : conte*, Paris, Galilée, 2006.

30 Quignard, P., *Leçons de solfège et de piano*, *op. cit.*, « Les leçons… », p. 23-24. C'est l'auteur qui souligne.

31 Hartog, F., *Régimes d'historicité*, *op. cit.*, p. 17. C'est l'auteur qui souligne.

Depuis son début, la connaissance historique avait partie liée avec le témoignage. « Dans la mesure où j'ai pu rechercher la vérité, j'ai conté les faits dont mon âge m'a permis d'être le témoin oculaire, ou qu'il m'a permis d'apprendre en interrogeant minutieusement ceux qui y avaient été mêlés, en suivant l'ordre des événements divers que j'ai exposés », dit Ammien Marcellin, un historien de l'Antiquité tardive[32], en résumant la tradition et l'avenir de l'histoire, au moins jusqu'à la fin du XIXe siècle. Le propre de l'histoire est de se nourrir du témoignage : la recherche de la vérité, la connaissance historique, exposée selon l'ordre chronologique, dépend de la connaissance et de la recherche de témoignages directs, la production des objets (l'interrogation minutieuse et le témoignage oculaire) valant la production du discours. Le Moyen Âge n'a fait que renforcer cette position, en ajoutant l'idéal du *facie ad faciem*, du face-à-face paulinien, à l'autopsie antique. En fait, c'est la fusion de l'histoire dite rhétorique avec l'histoire dite antiquaire et, depuis, l'expérience des tranchées de la Première Guerre mondiale qui ont sérieusement entamées la prépondérance du témoignage : on s'est aperçu que, comme les documents, ou les archives, le témoignage « n'écrit pas de pages d'histoire » et « joue d'emblée avec la vérité comme avec le réel », que ses « paroles transcrites recèlent plus d'intensité peut-être que de vérité[33] ». Le retour récent du témoin, diagnostiqué par Hartog, renforcé par sa transformation en quelconque médiatique auctionnant les intensités, a été facilité par la critique du témoignage.

Toutefois, une critique était implicite déjà dans l'Antiquité, dans l'interrogation minutieuse, mentionnée par Ammien. Son choix de mots pour désigner le témoin oculaire le montre. Je ferai, comme Quignard, un peu de petit latin : « traduire en collant les mots de la langue d'arrivée sur la syntaxe de la langue du départ[34] ». Pour dire le témoin, Ammien dit *versatus in medio*, littéralement, « versé au milieu », ou « qui se trouve habituellement au milieu ». Le verbe latin *versor* est un intensif de *verto*, qui veut dire premièrement faire tourner, d'où *vertigo*, rotation, tournoiement et de *vortex*, tourbillon et sommet : celui qui est versé au milieu est, au même temps, pris dans un vertige, vertige de soi-même et vertige des choses, et au sommet de ces vertiges ; il

---

32 Ammien Marcellin, *Histoire*, XV, 1, 1, texte établi et traduit par Édouard Galletier, avec la collab. de Jacques Fontaine, Paris, Les Belles Lettres, « Collection des Universités de France », 1968, tome I, p. 106 : « Vtcumque potui ueritatem scrutari, ea quae uidere licuit per aetatem uel perplexe interrogando uersatos in medio scire, narrauimus ordine casuum exposito diuersorum [...]. »

33 Farge, Arlette, *Le Goût de l'archive*, Paris, Éd. du Seuil, coll. « La Librairie du XXIe siècle », 1989, p. 13 et 37.

34 Quignard, P., *Leçons de solfège et de piano*, *op. cit.*, « Compléments... », p. 35.

témoigne, premièrement, de sa propre structure abyssale[35], du tourbillon dans le tourbillon des choses, qui est le visage auquel il s'adresse « sans savoir à qui il a affaire et sans savoir comment s'y prendre[36] ».

Quignard ne mentionne pas Ammien. Mais il s'en prend au témoignage, celui de Julien Gracq sur ses tantes, qui a, dit-il, blessé les siens. Son texte inverse l'ordre habituel de la démonstration historique : au lieu de citer Gracq et le critiquer après, il se limite « un petit point d'érudition », qu'il est, dit-il, « seul à pouvoir [...] traiter[37] » en glissant après les mots de Gracq : il oppose ainsi les hasards de la lecture et de la mémoire (son érudition est à la fois historique, donc contrôlable, et personnelle, donc unique) à la suffisance de la littérature, à la « beauté de la langue » à la « perfection du style », à l'« univers romantique » à la « passion de l'opéra[38] » de Gracq : il s'oppose à une poétique. Son texte – « une liste de morts qui n'ont jamais été cités[39] » – « opèr[e] un rassemblement », puis « effectu[e] un assemblage des traces dont aucune n'a été produite par le désir de construire » une « existence [...] en destin[40] », est une narration vers le document, le texte des *Lettrines* de Gracq sur ses leçons de piano, jouant, ainsi cité, à se faire monument. Une poétique se joue ici contre une poétique, une manière de faire de l'histoire, celle des grands hommes, se joue contre une autre, celle des antiquisants. Quignard traite Gracq comme les historiens modernes traitent les textes des historiens antiques : comme monuments qui jouent à se faire documents, selon le mot fameux de Nicole Loraux sur Thucydide. À coup de lectures et de hasards, sous le monument littéraire, sous les « petits fantômes noirs et muets[41] », il questionne, en dévoilant la réalité, le réel encrypté : « ces vies éteintes, minuscules[42] », qui renvoient, à leur tour, de nouveau à la littérature et à l'histoire, aux *Vies minuscules* de Pierre Michon (1984), mais aussi, ce qu'il ne dit pas, aux vies minuscules des historiens comme Alain Corbin, à son *Monde retrouvé de Louis-François Pinagot : sur les traces d'un inconnu, 1789-1876* (1998), un peu plus avant, à « Un homme obscur », nouvelle de Marguerite Yourcenar (1981). Ce dévoilement, ou décryptage, constitue le témoignage : pour Quignard, le témoignage est un fragment

35 Derrida, J., *Éperons, op. cit.*, p. 96.

36 Quignard, P., *Leçons de solfège et de piano, op. cit.*, « Compléments... », p. 38.

37 *Ibid.*, « Les leçons... », p. 8.

38 *Ibid.*, p. 7.

39 *Ibid.*, p. 10.

40 Corbin, Alain, *Le Monde retrouvé de Louis-François Pinagot : sur les traces d'un inconnu, 1789-1876*, Flammarion, Paris, 1998, p. 8.

41 Gracq, Julien, « Distances », in *Lettrines 2*, Paris, J. Corti, 1974 ; repris dans *Œuvres complètes*, t. II, éd. B. Boie et C. Dourguin, Paris, Gallimard, « Bibliothèque de la Pléiade », 1995, p. 335-339, cit. p. 358.

42 Quignard, P., *Leçons de solfège et de piano, op. cit.*, « Les leçons... », p. 10.

d'autobiographie, un mouvement rotatoire de soi à soi, un vertige de souvenirs, de blessures et de lectures, dans le tourbillon de la littérature et de l'histoire. Et c'est ce retour constant de soi à soi qui le soustrait à l'équivalence généralisée où tout fait sens n'importe comment : son témoignage est unique, justement parce que sa démonstration historique est répétable, et, à la fois, substituable et contrôlable, parce que la narration est unique, impossible à répéter.

« Je dirai – c'est sans détour que je dirai la douleur de l'histoire[43] » : comment témoigner de sa douleur, de sa blessure, dans un monde où la langue est attaquée dans sa substance, blessée dans sa capacité de nommer les choses ? Comment témoigner dans un monde où les « ruptures modernes ont conduit à une multiplication des mémoires collectives, si bien que l'histoire s'écrit désormais sous leur pression[44] » ? Comment écrire sous la pression de la mémoire, dans un monde qui n'arrive pas à avoir une histoire ou mémoire sans les transformer aussitôt en valeur marchande (commémoration, patrimoine, capital national) ? La littérature et l'histoire ne suffisent pas pour arracher le témoin et le témoignage à la toute puissance du quelconque et de la chose. Dire sans détour la blessure, doit passer par le détour du je, de l'*ego*, du soi-disant, de la langue des langues et de ses blessures. Voilà l'économie surprenante du livre : dans les « Compléments », le témoin se multiplie pour assurer sa singularité et la langue se transforme en langues pour s'immuniser contre sa blessure, contre la synonymie du vrai et du faux qui est aussi la blessure du souvenir.

Tout tient dans la traduction. « Je reviens au texte grec de Zénon définissant l'amitié : *Philos allos ephè egô*. / En petit grec : Ami autre dit-il je. / En français : Il dit que l'ami est un autre je. / [...] L'ami, parmi les personnes grammaticales, n'est ni le tu ni le il, ni l'interlocuteur ni le tiers. L'ami c'est ego, c'est la position sujet[45]. » C'est de cette position sujet de l'autre que le sujet parlant prend consistance : « L'amitié c'est partager la position sujet en amont du dialogue. / On revient au chacun[46]. » La dette contractée envers les amis (le livre commence par : « Je dois tout à Louis-René des Forêts[47] ») tient dans le devenir sujet de l'être parlant. Le sujet, le témoin dont le témoignage aspire à une vérité valable pour tous, déjoue sa référence à quelconque, et devient un chacun : « Il n'y a que les chacun qui éprouvent de la tristesse quand chacun s'en va[48]. » *Qualiscumque* contre *unum cata unum*, n'importe qui contre un à un : un singulier pluriel qui rend au quelconque parlant sa singularité, sa particularité

43 *Ibid.*, « Sur Paul Celan », p. 45.
44 Hartog, F., *Régimes d'historicité*, *op. cit.*, p. 134.
45 Quignard, P., *Leçons de solfège et de piano*, *op. cit.*, « Compléments... », p. 36.
46 *Ibid.*, p. 38.
47 *Ibid.*, « Les leçons... », p. 7.
48 *Ibid.*, « Compléments... », p. 38.

générale, son sens « qui est, à son tour, sa propre circulation – et *nous* sommes cette circulation[49] ».

C'est dans la traduction, dans la circulation du sens dans les langues, que la dette contractée, le devenir sujet, s'accouple avec l'amitié, l'autre je. Le *grub ich mich in dich und in dich*[50], « je m'enfouis en toi et en toi » perce à travers Zénon et Diogène Laërce. « La passion de la traduction, je la dois à Paul Celan[51]. » Une traduction qui, par le petit grec, immunise la langue en la barbarisant, contre la barbarie de l'écriture poétique d'Adorno mais aussi contre la blessure de la synonymie, et la rend à « une invocabilité » qui « erre en amont des langues naturelles, beaucoup plus profonde que leur sens[52] ». L'invocabilité appelle le sens du sens, qui est la circulation, celle des hommes, des langues, des savoirs, des passés et des présents, et affirme, selon la fameuse phrase de Celan, « à travers les mille ténèbres de la parole meurtrière » (*durch die Tausend Finsternisse todbringender Rede*[53]), l'impossibilité de la perte de la langue perdue. Même une langue perdue est imperdable :

> – Pourquoi n'as tu pas fait de provisions durant l'été ? demande la fourmi dans Babrios de Syrie.
> – Par manque de temps, répond la cigale de Babrios, car j'ai été contrainte de chanter le dieu afin que tu survives[54].

Et cette contrainte, gage de survivance, est le chant, la possibilité des êtres parlants de dire quelque chose.

Bibliographie

Adorno, Theodor W., *Prismen: Kulturkritik und Gesellschaft* [1951], in *Gesammelte Schriften*, Bd. 10.1 : *Kulturkritik und Gesellschaft I*, hrsg. R. Tiedemann, Frankfurt am Main, Suhrkamp, 1977 ; rééd. Darmstadt, Wissenschaftliche Buchgesellschaft, 1998.

49 Nancy, Jean-Luc, *Être singulier pluriel*, Paris, Galilée, coll. « La Philosophie en effet », 1996, p. 20. C'est l'auteur qui souligne.

50 Celan, Paul, « Aschenglorie » [1964], *Atemwende*, in *Gesammelte Werke in sieben Bänden*, hrsg. B. Allemann, S. Reichert, R. Bücher, Bd. II : *Gedichte II*, Frankfurt am Main, Suhrkamp, 2000, p. 72.

51 Quignard, P., *Leçons de solfège et de piano*, *op. cit.*, « Sur Paul Celan », p. 41.

52 *Ibid.*, p. 49.

53 Celan, Paul, « Ansprache anlässlich der Entgegennahme des Literaturpreises der Freien Hansestadt Bremen » [1958], in *Gesammelte Werke*, *op. cit.*, Bd. III : *Gedichte III. Prosa. Reden*, p. 185-186, cit. p. 186.

54 Quignard, P., *Leçons de solfège et de piano*, *op. cit.*, « Sur Paul Celan », p. 50.

Agamben, Giorgio, « Che cos'è l'atto di creazione? », in *Il fuoco e il racconto*, Rome, Nottetempo, 2014, p. 39-61.

Agamben, Giorgio, *Pilate et Jésus*, trad. Joël Gayraud, Paris, Payot & et Rivages, «Bibliothèque Rivages», 2014 = *Pilato e Gesù*, Rome, Nottetempo, 2013.

Canfora, Luciano, *Noi e gli antichi. Perché lo studio dei Greci e di Romani giova all'intelligenza dei moderni* [2002], Milan, Rizzoli, 2016.

Celan, Paul, *Gesammelte Werke in sieben Bänden*, hrsg. B. Allemann, S. Reichert, R. Bücher, Bd. II : *Gedichte II*, Frankfurt am Main, Suhrkamp, 2000.

Celan, Paul, *Gesammelte Werke in sieben Bänden*, hrsg. B. Allemann, S. Reichert, R. Bücher, Bd. III : *Gedichte III. Prosa. Reden*, Frankfurt am Main, Suhrkamp, 2000.

Certeau, Michel de, *L'Écriture de l'histoire*, Paris, Gallimard, « Bibliothèque des histoires », 1975.

Certeau, Michel de, *L'Invention du quotidien. I, Arts de faire* [1980], Paris, Gallimard, coll. « Folio essais », 1990.

Char, René, *Œuvres complètes*, Paris, Gallimard, « Bibliothèque de la Pléiade », 1995.

Chartier, Roger, *Au bord de la falaise : l'histoire entre certitudes et inquiétude*, Paris, A. Michel, 1994.

Corbin, Alain, *Le Monde retrouvé de Louis-François Pinagot : sur les traces d'un inconnu, 1798-1876*, Paris, Flammarion, 1998.

Derrida, Jacques, *Éperons : les styles de Nietzsche*, Paris, Flammarion, coll. « Champs », 1978.

Farge, Arlette, *Le Goût de l'archive*, Paris, Éd. du Seuil, coll. « La Librairie du XXIe siècle », 1989.

Gracq, Julien, *Lettrines 2*, Paris, J. Corti, 1974 ; repris dans *Œuvres complètes*, t. II, éd. B. Boie et C. Dourguin, Paris, Gallimard, « Bibliothèque de la Pléiade », 1995, p. 247-401.

Hartog, François, *Régimes d'historicité : présentisme et expériences du temps*, Paris, Éd. du Seuil, coll. « La Librairie du XXIe siècle », 2003.

Jablonka, Ivan, *L'histoire est une littérature contemporaine : manifeste pour les sciences sociales*, Paris, Éd. du Seuil, « La Librairie du XXIe siècle », 2014.

Milner, Jean-Claude, *Le Périple structural*, Verdier, Lagrasse, 2002.

Milner, Jean-Claude, *Le Juif de savoir*, Paris, B. Grasset, coll. « Figures », 2006.

Milner, Jean-Claude, *La Puissance du détail : phrases célèbres et fragments en philosophie*, Paris, B. Grasset, coll. « Figures », 2014.

Nancy, Jean-Luc, *Être singulier pluriel*, Paris, Galilée, coll. « La Philosophie en effet », 1996.

Nancy, Jean-Luc, *La Création du monde ou la mondialisation*, Paris, Galilée, coll. « La Philosophie en effet », 2002.

Nancy, Jean-Luc, *Demande : philosophie, littérature*, textes réunis avec la collaboration de Ginette Michaud, Paris, Galilée, coll. « La Philosophie en effet », 2015.

Quignard, Pascal, *Leçons de solfège et de piano*, Paris, Arléa, 2013.

CHAPITRE 15

Valérie Valère et la colère du sujet

Yaelle Sibony-Malpertu

Résumé

À quinze ans, Valérie Valère a écrit *Le Pavillon des enfants fous* pour faire comprendre sa souffrance, sa maladie, sa solitude et son immense colère. Ce texte est la fois un témoignage et une création littéraire. Cet article explore le refus de l'adolescente de tout lien thérapeutique avec des adultes qui cherchent moins à la connaître qu'à reconnaître en elle des éléments symptomatiques répertoriés. Il éclaire la mise en résonance de souvenirs passés, souvent traumatiques, avec sa détermination à s'autodétruire. Enfin, par-delà les « rêves » que la jeune fille greffe soigneusement à son existence pour se redonner quelque espoir, il montre comment elle se prend au jeu de l'écriture, qui lui ouvre une voie pour se ressourcer.

∵

Nous allons explorer une portion de ce territoire de la non-fiction avec un langage de chercheuse en psychopathologie et de clinicienne. Les crises extrêmes où, comme dans l'anorexie, un individu met sa vie en danger, sont souvent traversées par des êtres profondément intelligents et sensibles. Nous les inscrivons dans le champ de la clinique des traumas où des violences physiques ou psychiques font vaciller la raison d'un esprit et menace, par le désinvestissement du corps, l'existence même. Un corps squelettique et presque inerte, qui saute aux yeux, prend toute la place et hypothèque généralement la possibilité d'une relation. Pourtant, cette monstration s'accompagne d'une colère revendiquée par un sujet qui, même s'il s'est replié dans une âme nourrie de livres, loin du corps nourri de vide et de colère, n'a pas disparu et qui cherche à être entendu. *Le Pavillon des enfants fous* est plus qu'un témoignage. Il désigne un lieu hors temps et hors société, où évoluent des enfants internés et qui n'ont que peu ou pas de contact avec le monde extérieur. Un ailleurs lointain pourtant situé au cœur de la ville, entouré de crainte et de mystère. La solitude y est endémique. L'auteure, Valérie Valère, est une adolescente qui parcourt avec colère le monde des adultes « qui ont les clés », le pouvoir. Elle y montre des

 | DOI:10.1163/9789004439313_017

médecins de l'âme qui peinent à entrer en communication, des parents qui ne parviennent pas à être en lien avec leurs enfants, des infirmières qui exercent un pouvoir contraignant pour parvenir à l'objectif d'infléchir une courbe de poids. Elle explore aussi celui des « enfants fous » qui sont en rupture avec la société, des autres adolescentes anorexiques ou suicidaires, qui ont peur de comprendre ce qui les a amené à adopter ce comportement, à commencer par leur propre révolte. Chez cette adolescente, la colère est si intense à l'encontre des limites et des manques des adultes, qu'elle ne parvient plus à les considérer comme de possibles interlocuteurs.

Notre objectif n'est pas de cantonner ce texte à une étude de cas à partir d'un témoignage, mais plutôt de montrer les différentes voix que cette « non-fiction » assume, parvenant à permettre au lecteur de percevoir la situation de différentes manières. Un individu peut vivre simultanément plusieurs temporalités, être dans un dialogue avec lui-même et une solitude avec les autres, tout en donnant à l'autre les moyens de le rejoindre – s'il le peut. La non-fiction éclaire ici les expériences douloureuses faites de discontinuité temporelle, de chocs émotionnels, de ruptures des liens intersubjectifs. Débusquant unisson et harmonie artificielles voire fictives, Valérie Valère énonce plutôt les contradictions et les dysharmonies. Elle tente cependant de les rattacher à l'émergence d'un dialogue intérieur – donc, de mouvements de la pensée.

Valérie Valère est le nom de plume d'une écrivaine née en 1961 et morte en 1982, à vingt et un ans. Elle a publié de son vivant plusieurs livres (*Obsession blanche*, *Malika*[1]), dont un, à quinze ans, *Le Pavillon des enfants fous*[2]. C'est sur celui-ci que nous nous penchons. Il parle de son anorexie, de la relation destructrice qu'elle entretient avec ses parents, de la distance qu'elle ressent avec les adolescents de son âge, de la révolte qu'elle conserve de son expérience d'internement en psychiatrie, pendant quatre mois lorsqu'elle avait treize ans. S'il remporte au moment de sa parution, en 1978, un grand succès, *Le Pavillon des enfants fous* n'est, selon ses propres termes, « pas une œuvre littéraire » (p. 7 [7]). Il est une écriture qui cherche les mots pour transmettre ses colères, sa détresse, mieux comprendre ce qui l'a menée à ce désir tenace de mourir, mais aussi ce qui l'a amenée à préserver son existence.

L'empathie qu'elle suscite chez le lecteur, tant avec la jeune fille qu'elle était à treize ans qu'avec celle qu'elle est devenue lorsqu'elle écrit ce texte, en fait un

---

1 Valère, Valérie, *Malika ou Un jour comme les autres*, Paris, Stock, 1979 ; rééd. Le Livre de poche, 1983 ; *id.*, *Obsession blanche*, Paris, Stock, 1981 ; rééd. Le Livre de poche, 1992.

2 Valère, Valérie, *Le Pavillon des enfants fous*, Paris, Stock, coll. « Elles-mêmes », 1978 ; rééd. Le Livre de poche, 1986. Les numéros de page de l'édition originale figurent dans le texte entre parenthèses, suivis entre crochets de ceux de l'édition de poche.

témoignage[3] *et* une œuvre créatrice. L'intensité et la finesse des propos de cette adolescente fait de ce texte une source d'enseignements clinique et littéraire. Prenant appui sur la fécondité de ce livre, ou la fécondité qu'il permet de voir émerger à sa suite, elle parvient pendant un temps à écrire et même à vivre « de la littérature ». Son souhait que tous ses écrits soient publiés, même après sa mort, témoigne de sa conscience de faire œuvre d'écriture.

Le Pavillon des enfants fous revendique la plus fidèle restitution possible d'un moment d'autodestruction et de l'expérience d'enfermement en service fermé de pédopsychiatrie. Ce moment est socialement considéré comme thérapeutique, mais vécu par elle comme autant de violences psychiques et physiques exercées sur les patients. La dénonciation de ce qui l'a conduite à rompre avec ce sentiment d'appartenance à la communauté des hommes[4], fait à la fois lien avec le lecteur pour l'aider à *comprendre*, et coupure radicale avec le monde, puisqu'elle montre la place qu'occupe pour elle sa détermination à mourir en disparaissant peu à peu, en s'effaçant silencieusement. Reprenant la question que Camus énonce dès les premières lignes de son *Mythe de Sisyphe*[5], elle détaille sa réponse, consciente à la fois du néant qu'elle exprime, mais soutenant le sens de ce refus de la vie.

Son besoin vital d'être respectée comme une personne, de ne pas être traitée comme un « objet » défectueux, introduit une écriture où le dialogue intérieur est restitué, revendiqué, intégré à l'expérience vécue. En ce sens, elle distingue différentes voix qui hissent son témoignage clinique à la hauteur de celui de Clifford Beers, homme d'affaires ayant été hospitalisé au début du XXe siècle, et dont le témoignage avait révolutionné la psychiatrie américaine, donnant naissance aux Comités d'hygiène mentale[6]. L'un comme l'autre donnent généreusement aux cliniciens et thérapeutes confrontés à de lourdes pathologies la possibilité de s'interroger sur leurs pratiques, d'entendre un appel à rencontrer un autre fiable, à se hisser à la hauteur pour répondre à ces cris de révolte et arracher un être à une solitude et à un renoncement aux autres.

---

3 Jean-François Chiantaretto donne une définition générale du témoignage dans *Le Témoin interne : trouver en soi la force de résister* (Paris, Aubier, coll. « La Psychanalyse prise au mot, 2005).

4 Searles, Harold Frederic, *Le Contre-transfert* [*Countertransference and Related Subjects*, 1979], trad. Brigitte Bost, Paris, Gallimard, coll. « Folio essais », 1984.

5 Camus, Albert, *Le Mythe de Sisyphe : essai sur l'absurde* [1942], in *Essais*, éd. R. Quilliot et L. Faucon, Paris, Gallimard, « Bibliothèque de la Pléiade », 1965. Il commence ainsi son livre : « Il n'y a qu'un problème philosophique vraiment sérieux : c'est le suicide » (p. 99).

6 Beers, Clifford, *A Mind That Found Itself: An Autobiography*, New York, Longmans, Green, 1908. Trad. : *Raison perdue, raison retrouvée : autobiographie d'un malade mental*, Paris, Payot, « Bibliothèque scientifique », 1951.

Cette réflexion portera sur la manière dont Valérie Valère aborde les symptômes anorexiques qui mettent en péril son existence et son refus de tout lien thérapeutique avec le personnel hospitalier. Nous aborderons ensuite, de manière succincte, certains aspects de sa mémoire traumatique concernant son hospitalisation ainsi que les souvenirs de son passé qui rejaillissent comme autant d'éléments rattachés à sa détermination à disparaître, à renoncer au monde. Enfin, nous verrons quelles ouvertures Valérie Valère parvient à trouver à tâtons, grâce à certains liens discontinus mais possibles à d'autres, et grâce à des fictions qu'elle greffe à l'existence, qu'elle appelle ses dangereux « rêves ».

1 Focus sur des symptômes ou sur une personne ?

« Ils ne m'auront pas », répète Valérie Valère, telle une idée obsédante, tout au long de son texte. « Elles » (les infirmières), « ils » (les médecins), ne parviennent pas à l'atteindre comme sujet, et, ce qui accroît sa révolte, la mettent en place d'objet, à moins, pense-t-elle aussi parfois, que ce ne soit elle qui s'y entête. Simultanément, elle entame plusieurs dialogues intérieurs à la deuxième mais aussi à la première personne. La narration qui s'y ajoute perdrait de sa précision à présenter de manière continue plutôt que par différents prismes les multiples dimensions du moi. Elle montre sa difficulté d'adolescente à instaurer une relation de sujet à sujet.

Il semble plus spontané, plus facile, plus possible à ses interlocuteurs adultes de la mettre en position d'objet, passive, qu'en position de sujet[7]. En cela, il n'est pas anodin qu'un thérapeute de jeunes patients souffrant de schizophrénie comme Harry Stack Sullivan, ait commencé l'un de ses livres par cette phrase : « nous sommes tous, avant toute chose, des êtres humains[8] ». Si chosifier un individu n'était un mécanisme de défense répandu, cela ne serait pas un tel enjeu dans la sphère du soin psychique, que d'atteindre l'humain par-delà ce qu'il montre de menaçant pour la conscience et l'équilibre de son interlocuteur. D'autant qu'un patient qui désinvestit l'existence (au

7 Lioret, Philippe, *Je vais bien, ne t'en fais pas*, StudioCanal, 2007.

8 Sullivan, Harry Stack, *La Schizophrénie, un processus humain* [*Schizophrenia as a Human Process*, 1962], trad. D. Faugeras, introd. H. Swick Perry, préf. de G. Benedetti, Paris, Érès, 1998. Texte original (p. 32) : « *everyone is much more simply human than otherwise* » (souligné par l'auteur).

sein d'une société humaine) menace de rompre toute identification avec les humains[9].

Dans des situations extrêmes, où la folie s'installe, où les séquelles post-traumatiques sont trop envahissantes, le dialogue intérieur peut être rompu. Ce « tu intérieur[10] » fait alors l'objet d'un travail de reconstruction en séance, afin que cette petite voix réintègre la vie psychique d'un individu. Ce n'est pas le cas de Valérie Valère, dont on voit la présence du dialogue intérieur. C'est dire sa force psychique, à un moment où elle se laisse dépérir et se trouve en rupture par rapport à ses parents et son environnement familier. Mais ce dialogue entretient et renforce la rupture de tout lien avec les autres, notamment les soignants, qu'elle rejette, désirant s'isoler complètement en elle-même. Le livre est ainsi rythmé par la répétition de phrases comme « je ne demande rien » (p. 10 [10]).

« Mes yeux se sont détournés des vitres teintées, mon dos se redresse légèrement et mes larmes redoublent. Le bruit de la clé dans la serrure… La porte jaune qui s'ouvre sur cette silhouette blanche, comme j'aimerais qu'elle ne soit qu'une silhouette, un fantôme qui passe et ne s'arrête pas… Recroquevillée près de l'oreiller, agrippée à la barre du lit, coincée entre la table de nuit de fer peinte en blanc et mon malheur, je l'observe derrière le brouillard de mes larmes, mon regard se fixe sur le plateau qu'elle porte, cet indéniable défi… Énergique, elle le pose sur la table et me regarde en me montrant la chaise, puis m'invite, phrase banale qui, ici, devient tellement cruelle… Lentement, pour reculer la menace, je me lève et traverse le dérisoire mètre de carrelage moucheté qui me sépare de l'autre extrémité de ma prison. Je fais semblant de ne rien voir sur ce plateau, raison ridicule de tous ces murs » (p. 9 [9]) ; « elle veut me faire très mal, ce n'est pas la peine il n'y a plus que cela en moi : du mal » (p. 10 [10]). Valérie Valère repère que le focus thérapeutique se porte sur un symptôme, plutôt que sur une personne. Psychanalyse ou non, elle sent qu'on cherche à avant tout reconnaître des éléments théoriques plutôt qu'à nouer des liens transférentiels avec elle, qu'on réagit avant tout aux grammes que son organisme aura gardé, sans chercher à ranimer un rapport ressourçant à la nourriture.

Sa révolte d'être enfermée ne s'atténue ni pendant son séjour, ni après : « Pourquoi ont-ils le droit de m'enfermer ? Personne ne dit rien. Personne ne proteste. Ils s'en moquent, mais bientôt ce sera peut-être leur tour s'ils pleurent

9 Searles, Harold Frederic, *L'Environnement non humain* [*The Nonhuman Environment*, 1960], trad. D. Blanchard, Paris, Gallimard, coll. « Tel », 1986.

10 Laub, Dori, « Arrêt traumatique du récit et de la symbolisation : un dérivé de la pulsion de mort ? », *Le Coq-héron*, nº 220, 2015-1, p. 67-82.

trop souvent, s'ils sont toujours tristes... [...] » (p. 11 [11]). « Mais quel crime ai-je donc commis ? [...] Ai-je tué, volé ? Non, j'ai fait un choix. Il ne les concerne pas, ce n'est pas eux qui en souffrent, je suis "inoffensive". Je les déteste, ceux qui disent que je leur fais du mal en me laissant mourir. Ils ne peuvent pas savoir, je ne leur dirai pas, d'ailleurs ils ne m'aiment pas, ce n'est pas ainsi qu'on aime » (p. 11 [11]). « Je suis seule dans le silence d'une prison injuste, seule avec mes pensées écorchées autant que mon corps » (p. 13 [13]). Valérie Valère est attirée de manière lancinante par la mort, fascinée par l'idée de disparaître. « Ces quatre murs crient des mots que je ne comprends pas, je les sens se refermer sur moi comme une camisole inviolable. [...] Je voudrais le néant » (p. 16 [16]). Elle énonce les contrats en vigueur dans ce pavillon, qu'elle découvre au fil des jours : « J'attendrai, qu'est-ce que *je* peux faire d'autre ? Je ne peux pas lire parce que les livres sont la récompense de mille grammes, *je* ne peux pas écrire parce que le papier se paie ici au moins deux mille grammes, la clef qui ne tournera plus : trois mille, le bain chaud, quatre mille... » (p. 14 [14], c'est l'auteur qui souligne).

Régulièrement, Valérie Valère s'adresse au lecteur et le prend à témoin : « Dans une seconde, elle poussera la porte qu'elle avait laissée entrouverte... elle la fermera à clef derrière moi. Vous entendez ? Alors dites quelque chose ! » (P. 15 [15].) À quel lecteur s'adresse-t-elle ? Elle décrit les méthodes d'administration des calmants donnés sous contrainte[11], énumère les différentes stratégies de communication du personnel, qu'elle juge maladroites et surtout irrespectueuses. De la culpabilité à la gentillesse : « Moi, ma ruse pour vous faire céder, c'est la gentillesse, ça marche parce que les prisonniers sont en général tellement traumatisés par l'accueil qui leur est fait ici qu'ils m'aiment tout de suite », écrit-elle (p. 55 [56]) pour montrer qu'elle a bien compris la stratégie à l'œuvre derrière une attitude plus clémente. La saleté de l'hôpital, les cafards des toilettes et des salles d'eau la répugnent. Les infirmières et les psychiatres la culpabilisent en rationalisant : tu vois comme tu fais souffrir ta mère ? pourquoi t'entêtes-tu, tu es si bien ici ? (P. 102-103 [102-103].) Effectivement, elle se sent extrêmement coupable, mais dans les mêmes proportions, en colère à l'extrême[12]. Elle montre de quelle manière certains échanges verbaux sont explicitement destinés à exercer une pression affective : je passe

11 P. 18 [18] : « Elle me fait parler un peu pour vérifier que je ne l'ai pas gardée [la pastille] sous la langue. [...] Elle m'a trahie. »

12 Elle se fait des reproches après ces séances sans échange avec les médecins : « Ce n'est pas possible d'abriter un cerveau aussi buté ! » (P. 101 [101].) Elle lit, lorsque l'interdiction est levée, mais c'est « la rage au cœur et les bornes dans l'esprit » (p. 102 [102]). « Mais qu'est-ce que t'attends ? Qu'est-ce que t'attends ? » (P. 107 [107].) « J'ai assez de mes propres reproches pour ne pas entendre ceux des autres » (p. 109 [108-109]).

du temps avec toi, tu fais céder ton symptôme. À l'opposé d'un lien inconditionnel, ou d'un lien de confiance, le lien est conditionné à l'objectif de forcer la maladie de manière frontale – afin, rappelons-le, de ne pas mourir d'inanition[13].

Dans le travail d'élaboration du sens, auquel Valérie Valère accède par elle-même, les thérapeutes ne parviennent pas à se mettre en lien avec elle. « L'ennuyeux, c'est que je ne pense pas que ce soit une chose précise, claire. C'est un ensemble : le déplorable résultat de treize ans de vie dans leur monde foutu » (p. 73 [73]). Elle leur reproche de ne pas se demander où est partie se réfugier son âme, loin de quoi, et de chercher à vérifier leurs théories en se passant d'un transfert thérapeutique où semblables pensées trouveraient pourtant davantage à s'élaborer[14].

> Car ce que disent les psychiatres est faux, ça n'arrive pas comme ça sans qu'on l'ait voulu et mûrement réfléchi. On ne peut pas du jour au lendemain ne plus connaître la faim, ne plus avoir besoin de rien, c'est faux ! C'est un entraînement, un but : ne plus être comme tous les autres, ne plus être esclave de cette exigence matérielle, ne plus jamais sentir ce plein au milieu du ventre, ni cette fausse joie qu'ils éprouvent lorsque le démon de la faim les tiraille, j'ai l'impression que cette règle mène vers un autre monde, limpide, sans déchets, sans immondices, personne ne se tue puisque personne n'y mange. (P. 170-171 [169-170][15].)

Et quand elle demande aux infirmières des informations sur une nouvelle patiente, et qu'elle n'obtient pas de réponse, son indignation est à son comble : « Mais enfin, vous pourriez être polie et me répondre, je ne vous ai rien fait, je ne vous saute pas dessus comme le font ces deux jumelles débiles, je ne mouille pas les draps [...] » (p. 91 [90])[16].

---

13 P. 83 [82] : « Allez, viens manger, je sacrifie une demie heure pour venir te faire manger, alors tu vas faire un petit effort, n'est-ce pas ? »

14 Elle : « Tu aurais donc préféré être un garçon [...] » (p. 86 [85]). « Je suis très en colère car je corresponds à tous vos symptômes : travaille bien en classe, pas de règles, pas de père "à la maison", une mère "protectrice", etc. » (p. 150 [149]). Valérie Valère refuse d'entrer dans une catégorie, dans une théorie, de calquer avec une description diagnostique. Nombre de patients se sentent menacés par une théorie « psy » lorsqu'ils ne savent pas où pourra exister et se panser le sujet en souffrance.

15 En somme, elle s'oppose à toute synthèse, tout résumé expéditif de sa personne à un « cas ».

16 Elle s'insurge contre les médicaments qu'on la force à prendre et qui l'ensuquent. « Les doses de somnifères sont calculées pour des adultes, elle m'a regardée les avaler et elle m'a parlé pendant dix minutes pour vérifier si je ne les cachais pas sous ma langue. [...] Même

Face à l'échec de ce dispositif destiné à l'amener à se réalimenter, un changement de méthode intervient (p. 93-94 [93]). Désormais, Valérie Valère est autorisée à entrer en contact avec les autres enfants du pavillon, c'est la fin de son isolement total. Elle est autorisée à communiquer avec les autres patientes qui souffrent comme elle d'anorexie, et ceux qu'elle appelle « les enfants fous ». Ces derniers lui font peur[17], mais elle ressent une profonde admiration pour eux[18]. Elle demeure, on le constate, toujours sensible à une marque d'intérêt qu'elle ressentirait comme authentique, même lorsqu'elle est violente : « Celle-là, elle va m'avoir. Voilà, elle essaie de m'aider, elle ne me laisse pas tomber, et moi, qu'est-ce que je pense ? Tu es une conne, une vraie conne, qu'est-ce que tu cherches ? Tu veux te faire plaindre ou quoi ? Non, ce n'est pas vrai, tu ne veux pas qu'on te foute la paix. La preuve, elle qui ne t'a pas parlé comme à une folle, tu ne la détestes pas tout à fait. Et pourtant elle t'a éraflé les dents ! » (P. 106 [105-106].) Elle montre sa solitude face à sa difficulté à s'alimenter : « J'avais l'impression de ne jamais avoir autant mangé de ma vie et je croyais bien avoir dépassé les fameux trente-cinq kilos pour le lendemain, je ne me doutais pas encore de ce que l'inconscient est capable de faire. J'étais redescendue à trente-trois et demi ! » (P. 132-133 [132].) Enfin, elle décrit avec étonnement le comportement d'autres patientes hospitalisées et souffrant d'anorexie ou de dépression sévère : « Ce qui m'étonnait dans toutes ces filles, c'est qu'elles ne semblaient pas trouver anormal d'être dans un pavillon psychiatrique pour une dépression ou une tentative de suicide » (p. 186 [185]) ; « les autres enfants étaient inapprochables » (p. 186 [185]) ; « *Essayez d'imaginer. Vous ne le voulez pas ? Pourquoi lisez-vous alors ? Je veux me dépêcher de sortir de ce cauchemar reconstitué, il me poursuit dans mon sommeil* [...]. *Imaginez ou arrêtez de lire, je sais, mes mots ne sont pas comme je le voudrais* [...] *horriblement maladroit*[s] [...] » (p. 190 [188-189], italiques de l'auteur).

---

mes désirs finissent par disparaître, ils m'ont droguée comme une folle, je suis prise dans une camisole, j'ai de la chance de ne pas être nées à l'époque des fous étouffés entre deux matelas, ou plutôt je n'ai pas cette chance » (p. 30 [30-31]).

17 Si elle ne les supporte pas, car leurs manières et leur discours l'effraient (p. 81-82 [80-81]), les mauvais traitements qu'ils subissent sans témoin pour s'en émouvoir la révoltent profondément : « Je vais vous attacher si vous continuez, espèces de sales gamines. Tu vas voir, je suis plus forte que toi », entend-elle de sa chambre (p. 86 [85]).

18 P. 93 [92] : « Ils ont une supériorité trop grande, ils ont su refuser le monde. Ils ne se sont pas trompés, eux seuls possèdent une sorte de bonheur. Et lorsqu'ils vous regardent avec leurs yeux effrayants c'est cela qu'ils crient... et personne ne peut les comprendre car ils l'ont décidé ainsi. »

2 Certains souvenirs traumatiques

Des éléments appartenant au passé se transfèrent dans le présent de l'hospitalisation de Valérie Valère et dans celui, immédiat, de sa solitude d'adolescente qui écrit. Elle explore les trahisons quotidiennes de son entourage[19] ; le dégoût de l'existence qu'elle mène et des liens qui la rattachent à ses proches prend progressivement le dessus. « Ce n'est pas une œuvre littéraire, annonce-t-elle. Je ne me suis pas mise à écrire calmement dans la solitude de ma chambre, la pensée claire recherchant le mot juste. Il n'y a pas de mots raisonnables pour décrire le monde des fous. Je me refuse à transformer ce texte en une écriture soignée, polie. Il ne s'agit pas d'une chose abstraite, de fantasmes intellectuels, mais d'une souffrance endurée. Je ne traduis pas de jolis sentiments et je ne raconte pas une histoire avec des enchaînements bien logiques » (p. 7-8 [7-8]). « Je n'ai pas demandé la vie, je n'en veux plus. [...] [Mes parents] s'en foutent pas mal de ce que je pense, ils veulent garder leur "chose" et puis ils ne voudraient pas avoir à feindre un chagrin qu'ils n'éprouveraient pas » (p. 21 [22]). Valérie Valère ne croit pas dans leur amour ; ses parents se sont récemment séparés ; elle perçoit leur manière de l'utiliser pour avoir des informations l'un sur l'autre, et la culpabiliser d'être en lien avec l'un quand elle est avec l'autre. « "Si tu ne grossis pas d'un kilo, lui dit-on, tu ne verras pas ta mère." Ils sont fous, ils croient donc que je veux la voir, cette geôlière aux yeux d'épervier qui fait semblant de "remplir son devoir" ? Ils croient vraiment que j'espère la voir entrer dans cette chambre, avec son air de chien battu, comme si c'était elle qui avait été enfermée ? » (P. 29 [30][20].)

Valérie Valère raconte comment son anorexie a commencé : en vacances avec une amie, Sophie, qui prend son refus de nourriture « pour un défi »

19 P. 13 [13] : « Ils m'ont conduite dans cette forteresse en me traînant par les cheveux : "Tu es malade, ici on va te soigner, tu verras, ça ira mieux." Non ! je ne suis pas malade, je me sens très bien. Je n'en veux pas de vos soins, je veux rester seule avec moi, je ne viendrai pas avec vous ! » Et p. 14 [14] : « Je les déteste, je les hais. Je n'ai rien fait. Seul le mur blanc me répond, lui aussi il est avec eux. »

20 Valérie Valère ne reprenant pas de poids, la stratégie thérapeutique de l'équipe soignante consiste d'abord à lui donner un délai d'une semaine pour se ressaisir. « Ils ne m'auront pas » (p. 25 [25-26]) : elle pointe la force intérieure que révèle son anorexie. Vient simultanément la lucidité qui va la mener non pas à cesser d'être anorexique, mais à manger suffisamment pour sortir. « Je sais que c'est faux, ils finiront par me faire plier, parce que ce sont eux qui ont les clefs, parce que ce sont eux les plus fous » (p. 25 [26]). Elle pointe la folie sociale qui se préoccupe de son corps, et ne parvient pas à ouvrir la coquille dans laquelle elle s'est retranchée, dans laquelle elle reste même lorsqu'elle est animée par l'envie de sortir de ce lieu.

(p. 31 [32])[21]. Le contexte familial de prostitution, d'immigration et de déracinement de son amie se mêle au fait qu'elle n'est plus en phase avec elle. Elle pleure tout le temps et demande à rentrer chez elle, même si sa mère est en vacances en Tunisie, pays d'origine des parents, que ces derniers ont quitté du fait du climat trop hostile dont leur minorité religieuse était victime[22]. L'accueil de la grand-mère éclaire le manque de proximité des membres de la famille entre eux : « Quoi, toute seule ! mais qu'est-ce que vont penser les gens ? Ils vont dire que ta mère t'a abandonnée » (p. 32 [33]).

L'adolescente explique très précisément sa situation, la met dans un contexte plus vaste que ces conjonctures estivales, déjà lourdes de sens. Il ne s'agit pas d'éléments ponctuels traumatiques isolés, mais de plusieurs éléments, souvent chroniques, qui se répètent de manière plus ou moins régulière. Elle parle ainsi de l'intrusion de la vie sexuelle de ses parents dans son quotidien, et montre de manière très lucide l'écœurement qu'elle ressent, car cela ne la regarde pas. Le fait d'être témoin négligé, quantité négligeable, comporte un caractère pathogène : on ne se préoccupe pas de savoir si elle voit, si elle entend, si elle comprend. Elle ne compte pas, physiquement, à ce niveau-là : c'est comme si elle n'était pas là. Or la mère semble trop blessée narcissiquement par sa propre mère qui, tout comme elle, rabaisse sa fille depuis l'enfance, et par les infidélités et les mensonges de son mari. Cela contribue à la rendre incapable d'empathie envers sa fille, à rester autocentrée (p. 180-181 [179-180])[23].

---

21 Et p. 32 [33] : « Pour ne pas détruire la belle tranquillité de leurs vacances, ils faisaient ceux qui ne voyaient rien. Je leur en voulais, et pourtant j'aurais refusé qu'ils s'occupent de moi. »

22 Dans son texte, Valérie Valère ne mentionne la Tunisie que comme un lieu de villégiature pour sa mère. Nous prenons ici le parti de nous en tenir à cette seule allusion, sans aborder le contexte de l'exil en France, afin de rester au plus près des préoccupations conscientes et conscientisées par l'adolescente. Dans un autre type de recherche, axé sur la clinique, cette dimension intergénérationnelle occupe une place centrale. Voir Sibony-Malpertu, Yaelle, *Se défaire du traumatisme. SPT, encapsulement, transmissions familiales*, Paris, Desclée de Brouwer, 2020.

23 À un niveau extrême rattaché à des traumas psychiques massifs, voir Laub, Dori, « Le défaut d'empathie », *Le Coq-héron*, n° 220, 2015-1, p. 29-47. Concernant le quotidien de la mère, Valérie Valère le décrit comme une « folie douce, respectée, inoffensive, ils ne les enferment pas » : « Le matin, je me lève à sept heures pour aller au bureau, là je tape un peu pour avoir l'air de travailler et puis nous échangeons des recettes, des confidences avec mes copines, le midi nous allons voir dans les boutiques les robes que nous ne pourrons jamais nous payer, l'après-midi on se fait les ongles, et le soir on s'occupe de notre petite famille… » (p. 101 [100]).

Un enfant pense à partir de lui-même ; il découvre le monde, les causalités psychiques et externes, à partir de lui-même. Si des parents se séparent, il n'est pas rare que l'enfant se considère comme le principal responsable de ce drame. Plus tard seulement, il prend éventuellement conscience de ce que signifie le fait de ne pas avoir choisi de naître et de ne pas avoir à s'excuser de ce qui lui a été imposé : la vie. Le reproche d'être née, de gêner l'épanouissement des adultes, le reproche d'exister, toutes ces paroles amères sont des déplacements que les adultes projettent sur l'enfant pour éviter de s'accuser de maux dont ils sont les premiers responsables. « Tu es moche », assené à une petite fille depuis sa plus petite enfance, joint au rejet de son sexe, peut, Dolto y insiste notamment dans *Tout est langage*, rendre fou. Cela nie ce par quoi un enfant est présenté au monde dans la plupart des sociétés[24]. Cette dépréciation chronique inscrit de manière permanente l'injustice de payer pour quelque chose qu'on n'a pas fait, d'être en place de bouc émissaire[25].

3 Liens ténus à l'existence (rêvée)

C'est un « rêve » particulier, qui lui donne les moyens de se réalimenter. Aucune des stratégies thérapeutiques mises en place n'est parvenue à ce résultat, au contraire, puisque l'enfermement se grave définitivement à l'intérieur d'elle-même comme une angoisse indélébile, un traumatisme. « *Ils m'ont gardée dans leurs griffes, j'ai conservé l'angoisse d'un emprisonnement, la colère refoulée d'une injustice, la rage de l'impuissance.* [...] *Je suis restée là-bas, dans la chambre vingt-sept, avec mes refus, avec ce mal de vivre. Et je crois bien que je n'arriverai jamais à en sortir* » (p. 85 [84], italiques de l'auteur). Elle dénonce la violence des rapports de force, qui opposent adultes puissants et enfants fous, sans qu'une dimension thérapeutique ne prévale suffisamment. Où trouve-t-elle le procédé lui permettant de sortir de ce lieu, qu'elle souhaite éperdument fuir, mais qui intrinsèquement décuple son refus de s'alimente en redoublant sa la colère ? Valérie Valère parvient à sortir du « pavillon des enfants fous » par un stratagème fantasmatique à la fois efficace et dangereux. Celui-ci la plonge

24 Dolto, Françoise, *Tout est langage*, Paris, Vertiges du Nord-Carrère, 1987 ; rééd. Le Livre de poche, 1987.

25 P. 162-163 [161] : « "Avec ton père, nous t'avons faite un soir, j'étais en train de coudre et puis il est venu. Nous ne voulions pas avoir d'enfant parce que nous n'avions pas d'argent, et puis cela commençait à aller mal entre nous. [...] Il [son père] disait que tu étais laide, toute rouge, sans un cheveu. Heureusement, ta grand-mère t'a prise et s'est occupée de toi..." Ce n'est pas de la méchanceté gratuite, cela ? »

dans une fiction volontaire qu'encouragent des effets bien réels et salvateurs – sur le moment. Il naît d'un constat que certaines jeunes filles internées souhaitent authentiquement revoir leurs parents et retourner chez elles. Certaines d'entre elles lui semblent aux antipodes de l'idée qu'elle se faisait de la folie (p. 100-101 [98-100])[26]. Elle imagine alors une maison telle qu'elle souhaiterait elle aussi y retourner et où elle se sentirait bien (p. 116-117 [115-116]). Elle se met à construire minutieusement ce rêve. Elle *imagine* aussi sa mère comme une personne qui s'occuperait d'elle et parviendrait à communiquer avec elle (p. 120 [119]). Elle fait cet exercice mental pour mettre en mouvement en elle quelque chose que la réalité arrête net – l'envie de sortir laisse entrevoir un retour dans son monde quotidien qu'elle ne supporte plus[27].

> « "Dehors", c'est merveilleux, il ne faut, surtout pas, que j'oublie de croire cela. [...] Imagine, par exemple, que les gens y soient comme tu as toujours rêvé qu'ils fussent... que ta maison te plaise énormément. À l'intérieur, il y a toutes les choses que tu aimes : des plantes, des perles, de la lumière tamisée, de la chaleur, de la confiance... Imagine que "dehors" il y ait des amis qui aimeraient te voir... Non ! ne dis jamais que ce n'est pas vrai ! Tu dois tout recommencer. [...] Maintenant, ouvre les yeux. [...]
>
> Je prends la tranche de gâteau que me propose ma geôlière... Un métier... une bouchée... un succès... encore une... bonheur ? (P. 116-117 [115-116].)

Ce « rêve » l'aide à renverser la situation dans laquelle elle est coincée, la réalité d'une anorexie sévère qui met sa vie en danger, et lui fait même oublier comment s'alimenter. Les infirmières et leurs remarques, les psychiatres et

---

26 Valérie Valère est ainsi intriguée par une jeune fille internée qui investit sa chambre d'hôpital, étudie, est en lien avec ses parents, a un petit ami, etc. Sa présence dans ce pavillon est pour elle un mystère. « Elle parlait d'une "bêtise" et ne s'attardait pas, oubliait tout pour me décrire "sa" chambre, la véritable » (p. 100 [99]). Elle découvre l'écart entre les différentes formes de folie, telles qu'elle les perçoit, et l'idée qu'on lui en avait donnée jusque-là : « Pour moi, un fou c'était une effrayante personne qui se contorsionnait dans tous les sens et devait être enfermée pour ne pas vous agresser et utiliser sa force refoulée ; c'était aussi quelqu'un de complètement inconscient quant à son état. Un fou quoi, vous entendez, un fou ! Un déchet... une larve anéantie par les électrochocs et maintenant par les "calmants"... C'est bien ainsi qu'on les décrit, n'est-ce pas ? » (P. 100 [100].)

27 P. 116 [115] : « je dois me perdre, ne plus exister que dans un monde à moi, c'est le prix de la liberté, le prix d'un rêve ». Page 117 [116], elle la considère comme une « [s]olution stupide et qui allait, beaucoup plus tard, se révéler d'une efficacité déplorable ou plutôt d'une contagion effrayante et celle-là réellement anormale ».

psychanalystes avec la suffisance de ceux qu'elle rencontre, tous avec leur manque d'intérêt pour autre chose que pour son poids, ne parviennent qu'à aiguiser sa colère. C'est avec ceux qui s'intéressent à elle en tant qu'individu en souffrance, mais aussi comme une jolie et intelligente jeune fille, qu'elle se sent mieux et davantage disposée à faire l'effort de manger[28]. Cette fiction l'aide à imaginer une société civile dans laquelle elle souhaiterait se réinscrire, et à sortir de son repli sur soi. Aucun réel changement n'advient dans son rapport à la nourriture : elle se force à manger *pour* reprendre suffisamment de poids *pour* sortir, pas pour prendre soin de son corps ou le réinvestir.

Ce qu'elle perçoit d'autres jeunes filles souffrant d'anorexie l'interpelle, et l'amène à chercher à nouer des liens d'entraide avec elles[29]. Elle se surprend à vouloir dire à l'une d'elles de manger, qu'elle ne comprend pas son mouvement d'autodestruction. Elle prend alors conscience que son propre refus de s'alimenter exerce une grande violence auprès de son entourage et de l'équipe médicale : « Alors, c'était cela aussi qu'ils avaient ressenti lorsqu'ils me suppliaient d'avaler une bouchée ? Comment ont-ils fait pour ne pas me tuer ? » (P. 122 [121].) La dimension d'aide au combat que permet de ressentir un alter ego transparaît : « Maintenant, à trois, ça va être facile : on mange en même temps, bien sûr chacune dans sa chambre, on ira à la pesée ensemble, on pleurera ensemble… » (p. 135-136 [135])[30]. Elles se comprennent – davantage en tout cas qu'avec le personnel hospitalier et les « enfants fous », ce qui leur permet de conjuguer leurs efforts[31].

Valérie Valère souhaite toujours mourir, et se sent toujours en rupture avec les autres. Mais elle repousse ce projet qui devient moins imminent ; en se forçant à manger, elle prend du poids et peut effectivement sortir. Elle change en ce qu'elle s'aperçoit qu'elle parvient parfois à être en lien avec d'autres et que réciproquement ces autres cherchent à être en lien avec elle. Elle ressent aussi

28 Elle reproche à chacun de vouloir la dompter, la socialiser, plus que la comprendre. Leurs repères théoriques peuvent d'ailleurs être retournés contre ceux qui les appliquent… Elle semble d'ailleurs regretter qu'on cantonne le symptôme familial à sa seule personne. Tony, un infirmier africain lui parle avec humour et respect, ce qui l'apaise aussitôt. P. 141 [139] : « Tony m'apporta sa joie et une sorte de pain au chocolat un peu moins repoussant que les tartines. »

29 P. 120 [119] : « Mais ce qui déclencha définitivement le mécanisme fut la présence de l'autre anorexique avec laquelle je pus parler un jour, en cachette, dans les lavabos. »

30 Cette manière de se seconder dans cette lutte contient une dimension explicitement thérapeutique.

31 P. 136 [136] : « J'y arriverai jamais, tu te rends compte ! treize kilos ! Ils sont infects. Et puis comment peut on reprendre le goût de vivre dans une… dans un "asile", […] dans leurs salles de bain à cafards et leurs chambres sans lumière ! – Je ne sais pas si c'est ce qu'on appelle "psychologie" mais c'est du stalinisme, du fascisme, du… »

la peur d'être rejetée, d'être déçue, la peur de la rencontre[32]. Une rencontre renouvelle pourtant son rapport au corps comme langage : trois jours avant sa sortie, on la force à voir un spectacle de mime avec des acteurs qui maquillent les enfants du pavillon ; tous font ensemble une fête dansante[33]. Elle découvre que le corps peut mimer et exprimer directement une histoire, par sa seule gestuelle. Il ne gêne plus le langage et la pensée, il ne les concurrence plus, il n'est plus seulement ce tombeau[34] ou ce puits sans fond de douleur. Il peut ouvrir une voie de langage neuve, qui libère des paroles dures et dégradantes qui s'insinuent dans la tête et résonnent sans y être invitées.

4 Pour conclure : une écriture qui engage son lecteur

Écrire, c'est prendre le risque d'être lu, chercher son public, un autre qui renvoie une réponse, engage un échange. Valérie Valère assume de publier des appels que sa famille peut entendre ou non, et qui s'adressent désormais à d'autres. Elle montre à la fois la nécessité d'écrire, et ses limites thérapeutiques : la colère reste intacte, puisque les mensonges demeurent, qu'aucun lien n'a eu vraiment le pouvoir de contrebalancer les chantages affectifs, les trahisons. Elle se sent de surcroît traumatisée par ce qu'elle a vécu au nom de sa « guérison ». Les flashes qui la ramènent à cette période attestent de la violence de ce qu'elle a subi, mais aussi des pensées qui l'ont submergées pendant ce séjour.

Valérie Valère décrit les différents interlocuteurs qu'elle rencontre et les différentes réponses qu'elle leur donne, selon les intérêts qu'ils lui manifestent en fonction de leur réputation, de leur narcissisme, de leur envie de l'utiliser pour accéder à des informations, de leur routine, de leur soif de pouvoir et d'ascendant, de leur détresse, de leur envie de communiquer avec elle, etc. Elle est

32 P. 93-94 [93] : « Je n'ai d'ailleurs que toujours très difficilement supporté la présence des autres, je suis amoureuse de la solitude [...] personne pour vous contredire. Lâcheté aussi, personne avec qui se battre. » Sur les liens abordés par la difficulté ou l'impossibilité de nouer des liens, voir Bion, Wilfred Ruprecht, « Attacks on Linking », in *Second Thoughts: Selected Papers on Psychoanalysis* [1967], London, Jason Aronson, 1993, p. 93-109. Trad. : *Réflexion faite*, trad. F. Robert, 5ᵉ éd., Paris, PUF, « Bibliothèque de psychanalyse », 2002, p. 105-123.

33 P. 212 [210] : « "La plus jolie, viens danser avec moi." / Est-ce qu'ils sont tous comme ça dehors ? J'avais raison de rêver... J'ai peur, le bruit, la musique m'effraient [...]. » P. 15 [15] : « je préfère le maquillage de mimes et de clowns à celui des femmes des villes ». P. 220 [218] : « Alors, tu aimes le théâtre ? C'est cet après-midi à trois heures. » P. 223 [221] : « "Ça fait du bien la liberté ?" / Je voudrais lui parler, dire tout [...]. » P. 223 [222] : « la tristesse est jalouse ».

34 Platon, *Phédon*, 66b-67b, trad. et prés. M. Dixsaut, Paris, Flammarion, coll. « GF », 1991.

particulièrement attentive à l'énergie qu'ils mettent à la dominer ou à entrer en contact avec elle. Elle renvoie un reflet de l'échec social à la libérer d'impasses familiales et personnelles qui l'empêchent de se nourrir. Simultanément, elle révèle sa timidité et sa maladresse enfantine, sa pudeur de pré-adolescente, à ceux qui cherchent à la rencontrer, elle.

« Quand on est dans la peau d'un fou, on n'exprime pas la colère avec des phrases logiques, raisonnables et des mots de bonne compagnie » (p. 8 [8]). Valérie Valère explique sa violence, la structure de ses phrases, de son livre qui change de temporalité, s'adresse tantôt à elle, à eux, les soignants, les parents, au lecteur. Elle qui souffrait dans sa chair, s'en rendait compte, s'en effrayait, s'en extrayait. La lucidité exclut-elle la folie ? On dit qu'elle s'oppose à la conscience. Cela dépend de quelle lucidité et de quelle conscience on parle. Valérie Valère a conscience d'avoir traversé *de la folie*, d'avoir eu un comportement en rupture avec les autres individus, quels qu'ils soient, d'avoir voulu mourir. La dissolution face au vide lui semble une solution soutenable. La disparition face à la perversité du monde adulte lui semble compréhensible, même si elle est prisonnière de symptômes proches du délire. Valérie Valère n'a pas *choisi* d'arrêter de manger et de se laisser mourir de faim ; cela s'est imposé en elle. Dans ce livre, elle explore ce qui l'a inconsciemment amenée à *recourir* à l'anorexie. Elle revisite cette période de sa vie qui, tout comme son quotidien la hantait au point de la rendre malade et de s'interposer entre elle et la vie, fait maintenant obstacle. « Ces quatre mois restaient tellement présents en moi, tellement que j'ai compris que si je ne disais pas ce temps passé dans le pavillon des enfants fous, il me gênerait, s'interposerait entre moi et la vie. Il fallait que j'en sorte ! » (P. 7 [7].) Cet élan réflexif n'est pas un choix, c'est une nécessité pour vivre. Elle souhaite replonger dans cette folie pour en décrire l'expérience.

Le texte aborde différentes folies, car Valérie Valère montre la sienne comme celle des autres, de ceux qui cherchent à rationaliser la situation, à lui donner une apparence de simplicité, et l'autre, désespérée, des « enfants fous ». Valérie Valère, montre comment des symptômes qui enferment l'individu dans un fonctionnement qui mène à la mort est animé de souffrances dont la destructivité est compréhensible, partageable, *non folle*. Son texte prend le lecteur à parti, car ses mots débordent la feuille pour éclairer les valeurs et les repères du lecteur par rapport à la société dans laquelle il vit. Il rappelle l'intelligence profonde des adolescents, leur déception du monde des adultes, les efforts qu'ils tentent de faire pour s'adapter à cette « folie », cette fiction sociale.

Bibliographie

Bion, Wilfred Ruprecht, « Attacks on linking », in *Second Thoughts: Selected Papers on Psychoanalysis* [1967], London, Jason Aronson, 1993, p. 93-109. Trad. : *Réflexion faite*, trad. F. Robert, 5e éd., Paris, PUF, « Bibliothèque de psychanalyse », 2002, p. 105-123.
Beers, Clifford, *A Mind That Found Itself: An Autobiography*, New York, Longmans, Green, 1908. Trad. : *Raison perdue, raison retrouvée : autobiographie d'un malade mental*, Paris, Payot, « Bibliothèque scientifique », 1951.
Camus, Albert, *Le Mythe de Sisyphe : essai sur l'absurde* [1942], in *Essais*, éd. R. Quilliot et L. Faucon, Paris, Gallimard, « Bibliothèque de la Pléiade », 1965.
Laub, Dori, « Arrêt traumatique du récit et de la symbolisation : un dérivé de la pulsion de mort ? », *Le Coq-héron*, nº 220, 2015-1, p. 67-82.
Lioret, Philippe, *Je vais bien, ne t'en fais pas,* StudioCanal, 2007.
Platon, *Phédon*, trad. et prés. Monique Dixsaut, Paris, Flammarion, coll. « GF », 1991.
Searles, Harold Frederic, *Le Contre-transfert* [*Countertransference and Related Subjects*, 1979], trad. B. Bost, Paris, Gallimard, coll. « Folio essais », 1984.
Searles, Harold Frederic, *L'Environnement non humain* [*The Nonhuman Environment*, 1960], trad. D. Blanchard, Paris, Gallimard, coll. « Tel », 1986.
Sibony-Malpertu, Yaelle, *Une liaison philosophique : du thérapeutique entre Descartes et la princesse Élisabeth de Bohême*, Paris, Stock, 2012.
Sibony-Malpertu, Yaelle, *Se défaire du traumatisme. SPT, encapsulement, transmissions familiales*, Paris, Desclée de Brouwer, 2020.
Sullivan, Harry Stack, *La Schizophrénie, un processus humain* [*Schizophrenia as a Human Process*, 1962], trad. D. Faugeras, introd. H. Swick Perry, préf. de G. Benedetti, Paris, Érès, 1998.
Valère, Valérie, *Le Pavillon des enfants fous*, Paris, Stock, coll. « Elles-mêmes », 1978 ; rééd. Le Livre de poche, 1986.
Valère, Valérie, *Malika ou Un jour comme les autres*, Paris, Stock, 1979 ; rééd. Le Livre de poche, 1983.
Valère, Valérie, *Obsession blanche*, Paris, Stock, 1981 ; rééd. Le Livre de poche, 1992.

PARTIE 4

Francophonie nord-américaine

CHAPITRE 16

Petit tour d'horizon du Québec et de sa non-fiction

Sophie Létourneau

Résumé

Cette communication se veut une présentation de la non-fiction québécoise à partir de quelques écrivains ayant publié une œuvre marquante dans les dernières années (M. Arsenault, A. Barbeau-Lavalette, C. Beaulieu, M. Beauchamp, M. Delisle, A.-M. Olivier, E. Soucy). L'analyse des œuvres choisies met en lumière les techniques de documentation utilisées par les écrivains – soit l'observation, l'infiltration, l'entrevue, la confession, la réminiscence et l'enquête – afin de montrer la diversité, la porosité et la performativité des genres pratiqués. Une grille de lecture par techniques de documentation permet finalement de constater l'influence qu'exerce toujours le cinéma direct de Pierre Perrault sur la non-fiction québécoise, tant dans le traitement de la langue et du territoire québécois que dans le refus d'une forme narrative classique.

∵

On attribue à l'Office national du film et aux *Raquetteurs* de Michel Brault et Gilles Groulx[1] les débuts de ce qu'on appelle au Québec *le cinéma direct*. En 1958, caméra à l'épaule et magnétophone synchronisé à la main, les deux hommes se sont rendus à un rassemblement de raquetteurs paradant… sur l'asphalte des rues de Sherbrooke, une ville située entre Montréal et la frontière américaine. Renommé en France *cinéma vérité*, les techniques de tournage du cinéma direct seront reprises par Chris Marker et les cinéastes de la Nouvelle Vague. Au Québec, Pierre Perrault développera une œuvre documentaire majeure en se revendiquant du cinéma direct de Michel Brault, avec qui il tournera son premier film et le chef d'œuvre du cinéma québécois : *Pour la suite du monde* (1962)[2].

1 Brault, Michel et Groulx, Gilles (réal.), *Les Raquetteurs* (N&B), ONF, 1958, 14 min 37 s. On peut visionner le film sur le site de l'ONF, URL : <https://www.onf.ca/film/les_raquetteurs/> (consulté le 11/07/2018.)

2 Brault, Michel et Perrault, Pierre (réal.), *Pour la suite du monde* (N&B), ONF, 1963, 1 h 45 min. On peut visionner le film sur le site de l'ONF, URL : <https://www.onf.ca/film/pour_la_suite_du_monde/> (consulté le 11/07/2018.)

 | DOI:10.1163/9789004439313_018

Si l'ADN de ce qui fera le cinéma de Perrault se trouve déjà dans ce film, on y trouve également ce qui fera, un demi-siècle plus tard, l'ADN de l'écriture documentaire québécoise, soit :

1) Une volonté de couvrir le territoire québécois.

De même que Pierre Perrault a tourné dans nombre de régions excentrées (L'Isle-aux-Coudres, l'Abitibi, l'Acadie, la terre d'Ellesmere…), les écrivains québécois qui pratiquent l'écriture documentaire s'attachent à représenter la réalité du territoire québécois, ses régions éloignées, les bas quartiers des grandes villes, leurs banlieues.

2) Cette exploration du « pays » se fait par l'oreille.

Dans les documentaires de Pierre Perrault, la capture d'une parole populaire, d'une langue éminemment québécoise prend le dessus sur toute forme de narration. « Discours sur la parole ou comment, me prenant pour Cartier, j'ai fait la découvrance de rivages et d'hommes que j'ai nommés pays[3] » : tel est le titre du premier texte publié par Pierre Perrault. Ainsi que le note l'historienne du cinéma Michèle Garneau, ce « Discours sur la parole » se voulait un hommage au découvreur du Canada, Jacques Cartier, en même temps qu'il « faisait l'éloge du magnétophone, de l'écoute et de la voix[4] ». De même, la non-fiction québécoise donne toujours à entendre, avec plus ou moins d'intensité, une parole vernaculaire.

3) Un refus de l'artifice, du scénario, de la mise en scène au profit du vécu, du vivant.

À l'image du cinéma de Pierre Perrault, la majeure partie de l'écriture documentaire publiée au Québec ces dernières années se caractérise par une méfiance par rapport à la forme pleine du récit. Pour le dire autrement : on trouve peu d'œuvres montrant la complexité romanesque d'un grand reportage littéraire chez les écrivains québécois, qui privilégient des formes plus marginales, plus échevelées, à même de rendre compte des marges du réel.

•••

Il est aujourd'hui impossible, écrit Mathieu Arsenault dans son *Guide des bars et pubs de Saguenay*[5], de filmer un badaud comme le faisaient les artisans du cinéma direct. Désormais conscients du pouvoir de la caméra et de notre propre image, nous cherchons à contrôler la représentation que nous donnons

3 Perrault, Pierre, « Discours sur la parole », in *De la parole aux actes*, Montréal, L'Hexagone, 1985, p. 7-39.

4 Garneau, Michèle, « Les deux mémoires de Pierre Perrault », *Protée*, vol. 32, nº 1, printemps 2004, p. 23-30, cit. p. 23.

5 Arsenault, Mathieu, *Guide des bars et pubs de Saguenay*, Montréal, Le Quartanier, 2016, 64 p.

de nous-mêmes. Le créateur qui souhaite croquer le réel ordinaire hors de toute narration, doit se rabattre sur son téléphone portable.

Pendant un mois, Mathieu Arsenault s'est installé au zinc des vingt-cinq bars et pubs de Saguenay, une ville située à 220 kilomètres au nord de la ville de Québec, afin d'attraper, tête baissée sur son téléphone, des « tropes de l'existence », « des bouts de conversation, des postures, des traits de caractères, des éléments de décor, tout un matériau que l'écriture dépersonnalisait[6] ».

Voici un poème rédigé après observation à l'Hippo Club de Jonquière :

> chicago
> supertramp
> america
> des bands de banlieusards des années 70
> se succèdent sur les écrans
> pour les cégépiens des années 70 accoudés au bar
> faut beaucoup d'expérience pour distinguer le goût d'une bud light
> du goût d'une coors light
> le goût d'une bleue dry
> du goût d'une molson dry
> le lundi c'est plus country mais le jeudi c'est rock !
> dit la serveuse
> bin ça rocke pas fort en estie, répond la madame
> qui ressemble à janis joplin[7]

Dans la non-fiction québécoise, la plupart des textes rédigés après observation sont des textes de nature poétique. L'essai qui figure dans le *Guide des bars et pubs de Saguenay* rend d'ailleurs hommage à la poésie d'Alexandre Dostie[8], de Maude Veilleux[9] et d'Érika Soucy[10], trois jeunes poètes originaires de la Beauce et de la Côte-Nord, qui, eux aussi, observent la faune des régions excentrées du Québec tout en donnant à entendre un parler populaire.

•••

6 *Ibid.*, p. 26-27.
7 *Ibid.*, p. 21.
8 Dostie, Alexandre, *Shenley*, Montréal, L'Écrou, 2014, 93 p.
9 Veilleux, Maude, *Les Choses de l'amour à marde*, Montréal, L'Écrou, 2013, 57 p.
10 Soucy, Érika, *Cochonner le plancher quand la terre est rouge*, Trois-Pistoles, Éditions Trois-Pistoles, 2010, 65 p.

Poussant plus loin le désir d'explorer le territoire québécois, Érika Soucy s'est rendue sur le chantier de la rivière Romaine (interdit aux journalistes) sous le faux prétexte d'un entretien d'embauche grâce à une combine orchestrée par son père qui travaille, ainsi que ses oncles et cousins, à la construction d'un barrage hydro-électrique. Cette semaine d'observation en haute Côte-nord lui a permis de rédiger un recueil de poésie, puis de revenir sur cette expérience d'infiltration dans un récit intitulé *Les Murailles*[11] que l'auteure a voulu écrit dans la langue des gens de la Côte Nord.

> C'est faite. Je suis dans l'avion. Un Dash-8. J'ai l'air de connaître ça, mais pas pantoute, c'est juste écrit sur le dépliant dans la poche du siège d'en avant. Un Dash-8, ça sonne moins bas de gamme que je pensais. Ça fait moins peur… Un peu… Mettons que c'est moins pire que l'avion de brousse avec les portes qui ferment pas que je m'étais imaginé[12].

C'est pour faire valoir la parole et le point de vue des travailleurs d'une région qui, sans grands chantiers hydro-électriques, seraient au chômage, qu'Érika Soucy a publié *Les Murailles*. En entrevue, elle raconte avoir donné une conférence à l'école secondaire de Forestville lors de laquelle elle lisait « des passages des *Murailles*, qui parlent de Ski-Doo et de Budweiser. Les jeunes ne croyaient pas que ça se pouvait, que ces mots-là se retrouvent dans un livre. J'étais heureuse de pouvoir leur dire que, oui, ça mérite de se retrouver là[13] ». Ces mots se retrouvent non seulement dans un livre, mais ils se feront entendre sur scène puisqu'Érika Soucy, actrice de formation, présentera à l'hiver 2019 une adaptation des *Murailles* au théâtre du Périscope.

•••

Comme Érika Soucy, Anne-Marie Olivier est passée par le Conservatoire d'art dramatique de Québec, où la formation dispensée combine exercices de jeu et exercices d'écriture. Sa première pièce, *Gros et détails*[14], est née de scènes qu'elle avait observée dans les bas-quartiers de la ville de Québec. Pour écrire *Faire l'amour*[15], l'actrice a procédé à une cueillette d'histoires vraies portant sur

11 Soucy, Érika, *Les Murailles*, Montréal, VLB, 2016, 150 p.

12 *Ibid.*, p. 9.

13 Tardif, Dominic, « Quand Erika Soucy parle des femmes de chez elle », *Le Devoir*, cahier « Lire », 16 septembre 2017.

14 Olivier, Anne-Marie, *Gros et détail*, Montréal, Dramaturges, 2005, 70 p.

15 Olivier, Anne-Marie, *Faire l'amour*, Montréal, Atelier 10, 2014, 109 p.

cette sensation « suave, sublime[16] ». D'une centaine d'histoires cueillies dans les environs de la ville de Québec, vingt ont été présentées sur scène, portées par quatre acteurs – deux femmes et deux hommes – qui empruntaient la voix de la personne interviewée.

> C'est ma tante qui me l'a contée. Est morte ça fait une couple d'années. Je pense souvent à cette histoire-là parce que c'est dans ma famille, ça se trouve à être mes oncles. Mathieu et Raymond, les deux aînés d'une famille de seize. Bâtis, musclés, poilus, loadés de testostérone. Yeux foncés, cheveux noirs de jais. Des grosses voix, des grosses mains, des grands ronds de sueur quand ils reviennent chaque jour de la tannerie familiale. Deux colosses. Les deux sont mariés, y'ont des enfants. Et les deux ont la même maîtresse, la pulpeuse Thérèse, une chapelière qui a les bras grands ouverts. Dans sa boutique, on peut se faire habiller de la tête aux pieds. Si on colle un peu, si on achète deux-trois bouteilles d'alcool frelaté, si on est affectueux, de bonne humeur, on peut aussi se ramasser déshabillé de la tête aux pieds[17].

Plus que toute autre technique de documentation, l'entrevue commande de mettre en valeur la singularité de la parole de la personne dont on fait entendre la voix. Évidemment, au théâtre, ce travail de la voix bénéficie de la performance des comédiens, ce qui explique sans doute qu'au Québec, la plupart des œuvres créées à partir d'entrevues sont des œuvres dramatiques. Je pense entre autres à *Pôle Sud* d'Anaïs Barbeau-Lavalette et Émile Proulx-Cloutier[18], une pièce dans laquelle le spectateur entend des enregistrements de personnes habitant un quartier chaud de Montréal.

En littérature « écrite », si j'ose dire, on trouve peu de recueil polyphoniques, d'œuvres constituées exclusivement de retranscriptions d'entrevues à l'image de ce que peut faire, en France, par exemple, Olivia Rosenthal, dont les livres se lisent comme une partition pour plusieurs voix. Publié l'an dernier, *L'Embaumeur* emprunte cependant la forme d'un carnet de notes prises à la sortie de conversations que l'auteure, Anne-Renée Caillé, a eues avec son père, l'embaumeur du titre[19].

•••

16 *Ibid.*, p. 23.
17 *Ibid.*, p. 28-29.
18 Barbeau-Lavalette, Anaïs et Proulx-Cloutier, Émile, *Pôle Sud*, Montréal, Espace Libre, 10-21 mai 2016.
19 Caillé, Anne-Renée, *L'Embaumeur*, Montréal, Héliotrope, 2017, 102 p.

Si rares sont les œuvres faites à partir d'entrevues, nombreuses sont celles dans lesquelles un auteur se raconte. La confession est un geste abondamment pratiqué dans la littérature québécoise (comme ailleurs). Ce qui distingue toutefois les textes confessionnels québécois, c'est qu'ils sont écrits dans une langue aussi crue que l'intimité révélée. Ce sont surtout des jeunes femmes qui pratiquent ce qu'elles appellent elles-mêmes une « poésie trash », se réclamant de la poète Josée Yvon, icône de la contre-culture des années 1980, et de Julie Doucet, figure marquante de la bande-dessinée des années 1990. Leurs titres font image, à tout le moins pour un locuteur québécois : *Filles-commandos bandées* (pour Josée Yvon) et *Fantastic Plotte* pour Julie Doucet.

Si nous sommes loin des explorations coloniales de Jacques Cartier, il convient de remarquer que des territoires intimes sont explorés, comme en témoignent les poèmes de *Fourrer le feu* de Marjolaine Beauchamp, une slammeuse de Gatineau, ville située à la frontière du Québec et de l'Ontario.

> Chez Karina's à Casselman
> Les yeux à fleur de peau
> Je cherchais un spot
> A checkait mes bottes
> En cuir de vache ou de racoon indonésien
> Que la fille du Transit énervée par ma gueule de blaireau crasse
> Voulait vraiment me vendre avec le coating
> J'ai dit :
> *Ma belle*
> *J'sors juste pas quand y pleut*
> *Ou qu'y fait frette*
> Trop peur que mon cœur pète
> J'sors pas
> À part peut être au Karina's
> Parce que mes sœurs dansent là bas
> Habillées en Ardène
> Bougresses de simili-poulet
> 'Sont belles en sacrament
> Parce qu'elles sont pas désemparées
> Immunisées contre Satan
> Pis les noms comme Serge ou Gaétan
> Les mains crasses, les mains chacal
> Les mains *chips* de métal coupant
> Les ongles noirs
> La boucane

Chez Karina's à Casselman
Tequila rose dans *frying pan*
Y font pus d'*stage* ça fait longtemps
À part les groupes vu qu'c'est payant
Les filles sont là comme des Romaines
Y'essayent même pas de s'faire une cenne
Y s'baignent à poil dedans ton *drink*
Maybe to get another sip[20]

En abordant une sexualité décevante, la précarité financière, l'amour au temps de Snapchat, ces auteures se montrent volontairement vulnérables. De même, la facture de leurs textes prête volontairement flanc à la critique. Des polémiques éclatent régulièrement qui opposent typiquement une jeune poète à un critique, homme plus âgé, plus établi, jugé insensible à la portée performative de ces textes. C'est, par exemple, le débat opposant Alice Rivard et Sébastien Dulude, critique dans la revue *Lettres québécoises*, qui avait qualifié sa poésie d'« incontinente[21] ». Alice Rivard a répondu dans une lettre ouverte que « dans une société patriarcale et capitaliste comme la nôtre, il s'agit bien d'un acte révolutionnaire que de parler ouvertement de ses émotions[22] ». Celles qui pratiquent la poésie confessionnelle cherchent, elles aussi, à faire entendre une parole vulnérable : la leur, celle des jeunes, celle des femmes, celles des pauvres. Et de la même manière que Perrault résistait à la mise en scène, ces poètes résistent à la forme au profit du sentiment brut. Mais contrairement à Perrault toutefois, la poésie confessionnelle peine à obtenir une reconnaissance critique.

•••

De fait, ces sont les auteurs dont la démarche témoigne d'un travail de réminiscence qui obtiennent le plus facilement au Québec les faveurs de l'institution. Serait-ce que nous voyons dans la réminiscence une approche plus

20 Beauchamp, Marjolaine, *Fourrer le feu*, Montréal, L'Écrou, 2016, 103 p., p. 55-56. On peut entendre l'auteure réciter son texte sur le site d'ICI Radio-Canada : <http://ici.radio-canada.ca/premiere/emissions/plus-on-est-de-fous-plus-on-lit/segments/prestation/17663/marjolaine-beauchamp-emilie-fourrer-le-feu-nuit-blanche-poesie> (consulté le 11/07/2018.)

21 Dulude, Sébastien, « Critique de *Schrapnels* d'Alice Rivard », *Lettres québécoises*, n° 164, 2016, p. 47.

22 Alice Rivard, « You Can't Sit With Us », *Filles missiles*, 2017, URL : <http://fillesmissiles.com/post/155636481207/you-cant-sit-with-us-alice-rivard> (consulté le 11/07/2018).

« littéraire » de la non-fiction ? Quand Marcel Proust s'attachait aux signes de l'amour, les écrivains québécois se remémorent en grande majorité la mort de leurs parents. Comme si de la *Recherche* on ne gardait que le baiser de la mère et la mort de la grand-mère. C'est *L'Album multicolore* de Louise Dupré[23]. C'est *dixhuitjuilletdeuxmillequatre* de Roger Des Roches[24]. C'est *Ma vie rouge Kubrick* de Simon Roy[25]. C'est *Mappemonde* de Daniel Canty[26]. Et c'est *Le Feu de mon père* de Michael Delisle[27], dont l'œuvre explore un territoire peu représenté dans l'imaginaire québécois : celui de la banlieue (américaine).

> Tour de char
>
> Fontainebleau est souverain. Quand nous sortons de Fontainebleau pour rouler sur le grand Chemin en direction du Nord, infatigable, je demande à mon père où nous sommes rendus. Et j'attends le Danemark, la Finlande, le Congo, l'Australie, le Bengale, la Chine, le Mexique, le Chili, l'Écosse ou encore le pays de Galles d'où viennent les ancêtres de grand-maman – donc forcément voisins. Mon père, calme comme sa Rambler 64, répète : on est toujours au Canada. Quelques minutes plus tard nous arrivons au Centre d'achats[28].

La langue de Michael Delisle se laisse traverser par la langue populaire québécoise lorsque le narrateur cède la parole à ses parents et à ses amis d'enfance. C'est alors que le milieu duquel le narrateur a voulu s'extraire par la littérature, se donne à entendre dans son écriture même.

•••

Cas particulier que celui de *La Femme qui fuit*, grand succès de vente et d'estime au Québec[29], écrit à la suite de la mort de la grand-mère de l'auteure, la

23 Dupré, Louise, *L'Album multicolore*, Montréal, Héliotrope, 2014, 270 p. Le livre a été finaliste du prix France-Québec en 2015.

24 Des Roches, Roger, *dixhuitjuilletdeuxmillequatre*, Montréal, Les Herbes rouges, 2008, 46 p. Le livre a remporté le prix de poésie Terrasses Saint-Sulpice de la revue *Estuaire* en 2009.

25 Roy, Simon, *Ma vie rouge Kubrick*, Montréal, Boréal, 2014, 169 p. Le livre a remporté le Prix des libraires en 2015.

26 Canty, Daniel, *Mappemonde*, Montréal, Le Noroît, 2016, 67 p.

27 Delisle, Michael, *Le Feu de mon père*, Montréal, Boréal, 2014, 121 p. Le livre a remporté le Grand Prix du livre de Montréal en 2014.

28 Delisle, Michael, *Fontainebleau*, Montréal, Les Herbes rouges, 1989, 124 p., p. 17.

29 Récipiendaire en 2016 du Prix des libraires, du prix France-Québec et du Grand Prix du livre de Montréal, *La Femme qui fuit* s'était vendu à 100 000 exemplaires en mars 2018.

femme qui fuit du titre. Cette femme, c'est Suzanne Meloche, peintre et poète, qui a abandonné ses deux très jeunes enfants, dont la mère de l'auteure, la réalisatrice Manon Barbeau. En faisant le tri des objets, des photographies de sa grand-mère après son décès, Anaïs Barbeau-Lavalette se donne pour mission de remplir le « trou » que le désir de liberté de cette femme a creusé dans l'histoire familiale. Dans la mesure où Suzanne Meloche et Marcel Barbeau ont joué un rôle d'importance dans l'histoire du Québec, *La Femme qui fuit* comble un autre « trou » : celui de l'absence des femmes de l'histoire de l'art et de la littérature québécoise.

On ne saurait dire qu'il s'agit d'une œuvre de mémoire dans la mesure où la réminiscence n'apparaît que dans les premières pages du livre. Pour retracer la vie de Suzanne Meloche, Anaïs Barbeau-Lavalette a recours diverses sources documentaires : en plus des documents personnels dont elle a hérité, elle a recours à une détective privée, elle a retrouvé et questionné les amants de sa grand-mère et elle a fait des recherches sur les Automatistes, un groupe d'artistes québécois proches des Surréalistes auquel appartenaient ses grands-parents. En un mot, *La Femme qui fuit* est le résultat d'une enquête. Cela on l'apprend dans les entrevues aux médias que l'auteure a accordées à la sortie de son livre[30].

Contrairement à ce qu'a fait Patrick Modiano pour *Dora Bruder* ou Ivan Jablonka pour *Laëtitia*, Anaïs Barbeau-Lavalette n'a pas mis en récit les étapes son enquête. La narration, rédigée à la deuxième personne, est tout entière tournée vers la grand-mère. Le *je* de la narratrice n'intervient qu'au début et à la fin du livre. Il convient également d'ajouter que bien que *La Femme qui fuit* ait été reçue comme une œuvre non fictionnelle, l'auteure s'est pleinement autorisé à imaginer ce qu'elle ignorait, à commencer par la vie intérieure de sa grand-mère. Puisque l'auteure ne se sent pas liée par un pacte d'authenticité, il convient de voir dans *La Femme qui fuit* un récit romancé qui relève de l'exofiction.

Pour qui chercherait un récit d'enquête dans la littérature québécoise, la seule personne dont la démarche s'inscrit résolument dans le journalisme littéraire au Québec est une femme de théâtre anglo-montréalaise formée aux États-Unis : Annabel Soutar[31]. Dans la tradition du théâtre « verbatim », les

30 Voir notamment Millot, Pascale, « La femme qui reste », *La Gazette des femmes* [En ligne], juillet 2016, URL : <https://www.gazettedesfemmes.ca/13168/anais-barbeau-lavalette-la-femme-qui-reste/> (consulté le 12/07/2018).

31 Annabel Soutar a étudié à l'Université Princeton avec Emily Mann, instigatrice du théâtre documentaire aux États-Unis. Sa pièce la plus connue, *Execution of Justice*, créée en 1984, prend la forme d'un procès sur scène. Lévesque, Solange, « Chercher la réalité au cœur de la fiction : entretien avec Annabel Soutar », *Jeu*, n° 119, 2006, p. 158-160.

dialogues de ses pièces sont tirés d'articles de journaux, de plaidoiries et d'entrevues réalisées auprès de personnes affectées par des enjeux de société : le procès opposant un fermier de l'Ouest Canadien à Monsanto[32], par exemple, ou les émeutes qui ont suivi le meurtre d'un jeune Hondurien par deux policiers de la ville de Montréal[33]. Comme l'indique Philippe Couture, critique de théâtre pour la revue *Liberté*, Annabel Soutar

> s'attaque à des sujets complexes, mais les présente sous forme d'enquête captivantes, mettant en scène son processus de recherche documentaire. Si cette métathéâtralité induit une narrativité efficace, exposant les doutes qui assaillent l'artiste en cours de route et lui permettant de fournir un portrait nuancé des situations qu'elle observe, elle montre aussi que le théâtre peut changer le monde[34].

Récemment, Annabel Soutar a commandé à Christine Beaulieu, la comédienne francophone qui joue son rôle dans les versions traduites de ses pièces, de mener une enquête sur Hydro-Québec – la société d'État qui régit la production et la distribution de l'électricité au Québec. *J'aime Hydro*[35], un spectacle de quatre heures, mêle observations naïves, vulgarisation scientifique, archives télévisuelles, récit d'un périple en voiture électrique jusqu'à La Romaine ainsi que des entrevues menées avec diverses personnes touchées par les projets d'Hydro-Québec, du président de la société d'état aux petits contracteurs floués par les processus d'attribution, en passant par les Innus de la Côte-Nord dont les territoires ancestraux sont inondés par les barrages.

> Quand tu as des convictions, c'est ça qui te garde vivant. Tu peux pas changer ça, tu peux pas. Mais là, t'as du monde devant toi qui te dit « Ça marche pas, tes convictions ». T'aurais eu beau pleurer, t'aurais eu beau dire ce que tu veux, personne t'aurais écouté. Parce qu'ils avaient déjà pris leur décision. Ce projet allait se faire coûte que coûte. […] Moi, je crois que les pierres ont un esprit. Je crois que les arbres ont un esprit. Je crois à ça. Mais eux, ils y croient pas[36].

•••

32 Soutar, Annabel, *Grains : Monsanto contre Schmeiser, théâtre documentaire*, trad. F. Britt, Montréal, Écosociété, 2014, 173 p.

33 Soutar, Annabel, *Fredy*, mise en scène de Marc Beaupré, Montréal, Théâtre la Licorne, 2016.

34 Couture, Philippe, « Un combat à poursuivre », *Liberté*, vol. 54, n° 2, 2013, p. 41.

35 Beaulieu, Christine, *J'aime Hydro*, Montréal, Atelier 10, 2017, 253 p.

36 *Ibid.*, p. 201-202.

Que les écrivains québécois pratiquent l'écriture documentaire comme Pierre Perrault filmaient, c'est-à-dire que l'écriture documentaire québécoise s'attache à représenter un vaste territoire que Jacques Cartier a exploré en donnant à entendre les voix qui le peuplent, cela m'est apparu parce que je me suis attachée aux techniques de documentation employées par les écrivains pour découper ce tour d'horizon.

Cette lecture de la non-fiction à partir des techniques de documentation s'est imposée à moi pour des raisons pédagogiques. J'enseigne la création littéraire à des étudiants essentiellement intéressés par le travail de l'imagination. Que d'aborder l'écriture d'histoires vraies en opposition au genre romanesque, me les aliénerait. (En classe, j'évite d'ailleurs le terme *non-fiction* pour lui préférer celui de *récit* ou d'*histoire vraie*.) Du reste, je serais bien en peine d'exiger d'étudiants de vingt ans qu'ils me rendent un reportage littéraire du calibre de ceux d'Emmanuel Carrère. La non-fiction est un exercice d'écriture complexe, qui se fait sur un temps long.

Pour former les étudiants à l'écriture non fictionnelle, il m'a fallu m'attacher à d'autres textes que ceux relevant du récit d'enquête, dont la forme merveilleusement complexe se prête mieux à l'analyse qu'au pastiche. J'ai donc repéré des textes de facture simple (pouvant servir de modèles) dans lesquels la technique de documentation utilisée par l'écrivain apparaissait clairement. C'est ainsi qu'aux étudiants en création littéraire, je présente la non-fiction comme une posture : celle d'un créateur qui cherche, sollicite et cumule la matière dont il se servira pour composer une histoire vraie grâce à diverses techniques de documentation.

Pour ce panorama de la non-fiction québécoise, j'ai choisi des extraits d'œuvres écrites à partir de séances d'observation (*Guide des bars et pubs de Saguenay*), suite à une infiltration (*Les Murailles*), à partir d'entrevues (*Faire l'amour*), par confession (*Fourrer le feu*), par réminiscence (*Fontainebleau*) ou après qu'une enquête ait été menée (*J'aime Hydro*). Relevant de disciplines aussi diverses que le journalisme, la sociologie, la psychanalyse ou les forces policières, l'éventail de ces techniques n'a pas été théorisé comme tel dans le champ littéraire. En dehors de l'enseignement de la création littéraire, ce renversement de perspective de la réception vers la production a toutefois plusieurs avantages heuristiques.

1) En approchant un corpus d'œuvres non fictionnelles à partir des techniques de documentation utilisées par les écrivains, on ne peut manquer d'observer des récurrences dans un corpus donné. Ici, c'est le patronage du cinéma documentaire de Pierre Perrault sur toute pratique de non-fiction au Québec qui apparaît clairement.

2) Lorsqu'on s'attache à la production des œuvres non fictionnelles, le corpus s'ouvre à d'autres genres que le grand genre non fictionnel qu'est le récit

d'enquête pour inclure des textes poétiques, dramatiques, expérimentaux… On sort ainsi du canon habituel (Carrère, Jablonka, Modiano) pour inclure des titres qui témoignent de la diversité des possibilités offertes par l'écriture non fictionnelle. Et de la diversité des écrivains qui la pratique. Cette approche de la non-fiction permet finalement d'approcher d'autres corpus. En tant que Québécoise, il me semble impératif de créer des modèles d'analyse pour la non-fiction indépendants des histoires littéraires américaine et française.

3) Finalement, cette approche par techniques de documentation permet de mettre en lumière le caractère performatif d'un grand nombre d'œuvres qui, tout en représentant le réel, ont également l'ambition de le changer. Cet usage performatif de la non-fiction est particulièrement patent chez les groupes marginalisés : les femmes, bien sûr, mais aussi les Autochtones, qui connaissent depuis quelques années leur propre Renaissance, leur propre Révolution tranquille.

En bref, que d'analyser des œuvres non fictionnelles à partir des techniques de documentation utilisées par les écrivains permet de ratisser plus large, d'inclure un plus grand nombre de pratiques, de couvrir un territoire plus grand, ce à que le titre de ce colloque permet de rêver. S'il est une chose qu'il faut retenir de la non-fiction québécoise, c'est que ce territoire reste à conquérir et la parole, à prendre.

Bibliographie

Arsenault, Mathieu, *Guide des bars et pubs de Saguenay*, Montréal, Le Quartanier, 2016, 64 p.

Barbeau-Lavalette, Anaïs et Proulx-Cloutier, Émile, *Pôle Sud*, Montréal, Espace Libre, 10-21 mai 2016.

Beauchamp, Marjolaine, *Fourrer le feu*, Montréal, L'Écrou, 2016, 103 p.

Beauchamp, Marjolaine, *Fourrer le feu*, lecture par l'auteur, site d'ICI Radio-Canada : <http://ici.radio-canada.ca/premiere/emissions/plus-on-est-de-fous-plus-on-lit/segments/prestation/17663/marjolaine-beauchamp-emilie-fourrer-le-feu-nuit-blanche-poesie> (consulté le 11/07/2018.)

Beaulieu, Christine, *J'aime Hydro*, Montréal, Atelier 10, 2017, 253 p.

Brault, Michel et Groulx, Gilles (réal.), *Les Raquetteurs* (N&B), ONF, 1958, 14 min 37 s. On peut visionner le film sur le site de l'ONF, URL : <https://www.onf.ca/film/les_raquetteurs/> (consulté le 11/07/2018.)

Brault, Michel et Perrault, Pierre (réal.), *Pour la suite du monde* (N&B), ONF, 1963, 1 h 45 min. On peut visionner le film sur le site de l'ONF, URL : <https://www.onf.ca/film/pour_la_suite_du_monde/> (consulté le 11/07/2018.)

Caillé, Anne-Renée, *L'Embaumeur*, Montréal, Héliotrope, 2017, 102 p.

Canty, Daniel, *Mappemonde*, Montréal, Le Noroît, 2016, 67 p.

Couture, Philippe, « Un combat à poursuivre », *Liberté*, vol. 54, n° 2, 2013, p. 41.

Delisle, Michael, *Fontainebleau*, Montréal, Les Herbes rouges, 1989, 124 p.

Delisle, Michael, *Le Feu de mon père*, Montréal, Boréal, 2014, 121 p.

Des Roches, Roger, *dixhuitjuilletdeuxmillequatre*, Montréal, Les Herbes rouges, 2008, 46 p.

Dostie, Alexandre, *Shenley*, Montréal, L'Écrou, 2014, 93 p.

Dulude, Sébastien, « Critique de *Schrapnels* d'Alice Rivard », *Lettres québécoises*, n° 164, 2016, p. 47.

Dupré, Louise, *L'Album multicolore*, Montréal, Héliotrope, 2014, 270 p.

Garneau, Michèle, « Les deux mémoires de Pierre Perrault », *Protée*, vol. 32, n° 1, printemps 2004, p. 23-30.

Lévesque, Solange, « Chercher la réalité au cœur de la fiction : entretien avec Annabel Soutar », *Jeu*, n° 119, 2006, p. 158-160.

Millot, Pascale, « La femme qui reste », *La Gazette des femmes* [En ligne], juillet 2016, URL : <https://www.gazettedesfemmes.ca/13168/anais-barbeau-lavalette-la-femme-qui-reste/> (consulté le 12/07/2018).

Olivier, Anne-Marie, *Gros et détail*, Montréal, Dramaturges, 2005, 70 p.

Olivier, Anne-Marie, *Faire l'amour*, Montréal, Atelier 10, 2014, 109 p.

Perrault, Pierre, « Discours sur la parole », in *De la parole aux actes*, Montréal, L'Hexagone, 1985, p. 7-39.

Rivard, Alice, « You Can't Sit With Us », *Filles missiles*, 2017, URL : <http://fillesmissiles.com/post/155636481207/you-cant-sit-with-us-alice-rivard> (consulté le 11/07/2018).

Roy, Simon, *Ma vie rouge Kubrick*, Montréal, Boréal, 2014, 169 p.

Soucy, Érika, *Cochonner le plancher quand la terre est rouge*, Trois-Pistoles, Éditions Trois-Pistoles, 2010, 65 p.

Soucy, Érika, *Les Murailles*, Montréal, VLB, 2016, 150 p.

Soutar, Annabel, *Grains : Monsanto contre Schmeiser, théâtre documentaire*, trad. F. Britt, Montréal, Écosociété, 2014, 173 p.

Soutar, Annabel, *Fredy*, mise en scène de Marc Beaupré, Montréal, Théâtre la Licorne, 2016.

Tardif, Dominic, « Quand Erika Soucy parle des femmes de chez elle », *Le Devoir*, cahier « Lire », 16 septembre 2017.

Veilleux, Maude, *Les Choses de l'amour à marde*, Montréal, L'Écrou, 2013, 57 p.

CHAPITRE 17

La trilogie *1984* d'Éric Plamondon : comment rédiger des « épopées non fictionnelles » à l'époque de Wikipédia

Eva Voldřichová Beránková

Résumé

Éric Plamondon (1969) semble avoir inventé une formule efficace pour pratiquer des genres « épiques », à première vue incompatibles avec l'esprit ironique du postmoderne[1]. Notamment la trilogie *1984* du romancier québécois démontre que le roman, voire l'épopée, reste pensable à l'époque de l'Internet, à condition de se rapprocher davantage de la non-fiction. Les trois volumes sont composés respectivement de 90, 113 et 113 micro-chapitres, allant de trois lignes à trois pages maximum, dans le cadre desquels l'auteur mélange histoires, poèmes, énumérations, quatrièmes de couverture, sommaires, procédures, introspections, anecdotes, extraits de critiques ou recettes de cuisine pour saisir l'histoire passionnante de trois « Icare » américains (Johnny Weissmuller, Richard Brautigan et Steve Jobs) qui ont marqué le XXe siècle.

∴

Dans son discours du Prix Nobel de littérature 2014, Patrick Modiano se déclare nostalgique des grands romanciers du XIXe siècle (Balzac, Dickens, Tolstoï, Dostoïevski) qui ont vécu dans une temporalité beaucoup plus lente, mieux adaptée selon lui à la réflexion et permettant aux écrivains de concevoir de grands massifs romanesques, de véritables cathédrales littéraires. Aujourd'hui, des œuvres discontinues et morcelées témoignent d'un changement total de paradigme auquel Modiano a du mal à s'habituer :

1 Le texte a été soutenu par le Projet Européen du Développement Régional « Créativité et adaptabilité comme conditions du succès de l'Europe dans un monde interconnecté » (No. CZ.02.1.01/0.0/0.0/16_019/0000734).

 | DOI:10.1163/9789004439313_019

> j'appartiens à une génération intermédiaire et je serais curieux de savoir comment les générations suivantes qui sont nées avec l'Internet, le portable, les mails et les tweets exprimeront par la littérature ce monde auquel chacun est « connecté » en permanence et où les « réseaux sociaux » entament la part d'intimité et de secret qui était encore notre bien jusqu'à une époque récente [...][2].

Autrement dit, à quoi ressemblera la fiction à une époque qui semble nier toute profondeur, toute vie intérieure, ces secrets intimes qui nourrissaient les romans traditionnels ? Quel sera le roman du moi contemporain, ouvert aux réseaux sociaux, connecté sur l'Internet, faisant du zapping incessant entre informations, convictions et styles de vie différents ?

La trilogie *1984* d'Éric Plamondon (1969) semble apporter l'une des réponses possibles au défi modianien : le roman voire l'épopée reste parfaitement pensable à l'époque de l'Internet, à condition de changer de technique narrative et de se rapprocher davantage de ce que nous pourrions désigner sous le nom général de non-fiction. Le romancier québécois semble avoir inventé une formule efficace pour introduire à l'époque contemporaine des genres « épiques », à première vue difficilement compatibles avec l'esprit ironique du postmoderne.

Dominic Tardif, un critique littéraire du journal québécois *Le Devoir*, désigne le premier tome de la trilogie comme « un roman pour la génération Wikipédia[3] » et, dans le compte rendu du tome suivant, il met l'accent sur le côté documentaire de l'ensemble, sur « ce ton quasi encyclopédique, qui répudie tout lyrisme[4] ». Un autre journaliste, Christian Desmeules, parle du « parfum des après-midis pluvieux à regarder Ciné-Quizz à la télévision[5] » qui se dégagerait de *Hongrie-Hollywood Express*.

---

2 Modiano, Patrick, « Discours de réception du prix Nobel », *Le Monde* [en ligne], 7 décembre 2014, URL : <http://www.lemonde.fr/prix-nobel/article/2014/12/07/verbatim-le-discours-de-reception-du-prix-nobel-de-patrick-modiano_4536162_1772031.html> (consulté le 02/05/2017).

3 Tardif, Dominic, « Éric Plamondon : *Hongrie-Hollywood Express* », *Voir* [En ligne], Montréal, 19 mai 2011, URL : <https://voir.ca/livres/2011/05/19/eric-plamondon-hongrie-hollywood-express-2/> (consulté le 02/11/2017).

4 Tardif, Dominic, « Ça goûte donc bon, de la mayonnaise », revue critique de *Mayonnaise*, *Voir* [En ligne], Montréal, 17 mai 2012, URL : <https://voir.ca/livres/2012/05/17/eric-plamondon-ca-goute-donc-bon-de-la-mayonnaise/> (consulté le 02/11/2017).

5 Desmeules, Christian, « Littérature québécoise – Les hauts et les bas de Tarzan », revue critique de *Hongrie-Hollywood Express*, *Le Devoir* [en ligne], 28 mai 2011, URL : <http://www.ledevoir.com/culture/livres/324196/litterature-quebecoise-les-hauts-et-les-bas-de-tarzan> (consulté le 02/11/2017).

Le professeur de littérature québécoise Paul-André Proulx, lui, reprend et développe ce raisonnement en évoquant :

> L'écriture éclatée d'un roman qui semble tiré des informations offertes par Wikipédia. Sommes-nous à l'aube d'une nouvelle littérature, qui s'apparentera à la plume des fans de Twitter ? Plamondon donne la démonstration d'un avenir littéraire possible. En fait, le roman est très moderne de par se fragmentation. Ça rencontre les exigences du lecteur formé par le zapping ou les réseaux sociaux[6].

Dimitri Nasrallah, le traducteur anglais de la trilogie, précise ces impressions générales en insistant sur le fait que les différents chapitres de l'œuvre sont effectivement dans une large mesure copiés sur des articles de Wikipédia, savamment modifiés et combinés entre eux :

> Plamondon a construit cette œuvre en étant pleinement conscient du fait que la traduction est une évolution, et non une reproduction. Les fondements de *Hongrie-Hollywood Express* sont souvent des traductions de l'anglais en français de Wikipédia ou d'autres sources en ligne qui fonctionnent exactement de cette façon. Donc, les retraduire vers l'anglais demande encore davantage d'évolution pour ne pas finir là où l'auteur a commencé[7].

Quant à Benoît Melançon, l'auteur d'une série de commentaires littéraires online intitulée *L'Oreille tendue*, il se laisse aller à une véritable déclaration d'amour :

> *L'Oreille* aime l'utilisation par Éric Plamondon des listes et des énumérations. Elle aime son érudition, cinématographique notamment, mais pas seulement : technique, scientifique, japonaise. Elle aime son refus de la linéarité. Elle aime l'Amérique qu'elle est invitée à parcourir (dans le

---

6 Proulx, Paul-André (sous le pseudonyme de Libris québécis), « Le Beatnik Richard Brautigan », revue critique de *Mayonnaise*, *Critiques libres* [En ligne], 14 mai 2012, URL : <http://www.critiqueslibres.com/i.php/vcrit/31406> (consulté le 02/11/2017).

7 McCambridge, Peter, « Dimitri Nasrallah on *Hungary-Hollywood Express* ». *Québec Reads* [En ligne], URL : <http://quebecreads.com/dimitri/> (lien expiré, consulté le 02/11/2017). Je traduis. Texte original : « Plamondon had built this work fully aware that translation is an evolution and not a replication. The foundations of *Hungary-Hollywood Express* are often English-to-French translations from Wikipedia or other online sources that work exactly in this way, and so translating them back into English requires even more evolution so as not to end up back where the author began. »

> temps, dans l'espace). Elle aime le choc entre eux des courts chapitres, prose ou vers, qui font les livres, et l'extravagance de leurs titres. Elle aime l'évident plaisir qu'a l'auteur à citer (des étiquettes aux textes littéraires), et sa croyance dans l'univers des correspondances. […] Elle aime entendre la rumeur concrète du monde […][8].

Voyons donc de plus près la construction de la trilogie : *Hongrie-Hollywood Express* (2011), *Mayonnaise* (2012) et *Pomme S* (2013) sont composés respectivement de 90, 113 et 113 micro-chapitres, allant de trois lignes à trois pages maximum, dans le cadre desquels l'auteur mélange histoires, poèmes, énumérations, quatrièmes de couverture, sommaires, procédures, introspections, anecdotes, extraits de critiques ou recettes de cuisine.

Les titres volontiers sibyllins des chapitres (« Lorem ipsum », « 23 heures 28 minutes et 666 vierges », « O Ko Mo Go To Po Eo Wo Yo », « Guili guili ») ne correspondent à première vue à aucune logique apparente.

En fait, chacune de ces « vignettes » constitue une véritable micro nouvelle avec une chute ou une sorte de morale et, dans la plupart des cas, un parallèle subtile avec un ou plusieurs autres chapitres de la trilogie. Les trames narratives se tissent ainsi progressivement sous les yeux du lecteur.

Le premier volet offre ainsi une biographie éclatée de Johnny Weissmuller (1904-1984), nageur olympique américain d'origine hongroise et le premier Tarzan du cinéma parlant. Le deuxième est consacré à Richard Brautigan (1935-1984), écrivain et poète américain que l'histoire a surnommé « le dernier des Beats ». Quant au troisième volet, il retrace la carrière de Steve Jobs (1955-2011), entrepreneur, inventeur dans le domaine de l'informatique et cofondateur de la société Apple.

Plamondon résume le choix de ses protagonistes ainsi :

> Ce sont là trois destins individuels qui représentent pour moi trois événements clés du XXe siècle : la naissance d'Hollywood et de la société du spectacle, l'avènement de la contre-culture et l'apparition de l'informatique personnelle. Trois Américains de la côte Ouest pour qui 1984 est une année décisive et qui dessinent les contours de l'empire[9].

---

8 Melançon, Benoît, « Jubilatoire, malgré tout », revue critique de *Mayonnaise*, *L'Oreille tendue* [En ligne]. 3 avril 2012, URL : <http://oreilletendue.com/2012/04/03/jubilatoire-malgre-tout/> (consulté le 02/11/2017).

9 Plamondon, Éric, « De nombreux lecteurs ont envie d'être déroutés, ont envie de partir à l'aventure, dans quelque chose de différent. Interview d'Éric Plamondon par Bernard Strainchamps », *Feedbooks* [En ligne], 12 janvier 2013, URL : <http://fr.feedbooks.com/interview/157/> (consulté le 02/11/2017).

En effet, tandis que Weissmuller meurt en 1984 dans une maison de convalescence, impuissant, obèse et oublié de tous, et que Brautigan se tire une balle dans la tête avec son revolver Smith & Wesson, Steve Jobs lance, la même année, la « meilleure publicité de tous les temps », à savoir la *1984* d'Apple. La gloire d'Hollywood et la contre-culture des années 1960 cèdent définitivement la place à un monde nouveau où le public applaudit des hommes d'affaires et leurs stratégies marketing plutôt que des Tarzan ou des Beatniks.

Les trois vies des héros réels « se racontent » en quelque sorte par elles-mêmes, via des textes plus ou moins disponibles online. L'« objectivité » apparente de l'ensemble n'est que renforcée par la construction assez froide de ces vies en forme de paraboles mathématiques. En effet, les destins de Weissmuller, Brautigan et Jobs ne font qu'illustrer l'impitoyable loi de l'attraction universelle : tout ce qui monte doit forcément redescendre.

D'autres chapitres de la trilogie, plus intimes, mettent en scène un narrateur à la première personne, un certain Gabriel Rivages. Cet alter ego de Plamondon, un Québécois timide, indécis et sceptique à l'égard des héros surhumains du rêve américain, évoque différents épisodes de sa propre vie. Sa petite histoire personnelle relaie et commente ainsi la grande, qui semble, elle, se passer de narrateur.

La construction atypique de la trilogie suppose de la part du lecteur un zapping permanent entre des sujets variés (la pêche, le divorce des parents de Rivages, l'histoire de la statue de la Liberté, le suicide de Richard Brautigan), différentes époques et différents genres. Il en résulte un portrait du XXe siècle en forme de toile tissée de coïncidences inattendues, présentées dans un éventail de petites fiches encyclopédiques du genre « Saviez-vous que ? » (la première machine à écrire est sortie tout droit d'un atelier d'armes à feu géré par Remington ?, Weissmuller a appris à nager au fils d'Al Capone ? Steve Jobs a donné à sa compagnie le nom Apple, parce qu'il avait jadis travaillé dans un verger en Oregon ?)

L'écriture plamondonienne relève d'un art de collage, d'un montage permanent. À l'instar de leurs chapitres, les trois livres représentent d'ailleurs eux-mêmes des fragments d'un ensemble plus vaste dont le lecteur est invité à chercher l'unité cachée grâce à de nombreux renvois sophistiqués, à des liens souterrains. Chaque tome apporte ainsi de nouvelles pistes d'interprétation au précédent.

Aucune linéarité n'a de place ici, car Plamondon la considère comme artificielle, trop romanesque et, somme toute, contraire à notre expérience cognitive. C'est au lecteur de la restituer à la fin de l'expérience :

> Il me semble que le processus de connaissance du monde est essentiellement quelque chose d'éclaté. [...] On ajoute des pièces les unes aux autres jusqu'à ce qu'on obtienne quelque chose qui ressemble plus ou moins à une sphère. C'est ma propre façon de comprendre le monde[10]...

Ou bien :

> J'avais envie de rendre compte de la manière avec laquelle on construit un savoir. Lorsqu'on rencontre quelqu'un, on ne le découvre pas de manière chronologique. On apprend par petites touches. On discute de tout et de rien. C'est par bribes qu'une image se construit, qu'on fait connaissance. Ce processus est à l'œuvre dans toute tentative de compréhension, qu'il s'agisse d'un individu, d'une science, du monde. [...] La chronologie est une reconstruction, un jeu de l'imaginaire que j'ai envie d'offrir au lecteur[11].

De la part de l'auteur, nous pouvons constater dès le début un certain jeu à la non-fiction, à la non-littérature. Éric Plamondon aime se présenter au public comme un ancien cueilleur de blé d'Inde, pompiste, laveur de tapis, quincaillier, serveur, barman, auteur d'une thèse consacrée à « La quête électromagnétique des savoirs dans *Moby Dick* », professeur de français, ouvrier de chai à Saint-Émilion, chargé de communication et guide à vélo qui est venu à l'écriture plus ou moins par hasard, à l'approche de la quarantaine.

Dans les interviews, il insiste sur son rapport antiromantique à l'écriture, sur le refus de toute inspiration mystérieuse. L'écrivain est selon lui une sorte d'artisan, voire de culturiste qui observe patiemment le monde réel, google beaucoup et s'entraîne régulièrement avec des exercices. Ses propos ne sont pas sans rappeler ceux de Georges Perec et d'autres oulipiens :

> La créativité ne s'apprend pas, mais se « pratique », intensément. Elle est un muscle, comme le cerveau. Alors comme un bodybuilder est obligé de faire ses exercices tous les jours pour améliorer et accroître la taille de ses muscles, le créatif doit faire ses exercices tous les jours, ce qui n'est pas toujours facile[12].

10 Desmeules, Christian, « Mémoire vive », revue critique de *Pomme S*, *Le Devoir* [En ligne]. Montréal, 28 septembre 2013, URL : <http://www.ledevoir.com/culture/livres/388457/memoire-vive> (consulté le 02/11/2017).

11 Plamondon, Éric, « De nombreux lecteurs ont envie d'être déroutés... », art. cit.

12 Plamondon, Éric, « "La créativité nécessite un travail quotidien", propos recueillis par Séverin Graveleau », *Le Monde* [En ligne], 11 février 2017, URL : <http://www.lemonde.fr/021/article/2017/02/11/021-la-creativite-necessite-un-travail-quotidien_5078341_5014018.html> (consulté le 02/11/2017).

Le mot que Plamondon affectionne particulièrement dans son écriture est le « ça. Ça tousse, ça crache, ça marche, ça avance[13]... ». Il ne s'agit pas tellement du « ça » freudien, mais plutôt de celui d'une constatation impersonnelle des faits, des énumérations encyclopédiques et sociologiques qui se trouvent juxtaposées dans le texte par un « amateur de la réalité », comme Plamondon est souvent désigné.

Il y a ceci et puis il y a aussi cela ; au lecteur de choisir et relier entre elles les informations pertinentes. S'il ouvre l'un des livres au hasard, il y a une forte chance qu'il tombe sur un mode d'emploi ou une recette de cuisine.

Des fois, la trilogie n'est pas correctement « classée fiction » ni par des professionnels. Dominic Tardif raconte à ce propos une curieuse expérience qu'il a vécue après avoir lu le second tome de la trilogie :

> J'ai trouvé le lendemain de ma nuit d'insomnie, au hasard d'une visite chez un libraire confus ou fantaisiste, un exemplaire de *Mayonnaise* ensardiné dans la section « livres de cuisine », entre la bonne bouille de Jamie Oliver et le sourire Pepsodent de Ricardo[14].

En réalité, interpréter la trilogie plamondonienne comme un document sans ambitions littéraires serait, bien sûr, un non-sens. Le jeu de la non-fictionnalité a ses limites et l'auteur ne le pratique d'ailleurs pas systématiquement dans son texte.

Tout au plus, pourrions-nous parler d'une certaine « dépathétisation » ou « défatalisation » des récits, de leur rapprochement de la vie quotidienne. À titre d'exemple, dans le second tome de la trilogie, des problèmes métaphysiques ou existentiels (qu'est-ce qu'une vie réussie ? qu'est-ce que l'échec ? qui ou quoi décide du sens de notre existence ?) se trouvent transposés dans ceux, très terre-à-terre, de la confection de la mayonnaise.

Richard Brautigan, auquel le livre est dédié, a publié en 1969 son fameux roman *La Pêche à la truite en Amérique* (*Trout Fishing in America*), un texte expérimental qui se termine par un étrange post-scriptum : « Exprimant ainsi un besoin humain, j'ai toujours voulu écrire un livre qui s'achèverait sur le mot *mayonnaise*[15]. »

---

13 Plamondon, Éric, « Pourquoi j'écris, avec Éric Plamondon ». Interview donnée à Radio-Canada [En ligne], 10 mai 2016 ; URL : <http://ici.radio-canada.ca/premiere/emissions/plus-on-est-de-fous-plus-on-lit/segments/entrevue/6799/entrevue-ecriture-auteur-plamondon-eric> (consulté le 02/11/2017).

14 Tardif, Dominic, « Ça goûte donc bon, de la mayonnaise », art. cit.

15 Brautigan, Richard, *La Pêche à la truite en Amérique*, suivi de *Sucre de pastèque*, trad. M. Chénetier, Paris, C. Bourgeois, 10-18, coll. « Domaine étranger », 2004, p. 246. = *Trout*

Au-delà du canular évident, la mayonnaise serait selon Plamondon une émulsion mystérieuse et fort révélatrice des hasards de la condition humaine. En effet, quoi de plus simple à première vue ? Mélanger deux ingrédients seulement, un jaune d'œuf et de l'huile, et attendre que cela épaississe (dans ce cas, la mayonnaise « prend »), ou bien non, et le résultat est bon à jeter. Quels que soient les œufs et les huiles (voire les moutardes) utilisés, rien ne garantit la fin heureuse de l'entreprise :

> Arrive enfin le moment magique de la mayonnaise. Parfois, elle prend, parfois elle ne prend pas. Il y a ceux qui disent la réussir à tous les coups, et ceux qui disent ne jamais y arriver. On ne sait pas pourquoi. C'est là toute la beauté de l'émulsion. Comment mélanger deux substances qui ne se mélangent pas ? Pourquoi y a-t-il quelque chose plutôt que rien ? L'œuf ou la poule ? Nous ne sommes peut-être qu'un rêve dans la tête d'un chien ? C'est quoi, la recette du bonheur[16] ?

Cette mayonnaise ontologique renvoie clairement à une citation tirée de l'incipit du *Mythe de Sisyphe* de Camus et placée en exergue du roman :

> Il n'y a qu'un problème philosophique vraiment sérieux : c'est le suicide. Juger que la vie vaut ou ne vaut pas la peine d'être vécue, c'est répondre à la question fondamentale de la philosophie[17].

Comme dans le cas de la mayonnaise, nous ne connaissons la réponse à cette question qu'après-coup. D'ailleurs, comment reconnaître une vie véritablement réussie ? Johny Weissmuller a remporté cinq médailles d'or aux Jeux olympiques et il a séduit Hollywood, mais sa vie privée s'est soldée par un échec cuisant. Richard Brautigan est devenu un auteur culte pour la jeunesse révoltée des années 1960, mais, vingt ans plus tard, son suicide n'a été remarqué qu'un mois après, faute d'intérêt de la part de qui que ce soit. Quant à Steve Jobs, son succès tient dans une large mesure de l'escamotage et de l'autopromotion. À la toute fin de la trilogie, Gabriel Rivages conclut que :

Fishing in America [1970], introd. B. Collins, Boston, New York, Mariner Books, Houghton Mifflin Harcourt, 2010, p. 111 : « Expressing a human need, I always wanted to write a book that ended with the word Mayonnaise. »

16 Plamondon, Éric, *Mayonnaise*, Montréal, Le Quartanier, 2012, p. 14-15.

17 Camus, Albert, *Le Mythe de Sisyphe : essai sur l'absurde* [1942], in *Essais*, éd. R. Quilliot et L. Faucon, Paris, Gallimard, « Bibliothèque de la Pléiade », 1965, p. 99.

> Il lui aura fallu trois vies pour comprendre que la réussite est une fiction. Il lui aura fallu trois destins pour apprendre que réussir sa vie n'est qu'une question d'histoire, n'est qu'une question de réussir à raconter une bonne histoire. Il lui aura fallu trois vies pour apprendre à raconter la sienne. [...] Il lui a fallu trois vies pour comprendre que le bonheur n'est qu'une fiction, que pour être heureux il faut inventer sa vie, et que la seule façon de l'inventer, c'est la raconter. C'est ce que Rivages a compris grâce à Weissmuller, à Brautigan et à Jobs. Le propre de l'homme n'est pas le rire, le propre de l'homme n'est pas de fabriquer des outils. Le propre de l'homme, c'est de raconter des histoires. Il était une fois[18]...

Ainsi, après un long jeu à la non-fictionnalité, le texte finit par étendre la fiction à l'ensemble de la vie humaine. Car qu'est-ce qu'un destin, qu'est-ce que la réussite, sinon une histoire, un récit *a posteriori* donnant à une suite d'événements contingents une impression de continuité ? Comme le narrateur le rappelle : « Ce ne sont pas les faits qui donnent un sens à la vie, c'est le récit des faits, la manière dont on les raconte[19]. » Ou bien, pour paraphraser Descartes : « Je raconte, donc je suis. »

Nous sommes entrés ici dans le jeu d'une prise de pouvoir des signes, d'une réécriture des faits, d'un jeu à l'échelle du temps, de l'espace et des symboles. Au-delà de son apparence banale, quotidienne, anti-romanesque, la trilogie plamondonienne ne raconte rien de moins que trois mythes d'Icare qui s'envolent de la côte Ouest états-unienne pour atteindre le soleil, avant de s'effondrer. Trois Icare qui ne seraient rien sans les récits hollywoodiens, les publications de la contre-culture beat et le discours publicitaire. Ainsi, dans la philosophie de Plamondon, c'est toujours le mot qui définit le monde, le transmet et le « sauvegarde », à l'instar de ces touches « Pomme » et « S » des premiers ordinateurs Macintosh qui ont inspiré le titre du troisième tome de la trilogie.

Bibliographie

Brautigan, Richard, *Trout Fishing in America* [1970], introd. B. Collins, Boston, New York, Mariner Books, Houghton Mifflin Harcourt, 2010. Trad. : *La Pêche à la truite en Amérique*, suivi de *Sucre de pastèque*, trad. M. Chénetier, Paris, C. Bourgeois, 10-18, coll. « Domaine étranger », 2004.

18 Plamondon, Éric, *Mayonnaise*, *op. cit.*, p. 113.

19 *Ibid.*, p. 74.

Desmeules, Christian, « Littérature québécoise – Les hauts et les bas de Tarzan », revue critique de *Hongrie-Hollywood Express*, *Le Devoir* [en ligne], 28 mai 2011, URL : <http://www.ledevoir.com/culture/livres/324196/litterature-quebecoise-les-hauts-et-les-bas-de-tarzan> (consulté le 02/11/2017).

Desmeules, Christian, « Mémoire vive », revue critique de *Pomme S*, *Le Devoir* [En ligne]. Montréal, 28 septembre 2013, URL : <http://www.ledevoir.com/culture/livres/388457/memoire-vive> (consulté le 02/11/2017).

McCambridge, Peter, « Dimitri Nasrallah on *Hungary-Hollywood Express* ». *Québec Reads* [En ligne], URL : <http://quebecreads.com/dimitri/> (lien expiré, consulté le 02/11/2017).

Melançon, Benoît, « Jubilatoire, malgré tout », revue critique de *Mayonnaise*, *L'Oreille tendue* [En ligne]. 3 avril 2012, URL : <http://oreilletendue.com/2012/04/03/jubilatoire-malgre-tout/> (consulté le 02/11/2017).

Modiano, Patrick, « Discours de réception du prix Nobel », *Le Monde* [en ligne], 7 décembre 2014, URL : <http://www.lemonde.fr/prix-nobel/article/2014/12/07/verbatim-le-discours-de-reception-du-prix-nobel-de-patrick-modiano_4536162_1772031.html> (consulté le 02/05/2017).

Plamondon, Éric, *Hongrie-Hollywood Express : roman* (*1984*, vol. 1), Montréal, Le Quartanier, « Série QR », 2011 ; rééd. Paris, Phébus, 2013.

Plamondon, Éric, *Mayonnaise : roman* (*1984*, vol. 2), Montréal, Le Quartanier, « Série QR », 2012 ; rééd. Paris, Phébus, 2014.

Plamondon, Éric, *Pomme S : roman* (*1984*, vol. 3), Montréal, Le Quartanier, « Série QR », 2013 ; rééd. Paris, Phébus, 2014.

Plamondon, Éric, « De nombreux lecteurs ont envie d'être déroutés, ont envie de partir à l'aventure, dans quelque chose de différent. Interview d'Éric Plamondon par Bernard Strainchamps », *Feedbooks* [En ligne], 12 janvier 2013, URL : <http://fr.feedbooks.com/interview/157/> (consulté le 02/11/2017).

Plamondon, Éric, « Pourquoi j'écris, avec Éric Plamondon ». Interview donnée à Radio-Canada [En ligne], 10 mai 2016 ; URL : <http://ici.radio-canada.ca/premiere/emissions/plus-on-est-de-fous-plus-on-lit/segments/entrevue/6799/entrevue-ecriture-auteur-plamondon-eric> (consulté le 02/11/2017).

Plamondon, Éric, « "La créativité nécessite un travail quotidien", propos recueillis par Séverin Graveleau », *Le Monde* [En ligne], 11 février 2017, URL : <http://www.lemonde.fr/o21/article/2017/02/11/o21-la-creativite-necessite-un-travail-quotidien_5078341_5014018.html> (consulté le 02/11/2017).

Proulx, Paul-André (sous le pseudonyme de Libris québécis), « Le Beatnik Richard Brautigan », revue critique de *Mayonnaise*, *Critiques libres* [En ligne], 14 mai 2012, URL : <http://www.critiqueslibres.com/i.php/vcrit/31406> (consulté le 02/11/2017).

Tardif, Dominic, « Éric Plamondon : *Hongrie-Hollywood Express* », *Voir* [En ligne], Montréal, 19 mai 2011, URL : <https://voir.ca/livres/2011/05/19/eric-plamondon-hongrie-hollywood-express-2/> (consulté le 02/11/2017).

Tardif, Dominic, « Ça goûte donc bon, de la mayonnaise », revue critique de *Mayonnaise*, *Voir* [En ligne], Montréal, 17 mai 2012, URL : <https://voir.ca/livres/2012/05/17/eric-plamondon-ca-goute-donc-bon-de-la-mayonnaise/> (consulté le 02/11/2017).

PARTIE 5

Croisements génériques

∵

CHAPITRE 18

Éthique, esthétique et politique des théâtres de la non-fiction. Le cas de *C'est la vie* de Mohamed El Khatib

Barbara Métais-Chastanier

Résumé

À partir de l'analyse de *C'est la vie* de Mohammed El Khatib, cet article questionne les enjeux éthiques et esthético-politiques des dispositifs de représentation théâtrale de type non-fictionnel. L'hypothèse qui sous-tend cet article est, en effet, que les dramaturgies du réel contraignent – artistes et chercheur.e.s – à articuler ces trois approches. Je développe cette hypothèse en étudiant la façon dont les opérations de déplacement, de transformation de la matière testimoniale et documentaire sont ou non lisibles et explicitées : au service de quoi se mettent-elles ? Quels effets et quels affects cherche à produire l'opacification de ces mêmes opérations ?

∴

Un courant très important d'écritures de la non-fiction travaille aujourd'hui au renouvellement des dramaturgies et des formes théâtrales occidentales. Ces écritures du document, ces dramaturgies du réel s'originent dans les proto-modèles que furent Erwin Piscator, du côté de la mise en scène, et Peter Weiss, du point de vue de l'écriture et de la dramaturgie, tout en s'en distinguant : au projet explicitement marxiste et critique, qui orientait les innovations scéniques et littéraires documentaires de l'entre-deux-guerres jusque dans les années 1970, a ainsi succédé depuis les années 1990-2000 une galaxie très hétérogène tant du point de vue des processus de création, des œuvres produites que des projets esthético-politiques qui les sous-tendent. L'écriture théâtrale occidentale trouve dans ce tournant ethnographique – pour reprendre le concept développé par Hal Foster[1] – une manière de s'arracher à cette forme

1 Voir notamment Foster, Hal, *The Return of the Real: The Avant-Garde at the End of the Century*, Cambridge (Mass.), London, The MIT Press, 1996, chap. 6 : « The Artist as Ethnographer »,

 | DOI:10.1163/9789004439313_020

d'auto-référentialité gratuite et de complaisance esthétique qui avaient pu caractériser le théâtre dans les années 1980. Les opérations documentaires à l'éthique on ne peut plus stricte qu'autorisaient les *Notes sur le théâtre documentaire*[2] de Peter Weiss – programmatiques d'un théâtre de la dissidence vis-à-vis des codes du théâtre bourgeois mais aussi d'un art mobilisé comme force contestataire dans un espace politique et social corseté – se voient ainsi remplacées par des opérations plurielles qui travaillent à l'hybridité des formes et des contextes de réception. La relation non ludique au document et à la scène qu'exploraient Erwin Piscator et Peter Weiss, puisqu'il s'agissait pour eux de requalifier la relation au spectateur en direction d'une « assertion sérieuse consentie[3] », se déplace du côté d'une recherche sur ce qui fonde la représentation en référence[4].

Je me propose dans cet article de questionner l'opacité et l'ambiguïté de certains dispositifs de représentation de type non fictionnel. Cette opacité tient à plusieurs choses : à l'ambiguïté d'un pacte de réception qui joue de la promesse vériste tout en la déjouant ; à l'ambiguïté quant à la nature contradictoire des effets recherchés (cohabitent souvent la critique du spectacle d'un côté – symptomatique d'un refus du spectaculaire et du choix d'une esthétique naturaliste – et la construction d'une réception qui accentue le pathétique ou le misérabilisme des situations). Difficile en effet, quand il s'agit des écritures et des dramaturgies de la non-fiction de disjoindre les questions éthiques des questions esthétiques et politiques. Telle est du moins l'hypothèse qui sous-tend cet article : le propre des écritures du réel, du document, du témoignage et de la non-fiction est précisément de contraindre – artistes et chercheur.e.s – à articuler ces trois approches. La question est, en effet, de savoir si les opérations de déplacement, de transformation de la matière testimoniale ou documentaire sont lisibles, explicitées, et d'identifier le rôle qu'elles jouent : au service de quoi se mettent-elles ? Pour produire quels effets ? Quels effets et

---

p. 171-204. Trad. : *Le Retour du réel : situation actuelle de l'avant-garde,* trad. Y. Cantraine, F. Pierobon et D. Vander Gucht, Bruxelles, La Lettre volée, 2005, chap. 6 : « Portrait de l'artiste en ethnographe », p. 213-247.

2 Weiss, Peter, « Notes sur le théâtre documentaire », in *Discours sur la genèse et le déroulement de la très longue guerre de libération du Vietnam, illustrant la nécessité de la lutte armée des opprimés contre leurs oppresseurs ainsi que la volonté des États-Unis d'Amérique d'anéantir les fondements de la révolution* [*Diskurs über die Vorgeschichte und den Verlauf des lang andauernden Befreiungskrieges in Viet Nam,* 1967], trad. J. Baudrillard, Paris, Éd. du Seuil, 1968.

3 Lioult, Jean-Luc, *À l'enseigne du réel : penser le documentaire,* Aix-en-Provence, Presses de l'Université de Provence, 2004, p. 33.

4 Voir à ce sujet l'ouvrage passionnant de Maryvonne Saison, *Les Théâtres du réel : pratiques de la représentation dans le théâtre contemporain,* Paris, L'Harmattan, 1998.

quels affects cherche à produire l'opacification de ces mêmes opérations ? Est-ce pour accentuer la réception en direction du pathétique, de la compassion ou d'une relation d'exotisme ? Pour explorer cette question bien trop vaste, je m'intéresserai à une œuvre en particulier : *C'est la vie* de Mohamed El Khatib[5].

1 Politiques et mythologies des dramaturgies du réel

Le spectre des dramaturgies du réel est très large et constitue une galaxie plurielle, traversée de tensions, de contradictions voire même de rivalités et de conflictualités : il va de la forme documentée, qui emprunte les outils du style documentaire mais explore en réalité la fiction de la non-fiction[6], à celle mobilisant des amateurs[7], en passant par des formes plus hybrides qui combinent opération de fictionnalisation et processus d'authentification du matériau documentaire[8], se rencontrent enfin des formes qui rejettent les modèles documentaires au profit d'esthétiques dites « naturalistes » pour mieux s'autoriser une forme d'inconséquence vis-à-vis de la responsabilité éthique à laquelle engage la démarche non fictionnelle. Sur le plan esthétique et sur celui des modèles de représentation, les codes de l'agit-prop et du théâtre-revue de Piscator ont progressivement été remplacés par des formes hétérogènes qui jouent sur les registres de l'hyperréalisme ou du naturalisme[9], du

5 *C'est la vie* a été créé au Centre dramatique national d'Orléans le 14 mars 2017, dans une mise en scène de l'auteur, en collaboration avec Fred Hocké, Fanny Catel et Daniel Kenigsberg jouant leur propre rôle. Dans cet article, je m'appuie sur la représentation vue à Théâtre Ouvert (Centre national des dramaturgies contemporaines, Paris), le 7 novembre 2017.

6 Voir, par exemple, le travail réalisé par Denis Kelly, notamment dans *Occupe-toi du bébé*, autour du « fake verbatim ».

7 Dans les spectacles de Jérôme Bel (notamment *Gala*, 2015), comme dans ceux de Rimini Protokoll, ou encore dans la dernière pièce de Massimo Furlan, *Hospitalité* (2017), qui met en scène les habitants d'un petit village basque ayant accueilli une famille de migrants, l'amateur apparaît souvent comme le garant de l'authenticité d'une parole certifiée comme étant la sienne – puisque dite en son nom –, oblitérant ainsi le contrat théâtral du « comme si » : c'est désormais la situation théâtrale qui est prise en compte comme espace testimonial et non fictionnel.

8 Voir, par exemple, la très belle pièce d'Élise Chateauret, *Ce qui demeure* (2016), qui explore les vestiges de la mémoire transgénérationnelle, ou encore les montages documentaires et fictionnels de la compagnie Moukden théâtre, dirigée par Olivier Coulon-Jablonka.

9 On peut citer les mises en scène de Milo Rau, notamment *Hate Radio* (2011), qui reconstituait les studios de la RTLM, ou encore *81 avenue Victor-Hugo* (2015), d'Olivier Coulon-Jablonka, Camille Plagnet et moi-même, dont le décor représentait le hall de l'ancien Pôle emploi réquisitionné par le collectif de sans-papiers qui interprétait la pièce.

« comme si vous y étiez[10] », du sur-le-vif et de la performance[11] ou encore de l'indiciarité[12].

À ces différentes lignes, s'ajoute le caractère programmatique et incitatif de nouvelles politiques de production ses dix dernières années. Si l'on peut tenter de mettre de côté les enjeux pragmatiques dans l'analyse d'autres formes non fictionnel du champ littéraire, il est difficile de dissocier, dans le contexte théâtral, l'analyse esthético-politique des œuvres des contextes de production qui déterminent le faisceau de contraintes dans lesquelles s'inscrivent et se déploient ces mêmes œuvres. Du point de vue des écritures du réel, ce contexte est d'autant plus prégnant qu'il intervient à la croisée des missions de création – dévolues aux Centres dramatiques nationaux et aux Théâtres nationaux – et des missions qu'on pourrait ranger sous le vaste parapluie des « missions de service public » : élaboration de plans de subjectivation et d'émancipation par l'éducation artistique et culturelle, étayage de sociabilités en prise avec le territoire, diversification des publics et lien avec les pratiques amateurs. En effet, de nombreux Centres dramatiques nationaux impulsent désormais des projets de production conditionnés par un travail documentaire et non fictionnel mobilisant les acteurs du terrain. Parmi les mythologies fréquemment rencontrées, on peut retenir trois points programmatiques d'une opération de redéfinition des rapports entre le théâtre et le réel : tout d'abord, la dimension crypto-rimbaldienne, selon laquelle *la vraie vie se trouverait ailleurs*, en tout cas hors du théâtre, pensé comme un monde forclos sur ses rites, ses habitudes, ses objets, ses écritures contemporaines autocentrées et réflexives. Dans une telle perspective, le travail de non-fiction, porté notamment par la mobilisation des enjeux propres à un territoire, apparaît comme le gage d'une relation de contiguïté, la promesse d'un rapport à la représentation susceptible de racheter la défiance vis-à-vis de son caractère problématique. Ensuite, se retrouve fréquemment une mystique idéaliste, l'épistémologie subalterne s'articulant en

10 Voir, par exemple, l'effrayant et déplorable *Ticket* (2013) de Jack Souvant (collectif Bonheur Intérieur Brut), qui proposait aux spectateurs de vivre au plus près les conditions de voyage des migrants clandestins.

11 La fragilité de l'amateur permet – comme c'est le cas dans le *Gala* de Jérôme Bel – de trouver une écriture de la présence qui explore aussi une mise en critique des codes de la virtuosité.

12 La vidéo – en direct ou projetée – vient en effet attester de la valence indiciaire de ce qui se joue sur scène. Les gros plans, la mobilisation de situations extra-théâtrales par le biais de la vidéo permettent ainsi de faire exister une situation documentaire. Voir, par exemple, le travail vidéo réalisé par la Compagnie Motus dans *Alexis une tragédie grecque* (2011), autour de la mort d'Alexis Grigoropoulos en 2008 à Athènes, ou encore celui mis en œuvre par le Birgit Ensemble dans *Entrée libre – L'Odéon est ouvert* (2018), du Birgit Ensemble, sur l'occupation de l'Odéon en 1968.

effet le plus souvent à une échelle de valeurs bourgeoises : derrière le choix de l'adresse aux « vrais gens » – terme qui masque à peine les présupposés misérabilistes et le mépris de classe qui le sous-tendent –, se cache une tentation de l'exotisme qui tend à essentialiser sur un mode identitaire une différence (de classe, de culture, de pratique, etc.) pour la construire en valeur refuge[13]. Enfin, palpite assez vivement encore ce qu'on pourrait appeler le fantasme grec : le théâtre subventionné continue, en effet, à se rêver comme super lieu public, le lieu par excellence où s'assemblerait la Cité dans une grande fête civique, le lieu par excellence où s'aboliraient les dominations, la violence symbolique, les violences sexistes, racistes et économiques. Ce modèle du théâtre comme agora, signe de la bonne santé d'un art public, est aussi envisagé comme la vertu cardinale de sa politicité.

Ces idéologèmes[14] sont extrêmement présents dans beaucoup de démarches documentaires et théâtres de la non-fiction. Ils témoignent d'un imaginaire politique et esthétique qui tente de sortir de la crise de la représentation par la représentation de la crise, qu'elle soit travaillée sur un plan social, politique, intime ou historique. C'est cette tension à l'œuvre dans les œuvres de non-fiction que je me propose d'explorer plus précisément en m'appuyant sur l'étude de *C'est la vie* de Mohamed El Khatib.

2 Du ready-made à « La vraie vie »

Auteur et metteur en scène, artiste associé au Théâtre national de Bretagne et au Théâtre de la Ville de Paris, Mohamed El Khatib déploie depuis plusieurs années des projets de « fictions documentaires » (*sic*). Partant de rencontres et mettant en scène des « acteurs du quotidien », comme Corinne Dadat, femme de ménage dans le spectacle du même nom, ou plus d'une cinquantaine de supporters du RC Lens dans *Stadium*, créé à la rentrée 2017 au Théâtre de la Ville, ses créations interrogent les porosités de la fiction et de la non-fiction, du jeu et du non-jeu, du témoignage et de la fabulation, en mettant en résonnance l'intime et le public, le dicible et l'indicible, le particulier et l'universel. S'inscrivant volontiers dans le sillage de Marcel Duchamp – le père du ready-made –,

13 Sur la question du mépris de classe dans *Moi, Corinne Dadat* et dans *Stadium*, de Mohamed El Khatib, voir le brillant article de Diane Scott, « Corinedada », *Revue Incise*, nº 4, Théâtre de Gennevilliers, 30 mai 2018.

14 Je m'appuie sur la relecture par Fredric Jameson du concept d'« idéologème » développé par Julia Kristeva. Voir notamment Jameson, Fredric, *The Political Unconscious: Narrative as Socially Symbolic Act*, Ithaca (N.Y.), Cornell University Press, 1981 ; rééd. London, Routledge, 2002, p. 61.

Mohamed El Khatib envisage les rencontres comme un matériel documentaire prélevé dans le tissu de « la vraie vie », matériau qui se trouverait exposé dans un contexte de réception qui en changerait tant la nature que la relation de regard qu'on entretient avec lui. Formé à la sociologie – il avait commencé une thèse sur « la critique dans la presse française » sous la direction du professeur Nicolas Pélissier –, Mohamed El Khatib importe dans le champ théâtral les méthodologies de l'enquête de terrain, de l'entretien et de l'analyse. Il les mobilise autant pour produire ses matériaux d'écriture qui reposent sur un travail de collecte que pour produire des modèles scéniques de représentation théâtrale à caractère sociologique.

C'est la vie, créée en mars 2017, fait partie d'un triptyque de créations documentaires qui interrogent le deuil, la trace et les possibilités représentationnelles de l'expérience de la perte. Le cycle s'inscrit donc clairement dans un cadre indiciaire : celui de la trace ou du dépôt qui malmène la distance représentationnelle. Dans ces trois pièces, *Finir en beauté* (2014), *C'est la vie* (2016) et *Conversation avec Alain Cavalier* (2017), il part en quête des débris d'une relation, d'une histoire, d'un paysage, de tout ce qui restera de ce *nous* que compose la relation parent-enfant. Les débris sont autant ceux de la langue théâtrale – de ses codes – que ceux de l'écriture – pensée à la fois comme matière et comme principe d'organisation de l'acte d'écrire. Ces « matériaux-vie », ainsi que l'auteur les nomme, servent une écriture non linéaire, volontiers mutine voire cabotine, jouant de la plus grande sincérité et de la plus grande distance avec le même désir de mettre en défaut l'appareillage théâtral et l'étanchéité des catégories de la fiction et de la non-fiction.

Ce triptyque a été inauguré avec *Finir en beauté*, créé à La Friche de la Belle de Mai en octobre 2014. Dans cette performance documentaire, il se mettait lui-même en scène dans l'exploration de l'expérience de la perte de sa propre mère, mélangeant documents administratifs, interviews, courriels et SMS, interrogeant – comme l'avait fait Roland Barthes dans son *Journal de deuil* (2009) – la possibilité/l'impossibilité de « constituer [sa vie] en souvenir[15] » à partir de la disparition de la figure maternelle. C'est lors d'une représentation de *Finir en beauté* que Mohamed El Khatib rencontre Daniel Kenigsberg, comédien qui vient de perdre son fils aîné qui s'est suicidé à l'âge de 25 ans. C'est également là qu'il retrouve Fanny Catel, comédienne qui vient également de perdre sa plus jeune fille à l'âge de cinq ans. Dans le prolongement de *Finir en beauté* et en regard de *Conversation avec Alain Cavalier*, Mohamed El Khatib propose alors à ces deux comédiens de « participer à un travail, qui n'a rien de

15 Barthes, Roland, *Journal de deuil, 26 octobre 1977-15 septembre 1979*, éd. N. Léger, Paris, Seuil/IMEC, 2009, p. 122.

psychanalytique, qui n'aura aucune vertu apaisante [...] pour réfléchir à la notion suspecte de "deuil"[16] ». Il s'agissait alors pour eux d'explorer le vide terminologique à l'endroit de ceux qui ont perdu leurs enfants, ces « orphelins à l'envers » que la langue française abandonne. Le processus ne se donne pas pour ambition première l'élaboration d'un spectacle mais bien la tentative de mise en partage de l'impartageable : l'expérience de la perte.

Voici comment l'auteur présente le projet – dans un e-mail daté du 14 septembre 2014 qui constitue le prologue du spectacle :

> À ce jour je ne sais pas ce qu'il peut advenir, ni même si cela doit devenir quelque chose.
> Peut-être qu'on s'arrêtera là.
> En tout cas, soyez tout à fait tranquilles si vous souhaitez renoncer à cette tentative pour quelque raison que ce soit.
> Car le chemin risque d'être difficile.
> Et laborieux. Et pas très heureux.
> Du moins dans un premier temps. Voire dans un second temps[17].

La pièce fait le choix d'un dispositif scénographique simple qui conforte la situation d'énonciation testimoniale : le public est installé sur des gradins qui forment un angle en face duquel se placeront les acteurs et deux écrans qui rythmeront le spectacle tout en mettant à distance le dispositif représentationnel lui-même : toutes les actions des comédiens s'afficheront à l'écran, sous la forme de didascalies, l'auteur précisant lui-même en ouverture :

> Didascalie : note à caractère pédagogique désuète destinée à donner des indications scéniques superflues aux acteurs et metteurs en scène, leur assurant par là même que c'est bien de théâtre qu'il s'agit[18].

Cette mise à distance ironique – faussement authentifiante du caractère réel de ce qui se joue sur scène – ponctuera régulièrement la pièce. S'affiche ainsi sur les écrans en ouverture de la 3e partie :

---

16 El Khatib, Mohammed, *C'est la vie : une fiction documentaire*, Besançon, Les Solitaires intempestifs, 2017, p. 15.

17 *Ibid.*

18 *Ibid.*, p. 17.

> À ce stade de la pièce,
> Tout le monde a bien conscience que les didascalies n'ont plus grand intérêt. Les acteurs sont donc livrés à eux-mêmes[19].

Rien de plus construit que cette fausse garantie de liberté offerte aux acteurs : l'allégation relève bien plus d'une stratégie d'écriture venant certifier comme réelle et donc spontanée la nature des présences aux plateaux.

3 Du refus du spectacle à la suprathéâtralité

Autrement dit la pièce s'amuse à instaurer un jeu ironique avec la fiction théâtrale, la mettant à distance par le jeu tautologique qu'elle lui propose de jouer, confortant par un effet de littéralité, la plus que présence des interprètes venus jouer/raconter leur propre vie. En un sens la dénégation produit l'affirmation suivante : ce n'est pas de « théâtre » qu'il s'agit – au sens de représentation esthétique – mais bien d'une expérience vécue, mise en scène comme une présentation, une exposition anti-spectaculaire. Le recours à la vidéo, qui ponctue régulièrement l'œuvre, produit en plus de l'effet d'attestation (fonction de preuve) un effet d'authentification (fonction de vérité) et un effet de présentification (fonction d'indice).

Mohamed El Khatib inscrit donc explicitement sa pièce dans un pacte de réception qui joue avec les codes de la non-fiction et de la performance : par la destitution du personnage et de l'intrigue, par l'élaboration explicite d'une relation indexicale avec le réel, par l'assemblage d'éléments (visuels, littéraires ou scéniques) systématiquement présentés comme référentiels, par la distribution d'un livret d'informations complémentaires auquel le spectateur est prié de se reporter à chaque fois que l'écran l'invitera d'un coup de sonnette à lire les textes mis à sa disposition ; par le fait que les comédiens se présentent en leurs noms, dans des costumes qui sont leurs propres vêtements, après avoir été introduits dans le prologue par la restitution des échanges de mail qui ont présidés à la mise en œuvre du projet ; enfin par le fait que le spectacle s'ouvre sur cette note :

---

19 *Ibid.*, p. 35.

> Ce récit a été élaboré avec la complicité de Fanny Catel et Daniel Kenigsberg. Toute ressemblance avec la réalité n'est jamais le fruit d'une coïncidence mais d'un laborieux travail d'écriture[20].

La recherche d'une relation de contiguïté avec la réalité apparaît donc comme un enjeu d'écriture et de représentation qui structure le dispositif théâtral lui-même : le plateau est utilisé de plain-pied avec les spectateurs ; la distance avec le public est volontairement réduite, tout comme la jauge (une centaine de spectateurs), accentuant ainsi la dimension confidentielle d'une parole voulue comme intime : l'adresse est directe, le public éclairé pendant les cinquante minutes que dure le spectacle. Le mode énonciatif lui-même accentue les effets de fragilité et donc d'authenticité que provoquerait la tristesse : hésitations, hoquets, larmes ou sourire figé sont autant de figures récurrentes de la direction d'acteur qui visent à nous faire croire que ces deux acteurs dans cette pièce ne jouent pas, pas plus qu'ils ne se jouent de nous. Composée de trois séquences, la pièce progresse au fil d'une alternance de prises de parole de l'un et l'autre des comédiens qui retracent – en s'appuyant sur la lecture de mails, de SMS, de lettres et sur la projection de vidéos – la mort de leur enfant. Ce faisant, chacun interroge aussi la nature de l'objet qui se constitue sous nos yeux et l'horizon d'attente propre à la performance documentaire :

> Deux semaines après la mort de Sam, je jouais dans *Andromaque*.
> Cette pièce parle notamment de la mort d'un enfant.
> Cela a été la chose au théâtre la plus dure de ma vie.
> Je disais : « L'enfant livré au vide le matin du dernier jour n'était pas Astyanax ».
> Ben non, il s'appelait Sam.
> Ça s'appelle jouer une tragédie quand ta vie en est devenue une.
> Vous voulez du théâtre ?
> Moi aussi,
> « Comme Achille,
> J'ai connu l'ingratitude d'Agamemnon, son égoïsme et son orgueil… »

Progressivement c'est le spectacle lui-même et la relation que nous entretenons à l'objet scénique qui est interrogée de manière réflexive. Daniel Kenigsberg raconte ainsi :

---

20 El Khatib, Mohamed, livret de *C'est la vie*, distribué aux spectateurs, p. 2 et « Note de l'auteur » dans la version publiée de la pièce, *op. cit.*

> Tout le travail de ce spectacle a consisté au contraire à ne pas pleurer.
> Et je dois dire que parfois ça m'est impossible.
> Faut pas m'en vouloir mais c'est jamais voulu. C'est pour ça que certaines évocations de Sam sont faites ici par la vidéo parce que sinon, en direct, je pleure à tous les coups.
> [...] C'est compliqué la question de l'acteur. Ce que je peux en dire là, c'est que "jouer le rôle de sa vie" est une expression malheureuse, que la répétition ne fait pas de moi un personnage, et qu'à chaque fois que je signe mon contrat, j'ai le sentiment de gagner de l'argent sur le dos de mon fils.
> Sinon à part ça, je me trouve très émouvant.
> J'ai beaucoup beaucoup d'émotion.
> Je suis très très ému.
> Je peux émouvoir la terre entière.
> Mon Dieu ce que je suis émouvant[21].

De telles assertions permettent de travailler à évacuer le pathos par l'intégration réflexive des critiques et limites éthiques et esthétiques que posent le projet et son processus de création : comment échapper à l'exposition obscène d'une intimité livrée en pâture ? Comment déjouer le contrat financier et voyeuriste qui régit la relation de l'acteur à la pièce et du spectateur à la représentation ?

Le spectateur se trouve donc très vite placé face à des acteurs qui se présentent non comme des personnages d'une fiction constituée dont ils seraient le medium mais qui s'exposent à travers leur *persona* d'artiste, leur identité biographique, intime et sociale. Et pourtant ne nous sommes pas dans un cadre performanciel à proprement parler : *C'est la vie*, comme les autres pièces de Mohamed El Khatib, élabore un mixte entre des conventions représentationnelles *a priori* exclusives l'une de l'autre : là où le théâtre classique, soumis aux codes représentationnels de la *mimesis praxeos* donne à voir un lieu, des personnages et une histoire fictifs, la performance, elle, envisagée comme anti-représentationnelle, donne à voir l'événement de la présence sans référence à une quelconque réalité fictionnelle. Comme le souligne Josette Féral, dans « Performance et théâtralité[22] », la performance se caractérise par sa dimension épiphanique : elle advient.

---

21 *Ibid.*, p. 24-25.

22 Féral, Josette, « Performance et théâtralité : le sujet démystifié » [1982], in Féral, Josette, Laillou Savona, Jeannette et Walker, Edward A. (dir.), *Théâtralité, écriture et mise en scène*, Montréal, HMH, 1985, p. 125-140.

Si la question de l'interprétation n'est pas évacuée – difficile en revanche de parler d'incarnation. C'est ce que met en avant le « traité de l'acteur » rédigé par Fanny Catel que le spectateur est invité à lire dans la dernière partie du spectacle. Il s'agit d'un mail envoyé le 13 mars 2017 à sa mère où elle lui demande de ne pas venir voir la pièce que nous sommes en train de regarder :

> Je ne suis pas sûre d'avoir envie que tu voies ce spectacle, si tant est qu'on puisse appeler cela un spectacle, tu sais c'est un peu particulier parce qu'on ne joue pas vraiment, ou plutôt si on joue, mais quand tu joues ta vie, forcément tu surjoues ta vie, parce que vivre sa vie, c'est déjà compliqué, alors la reprendre en public, ça fiche le vertige, je ne sais plus si j'ai dit oui à cette proposition en pensant non, ou si j'ai dit non en acceptant, parce qu'au fond de moi, je me suis dit que si j'étais choisie, c'est aussi pour mes qualités d'actrice[23].

L'écart entre le jeu et le non-jeu tout comme l'écart entre la fiction et la non-fiction est donc travaillé dans *C'est la vie* sur le mode d'un continuum et non d'une exclusion : cette hybridité se manifeste tout autant dans le geste d'écriture que dans celui de la mise en scène.

On pourrait dès lors parler de suprathéâtralité : au sens où le théâtre sorti par la porte revient par la fenêtre dans le costume cette fois de la non-théâtralité performancielle, construite et façonnée avec les outils du théâtre. C'est la situation théâtrale dans son ensemble (mixte acteur / spectateur) qui est désormais prise en charge dans un pacte fictionnel reposant sur le contrat paradoxal suivant : « Ceci n'est pas une fiction ». L'artificialité est ici mise au service d'un effacement de l'artifice et la relation référentielle devient un outil utilisé à des fins illusionnistes où il s'agit de faire croire à un « plus que réel ».

Cette hybridité concerne aussi en premier lieu la matière documentaire elle-même et la dramaturgie : la condition même du geste documentaire réside dans la transmission d'un donné préalable – possiblement modifié par la mise en jeu mais envisagé comme préexistant. À la lecture du livret et du fact-checking auquel se livrent les deux comédiens, le spectateur découvre que les matériaux présentés tout au long de la performance ont, en réalité, été produits, écrits, transformés, élaborés par Mohamed El Khatib. Celui-ci a pris des libertés factuelles, s'est autorisé à transformer les événements, les documents, parfois leur signification ou leur nature. Dans le sillage du récit co-signé par John d'Agata et son fact-checker, Jim Fingal, dans *Que faire de ce corps qui*

23 El Khatib, M., *C'est la vie*, *op. cit.*, p. 47.

tombe[24], sont ainsi mis en regard les faits et leur altération fictionnelle. L'écoute suspicieuse au présent ou rétrospective – selon que le spectateur ait ou non parcouru ce relevé de la non-conformité du récit avec le réel – fait surgir une nouvelle dimension : si elle permet de placer à son tour le spectateur dans une position réflexive, en lui tendant en miroir son désir d'authenticité et sa naïveté face à des signes qui relèvent d'une convention ludique, elle permet également de faire saillir les lignes de force d'une intention dramaturgique qui m'apparaît comme problématique à bien des égards.

4 Les risques du sensationnalisme

Loin de servir la matité et la complexité du fait, loin d'inventer de « nouvelles énonciations » ainsi que l'appelle Franck Leibovici dans *Des documents poétiques*[25], les choix de brouillage énonciatif et de manipulations scéniques font signe ici du côté du sensationnalisme, d'une recherche de l'efficacité théâtrale la plus commune et de la détermination d'une relation de réception infantilisante et méprisante. Le dispositif de culpabilisation en cascade force le spectateur à adopter une place voyeuriste réduisant ainsi l'équation spectaculaire à une provocation narcissique et arrogante – qui acte de la suprématie de l'auteur/metteur en scène sur l'acteur et sur le spectateur. Cette provocation apparaît d'autant plus facile et non opérante qu'elle est régulée par le cadre dans lequel elle s'inscrit : une telle stratégie de critique de surface permet ainsi à Mohamed El Khatib d'échapper par le cynisme à l'aporie d'une démarche qui se trouve rattrapée par ce qu'elle dénonce tout en préservant la valeur morale des intentions de dénonciation que thématise sa recherche. Le spectacle s'achève ainsi sur ces mots :

> Fanny Catel et Daniel Kenigsberg ne viendront pas saluer.
> Ni faire coucou ou gros bisous[26].

L'humour et l'autodérision, s'ils viennent réguler la distance empathique pour interroger la relation compassionnelle qu'appelle un tel sujet, ne suffisent cependant pas à la déconstruire. Au contraire, ils participent d'un renforcement de la réception sur un mode compatissant. Et jouent pleinement d'un effet de

---

24 D'Agata, John et Findal, Jim, *Que faire de ce corps qui tombe* [*The Lifespan of a Fact*, 2012], trad. H. Colomer, Bruxelles, Vies parallèles, 2015.

25 Leibovici, Franck, *Des documents poétiques*, Marseille, Al Dante, 2007, p. 24.

26 El Khatib, M., *C'est la vie*, *op. cit.*, p. 41.

spectaculaire soulignant le caractère inédit de ce qui vient de se jouer. C'est ce que soulignent à juste titre – et de façon ambiguë dans le livret distribué aux spectateurs – les remarques de Daniel Kenigsberg à propos des libertés prises par Mohamed El Khatib par rapport à son témoignage :

> Je jouais effectivement dans *Andromaque*, mais pas deux semaines après la mort de mon fils. C'était un mois plus tard. J'imagine que la tentation de donner une dimension spectaculaire et de faire coïncider l'ironie du sort a prévalu sur la réalité objective de mon actualité théâtrale[27].
>
> Il est fait mention d'une lettre écrite par Jamel Debbouze. Certes mon fils était fan de Jamel, mais en aucun cas celui-ci n'a été son baby-sitter. Par ailleurs, le caractère people de cette assertion paraît déplacé, bien que j'en perçoive toute l'efficacité spectaculaire[28].

L'ambiguïté quant à l'honnêteté des procédés est maintenue ouverte par le choix délibéré de Mohamed El Khatib de publier à la fin de l'ouvrage les critiques émises par les interprètes sur la transformation de leur témoignage – manière pourrait-on dire de sauver la pièce de l'opacité des opérations de déplacement et de falsification. Pourtant l'effet produit sur le spectateur/lecteur est tout autre : une telle révélation acte au contraire de la suprématie de l'auteur-metteur en scène dans l'ordre d'une réception frappée par le sceau du soupçon, espace où il est désormais le seul à pouvoir tracer les frontières entre le connu du récit et l'inconnu de sa manipulation, espace où il règne en maître aux commandes d'un réglage des frontières dont il règle seul les curseurs en vue d'effets spectaculaires. Comme le souligne Hal Foster, « [f]ace aux actuelles ambivalences artistiques et théoriques, et aux impasses culturelles et politiques, l'anthropologie constitue le discours du compromis de choix[29] », permettant de réconcilier l'usage de la critique tout en la condamnant et de réactiver l'existence du sujet tout en le relativisant. Et il s'en faut parfois de peu pour que « l'approche ethnographique déconstructive [ne devienne] un leurre, un jeu pour initiés qui ne rend pas l'institution plus ouverte et publique mais,

27 *Ibid.*, p. 52.
28 *Ibid.*, p. 53.
29 Foster, H., *Le Retour du réel, op. cit.*, p. 229. = *The Return of the Real, op. cit.*, p. 183 : « In our current state of artistic-theoretical ambivalences and cultural-political impasses, anthropology is the compromise discourse of choice. »

au contraire, plus hermétique et narcissique, un lieu réservé à ses membres qui mettent en scène une attitude critique arrogante[30] ».

Bibliographie

Barthes, Roland, *Journal de deuil, 26 octobre 1977-15 septembre 1979*, éd. N. Léger, Paris, Seuil/IMEC, 2009.

D'Agata, John et Findal, Jim, *Que faire de ce corps qui tombe* [*The Lifespan of a Fact*, 2012], trad. H. Colomer, Bruxelles, Vies parallèles, 2015.

El Khatib, Mohammed, *C'est la vie : une fiction documentaire*, Besançon, Les Solitaires intempestifs, 2017.

Féral, Josette, « Performance et théâtralité : le sujet démystifié » [1982], in Féral, Josette, Laillou Savona, Jeannette et Walker, Edward A. (dir.), *Théâtralité, écriture et mise en scène*, Montréal, HMH, 1985, p. 125-140.

Foster, Hal, « The Artist as Ethnographer », in *The Return of the Real: The Avant-Garde at the End of the Century*, Cambridge (Mass.), London, The MIT Press, 1996, p. 171-204. Trad. : « Portrait de l'artiste en ethnographe », in *Le Retour du réel : situation actuelle de l'avant-garde*, trad. Y. Cantraine, F. Pierobon et D. Vander Gucht, Bruxelles, La Lettre volée, 2005, p. 213-247.

Jameson, Fredric, *The Political Unconscious: Narrative as Socially Symbolic Act*, Ithaca (N.Y.), Cornell University Press, 1981 ; rééd. London, Routledge, 2002.

Leibovici, Franck, *Des documents poétiques*, Marseille, Al Dante, 2007.

Lioult, Jean-Luc, *À l'enseigne du réel : penser le documentaire*, Aix-en-Provence, Presses de l'Université de Provence, 2004.

Saison, Maryvonne, *Les Théâtres du réel : pratiques de la représentation dans le théâtre contemporain,* Paris, L'Harmattan, 1998.

Scott, Diane, « Corinedada », *Revue Incise*, n° 4, Théâtre de Gennevilliers, 30 mai 2018.

Weiss, Peter, « Notes sur le théâtre documentaire », in *Discours sur la genèse et le déroulement de la très longue guerre de libération du Vietnam, illustrant la nécessité de la lutte armée des opprimés contre leurs oppresseurs ainsi que la volonté des États-Unis d'Amérique d'anéantir les fondements de la révolution* [*Diskurs über die Vorgeschichte und den Verlauf des lang andauernden Befreiungskrieges in Viet Nam*, 1967], trad. J. Baudrillard, Paris, Éd. du Seuil, 1968.

30 *Ibid.*, p. 240. = *The Return of the Real, op. cit.*, p. 196 : « the deconstructive-ethnographic approach can become a gambit, an insider game that renders the institution not more open and public but more hermetic and narcissistic, a place for initiates only where a contemptuous criticality is rehearsed ».

CHAPITRE 19

Recomposer le néo-polar à l'épreuve de la géopolitique. La mobilisation romanesque de la non-fiction dans *Pukhtu* de DOA

Louis Dubost

Résumé

Le roman noir prétend à la description fidèle du monde débarrassé de ses oripeaux médiatiques et manipulateurs et DOA porte cette ambition. Fidèle aux principes de l'École comportementaliste de la *Hard Boiled School*, l'auteur se défie dans *Pukhtu* (2015-2016) de la figure autoritaire d'un narrateur omniscient et omnipotent ; la respiration du récit permet d'étoiler les points de vue, d'atteindre une vision panoptique qui recompose le réel sans le figer. Grâce aux outils de la non-fiction, DOA restitue l'illisibilité des frontières et l'éparpillement d'un monde dont ce roman-monstre ne peut que récolter les fragments dans la masse composite du texte, et faire chatoyer les reflets de ces territoires éclatés entre logiques tribales et ingérences étrangères.

∴

1 Introduction

Bien des historiens ont estimé que l'histoire, comme discipline scientifique, devait se substituer à la fiction défaillante : c'est la position d'Alain Corbin en 1998, dans *Le Monde retrouvé de Louis-François Pinagot*[1], celle encore de Stéphane Audouin-Rouzeau, en 2001, dans *Cinq deuils de guerre*[2]. Cette idée d'un essoufflement de la littérature, prétendument incapable de prendre en charge les destinées individuelles et anonymes, en marge de la grande histoire, et, conjointement, l'idée d'une science historique à même de s'accommoder d'une certaine littérarité s'explique sans doute par la considération plus grande

1 Corbin, Alain, *Le Monde retrouvé de Louis-François Pinagot : sur les traces d'un inconnu, 1798-1876*, Paris, Flammarion, 1998.
2 Audouin-Rouzeau, Stéphane, *Cinq deuils de guerre, 1914-1918*, Paris, Éd. Noesis, 2001.

 | DOI:10.1163/9789004439313_021

apportée à la mémoire. Autrefois méprisée, tenue à distance, elle est désormais au centre du travail de nombreux historiens, et des programmes scolaires. S'y intéresser, c'est chercher un narrateur, se poser la question de son point de vue, de son imagination, de la signification de ses ellipses, c'est penser l'histoire non comme un grand récit cohérent et rationnel, mais au contraire la ranger sous le signe de la trace, du manque, de la contingence et de l'errance. Bref, c'est appliquer à l'histoire ce que Milan Kundera cherchait pour la littérature dans *Le Rideau*, quand il réclamait la fin du « despotisme de la "story"[3] ».

Mais s'il y a une histoire, c'est celle, ici, du temps présent, puisque le roman dont il est question, *Pukhtu*, de DOA[4], déroule son intrigue de 2008 à 2009, de l'arrivée au pouvoir de Barack Obama à la réélection, en Afghanistan, d'Hamid Karzaï. Or le discours historique répugne à prendre en charge l'histoire du temps présent qu'au contraire la littérature contemporaine et l'enquête journalistique investissent. La rivalité, entre la figure prestigieuse de l'historien et celle du journaliste, qui se saisissent l'un et l'autre d'outils non fictionnels dans le cadre romanesque, motive pour partie la forme originale que prend le roman de DOA.

Ce roman est celui d'une guerre, genre de prédilection de cette littérature mutante. Yannick Haenel et Jonathan Littell avaient déjà auparavant exploré les arcanes de la Seconde Guerre mondiale. À nouveau DOA prend ici à bras le corps une guerre monde, une guerre qui s'insère dans les réseaux de la mondialisation, que ce soit par le biais des agences de recrutements de paramilitaires engagés par la *CIA* pour mener des opérations à la limite de la légalité en Afghanistan ou par l'interface d'antimondes criminels qui intègrent le confetti afghan dans un espace réticulaire. L'explosion de la culture du pavot, en 2008, justifie les péripéties et réunit tous les personnages intéressés à ce trafic mondial, tout en liant *Pukhtu* aux œuvres précédentes de DOA, notamment *Citoyens clandestins* (2007) et *Le Serpent aux mille coupures* (2009), l'ensemble des quatre livres formant le *Cycle clandestin*. Il va de soi que l'exploration de l'antimonde, pour révéler les laideurs du soubassement de l'univers capitaliste, constitue un des moteurs du roman noir, au moins depuis la *hard-boiled school* des années 1920 et 1930. Si cette école, représentée par Dashiell Hammett et Raymond Chandler, s'est invitée en France, si elle a tant su séduire certains grands écrivains, d'Aragon à Manchette, c'est qu'elle s'insère dans une lecture marxiste de l'histoire, l'infrastructure crapuleuse des sociétés industrielles permettant de mieux dénoncer la vanité et l'artificialité de ses superstructures.

3 Kundera, Milan, *Le Rideau : essai en sept parties*, Paris, Gallimard, p. 23-25.

4 DOA, *Pukhtu Primo*, Paris, Gallimard, coll. « Série Noire », 2015 ; *id.*, *Pukhtu Secundo*, Paris, Gallimard, coll. « Série Noire », 2016.

L'enjeu de cet articles est d'observer par quels procédés non fictionnels le contemporain DOA réinvestit les codes du néo-polar politique dans le contexte inédit de la mondialisation capitaliste.

Dans ce capharnaüm romanesque se télescopent la monstruosité protéiforme du conflit mondialisé et la maniaquerie de l'érudition historique. La tentative de clarification passe ici par des procédés extratextuels : l'index, les sigles, les glossaires, la musique, les coupures de presse, la carte enfin. Ces différents éléments permettent une approche de la frontière, cette ligne qui partage deux territoires, donne sens à un espace et semble totalement obsolète dans la mondialisation, tout en étant surinvestie de représentations contradictoires. Plus donc que l'intrigue même, ce qui intéresse ici, c'est la difficile jointure entre la netteté toujours problématique de la ligne (Afghanistan ou Pakistan ? Taliban ou CIA ? Littérature blanche ou roman noir ?) et le flou des espaces réticulaires mondialisés. Or, c'est-justement par les outils de la non-fiction, ceux qui sont censés laisser le moins de place à l'imaginaire, que DOA cherche à brouiller les lignes.

2 Clarifier le monde et le trahir : le piège de la carte, une écriture à hauteur de drone

2.1 *La carte plutôt que le désert*

Le motif de la représentation spatiale est au cœur même, ne serait-ce d'abord qu'à titre métaphorique, de l'interrogation entre histoire et fiction : « C'est sur cette ligne de crête, en questionnant la frontière elle-même, qu'à mes yeux se déploie la littérature à venir », affirme Yannick Haenel dans *Libération* en 2010[5]. Pierre Nora reprend à son compte la formule l'année suivante dans l'article « Histoire et roman : où passent les frontières ? », réédité dans *Présent, nation, mémoire*[6]. L'historien se demande ce qui, fondamentalement, distingue l'écriture romanesque de l'écriture historienne. Il est aussi possible d'entendre la question littéralement : comment se matérialisent les frontières dans ce roman qui se prétend à la fois roman populaire, la publication en Série Noire ne trompe pas, tout en nourrissant une ambition épistémologique ?

5 Haenel, Yannick, « Briser les frontières », *Libération* [En ligne], 30 janvier 2010, URL : <https://www.liberation.fr/chroniques/2010/01/30/briser-les-frontieres_607115>.

6 Nora, Pierre, « « Histoire et roman : où passent les frontières ? », *Le Débat*, n° 165 : « L'histoire saisie par la fiction », mai-juin 2011, p. 6-12 ; repris dans *Présent, nation, mémoire*, Paris, Gallimard, « Bibliothèque des histoires », 2011, p. 115-127.

« Où ils font un désert, ils disent qu'ils font la paix[7]. » La citation de la *Vie d'Agricola*, de Tacite, en exergue du roman est significative. Le désert, c'est l'apparente disparition des signes de la civilisation, des villes et des démarcations, l'effacement de toute présence humaine sous le feu destructeur de la guerre. Mais l'auteur conjure l'indistinction du désert par un geste recréateur qu'est la carte, où les entités politiques sont restaurées, où le territoire retrouve sa signification.

Pourquoi les cartes ? L'intérêt premier, celui qui est avancé, est évidemment documentaire : DOA est auteur de romans noirs, la diffusion est large, le lecteur n'est généralement pas initié aux réalités de l'Afghanistan. Cet Afghanistan, dans nos esprits, évoque plutôt la confusion, les grottes, les montagnes sauvages. Mais immédiatement, l'auteur déjoue le sérieux scientifique de la carte, en prétendant que l'ajout lui a été inspiré par les cartes dessinées par Tolkien lui-même et accompagnant son roman *Le Seigneur des anneaux* (1954) et décrivant un territoire strictement imaginaire. La carte renvoie donc à un univers purement imaginaire, que le roman, très renseigné, va compenser. La carte ne doit pas être donc je pense prise comme un à-côté documentaire, une cheville qui viendrait pallier les limites de l'écriture. Elle est un outil romanesque, pleinement intégrée dans le geste auctorial et doit être envisagée dans sa relation dialectique avec la page.

2.2 *Le mensonge de la carte*

Pukhtu est, on l'a dit, un roman sur l'éclatement des communautés, les lignes de fractures, certains visibles, d'autres moins, qui fissurent le territoire afghan, partagé en zones tribales qui se chevauchent largement. Or, étonnement, de cela, la carte ne rend pas compte. Elle aplatit le territoire, elle l'apaise et donne l'effet d'une zone lisse et opposent à la complexité des situations la bichromie simpliste. Le terme de « zone tribale » n'est d'ailleurs pas anodin, tant il reprend, dans une sorte de mimétisme un peu puéril, le lexique officiel de l'armée américaine mais aussi, pour les initiés, fait écho à la zone telle qu'elle fut pensée par la littérature contemporaine, pensons ici à *Zone*, autre épopée contemporaine, de Mathias Énard, publiée en 2008[8], l'année où débute *Pukhtu* et roman du voyage incessant dans un univers mondialisé, roman d'une autre guerre religieuse à la marge de l'Europe (ici le conflit en ex-Yougoslavie) et dont un des personnages principaux, Francis, ancien militaire devenu agent secret, évoque furieusement Fox dans *Pukhtu*. La carte présente un espace clos, dont la violence serait en quarantaine, et donc rassurante. Or, le texte ne cessera de

---

7 DOA, *Pukhtu Primo*, *op. cit.*, p. 17.

8 Énard, Mathias, *Zone : roman*, Arles, Actes Sud, coll. « Domaine français », 2008.

conjurer cette idée : la zone n'est pas pour hors du monde, ici entendue comme mondialisation, elle y est parfaitement reliée, par les réseaux terroristes et de trafic du pavot.

C'est cette impression liminaire, puisque la carte est au seuil du roman et que le lecteur la consulte avant d'entamer la lecture qui conjure point par point la carte. En effet, et pour commencer par l'essentiel, s'il est sur une carte, un pictogramme récurrent, c'est la frontière, frontière qui délimite les souverainetés. Frontière qui nous occupe depuis le début de cette intervention, puisqu'elle est une métaphore récurrente pour signaler les débordements entre littérature, histoire et enquête journalistique, mais surtout parce que tout le roman est construit sur l'affrontement des différentes conceptions de la frontière, conception américaine, française, afghane, pakistanaise.

L'enjeu se cristallise dans *Pukhtu* autour d'une frontière internationale *de facto*, disputée, la ligne Durand, mise en place en 1893 par les Britanniques pour distinguer l'Empire des Indes de l'Afghanistan. Le Pakistan le reconnaît encore, mais l'Afghanistan non, puisque la ligne partage le territoire pachtoune et dont l'Afghanistan revendique l'intégralité, alors même que la population pachtoune est deux fois plus importante au Pakistan. Mais le terme utilisé est «*frontier* », front pionnier d'un territoire qui peut s'étendre ou, en cas de défaite, se rétracter. *Frontier* donc, et non *border*, simple limite zonale. La *frontier* est affaire d'impérialisme, hier anglais, désormais américain. De sa dynamique ne peut pas rendre compte la simple carte à qui il manque, notamment, la profondeur historique. Au contraire, la carte, qui, en les simplifiant, reprend les codes des cartes d'état-major, donc de l'armée américaine, écrase toutes ces subtilités. Elle ignore la mosaïque ethnique, elle est simplification, dont trahison, supposant que l'espace est une zone homogène. La carte cloisonne la zone, l'isole, donne à penser qu'elle est indépendante de la mondialisation et donc d'acteurs pourtant essentiels, notamment les Américains.

Le texte se construit donc au contraire dans la conscience des dislocations spatiales, des abîmes culturels qui se sont creusés entre les communautés. Le récit révèle des fractures terribles, un fourmillement qui nécessairement met la carte en porte-à-faux, redoublant le constat fait par Philippe Vasset dans *Un livre blanc : récit avec cartes* (2007), qui constatait que les cartes sont des « [r]eprésentations souvent irréconciliables avec ce que ces plans sont censés désigner[9] ». Tout l'enjeu de DOA est de réunir la carte et le territoire, la légende et l'enquête, l'histoire et le roman, non pour acter l'échec de la littérature, comme les historiens précédemment cités (Pierre Nora), mais au contraire pour attester de la précision, de des ressources infiniment plus variées de

9 Vasset, Philippe, *Un livre blanc : récit avec cartes*, Paris, Fayard, 2007, p. 9.

l'écriture romanesque pour approcher une vérité, fût-elle que le monde est illisible.

2.3 *Le point de vue du drone*

« Du moins tenterons-nous, ici, annonce Alain Corbin, de réparer petitement la négligence des historiens pour tout ce qui tombe irrémédiablement dans le néant de l'oubli, d'inverser modestement le travail des bulldozers, aujourd'hui à l'œuvre dans les cimetières de campagne[10]. » DOA fait sien ce programme, mais en investissant non la voie de la recherche universitaire, ou de la littérature contemporaine confidentielle, mais du roman populaire d'investigation. Sa carte résume, loin de l'objectivité prétendue, répercute le regard complaisant des documentaires occidentaux, la sèche analyse des historiens de la région, au regard froid du drone (figure qui hante le roman de DOA, alternative à Dieu et au narrateur omniscient) : l'Afghanistan, c'est beau de loin, horrible de près, souligne DOA dans son prologue. La carte offre un regard surplombant, omniscient, un point de vue unique. C'est le choix inverse pris par l'auteur, qui propose un texte choral et une écriture au ras du sol.

Cet effort de ressaisissement, ce soin apporté à la totalisation des points de vue, l'insert de caractères non fictionnels donnent à *Pukhtu* sa forme monstrueuse, ces deux énormes tomes, masse inédite dans le roman noir français, totalement à rebours des canons de la série noire. C'est ce dernier aspect qu'il est temps d'étudier, au prisme de la non-fiction.

3 L'enquête impossible : fin de partie ?

3.1 *Un texte massif*

La massivité, loin des canons de la Série Noire, est due au souci d'écriture « polyphonique » revendiquée par DOA, qui se dit « peu partisan du héros ex machina » qui résout une enquête et restaure l'ordre du monde. Le point de vue est « éclaté », pour « amener des couches de réalités différentes ».

Cette dimension très pragmatique a son importance : *Pukhtu* pèse, avec ses deux tomes de sept cents pages chacun. Les deux tomes n'étaient initialement pas prévus mais le roman a proliféré, à mesure que la complexité de l'univers s'affirmait, ainsi que la volonté de l'auteur de ne pas le figer dans une lecture monosémique. Ici, ce sont les coupures de presse, qui truffent chaque chapitre du roman, qui jouent un rôle essentiel.

10 Corbin, A., *Le Monde retrouvé de Louis-François Pinagot*, *op. cit.*, p. 10.

3.2 *La presse*

Dans *Pukhtu*, il n'y a pas, comme dans la plupart des romans noirs, d'enquêteur principal. La figure du détective, dans *Pukhtu*, est éclipsée par celle du journaliste, Peter Dang, Amelle, qui éclaircit le monde, contre la police, les services secrets, l'armée, ceux qui doivent assurer l'ordre public et qui ici obscurcissent le monde par leur manipulations au lieu de faire la lumière. Penser la presse est susceptible de représenter un canal d'élucidation du monde peut faire figure de provocation, tant celle-ci est aujourd'hui attaquée, pour sa médiocrité, son parti pris, et que, pour prendre un peu de hauteur, la dénonciation de la confusion du geste de journaliste et d'écrivain est une constante de Balzac, dans *Illusions perdues*, à Barthes, dans sa célèbre distinction entre écrivains et écrivants.

DOA n'avance toutefois pas seul. Dans l'article « L'histoire toute crue », repris dans *Présent, nation, mémoire*[11], Pierre Nora revient pourtant sur l'importance du média, partagé par littérature et histoire parce qu'il serait, à l'ère démocratique, pour les masses, le seul moyen participer à l'histoire. L'événement devient ainsi, pour lui, un pur spectacle, un objet de consommation. Nora y devine – dans cette appétence pour le sensationnalisme – la marque d'une américanisation culturelle. De même que Manchette insérait dans ses textes des articles de journaux et, dans une optique situationniste, soulignait la totale impossibilité à fixer un sens à partir d'articles réactionnaires et au service du seul spectacle. DOA reprend et systématise le procédé mais il n'a pas pour la presse – référence culturelle américaine oblige – la froide ironie de Manchette. La signification est donc toute autre.

« L'avantage des Américains, c'est qu'ils ont une documentation publique très accessible », se félicite l'auteur[12], qui, sans cesse, a revendiqué travailler sur archives. Il est certain que DOA investit un canal journalistique. Les attaques de drones sont décrites d'après les témoignages rassemblés par des journalistes envoyés dans les zones de guerre et des avocats contestataires, sur le site *thebureauinvestigates.com*. Surtout, le roman est ponctué de simili-coupures de presse à l'intérieur du livre. Il est donc un miroir trompeur de réel ; le réel y est enchâssé, mis en perspective, retravaillé. DOA avance deux raisons principales pour mobiliser la presse. D'abord, les coupures de presse datées permettraient au lecteur d'apprécier l'écoulement du temps. Ensuite, grâce aux articles en tête de chapitre les événements essentiels de la guerre seraient précisés sans avoir à alourdir le texte de contextualisations laborieuses. Comme la carte

11 Nora, Pierre, « L'histoire toute crue », *Le Nouvel Observateur*, spécial littéraire, 20 novembre-20 décembre 1968, p. 4-6 ; repris dans *Présent, nation, mémoire*, *op. cit.*, p. 58-66.

12 DOA, « J'ai testé toutes les armes citées dans mon roman », entretien avec Alexandra Schwartzbrod, *Next – Libération* [En ligne], 6 mai 2015, URL : <https://next.liberation.fr/livres/2015/05/06/j-ai-teste-toutes-les-armes-citees-dans-mon-roman_1294553>.

destinée à poser un cadre pour le profane, les articles attesteraient donc une limite de la littérature, qui déléguerait ce qu'elle ne pourrait pas assumer. L'argument est d'autant plus insuffisant que les articles sont réécrits : ils sont donc partie prenante de l'imaginaire romanesque. Leur force principale est d'offrir le scintillement des points de vue : en Afghanistan, un Pachtoune, un mercenaire, la presse américaine et la presse afghane n'ont pas de l'événement une lecture identique. Faut-il alors voir en DOA un concurrent de l'historien ou plus encore du journaliste ?

Le temps médiatique influence considérablement l'acte d'écriture : « le bombardement médiatique est devenu tel qu'on ne peut plus se contenter d'à-peu-près quand on aborde des sujets d'actualité », plaide DOA[13], et il est certain que, dès son écriture, très immersive, DOA se pense par rapport à la presse, et notamment la grande presse anglo-saxonne, le personnage de Peter Dang ayant d'ailleurs été modelé selon la figure du reporter bien vivant Matthieu Aikins.

Cependant, l'essentiel est ailleurs : « La documentation, c'est comme les roues d'une voiture : c'est indispensable pour avancer, mais ça ne fait pas la voiture. Ce qui fait la voiture, c'est la carrosserie ! Dans le roman, c'est le style, les personnages, la construction[14]. ». Là encore, et malgré les apparences, le geste de DOA est un geste d'écrivain, qui reconstruit sans cesse la matière qu'il prétend livrer brute. La littérature conjure les manques journalistiques et les comble : pourquoi l'Afghanistan ? Parce que c'est une partie du monde oubliée, largement passée au deuxième plan, au profit de l'Irak dans un premier temps, puis de la Libye et enfin de la Syrie. Se poser la question de l'intégration de l'Afghanistan dans un réseau mondial, c'est donc prendre le cas limite d'une marge de la mondialisation, intégrée par la guerre et le crime. C'est donc jeter un regard critique sur le phénomène libéral de mondialisation.

3.3 *Un monde qui se délite*

Alors qu'historiens et journalistes cherchent à organiser, synthétiser, simplifier pour rendre compréhensible des masses d'archives complexes et contradictoires, revendiquant une puissance de dévoilement essentielle à la compréhension du monde, DOA accomplit le chemin inverse. Il exploite cette matière

13 DOA, « *Pukhtu Secundo* de DOA. Entretien », entretien réalisé par Gallimard à l'occasion de la parution de *PUKHTU Secundo*, 2016, URL : <http://www.gallimard.fr/Media/Gallimard/Entretien-ecrit/Entretien-DOA.-Pukhtu-Secundo> (consulté le 14/07/2017).

14 DOA, « Comment s'écrit un polar ? Rencontre avec DOA, qui dénonce "l'ostracisation du roman noir" », *Franceinfo* [En ligne], 16 octobre 2016, URL : <https://www.francetvinfo.fr/culture/livres/roman/comment-s-039-ecrit-un-polar-rencontre-avec-doa-qui-denonce-quot-l-039-ostracisation-du-roman-noirquot_3365821.html>.

brute pour recréer de la complexité et de la confusion, donnant à son roman les proportions d'une gigantesque caisse de résonance, sans jamais laisser affleurer la moindre rationalité historique.

« Chaque situation vécue, commente DOA, devient un fragment du tableau général[15] » : vision fragmentaire, effectivement, mais il n'est cependant pas certain qu'il y ait tableau, ce qui supposerait une stabilité, un ensemble organisé et figé. Ici, tout est ligne de fuite. Le non-fictionnel fait enfler le texte, mais à trop vouloir embrasser le monde, celui-ci devient une pâte indéchiffrable. Sans doute n'y a-t-il pas de figure démiurgique d'enquêteur donnant forme au monde, posture toujours un peu conservatrice et frileuse, mais ici, l'absence de centre du roman, interdisant toute stabilisation du sens, joue contre l'équilibre romanesque. Le roman est saturé. Ce qui ne veut pas dire qu'il n'ait pas de sens, mais celui-ci n'est certainement pas de nous initier au conflit afghan.

Comme Jean-Patrick Manchette, fondateur du néo-polar dont il était question dans le titre, DOA cherche à explorer le monde et à en dévoiler les ruses et les doubles-fonds. Manchette est d'ailleurs bien cité dans le Manifeste de 2007 « Pour une “littérature-monde” en français[16] » : Hammett, Chandler, Manchette, disent leur monde, avant que leurs successeurs ne se jettent dans au-delà des frontières. Un retour de la fiction, depuis les années 1970, avec l'effondrement des grandes idéologies. Mais l'optimisme élégiaque du manifeste n'est pas celui de DOA : « nul dialogue dans un vaste ensemble polyphonique », admet ce dernier désenchanté. Ce que la littérature monde de DOA laisse affleurer, c'est la décomposition du monde et l'incapacité de la littérature à le réparer. Roman pessimiste, sans doute, qui témoigne de la force de la littérature mais aussi, parfois malgré lui, de ses limites. Roman de la mondialisation, au point de craquer, mais roman d'aucun universel, roman de l'impossible rapprochement entre les êtres sans que jamais aucune alternative politique, aucune sortie, personnelle ou collective, ne soit ébauchée. La mondialisation, c'est-à-dire l'extension du capitalisme à l'ensemble de la planète, a fragmenté le monde et le retisse selon des réseaux criminels. La littérature même peine à embrasser le monde. En témoignent cet ouvrage énorme, indigeste à la scission en deux tomes significative : au lieu de rassembler en un ouvrage, le choix éditorial fait état, avant même l'ouverture du livre, d'une fracture fondamental. Le monde est parcouru, traversé par des trajectoires douloureuses, au terme de laquelle chacun est atteint dans sa chair, mais il n'est pas habité.

---

15 DOA, « *Pukhtu Secundo* de DOA. Entretien », art. cit.

16 « Pour une “littérature-monde” en français », *Le Monde des livres* [En ligne], 15 mars 2007, URL : <https://www.lemonde.fr/livres/article/2007/03/15/des-ecrivains-plaident-pour-un-roman-en-francais-ouvert-sur-le-monde_883572_3260.html>.

« Un jour tu t'aperçois que tu joues plus. Plus jamais. Tout est grave. Et c'est ça qui te tue, plus jouer », constate amer Fox, à la fin du second volume[17]. Cette nostalgie du jeu appelle deux commentaires. Elle traduit peut-être le constat que la littérature noire a atteint une certaine maturité, conférée ici par la profondeur de l'enquête, l'attention stylistique. Et c'est avec une fierté marqué d'un peu d'angoisse que l'auteur, au crépuscule du roman, au moment du bilan, de ces quelques 1 400 pages, constate que son œuvre a grandi, qu'elle ne peut plus se permettre les insolences et les inconséquences que le monde adulte pardonne à l'adolescence et à la littérature de gare. Mais la fin du jeu est peut-être aussi la fin d'une littérature autotélique – « tout cela n'est que littérature » – pour une écriture que s'affronte au matériau brut de la géopolitique, la carte, l'article du reporter sur le terrain, les acronymes et les sigles d'une armée déployée.

4 Conclusion

« Je remarque qu'il y a une ostracisation du roman noir ! Il est le grand exclu des grands prix littéraires d'automne. Aucun livre de noir n'a jamais été sélectionné pour le Goncourt ! Si l'auteur de romans policiers Pierre Lemaitre a pu obtenir le Goncourt en 2013, c'est parce qu'il avait publié *Au revoir là-haut* dans une collection qui n'était pas une collection de genre. Un roman noir est d'abord un roman, mais il n'est jamais traité comme tel[18]. » Il est de notoriété publique que DOA proteste contre le peu de reconnaissance dont jouit la littérature policière et son *Pukhtu*, par sa taille, son ambition, le dialogue qu'il instaure avec quelques auteurs importants de la littérature contemporaine, cherche à donner une respectabilité à un genre souvent méprisé. Pour ce faire, il emprunte aux Américains leur imaginaire, avec la figure du reporter indépendant, et leurs techniques romanesques. Alors que le néo-polar est par essence un genre français, qui imite les Américains de la *hard-boiled school*, DOA repasse ici par l'Amérique pour leur emprunter la forme massive de ces énormes romans où les points de vue se diffractent : pensons à Ellroy, bien sûr, mais aussi à Robert Littell. La rupture de construction syntaxique dessinera un espace géographique fragmentaire et concassé. Le livre totalise les microhistoires, les résistances, les compromis, mais sans organiser la matière. « Les frontières sont des

17 DOA, *Pukhtu Secundo*, *op. cit.*, p. 635.
18 DOA, « Comment s'écrit un polar ? », art. cit.

lignes. Des millions d'hommes sont morts à cause de ces lignes[19]. » DOA use des outils de la non-fiction pour démonter cette illusion : à la ligne de la carte, trompeuse, simplificatrice, vision du vainqueur qui représente l'espace selon ses catégories, il substitue la ligne de l'écriture, qui rend compte de la frontière dans toute son épaisseur identitaire, humaine et politique.

DOA a-t-il fait ici un grand roman goncourisable, puisque telle était, très explicitement, l'ambition ? La réponse dépasse le cadre de cette intervention, mais il n'est pas certain que, de ce point de vue, l'objectif soit atteint. D'abord, parce que le roman ploie sous les références et cède sous le poids de son ambition. Ensuite, et là il faut s'en réjouir, parce que littératures blanche et noire ne marchent pas de concert. Une grande littérature mineure, ce n'est pas de la grande littérature, y compris lorsqu'on l'analyse au prisme de ce régime d'écriture qu'est la non-fiction. Alors que François Bon ou Ivan Jablonka campent la posture de l'historien pour aborder leurs fictions, DOA s'approprie le régime d'écriture du journaliste pour mener son enquête. Genre mineur contre genre majeur. Diffusion plus restreinte, élitiste, contre large diffusion populaire. Il y a là, en tout cas, deux canaux, très différents, d'exploitation romanesque des ressources non fictionnelles, dont il n'est pas certain qu'ils gagneraient à être confondus.

Bibliographie

Corpus d'étude

DOA, *Pukhtu Primo*, Paris, Gallimard, coll. « Série Noire », 2015.

DOA, *Pukhtu Secundo*, Paris, Gallimard, coll. « Série Noire », 2016.

Entretiens avec l'auteur

« *Pukhtu Secundo* de DOA. Entretien », entretien réalisé par Gallimard à l'occasion de la parution de *PUKHTU Secundo*, 2016, URL : <http://www.gallimard.fr/Media/Gallimard/Entretien-ecrit/Entretien-DOA.-Pukhtu-Secundo> (consulté le 14/07/2017).

« DOA logique interne », interview par Richard Leydier et Stéphane Pencréac'h, *artpress*, n° 447, septembre 2017, p. 79-81.

Sur la littérature contemporaine et la non-fiction

Gefen, Alexandre, *Réparer le monde : la littérature française face au XXIe siècle*, Paris, Éd. Corti, coll. « Les Essais », 2017.

19 Perec, Georges, *Espèces d'espaces*, Paris, Galilée, coll. « L'Espace critique », 1974 ; rééd., 2000, p. 147.

Lavocat, Françoise, *Fait et fiction : pour une frontière*, Paris, Éd. du Seuil, coll. « Poétique », 2016.
Rancière, Jacques, *Les Bords de la fiction*, Paris, Éd. du Seuil, coll. « La librairie du XXIe siècle », 2017.

Sur la littérature policière

Le Flahec, Nicolas et Magniont, Gilles (dir.), *Jean-Patrick Manchette et la raison d'écrire*, Toulouse, Anacharsis, coll. « Essais », 2017.
Lhomeau, Franck et Cerisier, Alban (dir.), *C'est l'histoire de la Série Noire, 1945-2005*, Paris, Gallimard, 2015.

Sur les liens entre histoire, littérature et mémoire

« L'histoire saisie par la fiction », *Le Débat*, n° 165, mai-juin 2011.
Nora, Pierre, *Présent, nation, mémoire*, Paris, Gallimard, « Bibliothèque des histoires », 2011.

CHAPITRE 20

« Cette conformité organique de nos écrits ». Le ton authentique comme marqueur de la non-fiction

Jean-Luc Martinet

Résumé

Un ton particulier, une « intonation », semble garantir l'authenticité du texte non fictionnel. Il opèrerait comme une signature singularisant la valeur testimoniale du récit. Or, dès que les ouvriers, transfuges et autres « excentrés » se sont mis à écrire, le ton est devenu la pierre angulaire d'une nouvelle conception de la littérature. Poulaille, Barbusse mais aussi Ramuz, le considèrent comme la manifestation d'une « conformité organique » du récit : il traduirait la présence, infalsifiable, de l'écrivain, de son milieu et de son expérience, dans le récit. L'article étudie alors ce ton comme un dispositif qui impose de jouer avec les clichés, les règles génériques ou de recourir à d'autres formes médiatiques, et notamment la radio, pour construire cette signature tonale.

∴

La formule qui ouvre notre titre, « cette conformité organique de nos écrits », provient d'une phrase d'Henri Barbusse. Elle se situe dans la préface qu'il écrit en 1932 pour le récit d'un mineur, Constant Malva, dont le titre est *Histoire de ma mère et de mon oncle Fernand*[1].

Barbusse intitule cette préface « Un ouvrier écrit[2] ». Il indique ainsi, avec force, que le lecteur sera mis face à un récit qui a valeur de document : « c'est une œuvre de documentation. Documentation à travers la simplicité. Pas de récits fabriqués ; rien de fabriqué là-dedans[3] ». Cette valeur documentaire repose d'abord sur le fait que l'auteur « parle à peu près comme ses personnages. Il ne s'élève pas au-dessus d'eux. Il est au milieu d'eux : il a toujours été au

1 Malva, Constant, *Histoire de ma mère et de mon oncle Fernand* [1932], préf. d'H. Barbusse et H. Poulaille, Bassac, Plein Chant, coll. « Type-Type », 2005.
2 Barbusse, Henri, *ibid.*, p. 7.
3 *Ibid.*

 | DOI:10.1163/9789004439313_022

milieu d'eux[4] ». Le récit n'est donc pas fictionnel puisqu'« il n'a pas eu besoin de rien imaginer, [...], de rien inventer dans son histoire : il les connaît comme s'il les avait faits », et si images il y a, elles ne relèvent en rien d'un souci esthétique ou stylistique. Barbusse affirme alors que : « Cette conformité organique donne au récit une homogénéité de ton qui agit intimement sur le lecteur : cela met partout une certaine transparence dont la douceur est très forte. Il n'y a pas dans tout cela un atome de littérature[5] ». Voilà donc qui est dit : ce ton marque le territoire de la non-fiction.

L'autre grand critique et écrivain de la littérature prolétarienne, Henry Poulaille, dans les articles qu'il consacre à Malva, qualifie ce ton d'authentique, parce que Malva, est « la voix même de la mine ; le bouveleur Constant Malva vous parle d'elle sans artifice, sans recherche littéraire. Il est dans le cœur de la mine, à mille mètres et quelque au-dessous de la littérature salonnarde ou populiste » et, ajoute-t-il, « en dehors de la littérature[6] ».

Cet emploi du mot *ton* est important dans les années 1930 et, malgré sa labilité, on peut trouver un point de définition. Il semble, en effet, exister une opposition fondatrice entre le style et le ton. Le style désigne un travail artistique qui vise à produire une reconnaissance individuelle, quand le ton est la manifestation de la présence d'un dire, d'une manière de dire, qui s'origine dans le milieu auquel appartient l'auteur. Il ne peut donc émaner d'un pur travail stylistique ou rhétorique, c'est-à-dire artificiel et technique, puisque le ton, écrit Poulaille à propos de Neel Doff, est un « instinct pur[7] », une « question de

4 *Ibid.*, p. 9.

5 *Ibid.* Jean-Pierre Morel rappelle l'influence de la littérature communiste révolutionnaire sur les écrivains français dans l'essor de cette recherche d'une littérature documentaire : *Le Roman insupportable : l'Internationale littéraire et la France* (1920-1932), Paris, Gallimard, « Bibliothèque des idées », 1985.

6 Poulaille, Henry, *Nouvel âge littéraire 2*, Bassac, Plein Chant, 2003, p. 194 (cet article sur Malva et d'autres écrivains de la mine a paru en 1933 dans la revue *Prolétariats*). L'importance de la notion d'authenticité dans les années 1930 est soulignée par Philippe Roussin dans son livre *Misère de la littérature, terreur de l'histoire : Céline et la littérature contemporaine*, Paris, Gallimard, « NRF essais », 2005. À leur tour, Marie-Jeanne Zenetti, dans *Factographies : l'enregistrement littéraire à l'époque contemporaine* (Paris, Classiques Garnier, coll. « Littérature, histoire, politique », 2014), et Corinne Grenouillet, dans *Usines en textes, écritures au travail : témoigner du travail au tournant du XXIe siècle* (Paris, Classiques Garnier, coll. « Études de littérature des XXe et XXIe siècles », 2015), soulignent l'importance de cette notion pour essayer de comprendre une partie de ce qui est en jeu dans l'écriture testimoniale. Sur la notion d'authenticité dans les années 1930, je renvoie aussi à Meizoz, Jérôme, « Henry Poulaille et C. F. Ramuz : un débat littéraire sur l'authenticité », in Not, André et Radwan, Jérôme (dir.), *Autour d'Henry Poulaille et de la littérature prolétarienne*, Aix-en-Provence, Publications de l'Université de Provence, coll. « Textuelles : littérature », 2003, p. 83-96.

7 Poulaille, Henry, *Nouvel âge littéraire* [1930], Bassac, Plein chant, 1986, p. 260.

tempérament » et on « le sent et on l'admire, ou on ne le sent point et l'on hausse les épaules[8] ». Cette conception du *ton* relève d'un imaginaire physiologique du langage, qui s'oppose à la représentation du style comme artifice. Charles Bally, dès 1925, théorise cette présence de l'émotion dans le langage : « L'affectivité est la manifestation naturelle et spontanée des formes subjectives de notre pensée : elle est indissolublement liée à nos sensations vitales, à nos désirs, à nos volontés, à nos jugements de valeur [...]. Il semble donc que le langage affectif, ou *expressif*, qui traduit ces mouvements intérieurs soit facile à définir : serait expressif tout fait de langage associé à une émotion[9]. » Cette importance de l'émotion dans le langage conduit à repenser l'écriture littéraire. Bally souligne, en effet, qu'il existe plusieurs éléments qui rentrent dans la construction d'une scène émouvante : la parole, et notamment son intonation[10]. La représentation littéraire devrait donc être capable de restituer cette émotion, ces modifications subjectives qui sont accompagnées d'une « vibration *affective* » : « L'égalité *Deux et deux font quatre* laisse indifférent celui qui la conçoit dans sa pure abstraction ; mais un ouvrier qui a gagné deux francs le matin et deux francs l'après-midi se représente très vivement que les quatre francs qu'il rapporte chez lui le soir font un total plus considérable [...] : ce n'est plus une idée, c'est une valeur[11]. »

Mais pour que l'écriture enregistre et transcrive cette émotion, elle doit emprunter à d'autres systèmes médiatiques qui, seuls, garantissent ce ton authentique. Poulaille écrit ainsi que « la littérature est à la veille d'une transformation au contact de la T.S.F., du film et du disque, secouée par les possibilités offertes par eux, elle est bien près de mourir. Elle a fait son temps [...][12] ». Pour penser un ton authentique, la littérature et la rhétorique sont des paradigmes obsolètes que le cinéma et la radio doivent remplacer. Poulaille, dans un texte qui s'intitule « Charlie Chaplin écrivain », affirme que « [l]'authenticité que réclament C.-F. Ramuz, Cendrars, est là, aussi bien, sinon mieux encore que dans leurs meilleures réalisations[13] ».

---

8 *Ibid.*, p. 265.

9 Bally, Charles, *Le Langage et la vie* [1925], 3e éd. augm., Genève, Droz, 1965, IVe partie, « Mécanisme de l'expressivité linguistique », p. 75. En ouverture du livre, il se donne aussi pour tâche de « serrer de plus près ce sens biologique qui apparaît au fond de toutes nos pensées vraiment vécues » (p. 16).

10 « [...] le discours peut recevoir un commentaire émotif continu par les inflexions de la voix, les accents qui soulignent les mots importants, la lenteur ou la rapidité du débit [...] ». *Ibid.*, p. 77.

11 *Ibid.*, p. 15.

12 Poulaille, H., *Nouvel âge littéraire*, *op. cit.*, p. 433.

13 Poulaille, Henry, « Charlie Chaplin écrivain » [*Les Chroniques du jour*, no7/8, 15 décembre 1926, p. 203-214], *Cahiers Henry Poulaille*, no 2-3 : « Cinéma I », 1990, p. 38-56, cit. p. 48.

La radio, parce qu'elle partage avec la littérature d'être un art acousmatique, donne les premières indications sur la manière de comprendre cette construction d'un ton authentique. Dès 1925, en Allemagne, Walter Benjamin, très intéressé par la littérature prolétarienne, mais aussi Brecht, Döblin, Adorno ou encore Rudolf Arnheim avec son livre intitulé *Radio*, se penchent sur ce nouveau média et le type de parole qu'il construit. En France, les écrivains y sont eux aussi attentifs, comme le montre le travail de Pierre-Marie Héron[14]. Et, bien plus tard, en 1969, Jean Tardieu réaffirme l'importance de cette possibilité émotive que la radio offre à la littérature[15]. On peut encore penser à Roland Barthes soulignant que la parole, l'écrit et la littérature modulent le « voyage du corps à travers le langage, chacune à sa façon : voyage difficile, retors, varié, auquel le développement de la radiodiffusion, c'est-à-dire d'une parole à la fois originelle et transcriptible, éphémère et mémorable, donne aujourd'hui un intérêt saisissant[16] ».

Pour approcher le sens de l'authenticité, il convient d'interroger sa fonction à la radio dans le genre particulier du documentaire radiophonique. Christophe Deleu le définit comme un « dispositif à caractère didactique, informatif et (ou) créatif, présentant des discours authentiques, qui supposent l'enregistrement des sons, une sélection de ceux-ci opérée par un travail de

---

14 Parmi ses nombreux travaux, on peut citer : Héron, Pierre-Marie, *Les Écrivains et la radio*, Montpellier, Publications de l'Université de Montpellier, Inathèque de France, 2003 ; Héron, Pierre-Marie, Joly, Françoise et Pibarot, Annie (dir.), *Aventures radiophoniques du Nouveau Roman*, Rennes, Presses universitaires de Rennes, coll. « Interférences », 2017.

15 Tardieu, Jean (avec la collaboration de Chérif Khaznadar et des textes de Charles Ford, Nino Frank, Chérif Khaznadar, Arlette Dupont, Henri Vaume), *Grandeurs et faiblesses de la radio : essai sur l'évolution, le rôle créateur et la portée culturelle de l'art radiophonique dans la société contemporaine*, Paris, Unesco, 1969.

16 Barthes, Roland, « De la parole à l'écriture » [*La Quinzaine littéraire*, 1er mars 1974], in *Œuvres complètes*, nouv. éd. rev., corr. et éd. par É. Marty, Paris, Éd. du Seuil, 2002, t. IV (1972-1976), p. 537-541, cit. p. 540. – Il faut aussi noter qu'en 1948, Gaston Bachelard, lorsqu'il cherche à expliquer l'énergie produite par une image, insiste sur ce qu'il nomme la « tonalisation du sujet ». Il désigne par là le processus par lequel le sujet qui écrit transcrit, jusque dans les détails les plus précis, extrêmes et contradictoires, une sensation ou un objet, au point de donner à l'image produite une énergie capable d'arrêter le lecteur. Bachelard, Gaston, « L'imagination de la qualité. Rythmanalyse et tonalisation », in *La Terre et les rêveries du repos* [1948], Paris, J. Corti, « Les Massicotés », 2004, p. 93-108. – Rappelons aussi l'attention que porte Bachelard à la radio, qu'il nomme, dans un entretien de 1949, la « logosphère » : « La radio comme possibilité de rêve éveillé », en ligne sur le site de France Culture, URL : <https://www.franceculture.fr/emissions/les-nuits-de-france-culture/gaston-bachelard-la-radio-comme-possibilite-de-reve-eveille> ; également sur Youtube, URL : <https://www.youtube.com/watch?v=f4l-eZ3rMCg>, minutes 2-4. Édité sous le titre « Rêverie et Radio », *La Nef*, nº 73/74 : « La Radio, cette inconnue », février-mars 1951, p. 15-20, en particulier p. 15.

montage, leur agencement selon une construction déterminée, leur mise en ondes définitive effectuée par un travail de mixage, selon une condition préétablie, dans des conditions qui ne sont pas celles du direct ou du faux direct[17] ». Cette définition présuppose la distinction entre la parole documentariste – qu'il faut entendre au sens large parce qu'elle peut désigner l'équipe qui crée le documentaire : le preneur de sons, le monteur, le réalisateur, l'intervieweur puisque ces fonctions peuvent être séparées – et la parole authentique, qui est la parole du témoin. La parole documentariste possède une autorité et une légitimité données à la fois par des compétences techniques et par l'Institution qui programme le documentaire[18]. Cette légitimité et cette autorité accréditent ainsi l'authenticité de la parole qui fournit la matière du documentaire. Cette distinction est renforcée par une différence tonale. Le livre de Rudolf Arnheim, par exemple, définit assez clairement le ton de l'interviewer en le désignant déjà comme nécessairement neutre, parce que « les gens qui n'entendent parler toute la journée qu'une langue corrompue par l'argot des rues et l'allemand des gazettes, et qui écoutent le soir des dialogues de mauvais goût au cinéma, devraient recevoir à travers leur poste de radio l'exemple d'une langue naturelle, sobre, originale, et en même temps absolument nette et sans ambiguïté logique, et cela même lorsqu'il s'agit d'une causerie sans grande ambition[19] ». Par conséquent, « quand on prépare une émission de radio, il faut [...] compter explicitement son timbre et sa façon de parler au nombre des éléments de la forme stylistique, sans se soucier de savoir si cette "partition" de l'émission constituerait dans le même temps un bon morceau de littérature imprimée[20] ».

17 Deleu, Christophe, *Le Documentaire radiophonique*, Paris, L'Harmattan, INA, coll. « Mémoires de radio », 2013, p. 27.

18 Dans son travail sur les anonymes à la radio, Christophe Deleu souligne qu'il existe des variations dans l'usage et la manière d'utiliser la matière sonore authentique : ces variations dépendent de la manière dont le documentaire se place face, notamment, aux paroles authentiques. Deleu, Christophe, *Les Anonymes à la radio : usages, fonctions et portée de leur parole*, Bruxelles, De Boeck, INA, coll. « media recherches », 2006. Je renvoie plus particulièrement à l'« Analyse de trois émissions documentaires », p. 170-209.

19 Arnheim, Rudolf, *Radio*, trad. L. Barthélémy et G. Moutot, préf. de M. Kaltenecker, Paris, Van Dieren, SCAM, 2005, p. 214. = *Rundfunk als Hörkunst* [1936], 2e éd., München, Wien, Carl Hanser Verlag, 1979, p. 129 : « Menschen, die tagsüber nur die durch Straßenjargon und Zeitungsdeutsch verdorbene Sprache ihrer Umgebung und abends den geschmacklosen Dialog der Tonfilme hören, sollen durch den Lautsprecher das Beispiel einer natürlichen, schlichten, eigenartigen, dabei blitzsauberen und logisch und logisch eindeutigen Sprache empfangen, auch wenn es sich nur um eine anspruchslose Plauderei handelt. »

20 *Ibid.*, p. 213. = *Rundfunk als Hörkunst*, *op. cit.*, p. 129 : « Man muß also, wenn man einen Rundfunkvortrag entwirft, bewußt den eignen Tonfall und die eigne Sprechweise in die

L'authenticité, elle, n'émane pas en premier lieu de ce qui est dit mais de la manière de le dire : elle se différencie du ton de la parole autorisée et légitimante parce qu'elle laisse entendre les marques organiques de l'expérience racontée : souffles, silence, inflexion dans l'intensité des voix… Le ton désigne alors ces marques d'authenticité, ces marques émotives, corporelles, qui confèrent toute leur valeur à l'énoncé, en le liant à l'expérience rapportée. L'authenticité du ton se manifeste alors, si l'on suit Poulaille, par ce qu'il nomme, dans ses écrits sur le cinéma, la cinématique, et qui désigne une manière de disposer, que ce soit par la ponctuation de phrase, de page ou d'œuvre, un agencement singulier des séquences racontées, et qui naîtrait de cette expérience corporelle qui a transformé le sujet en témoin. L'énonciation se fait authentique par ce travail de configuration, qui restitue l'expérience racontée.

Sous l'influence de la radio se dessinent deux champs majeurs de parole : le littéraire et le tonal, au sein duquel le ton neutre marque une forme d'autorité et de légitimation, et le ton authentique, du témoin, qui garantit le statut non fictionnel du texte ; il légitime, en retour, l'intention documentaire. Pour que le ton soit audible, authentique, que l'expérience soit restituée dans toute sa force émotive initiale, il faut donc que le dispositif de légitimation et de différenciation se mette en place. J'essaierai d'analyser deux modalités d'usage de ce dispositif repérable dans l'écriture de deux livres différents mais qui ont pour point commun d'appartenir aux « littératures de terrain » : *Dans le nu de la vie. Récits des marais rwandais* de Jean Hatzfeld, *L'Usine nuit et jour : journal d'un intérimaire*, de Patrice Thibaudeaux.

1

Dans le nu de la vie : récits des marais rwandais[21], publié en 2000, obéit à un dispositif particulièrement intéressant. Le livre est construit de façon très précise : il commence par une introduction qui recontextualise la période du gé-

stilistische Form einbeziehen, ganz gleich, ob die so entstehende »Partitur« des Vortrags zugleich ein gutes Stück gedruckter Literatur abgäbe. »

21 Hatzfeld, Jean, *Dans le nu de la vie : récits des marais rwandais*, Paris, Éd. du Seuil, coll. « Fiction & Cie », 2000 ; rééd. coll. « Points », 2002. La bibliographie et les travaux sur l'écriture de Jean Hatzfeld sont nombreux et se développent en même temps que s'accroît la réflexion sur le témoignage. Sur le passage de l'écriture journalistique à un travail qui engage la littérature, je renvoie à Alvès, Audrey, *La Fabrique du témoignage : la trilogie rwandaise du journaliste écrivain Jean Hatzfeld. Voix et voies de l'écriture génocidaire*, thèse pour le doctorat en sciences de l'information et de la communication sous la direction de J. Walt, Université de Metz, 2012 ; et pour ce qui concerne la question du témoignage aux travaux de Charlotte Lacoste, et notamment sa thèse, *Le Témoignage comme genre*

nocide et précise son intention, et s'achève sur des annexes au sein desquelles se trouvent des repères géographiques, un glossaire et deux cartes, l'une du Rwanda, l'autre de la commune de Nyamata, où Jean Hatzfeld a mené ses entretiens. Chaque récit obéit à la même structure : une ouverture écrite par l'auteur, où il décrit le Rwanda pacifié qu'il a sous les yeux, puis le récit de la personne interviewée et, située différemment pour chaque section, la photographie de celui ou celle dont on lit les paroles – les photographies ont été prises par Raymond Depardon, lors d'un séjour à Nyamata (sauf une, celle de la page 120).

L'ensemble de la partie constituée par les témoignages est lui aussi parfaitement pensé : il s'ouvre en effet sur la présentation de celle qui sera son guide, Sylvie Umubyeyi, et se clôt sur son récit. La photo qui accompagne le dernier récit montre au premier plan Sylvie et, en arrière-plan, Jean Hatzfeld lui-même : cette photographie résume le dispositif constitué par le livre. En effet, les récits des rescapés sont des transcriptions permises par ces deux guides, Sylvie Umubyeyi puis Innocent Rwililiza qui prend le relais. Cette distance spatiale fait écho à l'organisation typographique organisant chacun des portraits puisque les deux paroles sont bien distinguées tout en étant réunies dans la même section. La distinction de langage est renforcée par une remarque initiale dans l'introduction où Jean Hatzfeld insiste sur les langues des témoins, garante de l'authenticité : « l'attention porté au français rwandais (dont l'appropriation du vocabulaire français est magnifique) pour retranscrire fidèlement certaines descriptions et réflexions induit de rares maladresses linguistiques, trop repérables pour être dommageables[22] ».

Chaque photographie joue un rôle essentiel parce que, comme l'écrit Barthes, elle est « l'authentification même[23] ». Elle donne ainsi un « certificat de présence » qui authentifie le discours. Mais la composition de la photographie contribue aussi à donner le ton du texte en laissant imaginer un état du personnage au travers de la représentation de son corps. La photo, qui accompagne le témoignage de Jeannette Ayinkamiye – sur lequel je vais m'attarder – souligne non seulement sa tristesse et son abattement mais aussi laisse deviner un enfermement dans le souvenir des scènes terribles par le jeu des cadres et des perspectives : chacun de ces éléments photographiques tisse un lien avec ce que son discours énonce.

---

littéraire en France de 1914 à nos jours, thèse de doctorat sous la direction de T. Samoyault et François Rastier, Université de Paris Ouest-Nanterre, 2011.

22 Hatzfeld, J., *Dans le nu de la vie*, *op. cit.*, p. 13.

23 Barthes, Roland, *La Chambre claire : note sur la photographie*, Paris, Cahiers du cinéma/Gallimard/Seuil, 1980 ; repris dans *Œuvres complètes*, nouv. éd. rev., corr. et éd. par É. Marty, Paris, Éd. du Seuil, 2002, t. V (1977-1980), p. 785-892, cit. p. 858.

Jeannette Ayinkamiye raconte son expérience du génocide et la manière dont elle vit après le massacre d'une grande partie de son peuple et de la plupart des membres de sa famille. Deux termes résument cette période : la coupure et la couture. Ce ne sont pas là de simples images ou un jeu de paronomase, mais bien des faits. Le récit s'ouvre sur ces coupures de machette qui ont tué son père et démembré sa mère (« Papa a été coupé le premier jour mais on n'a jamais su où » / « Ils lui [maman] ont coupé les deux bras, et ensuite les deux jambes » – sa mère agonise alors pendant trois jours durant lesquels Jeannette est obligée de l'abandonner régulièrement) ; la couture, elle, est l'activité qu'elle pratique après le génocide, avec la culture de sa parcelle de terre, et à laquelle elle voudrait se consacrer : « je regrette de ne pas pouvoir apprendre à fond le métier de la couture, afin de quitter le labeur de la parcelle[24] ». Ces deux mots condensent le lien entre ces deux moments de la vie de Jeannette : la coupure la prive de sa mère mais la rend responsable de ces deux petites sœurs. La couture représente sa nouvelle vie, faite d'une nouvelle famille constituée de ces deux sœurs, de Chantal Mukashema et son petit cousin Jean-de-Dieu Murengerani.

L'expérience du génocide est d'abord celle de la déliaison, de la destruction des rapports avec autrui : « Moi, je sais que lorsqu'on a vu sa maman être coupée si méchamment, et souffrir si lentement, on perd à jamais une partie de sa confiance envers les autres [...]. Je veux dire que la personne qui a regardé si longtemps une terrible souffrance ne pourra plus jamais vivre parmi les gens comme auparavant [...][25] ». Mais au sein de cette méfiance, il reste alors seulement l'espace pour la reconstruction fragile de liens, dont les images sont ces autres coutures que sont les cicatrices : « les enfants ont vidé beaucoup de misère de leur esprit, ils ont toutefois gardé des cicatrices et des maux de tête et des maux de pensées. Quand ils souffrent trop, on prend le temps de bien évoquer ces jours malheureux[26]. ». Il fallait donc trouver les mots qui restituent les faits mais aussi qui ouvrent l'espace de la représentation à ce que peut être sa vie.

Cette tension entre la destruction et la reconstruction, la coupure et la couture, se manifeste alors dans les organisations micro-structurelles du récit. En effet, le récit oscille entre ce qui paraît une séquence autonome et achevée (qu'elle soit de l'ordre de la phrase ou de plusieurs phrases) – séparée du reste des événements – et sa reprise, sa précision. Ainsi, la description de la mort de la mère semble former un tout, plaçant Jeannette comme témoin visuel,

24 Hatzfeld, J., *Dans le nu de la vie*, *op. cit.*, p. 30.

25 *Ibid.*, p. 32.

26 *Ibid.*, p. 31.

mais quelques lignes plus loin, dans un autre paragraphe, nous apprenons qu'elle n'a pas vu mais entendu la scène et que seules ses sœurs ont vu leur mère se faire découper. On retrouve le même processus dans l'évocation des trois jours d'agonie, repris et reconfigurés dans les paragraphes 6 et 7. On peut repérer jusqu'au niveau de la phrase cette tension entre déliaison et couture (même si nous ne devons pas oublier que nous sommes dans le cadre d'une transcription).

On peut noter la différence lorsque, dans un paragraphe autonome, Jeannette Ayinkamiye raconte un rêve récurrent qui met en scène la disparition de sa mère :

> Souvent, aujourd'hui, je rêve d'elle dans une scène précise au milieu du marécage : je regarde le visage de maman, j'écoute ses mots, je lui donne à boire mais l'eau ne peut plus couler dans sa gorge et dérape directement de ses lèvres ; et la poursuite des assaillants reprend ; je me lève, je me mets à courir ; quand je reviens au marécage, je demande après ma maman aux gens, mais personne ne la connaît plus comme ma maman ; alors je me réveille[27].

Si le rêve ne semble que redire le récit qui a déjà été fait, il met en scène différemment le rapport entre les moments : il instaure une continuité qui efface les ellipses et les reprises du premier récit ; il matérialise une continuité en introduisant une coordination entre les différentes séquences événementielles et en remplaçant le point, dominant dans le récit, par le point-virgule, qui figure ici ce qui serait traduisible comme la tension même entre l'arrêt, la rupture, et la continuité. La disposition du paragraphe comme des phrases fait voir et entendre dans ce récit de rêve un travail de suture énonciative qui infléchit la douleur de la perte. Le rêve et son récit opèrent pour Jeannette comme la parole pour ses jeunes sœurs : « quand ils [les enfants] souffrent trop, on prend le temps de bien évoquer ces jours malheureux. Les deux filles parlent le plus parce qu'elles ont tout vu à propos de maman. Elles racontent souvent la même scène et elles oublient le reste[28] ». L'ensemble de cette disposition laisse percevoir cette cicatrice énonciative dans le récit absolument douloureux de la disparition. Elle *figure* ainsi ce qui, à la radio, s'entend dans la voix, qui atteste de l'authenticité de la parole entendue.

Cette tonalité authentique confère alors une vérité qui se détache des seuls faits, car, comme l'explique Angélique Mukamanzi, « il n'y a pas mensonge » :

---

27 *Ibid.*, p. 29.
28 *Ibid.*, p. 31.

> Moi, quand je les écoute, j'entends que les gens ne se souviennent pas pareillement du génocide avec le temps. Par exemple, une avoisinante raconte comment sa maman est morte à l'église ; puis, deux ans plus tard, elle explique que sa maman est morte dans le marais. Pour moi, il n'y a pas mensonge. La fille avait une raison acceptable de vouloir d'abord la mort de sa maman à l'église. Peut-être parce qu'elle l'avait abandonnée en pleine course dans le marais et s'en trouvait gênée. Peut-être parce que ça la soulageait d'une trop pénible tristesse, de se convaincre que sa maman avait moins souffert ainsi, d'un seul coup mortel le premier jour. Ensuite, le temps a proposé un peu de tranquillité à cette fille, afin de se rappeler la vérité, et elle l'a acceptée[29].

L'authenticité ne repose pas sur une vérité factuelle mais sur une manière de dire qui porte les traces de la violence de l'expérience ; les configurations énonciatives proposées par cette jeune fille sont toutes authentiques, indépendamment de leur vérité ou fausseté factuelle, parce qu'elles portent les traces de sa douleur et de l'acceptation de sa culpabilité. Ce que l'on nomme alors couramment le ton authentique désigne, ici, cet agencement d'une parole qui devient le miroir de l'expérience vécue.

2

Dans le livre de Patrice Thibaudeaux, *L'Usine nuit et jour : journal d'un intérimaire*[30], la légitimation passe par plusieurs strates qui garantissent l'authenticité d'une parole prolétarienne. En premier lieu la maison d'édition Plein Chant, dirigée par Edmond Thomas, et la collection dans laquelle le livre s'inscrit, « Voix d'en bas », qui obéit à une ligne directrice non fictionnelle. Le livre lui-même est présenté comme le résultat d'une participation de l'auteur au groupe *Échanges et mouvements*, qui est défini comme un « réseau constitué en 1975 par des militants venant de différents groupes d'Angleterre, de France, de Hollande, de Belgique ». Cette authenticité est encore garantie par les conditions de son émergence, et même redoublée par la sur-signification du titre de l'ouverture du journal où s'expose le contrat d'écriture : « Prolo fils de prolo[31] ». Enfin, la préface, au ton neutre, rédigée par un membre du collectif,

29 *Ibid.*, p. 85.

30 Thibaudeaux, Patrice, *L'Usine jour et nuit : journal d'un intérimaire*, Bassac, Plein Chant, coll. « Voix d'en bas », 2016.

31 *Ibid.*, p. 17.

affirme clairement cette authenticité : « […] ce récit est parfaitement authentique et celui qui l'a écrit l'a bien vécu. Il raconte sans grands commentaires, sinon ceux que l'on fait sur-le-champ, seul ou avec les copains du boulot, sur les faits et méfaits de l'exploitation qu'il subissait alors[32] ». On peut même rajouter à ce faisceau l'ajout, à la fin du livre, du lexique spécifique de l'usine de galvanoplastie dans laquelle travaille Thibaudeaux. L'ensemble de ces éléments relèvent du système de « réalisation » / « production » propre à la radio.

À ces éléments traditionnels, qui relèvent du contexte de production, s'ajoute le genre qui est l'autre moyen de garantir la parole authentique. Comme le dit le sous-titre, il s'agit bien du *journal d'un intérimaire*, parce que c'est la seule forme possible eu égard à ses conditions de travail et d'écriture. La forme même est légitimante parce qu'elle s'origine dans l'expérience de Patrice Thibaudeaux : « J'écris tout cela après ma nuit, à 6 h, chez moi, après m'être douché et changé. Selon mon état de fatigue ces impressions seront plus ou moins longues, plus ou moins intéressantes[33] ». La forme, parce qu'elle est liée aux conditions d'écriture, garantit donc bien qu'ici, il n'y aura pas d'artifice littéraire, de recherche stylistique, et encore moins de fiction ou de fictionnalisation. L'aspect documentaire est renforcé par les croquis de l'auteur qui ont la même fonction que des photographies.

Tous ces éléments d'authentification s'intègrent dans une composition qui donne à l'énonciation le rythme de cette expérience du travail. Cet intérimaire découvre, en effet, la répétition et le morcellement : répétition des activités et morcellement des tâches de travail propres notamment à ces usines de sous-traitance, mais aussi morcellement du monde du travail. Il n'existe plus de liens entre les ouvriers comme il n'en est guère entre les équipes de jour et de nuit ; il n'y a pas non plus de continuité pour l'intérimaire qui peut apprendre le soir qu'il ne travaille pas le lendemain. Ce qu'explique par exemple la nuit du 25 au 26 juin : « Je suis resté à la maison pendant une semaine. Le lundi 18, ils nous ont rappelés pour y retourner, ce que j'ai fait. Seuls trois intérimaires ont été rappelés pour la nuit. Nous avons fait notre semaine. Je reprends le journal ici. » On comprend donc que le journal épouse la forme rythmique de l'activité décrite. Le blanc qui sépare chaque nuit est là pour matérialiser cette coupure entre une vie extérieure, qui reste sous silence, et ces nuits d'usine. Le titre insiste bien sur cet aspect, tout en faisant référence à un autre grand livre prolétarien : *Ma nuit au jour le jour* de Constant Malva. À ce morcellement macro-structurel s'ajoute la reprise du même procédé au niveau de l'organisation des paragraphes et des phrases. Il témoigne là aussi de la fragmentation

32 *Ibid.*, p. 7.
33 *Ibid.*, p. 18.

des occupations, dont la juxtaposition des paragraphes et des phrases donne une image matérielle ; la seule continuité étant établie par le temps qui passe :

> Vent, pluie, froid au programme. Je travaille avec Gilbert et Freddy. Nous accrochons 160 lisses. Puis nous poursuivons avec une poutre d'autres lisses encore (plus grosses), complétée par des « écarteurs » (au fil), du LPF, ce qui agace mes collègues, peu habitué à ce genre de ferraille. Cela m'amuse, étant habitué à « l'école » de Marco et Baptiste, où cela était notre lot quotidien.
>
> Nous faisons ensuite deux poutres de « gros » (huit gros fûts « tramway », ce qui nécessite beaucoup de chaînes, beaucoup de torsades de fil de 20), une autre poutre où nous accrochons un énorme cylindre (13 m de long), puis une autre poutre avec deux autres cylindres plus petits.
>
> Je termine la nuit en aidant les collègues d'en face, englués dans une poutre d'écrans-motos[34]. »

La forme choisie et le mode d'écriture s'ancrent donc dans l'expérience faite par le sujet : le choix du genre et les modalités d'énonciation portent les marques mêmes de cette expérience au point d'apparaître comme les seuls possibles pour donner forme à une épreuve corporelle. La conjonction entre l'expérience rapportée et l'énonciation arrache alors le livre au champ fictionnel.

Pour percevoir cette différence entre style et ton, on peut opposer cette écriture à celle d'un autre ouvrier écrivain, Robert Piccamiglio et notamment dans son livre intitulé, *Chroniques d'usine*. Bien que présentant des points de convergence, l'enjeu est tout à fait différent et, chez Piccamiglio, les signes d'authenticité sont mis au service d'une quête littéraire – il s'agit donc moins de la recherche de la production d'un ton authentique que d'un ton qui permettra de s'inscrire dans le champ littéraire en se présentant comme ouvrier – point que l'on trouve déjà chez des écrivains comme Dabit ou Navel. Il existe alors une forme de tension entre une recherche esthétique et une authenticité qui apparaît comme un simple moyen, qui menace le territoire de la non-fiction.

Le rapport au temps est, certes, affirmé dans le titre et la fragmentation en brefs chapitres est liée à la fragmentation du travail, le langage se présente aussi comme sociologiquement marqué ; pourtant, cet ensemble de faits est détourné au profit d'une construction du sujet comme écrivain : il signale qu'il écrit des poèmes[35], souligne l'importance des lettres qu'il écrit[36] ou encore ra-

34 *Ibid.*, p. 90.
35 Piccamiglio, Robert, *Chroniques d'usine*, Paris, Fayard, 1999, p. 34.
36 *Ibid.*, p. 77.

conte comment il introduit en cachette une machine à écrire durant ses heures de travail (comme certains de ses collègues font rentrer une bouteille d'alcool pour passer la nuit). Tout son travail d'écriture est ainsi mis en exergue et se lit, en outre, dans la manière même de traiter son sujet : il glisse vers une poéticité qui menace l'authenticité, voire l'élimine. Le texte introduit le lecteur dans un univers littéraire et l'éloigne de toute véritable intention documentaire. D'une certaine manière, le document, la non-fiction, se soumet ici à la diction, au point de lui ôter son caractère non fictionnel. Nous assistons donc à la naissance d'une posture d'écrivain. Bien évidemment, ce jeu du langage est accru par l'absence de tout cadre légitimant et une temporalité qui efface volontairement toute dimension référentielle précise : le récit évoque plus des moments et une atmosphère qu'un temps précis comme dans le document.

Piccamiglio renverse alors le champ non fictionnel et présente son livre comme le lieu d'expression des sentiments et des émotions, l'envers de l'usine :

> Je ne laisse rien paraître de mes sentiments ou de mes émotions. Le lieu n'est pas le meilleur endroit pour en faire étalage. [...] Ce n'est pas avec des sentiments qu'on va conquérir des marchés. [...] Que faire de toutes ces émotions ? S'en servir pour écouter Dylan qui, il y a longtemps, parlait des temps qui étaient en train de changer. Mahler aussi, Cow-boys Junkies aux mélodies douces, sensuelles, entêtantes. Dvorak pour finir la nuit ou la commencer. On peut lire encore Camus, Céline, D. H. Lawrence, Selby, Tristan Tzara, *L'Équipe* tous les matins et *France Football* chaque mardi que les boulangeries sont de nouveau ouvertes[37].

Le livre n'a donc pas pour vocation principale de témoigner ; dans ses entretiens, Robert Piccamiglio souligne sa différence d'avec la communauté ouvrière : « je refuse ce rôle de porte-parole. Je ne déplie pas l'étendard de la mémoire ouvrière, de l'histoire ouvrière ; je suis porte-parole de mes propres désirs, de mes propres doutes, de mes propres certitudes et de ma propre conscience ; après, le reste, j'allais dire : Démerdez-vous ! [...] Je suis un individualiste forcené[38] ».

On ne peut donc parler d'un ton authentique : il s'agit bien plutôt de chercher des effets de singularisation à l'égard de ce groupe initial en manifestant les signes de souscription à une certaine forme de littérature pour intégrer le champ littéraire, non de faire entendre quelque chose de documentaire. Ici le sujet déjoue le ton authentique ou, du moins, il joue avec les codes de la

---

37 *Ibid.*, p. 198.

38 Cité dans Grenouillet, C., *Usines en textes, écritures au travail*, *op. cit.*, p. 61.

littérature qui se présentait comme authentique en introduisant le langage parlé et les références à la culture et aux mœurs populaires. Le style a pris le pas sur le ton.

3 Conclusion

Le ton authentique désigne donc la présence d'une énonciation qui s'origine dans une expérience corporelle fondatrice, par laquelle le témoin rentre dans l'Histoire. Chaque récit est invité à construire son propre dispositif, qui peut emprunter aux formes médiatiques diverses pour restituer au moyen d'une configuration et d'une ponctuation singulière, ce qui le fonde et qui reste perceptible en-deçà même des oublis, des réitérations ou des erreurs. Si fiction il y avait, et qui désignerait ici le mensonge ou les oublis, elle rentrerait en dialogue avec ce ton qui marquerait, *a contrario*, l'appartenance au domaine de la non-fiction.

Bibliographie

Alvès, Audrey, *La Fabrique du témoignage : la trilogie rwandaise du journaliste écrivain Jean Hatzfeld. Voix et voies de l'écriture génocidaire*, thèse pour le doctorat en sciences de l'information et de la communication sous la direction de J. Walt, Université de Metz, 2012.

Arnheim, Rudolf, *Radio*, trad. L. Barthélémy et G. Moutot, préf. de M. Kaltenecker, Paris, Van Dieren, SCAM, 2005. = *Rundfunk als Hörkunst* [1936], 2e éd., München, Wien, Carl Hanser Verlag, 1979.

Bachelard, Gaston, « L'imagination de la qualité. Rythmanalyse et tonalisation », in *La Terre et les rêveries du repos* [1948], Paris, J. Corti, « Les Massicotés », 2004, p. 93-108.

Bachelard, Gaston, « La radio comme possibilité de rêve éveillé », entretien de 1949, en ligne sur le site de France Culture, URL : <https://www.franceculture.fr/emissions/les-nuits-de-france-culture/gaston-bachelard-la-radio-comme-possibilite-de-reve-eveille> ; également sur Youtube, URL : <https://www.youtube.com/watch?v=f4l-eZ3rMCg>, minutes 2-4. Édité sous le titre « Rêverie et *Radio* », *La Nef*, no 73/74 : « La Radio, cette inconnue », février-mars 1951, p. 15-20.

Bally, Charles, *Le Langage et la vie* [1925], 3e éd. augm., Genève, Droz, 1965.

Barthes, Roland, « De la parole à l'écriture » [*La Quinzaine littéraire*, 1er mars 1974], in *Œuvres complètes*, nouv. éd. rev., corr. et éd. par É. Marty, Paris, Éd. du Seuil, 2002, t. IV (1972-1976), p. 537-541.

Barthes, Roland, *La Chambre claire : note sur la photographie*, Paris, Cahiers du cinéma/Gallimard/Seuil, 1980 ; repris dans *Œuvres complètes*, nouv. éd. rev., corr. et éd. par É. Marty, Paris, Éd. du Seuil, 2002, t. V (1977-1980), p. 785-892.

Deleu, Christophe, *Les Anonymes à la radio : usages, fonctions et portée de leur parole*, Bruxelles, De Boeck, INA, coll. « media recherches », 2006.

Deleu, Christophe, *Le Documentaire radiophonique*, Paris, L'Harmattan, INA, coll. « Mémoires de radio », 2013.

Grenouillet, Corinne, *Usines en textes, écritures au travail : témoigner du travail au tournant du XXIe siècle*, Paris, Classiques Garnier, coll. « Études de littérature des XXe et XXIe siècles », 2015.

Hatzfeld, Jean, *Dans le nu de la vie : récits des marais rwandais*, Paris, Éd. du Seuil, coll. « Fiction & Cie », 2000 ; rééd. coll. « Points », 2002.

Héron, Pierre-Marie, *Les Écrivains et la radio*, Montpellier, Publications de l'Université de Montpellier, Inathèque de France, 2003.

Héron, Pierre-Marie, Joly, Françoise et Pibarot, Annie (dir.), *Aventures radiophoniques du Nouveau Roman*, Rennes, Presses universitaires de Rennes, coll. « Interférences », 2017.

Lacoste, Charlotte, *Le Témoignage comme genre littéraire en France de 1914 à nos jours*, thèse de doctorat sous la direction de Tiphaine Samoyault et François Rastier, Université de Paris Ouest-Nanterre, 2011.

Malva, Constant, *Histoire de ma mère et de mon oncle Fernand* [1932], préf. d'H. Barbusse et H. Poulaille, Bassac, Plein Chant, coll. « Type-Type », 2005.

Meizoz, Jérôme, « Henry Poulaille et C. F. Ramuz : un débat littéraire sur l'authenticité », in Not, André et Radwan, Jérôme (dir.), *Autour d'Henry Poulaille et de la littérature prolétarienne*, Aix-en-Provence, Publications de l'Université de Provence, coll. « Textuelles : littérature », 2003, p. 83-96.

Morel, Jean-Pierre, *Le Roman insupportable : l'Internationale littéraire et la France* (*1920-1932*), Paris, Gallimard, « Bibliothèque des idées », 1985.

Piccamiglio, Robert, *Chroniques d'usine*, Paris, Fayard, 1999.

Poulaille, Henry, « Charlie Chaplin écrivain » [*Les Chroniques du jour*, n^o7/8, 15 décembre 1926, p. 203-214], *Cahiers Henry Poulaille*, n° 2-3 : « Cinéma I », 1990, p. 38-56.

Poulaille, Henry, *Nouvel âge littéraire* [1930], Bassac, Plein chant, 1986.

Poulaille, Henry, *Nouvel âge littéraire 2*, Bassac, Plein Chant, 2003.

Roussin, Philippe, *Misère de la littérature, terreur de l'histoire : Céline et la littérature contemporaine*, Paris, Gallimard, coll. « NRF essais », 2005.

Tardieu, Jean (avec la collaboration de Chérif Khaznadar et des textes de Charles Ford, Nino Frank, Chérif Khaznadar, Arlette Dupont, Henri Vaume), *Grandeurs et faiblesses de la radio : essai sur l'évolution, le rôle créateur et la portée culturelle de l'art radiophonique dans la société contemporaine*, Paris, Unesco, 1969.

Thibaudeaux, Patrice, *L'Usine jour et nuit : journal d'un intérimaire*, Bassac, Plein Chant, coll. « Voix d'en bas », 2016.

Zenetti, Marie-Jeanne, *Factographies : l'enregistrement littéraire à l'époque contemporaine*, Paris, Classiques Garnier, coll. « Littérature, histoire, politique », 2014.

PARTIE 6

Le rapport à l'image

∵

CHAPITRE 21

Récits d'expérience : raconter et dessiner la maladie

Henri Garric

Résumé

Cet article tente d'évaluer les pouvoirs comparés de la littérature et de la bande dessinée. Pour cela, il confronte deux bandes dessinées (*Carnet de santé foireuse* de Pozla, *La Parenthèse* d'Élodie Durand) et un récit littéraire (*Se Survivre* de Patrick Autréaux). Ces trois récits rapportent l'expérience d'une maladie et touchent à une expérience extrême. Ils mettent en œuvre des moyens propres à leur art, le dessin d'un côté, le langage de l'autre. Si le récit littéraire passe par le paradigme d'un langage silencieux pour essayer de désigner l'expérience extrême, la bande dessinée rapporte de l'expérience l'empreinte de dessins exécutés au moment même de la perte de soi.

∴

La bande dessinée de non-fiction a été emportée par un boom exactement parallèle à celui qu'a connu la littérature dans les années 1980 à 2010. Cependant, alors que la non-fiction littéraire se présente comme un genre émergent qui doit lutter pour sa reconnaissance, dans le champ de la bande dessinée, la non-fiction joue un rôle de légitimation. De ce point de vue, elle prolonge le mouvement imprimé par la bande dessinée autobiographique quand la publication de *Maus* d'Art Spiegelman puis des grandes autobiographies françaises (*Livret de phamille* de Jean-Christophe Menu, *L'Ascension du haut-mal* de David B., le *Persepolis* de Marjane Satrapi[1]) a fait basculer définitivement le 9e art vers la « bande dessinée adulte[2] ». Pourtant, la bande dessinée non fictionnelle

1 Spiegelman, Art, *Maus* [1980-1981], trad. J. Ertel, Paris, Flammarion, 1987. Menu, Jean-Christophe, *Le Livre de phamille*, Paris, L'Association, coll. « Ciboulette », 1995. B., David, *L'Ascension du haut-mal*, Paris, L'Association, coll. « Éperluette », 1996-2003. Satrapi, Marjane, *Persepolis*, Paris, L'Association, coll. « Ciboulette », 2000-2003.

2 Sur ce processus de légitimation, voir Beaty, Bart, *Unpopular Culture: Transforming the European Comic Book in the 1990s*, Toronto, University of Toronto Press, 2007, p. 144-146, et Groensteen, Thierry, *Un objet culturel non identifié*, Angoulême, L'An 2, 2006.

 | DOI:10.1163/9789004439313_023

n'est pas nouvelle dans l'histoire du 9e art : il s'agit d'une tradition ancienne de vulgarisation scientifique qui a joué un rôle fondamental dans les revues de bande dessinée francophone – il suffit d'évoquer les deux grandes séries documentaires des principales revues des années 1950 et 1960, *Les Belles histoires de l'Oncle Paul*, publiées dans *Spirou* de 1951 à 1984[3], et les *Pilotorama* publiés dans *Pilote* de 1960 à 1970. Ces bandes dessinées documentaires étaient déjà une forme de légitimation, même si elles confirmaient le 9e art dans sa fonction pédagogique et sa destination vers un public enfantin. Il faudra se souvenir que l'émergence de la bande dessinée de reportage se fait dans la continuité de cette dualité.

L'étude de ce nouveau genre a déjà été largement défrichée par Thierry Groensteen dans un dossier de la revue en ligne *Neuvième art 2.0*, « Les bandes dessinées de non-fiction », qui aborde le phénomène à la fois d'un point de vue esthétique (« Extension du domaine de la non-fiction ») et éditorial (« "Le moment était le bon" entretien avec David Vandermeulen ») et qui étudie aussi bien les premiers auteurs (Jean Teulé et Cabu) et les grands contemporains, Joe Sacco aux États-Unis, Étienne Davodeau en France. C'est la raison pour laquelle ce présent article ne reprendra pas ce qui a déjà été dit sur le succès exceptionnel des albums d'Étienne Davodeau, mais se concentrera sur un aspect plus limité du *boom* de la bande dessinée de non-fiction, les récits de maladie. Deux albums en particulier m'arrêteront, *La Parenthèse* d'Élodie Durand et *Carnet de santé foireuse* de Pozla. Ces deux albums ont connu un succès critique important : *La Parenthèse* a reçu le prix « Révélation » au festival d'Angoulême 2011 ; *Carnet de santé foireuse* a obtenu le prix « Fauve Prix du Jury » au festival d'Angoulême 2016 ainsi que le Grand Prix de la Critique en 2016. Dans les deux cas, il s'agit de rendre compte d'une expérience extrême : dans *La Parenthèse*, Élodie Durand raconte une maladie neurologique, un astrocytome, qui conduit à une perte radicale de conscience et de mémoire ; dans *Carnet de santé foireuse*, Pozla rapporte une douleur extrême causée par une maladie de Crohn, douleur insupportable qui le plonge dans la folie. Il s'agit dans un cas comme dans l'autre de viser ce que Giorgio Agamben désigne dans *Enfance et histoire* comme le cœur de l'expérience :

> Il y a [...] des expériences qui ne nous appartiennent pas, qui ne sont pas « nostres », mais qui pour cette raison même – parce qu'elles sont expériences de ce qui échappe à l'expérience – constituent la limite

3 Voir notamment la réédition en volume des histoires dessinées par Jean Graton : *Les Belles Histoires de l'Oncle Paul par Jean Graton* [1951-1954], Marcinelle, Dupuis, 2013.

> ultime que peut approcher notre expérience dans sa tension vers la mort[4].

Cette caractérisation de l'expérience correspond à une stratégie générale de recherche par laquelle Agamben va retrouver chez des penseurs précédant le XXe siècle (Montaigne pour le passage que je viens de citer, Rousseau et Kant ailleurs) la possibilité de toucher à nouveau l'expérience dans une époque qui en a perdu le fil et isoler ainsi une structure du témoignage. Cette structure sera décrite de façon plus complète dans *Ce qui reste d'Auschwitz* : « la langue pour témoigner, doit céder la place à une non-langue, montrer l'impossibilité de témoigner[5] » et adoptera la figure du « musulman », celui qui vit la destruction de soi dans l'expérience concentrationnaire. Cependant, elle était déjà comprise dans *Enfance et histoire* avec la caractérisation de l'expérience « originaire » :

> une expérience originaire ne pourrait être [...] que ce qui, chez l'homme, se trouve avant le sujet, c'est-à-dire avant le langage : une expérience « muette » au sens littéral du terme, une *en-fance* de l'homme, dont le langage devrait précisément marquer la limite[6].

Toucher l'expérience, ce serait donc indiquer, d'une façon ou d'une autre, cette limite qui se trouve hors du sujet – en amont dans l'enfance, en aval dans la mort.

Or, il ne fait pas de doute que la structure de l'expérience a à voir pour Agamben avec la possibilité de raconter. Il ne s'agit surtout pas de prolonger

---

4 Agamben, Giorgio, *Enfance et histoire : destruction de l'expérience et origine de l'histoire*, trad. Y. Hersant, Paris, Payot, coll. « Critique de la politique », 1989 ; rééd. Payot & Rivages, « Petite Bibliothèque Payot », 2000, p. 72. = *Infanzia e storia: distruzione dell'esperienza e origine della storia*, Turin, G. Einaudi, 1978 ; rééd. augm. 2001, p. 35 : « *Ci sono dunque delle esperienze che non ci appartengono, che non possiamo dire "nostre", ma che, proprio per questo, proprio perché sono, cioè, esperienze dell'inesperibile, costituicono il limite ultimo cui può spingersi la nostra esperienza nella sua tensione verso la morte.* » Italiques de l'auteur.

5 Agamben, Giorgio, *Ce qui reste d'Auschwitz : l'archive et le témoin. Homo Sacer III*, trad. P. Alfiéri, Paris, Payot & Rivages, 1999 ; rééd. coll. « Rivages Poche / Petite Bibliothèque », 2003, p. 41. = *Homo Sacer. III, Quel che resta di Auschwitz: l'archivio e il testimone*, Turin, Bollati Boringhieri, 1998, p. 36 : « la lingua, per testimoniare, deve cedere il posto a una non-lingua, mostrare l'impossibilità di testimoniare ».

6 Agamben, G., *Enfance et histoire*, *op. cit.*, p. 87. = *Infanzia e storia*, *op. cit.*, p. 45 : « Un'esperienza originaria [...] non potrebbe essere [...] che ciò che, nell'uomo, è prima del soggetto, cioè prima del linguaggio: un'esperienza "muta" nel senso letterale del termine, una *in-fanzia* dell'uomo, di cui il linguaggio dovrebbe, appunto, segnare il limite. » C'est l'auteur qui souligne.

l'expérience par une adoration mystique, il faut trouver moyen de l'insérer à nouveau dans l'art de raconter :

> Subi comme un mauvais sort, le silence des mystères replonge l'homme dans la langue pure et muette de la nature ; mais comme enchantement, il doit être en fin de compte brisé et dépassé[7].

On retrouvera ce même rejet de l'indicible mystique dans *Ce qui reste d'Auschwitz* où Agamben critique fermement la tentation de faire de l'extermination un indicible, ce qui reviendrait à l'adorer en silence[8].

Il y a bien un lien central entre l'expérience et la possibilité de la raconter. C'est ce qui explique que le philosophe italien prenne comme point de départ[9] le célèbre essai de Walter Benjamin sur « Le conteur » qui associe la crise du récit (« L'art de conter est en train de se perdre ») et la crise de l'expérience dans les années qui suivent la Première Guerre mondiale (« le cours de l'expérience a chuté[10] »). Benjamin cherchait en effet à renouer, autour de l'œuvre de Nicolas Leskov, avec la possibilité de raconter, comprise comme possibilité de s'inscrire dans la continuité de l'expérience et traçait en même temps, autour de romans contemporains, les symptômes d'une crise moderne de la narration. Benjamin compensait pour ainsi dire le constat d'une crise contemporaine de l'expérience par la mise en valeur de la figure du conteur, « mis au nombre des maîtres et des sages », capable de « remonter le cours d'une vie[11] » et d'assimiler ainsi son expérience propre comme celle d'autrui. L'histoire du récit devient crise répétée du rapport à l'expérience. De ce point de vue, on pourrait assez facilement considérer le développement contemporain de la non-fiction comme ultime tentative pour se rapprocher d'une expérience

7 *Ibid.*, p. 119. = *Infanzia e storia, op. cit.*, p. 65 : « *Il silenzio misterico, subito come fattura, ripiomba cosí l'uomo nella pura e muta lingua della natura: ma, come incanto, esso dev'essere, alla fine, infranto e superato.* » Italiques de l'auteur.

8 Agamben, G., *Ce qui reste d'Auschwitz, op. cit.*, p. 35. = *Quel che resta di Auschwitz, op. cit.*, p. 30 : « Dire che Auschwitz è "indicibile" o "incomprensibile" equivale a *euphèmein*, ad adorarlo in silenzio [...]. »

9 Agamben, G., *Enfance et histoire, op. cit.*, p. 23-24. = *Infanzia e storia, op. cit.*, p. 5.

10 Benjamin, Walter, « Le conteur. Réflexions sur l'œuvre de Nicolas Leskov », trad. M. de Gandillac, rev. par P. Rusch, in *Œuvres III*, Paris, Gallimard, coll. « Folio essais », 2000, p. 114-151, cit. p. 114-115. = « Der Erzähler. Betrachtungen zum Werk Nikolai Lessows » [1936], in *Gesammelte Schriften*, hrsg. R. Tiedemann und H. Schweppenhäuser, Bd. II.2, Frankfurt am Main, Suhrkamp, 1991, p. 438-464, cit. p. 439 : « Sie sagt uns, daß es mit der Kunst des Erzählens zu Ende geht » ; « die Erfahrung ist im Kurse gefallen ».

11 *Ibid.*, p. 150. = « Der Erzähler », art. cit., p. 464 : « So betrachtet geht der Erzähler unter die Lehrer und Weisen ein. [...] Denn es ist ihm gegeben, auf ein ganzes Leben zurückzugreifen. »

perdue : quand le roman du début du XXe siècle misait, avec Proust ou Virginia Woolf, sur la fiction pour atteindre l'expérience de la conscience, les récits de la fin du XXe siècle et du début du XXIe siècle doivent chercher l'expérience dans un récit plus vrai ; il y a là une certaine dose de désespoir qui justifie l'inflation d'un effort destiné à toucher, enfin, une expérience authentique qui se dérobe.

C'est là que la question de la non-fiction relance la confrontation de la littérature et de la bande dessinée. La difficulté de la littérature confrontée à la limite du langage – ce que depuis longtemps elle a identifié comme le « silence[12] » – n'est pas une nouveauté. Elle correspond au fantasme d'une « expression silencieuse » qui pourrait atteindre l'« expérience muette », fantasme qu'Agamben expose à plusieurs reprises aussi bien dans *Enfance et histoire* que dans *Ce qui reste d'Auschwitz*. Au contraire, la bande dessinée pose la question de l'expérience à la limite du langage dans des termes nouveaux à partir du moment où au paradoxe indépassable d'un langage du non-langage, vient se substituer le dessin – la trace du trait.

C'est la raison pour laquelle j'ai choisi de confronter les albums de Pozla et de Durand aux livres de Patrick Autréaux, et en particulier à *Se survivre* – l'écriture de la maladie chez Autréaux pose en effet d'une façon particulièrement caractéristique la question d'une écriture qui dépasse le langage pour atteindre au cœur d'une expérience limite.

1 Raconter la maladie, isoler l'expérience

Parce qu'ils racontent une maladie, chacun des trois récits articulent une forme de récit autobiographique plus ou moins développé. La continuité narrative peut ainsi être très nette comme chez Pozla qui raconte son enfance, sa jeunesse, sa vie de couple, et s'ouvre sur son avenir, ou chez Durand qui donne à la fois des éléments de sa carrière de dessinatrice (études, premières réalisations) et de sa vie familiale ; elle peut être soumise à une forme de désordre anachronique comme chez Autréaux. Cependant, ce qui est surtout marquant, c'est la façon dont la maladie marginalise les autres éléments biographiques, comme s'ils étaient désactivés. Chez Autréaux, cette marginalisation prend la forme d'un recentrement sur soi, par exemple par rapport à son compagnon :

12 Sur cette définition du « silence » comme structure idéologique et esthétique que s'approprie la littérature, je renvoie à mon travail : Garric, Henri, *Parole muette, récit burlesque : les expressions silencieuses aux XIXe et XXe siècles*, Paris, Classiques Garnier, coll. « Perspectives comparatistes », 2015.

> Benjamin et son besoin de me toucher. On téléphone, j'éloigne les visites, on bavarde, je n'arrive plus à écouter. Constater à la limite du tolérable le manque de densité en tout et se sentir mauvais à une inimaginable gravité[13].

Autréaux n'indique les vies de ceux qui l'entourent (famille, milieu professionnel) que dans le lointain, comme des éléments qu'il met de côté pour se concentrer sur la seule maladie.

Chez Pozla et Durand, cette marginalisation prend une forme légèrement différente. Les autres vies ne sont pas mises entre parenthèse comme chez Autréaux. Elles mènent leurs cours, parallèlement au récit de la maladie. Chacun invente ainsi une forme qui confronte en permanence le récit de l'événement au récit de la vie normale. Ainsi, Élodie Durand le récit relève systématiquement le décalage entre le temps de la vie et le temps de la maladie. L'album s'ouvre sur une rencontre dans la rue entre la narratrice et une ancienne camarade d'université qui lui raconte tout ce qui lui est arrivé depuis leur dernière rencontre (CAPES réussi, premiers enfants) et la met ainsi face au vide temporel de sa propre vie : « Rien n'a bougé. Rien n'a changé pour moi. Le temps s'est comme arrêté[14]. » Ailleurs, Élodie Durand utilise les ellipses intericoniques pour figurer ce décalage temporel : dans une première case, la mère commence à éplucher des pommes de terre, dans la deuxième trois pommes de terre sont épluchées ; dans la troisième, elle s'exclame : « Et voilà ! La dernière[15]. » L'action maternelle apparaît ainsi comme un miracle accéléré, alors que le visage de la jeune fille est répété identique sur ces trois cases, correspondant au constat terrifié du récitatif :

> J'étais là, toujours à tes côtés. Tu avais terminé d'éplucher les pommes de terre. J'ai été d'un seul coup si surprise. Moi, j'en étais à la première pomme de terre. Tu étais allée si vite ! Comment cela était-il possible[16] ?

On retrouve ce décalage dans *Carnet de santé foireuse* mais il prend une forme très différente qui joue essentiellement de l'ironie. Au-dessus d'un dessin qui représente l'un à côté de l'autre Pozla et sa femme enceinte, le texte précise :

---

13 Autréaux, Patrick, *Se survivre*, Lagrasse, Verdier, 2013, p. 28.

14 Durand, Élodie, *La Parenthèse*, Paris, Delcourt, 2010, p. 12.

15 *Ibid.*, p. 149.

16 *Ibid.*

> Ma femme est enceinte, et pour l'instant, on est plus focalisé sur mon bide que sur le sien. J'ai pourtant plus d'espoir pour sa grossesse que pour la mienne[17]...

Alors que le dialogue marque le décalage ironique : « Comment on va l'appeler ? – euh / j'sais pas / BLOB[18] ? » Cependant, dans cette ironie, Pozla maintient en permanence le lien entre soi et les autres, même si ce lieu tend l'altérité au maximum. Ainsi, un face-à-face du couple substitue au rapport érotique (suggérée par la réplique de sa femme : « tiens, ta serviette – DSK[19] ») un choc : la silhouette de la femme, présentée de profil, avec un trait simplifié qui dessine seulement les contours d'une robe, et un visage sans yeux ni bouche, sur un fond noir, s'oppose au corps monstrueux de Pozla, noir sur fond blanc et associant un squelette décharné, traçant un long os du bas du corps à la tête, avec seulement un ventre et une petite boule pour la tête, et des dégoulinures immondes qui s'accumulent à ses pieds comme autant de déjections organiques. Seule la serviette, que chacun tient dans sa main, fait lien entre ces deux êtres – en même temps que la transition entre le fond blanc et le fond noir, qui imite une vitre brisée. Certes le dessin suggère l'altérité monstrueuse du corps malade, mais il maintient tout de même le lien entre le monde de la maladie et le monde des autres. On pourrait faire les mêmes remarques sur les dessins où le visage de la fille de Pozla se métamorphose parallèlement à celui de son père.

Dans tous les cas, cette structure de décalage entre le soi et les éléments biographiques marginalisés isole l'expérience extrême, la maladie, comme sujet central du récit. Le récit de soi est alors remplacé par le *protocole médical* qui vient s'imposer comme ce qui pourrait raconter la maladie. Pour aborder ce protocole, on rencontre là encore deux stratégies différentes. Paradoxalement, c'est le récit d'Autréaux, lui-même médecin, qui donne le moins d'éléments du récit médical. Il nomme sa maladie très vaguement, « un cancer », de même que les traitements, « la chimiothérapie ». Le récit des traitements est soit une façon de renvoyer à son histoire personnelle, en rappelant ses études, soit, plus couramment, le point de départ d'une dérive métaphorique qui va remplacer la maladie par la négativité de l'expérience : « Depuis mon hospitalisation en urgence un soir, après qu'on m'eut annoncé que les douleurs sans cause dont j'avais souffert depuis des mois étaient en fait un cancer, j'étais

17 Pozla, *Carnet de santé foireuse*, Paris, Delcourt, 2016, n. n.
18 *Ibid.*, n. n.
19 *Ibid.*, n. n.

devenu un habitant de ce rien qui entoure tout[20]. » Chez Autréaux, le protocole médical, chaque fois qu'il est évoqué, est remplacé par des citations littéraires ou par des formules métaphysiques.

Pozla comme Élodie Durand proposent au contraire un compte rendu extrêmement précis et technique du protocole médical, mais comme ce protocole dépasse leur expérience, il est délégué à une autre instance énonciative. Chez Élodie Durand, il s'agit de donner la parole aux médecins voire au protocole même. L'opération centrale, le traitement par rayons de la tumeur cérébrale (« Gamma Neurochirurgie[21] »), qui n'a pratiquement laissé aucun souvenir à l'autrice, est rapportée à travers un collage physiquement très visible de la notice explicative. Une série de dessins minimalistes (quelques lignes pour les couloirs, quelques personnages simplifiés sur fond blanc) est accompagnée d'extraits du « fascicule Gamma Unit du C.H.U. La Timone, département de neuro-radio-chirurgie stéréotaxique » très repérables graphiquement, puisque typographiés contrairement au reste du texte écrit à la main[22].

Pozla choisit lui aussi un dispositif de prétérition pour raconter le protocole et en particulier l'opération qui se passe hors de sa conscience, puisque sous anesthésie, mais au contraire de Durand, il choisit un procédé comique. Trois corbeaux, perchés sur un fil électrique en face des fenêtres de l'hôpital, commentent les événements depuis le début de l'album. Ce sont eux qui détaillent les symptômes et les traitements, utilisant régulièrement un vocabulaire médical très technique. Le contraste est frappant entre leur autorité scientifique impeccable et leur statut d'animaux de bande dessinée, statut traditionnel souligné par la référence implicite aux cinq corbeaux qui, dans le dessin animé *Dumbo* se moquent de l'éléphant avant de lui apprendre à voler[23].

2 Toucher l'expérience

Cependant, que ce soit dans le décalage ironique, dans l'extériorité ou dans la dérive métaphorique, chaque auteur pointe l'insuffisance du protocole médical : face à sa rigueur froide, il faut inventer une forme d'expression spontanée

20 Autréaux, P., *Se survivre*, *op. cit.*, p. 9.

21 Durand, É., *La Parenthèse*, *op. cit.*, p. 123.

22 Il faudrait ajouter que cette prétérition est généralisée dans le récit d'Élodie Durand : comme elle a pratiquement perdu toute mémoire des événements, la plus grande partie du récit est racontée par sa mère, avec laquelle elle s'entretient au téléphone. Cette délégation de la narration mériterait un long développement qui ne peut avoir sa place dans ce court article.

23 Sharpsteen, Ben, *Dumbo*, Walt Disney Pictures, 1941.

au plus près de l'expérience. Dans le livre d'Autréaux, il s'agira de notes rassemblées dans un chapitre, « Une île enchantée », avec une présentation particulière, qui isole de courts paragraphes séparés par des points de suspension, et une écriture télégraphique faite de présents d'énonciation et de phrases nominales. Le caractère fragmentaire est d'ailleurs commenté *a posteriori*, dans le chapitre qui suit :

> Chercher encore pourtant. [...] Chercher pour ne pas être seul. [...] Une bouée de sauvetage : écrire. Mon journal et des poèmes, comme avant, et un récit qui me tirerait du lit[24].

Cette ouverture fragmentaire est bien là pour toucher ce dont il est le plus difficile de parler : elle correspond exactement au moment de la chimiothérapie, moment du plus grand épuisement et de la conscience ravagée.

Dans les bandes dessinées, le soin d'approcher au plus près de l'expérience est laissé aux dessins dépouillés du texte. La nature formelle des bandes dessinées permet de singulariser ces passages plus ostensiblement que pour l'écriture, pas seulement par un artifice typographique. Il s'agit de dessins en pleine page, croquis dessinés spontanément dans un carnet et qui introduisent nécessairement du jeu dans la solidarité iconique de l'iconotexte et dans la continuité du récit séquentiel[25]. Dans l'album de Pozla, la solution de continuité est doublement indiquée, par la mise en page tout d'abord, qui sépare le texte, sur la page de gauche, et le dessin, sur la page de droite, et par une petite icône, un estomac schématisé, accompagnée d'une date manuscrite. Le dispositif est expliqué par une note liminaire : « Tous les dessins estampillés : [Pozla insère à cet endroit l'estomac schématisé] ont été réalisés sur le vif[26]. » Même singularisation chez Durand : les croquis sont dessinés au trait sur fond blanc sans texte, avec un rendu très maladroit portant la trace d'une exécution non maîtrisée. On retrouve d'ailleurs une note liminaire similaire, certes plus sèche (« Les dessins des pages [vingt-huit numéros de pages] ont été réalisés entre les années 1995 et 1998[27] »), mais qui utilise un des croquis comme paradigme : on y voit un bonhomme très simplifié, sans nez, sans bouche, qui tourne des yeux inquiets vers l'arrière alors qu'il s'avance sur un chemin figuré par des

---

24 Autréaux, P., *Se survivre*, *op. cit.*, p. 37.

25 Je renvoie ici au vocabulaire d'analyse construit par Thierry Groensteen. La « solidarité iconique » désigne la caractéristique propre à la bande dessinée qui se présente comme « une collection d'icônes séparées et solidaires ». Groensteen, Thierry, *Système de la bande dessinée*, Paris, PUF, coll. « Formes sémiotiques », 1999, p. 25.

26 Pozla, *Carnet de santé foireuse*, *op. cit.*, n. n.

27 Durand, É., *La Parenthèse*, *op. cit.*, p. 2.

traits au sol, peut-être des marches. L'ensemble du dispositif pointe le caractère exceptionnel de ces dessins, exécutés entre 1995 et 1998, c'est-à-dire pendant la période la plus lourde de la maladie, entre l'intervention chirurgicale et la reprise de conscience. Les croquis sont ainsi donnés comme un en-deçà du langage, une forme d'expression qui peut avoir lieu quand le langage n'est plus possible. Au moment où la maladie se met en place, on voit le langage de la jeune femme se défaire ; pendant qu'elle est assise à sa table, elle écrit et réécrit les mêmes mots : « Motherwell est… Il est est-il… Est Robert Motherwell[28] ». Le carnet dessiné remplace une maîtrise de Lettres modernes, actant non seulement le changement d'expression (de la langue au dessin) mais plus largement le paradigme artistique (de la littérature à la bande dessinée).

Ces albums de témoignage rejoignent ainsi une caractéristique très puissante du dessin dans l'histoire de la bande dessinée : depuis ses origines, la bande dessinée est rattachée à l'expressivité de l'autographie[29] ; récemment, cette expressivité a été théorisée par Philippe Marion sous le terme de « graphiateur » : l'inachèvement constitutif du trait dessiné porterait une trace de la subjectivité :

> Et si la trace graphique était, dans l'ordre du lien métonymique, ce que le reflet métaphorique dans le miroir est à la prise de conscience de soi ? […] Toute manifestation graphique est inévitablement une empreinte subjective[30].

De ce point de vue, les dessins « sur le vif » fonctionnent comme des *indices* (au sens peircien du terme) du moi dans le moment de l'expérience, c'est-à-dire dans le moment que la représentation et la symbolisation langagière ne permettent pas d'atteindre.

Bien entendu, cette trace prend des formes différentes : chez Pozla, elle va imiter analogiquement la maladie en multipliant les proliférations organiques (intestins déployés en arabesques folles, flux viscéraux, égouttements excrémentiels) portant la folie de la douleur ; chez Durand, elle prend la forme d'un

28 *Ibid.*, p. 90.

29 Cette technique de reproduction a été théorisée par Rodolphe Töpffer dès 1842, dans la « Notice sur les *Essais d'autographie* », et surtout en 1845 dans son *Essai de physiognomonie*, essais que l'on trouve dans : Groensteen, Thierry, *M. Töpffer invente la bande dessinée*, Bruxelles, Les Impressions nouvelles, 2014. Elle actualise l'idée d'une « empreinte » de la personnalité portée par la combinaison de l'iconographie, de la graphologie et de l'esthétique. Voir, à ce propos, Kaenel, Philippe, *Le Métier d'illustrateur*, Genève, Droz, coll. « Titre courant », 2005, p. 124-125.

30 Marion, Philippe, *Traces en cases : travail graphique, figuration narrative et participation du lecteur. Essai sur la bande dessinée*, Louvain-la-Neuve, Academia, 1993, p. 23-25.

trait mal assuré, qui revient des confins où le sujet a disparu (corps sans visage, traits raturés, continuité brisée). Cela ne veut pas dire que ces dessins sont des expressions anarchiques, absolument libres et séparés de tout code. Bien entendu, on repère dans les dessins de Pozla une culture du *street art* qui se manifeste dans les couleurs pures associées à l'encre noire et qui est rappelée par l'auteur dans son récit autobiographique : « Qu'est-ce que je dois faire, docteur ? – "METS-TOI AU YOGA, MON GARS." Sauf qu'à l'époque, j'étais plutôt dans le tag vandale[31]… » (ce commentaire est associé à un dessin où l'auteur se représente en plan d'ensemble en train de tagger « POZLA » sur un mur). De même, on repère dans certains croquis de Durand une culture expressionniste. Pour autant, il s'agit à chaque fois de privilégier l'expression personnelle sans contrôle sur le rendu fini[32]. Surtout, par-delà les différentes cultures esthétiques, on retrouve une attitude commune devant l'expérience de la maladie, attitude qui s'oppose à la puissante symbolisation privilégiée par Patrick Autréaux.

Ce dernier, au moment de toucher l'expérience, propose en permanence un équivalent métaphorique qui revient à donner un sens à l'expérience, et à la remplacer par une figure de l'indicible, c'est-à-dire, comme le note Agamben à propos d'Auschwitz, un mystère qu'on adore en silence par la mystique et non une expérience dont on ne peut faire l'expérience mais qu'on raconte quand même. La maladie devient ainsi expérience négative construisant le chemin de l'écriture à venir :

> Quelque chose avait changé avec la maladie. Quelque chose, avais-je l'impression, qui me séparait des autres tout en me donnant l'impression de les comprendre, comme jamais avant[33].

Il est très frappant de lire, dans *La Voix écrite*, où Autréaux revient sur son apprentissage de l'écriture et sur le sens qu'il entend lui donner, que la maladie est comprise comme une étape dans un grand récit d'initiation qui donne sens et valeur à la littérature – une sorte de *felix culpa* dans la grande dialectique narrative du récit du soi :

> Il m'avait permis d'entrevoir qu'écrire était une façon de s'efforcer, par le langage, de rejoindre ce qui échappe au langage, d'accueillir ce qui se tait

31 Pozla, *Carnet de santé foireuse*, *op. cit.*, n. n.

32 Philippe Marion ne dit d'ailleurs pas que la bande dessinée serait une expression sans code : la tendance à l'inachèvement du dessin de bande dessinée n'est justement qu'une tendance qui vient compenser l'aspect stéréotypé des codes.

33 Autréaux, P., *Se survivre*, *op. cit.*, p. 45.

> et qui est l'être vivant sous les mots, ce corps muet, réinventé par eux. Mes premiers livres avaient tenté justement de manifester cela. Un *infans* qui n'était pas seulement l'enfant d'avant le langage, mais ce corps portant le sans-mots de la douleur, de l'extase, de l'orgasme, de ces expériences auxquelles j'avais cherché et cherchais encore à donner une forme écrite, des mots qui dessineraient mon corps invisible. C'est cet informe en moi, silencieux, qui avait parlé si bruyamment quand j'avais été malade, puis quand mon cœur s'était détraqué[34].

3 Conclusion en forme de paragone

Sous la plume d'Autréaux, la maladie devient un moyen de refonder la dignité de la littérature :

> Cette conférence au bord des rives du lac Michigan m'engageait à questionner d'une manière nouvelle ce que pouvait signifier la littérature, ce qu'elle pouvait être : non pas une masse indistincte, matière à études, cette somme de livres, ce royaume encombrant et imaginaire, plus ou moins inutile à la plupart des gens, mais ce qui permettait à des expériences, ne pouvant se reconnaître autrement, de se rejoindre. [...] Cette voix silencieuse peut incarner une présence à nos côtés, qui ne nous dupe pas, ne donne pas l'impression d'être floués, dépossédés de soi-même.
>
> Avec une telle attente, il m'était difficile de tolérer ceux qui ne prenaient pas de risques. Ceux à qui manquait le je ne sais quoi. Ceux qui mentaient. Ceux qui trichaient. Tous les profanateurs[35].

Face au diagnostic d'une crise du raconter, marqué à la fois par l'accumulation indifférente (« masse indistincte, matière à études ») et par la multiplication d'une littérature mensongère qui « floue, qui dépossède », qui « triche », littérature clairement identifiée comme une sous-littérature, la maladie certifie, par un passage par l'indicible, une valeur supérieure et permet la continuité de l'expérience. On pouvait s'en douter en relevant les références littéraires[36] qui saturent le récit d'Autréaux, et le travail métaphorique qui vient donner

---

34 Autréaux, Patrick, *La Voix écrite*, Lagrasse, Verdier, 2017, p. 81.

35 *Ibid.*, p. 70.

36 Il faudrait faire un relevé complet des références littéraires explicites ou implicites qui accompagnent chaque moment de l'expérience chez Autréaux ; citons en vrac l'Ecclésiaste, Kafka, Jim Morrison, Virginia Woolf, Chalamov, Soljenitsyne, Hölderlin (Autréaux, P., *Se survivre*, *op. cit.*, p. 16-17, 20, 22-24, 28, 30, 65, 66).

sens à l'expérience : la maladie s'inscrit avant tout dans une téléologie autojustificatrice.

De ce point de vue, la confrontation à ces deux albums de bande dessinée est extrêmement significative. Certes Pozla et Durand apprennent de l'expérience et le récit d'apprentissage artistique n'est pas absent de leurs ouvrages. Mais dans les deux cas, ce n'est pas la maladie qui apprend, mais la vie. Le dessin est seulement là pour toucher une expérience et le récit cherche avant tout à passer à autre chose, à laisser de côté la maladie (de ce point de vue, elles sont à l'exact opposé de l'affirmation d'Autréaux : « Même guéri, pas de retour possible[37] »). Aucune épiphanie, aucune révélation dans l'île désenchantée de la négativité. En ce sens, il n'est pas impossible de penser que ces albums répondent à l'interrogation de Walter Benjamin sur la pauvreté de l'expérience. Nous avons cité en introduction « Le Conteur » où, face à la « crise de l'expérience », Benjamin cherche à rattacher l'art de conter à une tradition, comme pour le refonder. Il ne faudrait pas oublier que Benjamin a donné une formulation inverse à la question dans l'article « Expérience et pauvreté » que « Le conteur » réécrit. Face à la « pauvreté en expérience », il ne s'agit pas refonder l'expérience (de trouver une « expérience nouvelle », écrit Benjamin), mais de se « libérer de toute expérience quelle qu'elle soit[38] ». Walter Benjamin n'évoque pas la bande dessinée comme exemple de cette libération (dans toute son œuvre, il ne s'y réfère que de façon marginale). Pourtant, l'exemple qu'il choisit s'en rapproche : paradigme de la pauvreté en expérience assumée, c'est en effet Mickey Mouse qui fournit « l'image libératrice d'une existence qui en toute circonstance se suffit à elle-même de la façon la plus simple et en même temps la plus confortable[39] ». Que la bande dessinée de non-fiction tourne le dos à une refondation de l'expérience et se contente d'aller chercher l'empreinte d'une expérience extrême, pour seulement la porter à nos yeux, c'est pour moi le signe de cette simplicité de surface que Benjamin appelait de ses vœux dans le rapport à l'expérience. La situation modeste de la bande dessinée, art mineur, que j'ai rappelée en introduction y est sans doute pour quelque chose : la bande dessinée de non-fiction va chercher la justification du neuvième art, non pas dans la grandeur d'une tradition, mais dans le rappel d'une

---

37 *Ibid.*, p. 28.

38 Benjamin, Walter, « Expérience et pauvreté », trad. P. Rusch, in *Œuvres II*, Paris, Gallimard, coll. « Folio essais », 2000, p. 364-372, cit. p. 371. = « Erfahrung und Armut » [1933], in *Gesammelte Werke, op. cit.*, Bd. II.1, p. 213-219, cit. p. 218 : « Erfahrungsarmut », « neuer Erfahrung », « sie sehnen sich von Erfahrung freizukommen ».

39 *Ibid.*, p. 372. = « Erfahrung und Armut », art. cit., p. 218 : « erscheint erlösend ein Dasein, das in jeder Wendung auf die einfachste und zugleich komfortabelste Art sich selbst genügt ».

tradition pédagogique liée à l'enfance et à l'adolescence. Cette naïveté associée à sa nature indiciaire lui permet, mieux que la littérature qui y mêle toujours de la symbolisation, de s'avancer simplement vers l'expérience et de nous la montrer.

Bibliographie

Agamben, Giorgio, *Enfance et histoire : destruction de l'expérience et origine de l'histoire*, trad. Y. Hersant, Paris, Payot, coll. « Critique de la politique », 1989 ; rééd. Payot & Rivages, « Petite Bibliothèque Payot », 2000. = *Infanzia e storia: distruzione dell'esperienza e origine della storia*, Turin, G. Einaudi, 1978 ; rééd. augm. 2001.

Agamben, Giorgio, *Ce qui reste d'Auschwitz : l'archive et le témoin. Homo Sacer III*, trad. P. Alfiéri, Paris, Payot & Rivages, 1999 ; rééd. coll. « Rivages Poche / Petite Bibliothèque », 2003. = *Homo Sacer. III, Quel che resta di Auschwitz: l'archivio e il testimone*, Turin, Bollati Boringhieri, 1998.

Autréaux, Patrick, *Se survivre*, Lagrasse, Verdier, 2013.

Autréaux, Patrick, *La Voix écrite*, Lagrasse, Verdier, 2017.

B., David, *L'Ascension du haut-mal*, Paris, L'Association, coll. « Éperluette », 1996-2003.

Beaty, Bart, *Unpopular Culture: Transforming the European Comic Book in the 1990s*, Toronto, University of Toronto Press, 2007.

Benjamin, Walter, « Le conteur. Réflexions sur l'œuvre de Nicolas Leskov », trad. M. de Gandillac, rev. par P. Rusch, in *Œuvres III*, Paris, Gallimard, coll. « Folio essais », 2000, p. 114-151. = « Der Erzähler. Betrachtungen zum Werk Nikolai Lessows » [1936], in *Gesammelte Schriften*, hrsg. R. Tiedemann und H. Schweppenhäuser, Bd. II.2, Frankfurt am Main, Suhrkamp, 1991, p. 438-464.

Benjamin, Walter, « Expérience et pauvreté », trad. P. Rusch, in *Œuvres II*, Paris, Gallimard, coll. « Folio essais », 2000, p. 364-372. = « Erfahrung und Armut » [1933], in *Gesammelte Werke*, *op. cit.*, Bd. II.1, p. 213-219.

Durand, Élodie, *La Parenthèse*, Paris, Delcourt, 2010.

Garric, Henri, *Parole muette, récit burlesque : les expressions silencieuses aux XIXe et XXe siècles*, Paris, Classiques Garnier, coll. « Perspectives comparatistes », 2015.

Graton, Jean, *Les Belles Histoires de l'Oncle Paul par Jean Graton* [1951-1954], Marcinelle, Dupuis, 2013.

Groensteen, Thierry, *Système de la bande dessinée*, Paris, PUF, coll. « Formes sémiotiques », 1999.

Groensteen, Thierry, *Un objet culturel non identifié*, Angoulême, L'An 2, 2006.

Groensteen, Thierry, *M. Töpffer invente la bande dessinée*, Bruxelles, Les Impressions nouvelles, 2014.

Kaenel, Philippe, *Le Métier d'illustrateur*, Genève, Droz, coll. « Titre courant », 2005.

Marion, Philippe, *Traces en cases : travail graphique, figuration narrative et participation du lecteur. Essai sur la bande dessinée*, Louvain-la-Neuve, Academia, 1993.
Menu, Jean-Christophe, *Le Livre de phamille*, Paris, L'Association, coll. « Ciboulette », 1995.
Pozla, *Carnet de santé foireuse*, Paris, Delcourt, 2016.
Satrapi, Marjane, *Persepolis*, Paris, L'Association, coll. « Ciboulette », 2000-2003.
Sharpsteen, Ben, *Dumbo*, Walt Disney Pictures, 1941.
Spiegelman, Art, *Maus* [1980-1981], trad. J. Ertel, Paris, Flammarion, 1987.

CHAPITRE 22

Essai et industries culturelles. L'univers d'Hubert Reeves, du texte à la bande dessinée

Maxime Hureau

Résumé

Cette proposition articule la question de l'essai, compris comme un ensemble de codes construisant un ethos discursif particulier, avec celle des industries culturelles, dont les œuvres sont produites massivement. Pour cela, Hubert Reeves, vulgarisateur de l'astrophysique et figure médiatique, constitue un exemple de choix, depuis son texte inaugural (1981) à sa bande dessinée réalisée avec Daniel Casanave (2016) en passant par ses nombreuses interventions télévisées. En effet, un examen de son œuvre fait apparaître une posture essayiste qui s'intègre pleinement au sein des logiques industrielles. Cependant, par cette même posture signant son succès comme son émerveillement face à la beauté, H. Reeves introduit dans son travail de vulgarisation des réflexions qui excèdent le cadre scientifique.

∴

Dans son histoire de l'essai au XXe siècle, Marielle Macé affirme que la « massification » aurait conduit à une « banalisation » de l'essai, concourant alors au développement d'une « pensée de studios[1] » dans les années 1980. De tels propos ne sont pas sans évoquer ceux de Theodor W. Adorno, qui a produit une réflexion théorique à la fois sur l'essai[2], qu'il présente comme une forme critique par excellence, et sur l'industrie culturelle[3], qu'il perçoit comme une

1 « La massification guettait, on l'a vu, dès les années 1970, et elle s'est accentuée au cours des années 1980 : banalisation de l'essai, passage à la pensée de studios ou à ce que Deleuze appelait la philosophie par "gros concepts, aussi gros que des dents creuses". » Macé, Marielle, *Le Temps de l'essai : histoire d'un genre au XXe siècle*, Paris, Belin, coll. « L'Extrême contemporain », 2006, p. 263.

2 Adorno, Theodor W., « L'essai comme forme » [« Der Essay als Form », 1954-1958], in *Notes sur la littérature* [*Noten zur Literatur I*, 1958], trad. Sibylle Muller, Paris, Flammarion, coll. « Champs », 1984, p. 5-29.

3 Adorno, Theodor W., « L'industrie culturelle » [1962], *Communications*, n° 3, 1964, p. 12-18 ; Adorno, Theodor et Horkheimer, Max, *La Dialectique de la raison : fragments philosophiques* [*Dialektik der Aufklärung*, 1944/1947], trad. É. Kaufholz, Paris, Gallimard, coll. « Tel », 1974.

 | DOI:10.1163/9789004439313_024

menace sur la culture. Il y aurait donc, selon T. W. Adorno déjà, une contradiction de fait entre essai et industrie culturelle. En 1990, Marc Lits emprunte une direction proche lorsqu'il affirme ceci : « il devient donc urgent, à l'époque où les Reeves, B.-H. Lévy, Laborit et autres Finkielkraut connaissent un succès médiatique et éditorial sans précédent, d'élaborer un modèle théorique cohérent de [l'essai][4] ». Si l'urgence est somme toute relative, nous nous proposons de considérer sérieusement ces propos précisément à partir de la production d'Hubert Reeves.

Les codes et les normes de l'essai peuvent-ils être utiles en vue d'analyser la non-fiction en régime industriel ? Et, en retour, que peut nous apprendre cette inscription de pratiques de l'essai dans le système des discours du savoir et de la non-fiction ?

Nous faisons l'hypothèse que, contrairement aux affirmations citées précédemment, certaines créations pourraient conjuguer production de masse et démarche essayiste. Les industries feraient alors jouer leurs ressorts (p. ex. présence médiatique, expansion sémiotique) au sein de certains discours du savoir. Il s'agit d'inclure différents régimes sémiotiques dans l'étude de la non-fiction, à la suite notamment des propositions d'Alison James et Christophe Reig[5], en privilégiant une approche culturaliste. L'essai sera considéré ici moins comme un genre que comme une attitude discursive, grâce aux concepts d'ethos[6] et de posture[7] auctoriale.

---

4 Lits, Marc, « Pour une définition de l'essai », *Les Lettres romanes*, vol. 44, n° 4, 1990, p. 283-296, cit. p. 295.

5 Ils écrivent : « les études sur l'image et le cinéma documentaires peuvent alimenter une réflexion sur les conditions déterminantes, les modalités d'énonciation et de réception des "non-fictions" littéraires ; inversement, la réflexion qui s'est amorcée en études littéraires sur les genres factuels pourrait donner lieu à une interrogation plus large sur les paramètres de la non-fiction, même en dehors du champ littéraire proprement dit ». James, Alison et Reig, Christophe, « Avant-propos. Non-fiction : l'esthétique documentaire et ses objets », in *Frontières de la non-fiction : littérature, cinéma, arts*, Rennes, Presses universitaires de Rennes, 2013, coll. « Interférences », p. 7-21, cit. p. 9-10.

6 Issue de la rhétorique antique et réinvestie par l'analyse du discours, la notion d'ethos désigne l'image que le locuteur construit de lui-même à travers son propre discours, sans nécessairement la revendiquer explicitement. Le concept repose sur trois idées : i) c'est une « notion *discursive* », ii) liée à « un processus *interactif* d'influence sur autrui » et iii) qui serait « foncièrement *hybride* (socio/discursive) ». Maingueneau, Dominique, *Le Discours littéraire : paratopie et scène d'énonciation*, Paris, A. Colin, coll. « U. Lettres », 2004, chap. 18, p. 203-221, cit. p. 205, l'auteur souligne. Voir aussi Amossy, Ruth, *La Présentation de soi : ethos et identité verbale*, Paris, PUF, 2010 ; Dhont, Reindert et Vanacker, Beatrijs, « *Ethos* : pour une mise au point conceptuelle et méthodologique », *COnTEXTES* [En ligne], 2013, n° 13, URL : <http://journals.openedition.org/contextes/5685> (consulté le 09/07/2018).

7 Outre la partie interne au discours, qui concerne l'ethos discursif, la notion de posture intègre à l'analyse une dimension externe. En effet, elle « se donne comme une *conduite*

À la suite d'une carrière d'astrophysicien aux États-Unis puis en France, Hubert Reeves a publié de nombreux et divers ouvrages non fictionnels. Au sein de cette vaste production éditoriale, deux livres pivots peuvent contribuer à éclairer les relations entre essai et industries culturelles :

– son premier ouvrage à destination d'un public non spécialiste et à dominante textuelle[8], édité en 1981 et intitulé *Patience dans l'azur : l'évolution cosmique*[9] ;
– sa première bande dessinée parue en 2016, réalisée avec le dessinateur Daniel Casanave et intitulée *L'Univers : créativité cosmique et artistique*[10].

Malgré leur éloignement temporel, ces deux œuvres réunissent d'un côté l'objectif affiché qui consiste à transmettre des connaissances scientifiques, en particulier dans le domaine de l'astrophysique, et de l'autre, la figure d'H. Reeves qui y est le locuteur principal (en tant qu'auteur ou co-auteur). Une analyse de *Patience dans l'azur* par l'ethos essayiste permettra de présenter ensuite l'inscription d'H. Reeves au sein des industries culturelles afin de voir comment sa posture se développe aussi par la bande dessinée pour supporter plus largement un rapport d'émerveillement au monde, qui fixe un horizon métaphysique.

---

et un *discours*. C'est d'une part la présentation de soi, les conduites publiques en situation littéraire (prix, discours, banquets, entretiens en publics, etc.) ; d'autre part, l'image de soi donnée dans et par le discours, ce que la rhétorique nomme l'ethos. En parlant de "posture" d'auteur, on veut décrire relationnellement des effets de texte et des conduites sociales. » Meizoz, Jérôme, *Postures littéraires : mises en scène modernes de l'auteur*, Genève, Slatkine érudition, 2007, p. 21, l'auteur souligne. La posture est donc le résultat de « conduites énonciatives et institutionnelles complexes, par lesquelles une voix et une figure se font reconnaître comme singulières dans un état du champ littéraire ». Meizoz, Jérôme, « Ce que l'on fait dire au silence : posture, ethos, image d'auteur », *Argumentation & Analyse du Discours* [En ligne], 2009, n°3, mis en ligne le 15 octobre 2009, URL : <https://journals.openedition.org/aad/667> (consulté le 09/08/2018).

8 En dehors de sa production de chercheur, il a déjà contribué à un ouvrage composé de textes et de dessins d'élèves d'un collège d'enseignement secondaire : Reeves, Hubert et les enfants d'un C.E.S., *Soleil*, Paris, La Noria, 1977.

9 Reeves, Hubert, *Patience dans l'azur : l'évolution cosmique*, Paris, Éd. du Seuil, coll. « Science ouverte », 1981. Pour commenter cet ouvrage, nous utiliserons sa réédition dans le recueil : Reeves, Hubert, *Les Secrets de l'univers*, Paris, R. Laffont, coll. « Bouquins », 2016, p. 1-188.

10 Reeves, Hubert et Casanave, Daniel, *L'Univers : créativité cosmique et artistique*, Paris, Le Lombard, coll. « La Petite Bédéthèque des savoirs », 2016.

1 Soi face au savoir : l'ethos essayiste de *Patience dans l'azur*

Patience dans l'azur est un ouvrage de vulgarisation scientifique que l'on peut aborder et lire comme un essai. En effet, l'auteur adopte une série de codes dans lesquels on reconnaît de manière conventionnelle l'essai[11], tels que :

– (1) un point de vue réflexif ;
– (2) des références culturelles ;
– (3) l'affirmation d'une subjectivité ;
– (4) et un certain erratisme du propos.

1.1 *Un point de vue réflexif pour une vulgarisation lyrique*

Le point de vue réflexif exposé par H. Reeves est présent dès les premières pages de *Patience dans l'azur*. Le métadiscours développé permet à la fois de conduire le lecteur et de dévoiler le travail formel qui sous-tend ce livre. En effet, l'auteur exprime son ambition de conserver l'essentiel et de privilégier la simplicité pour un public non spécialiste : « Mon langage sera plutôt imagé. Quelquefois, la rigueur en souffrira. » Il ajoute plus loin dans cette même introduction :

> Je me suis méfié du style. J'ai résisté à la tentation de polir les phrases, *de faire « littéraire »*. [...] Nous avons la logique et le langage d'une époque donnée, la nôtre[12].

Le second complément « de faire "littéraire" » marque la mise à distance d'une écriture artistique et légitimée. Signalé par l'usage des guillemets et l'oralité de la tournure, ce refus du style est paradoxal car il s'affirme précisément par un travail formel ; il ne s'agit pas d'une option par défaut ni d'une prédilection purement didactique. En dépit des déclarations de l'auteur, il s'agit aussi, finalement, d'un « style » qui lie la science à une langue qui serait commune à l'époque.

Il reconnaît d'ailleurs l'importance de ce ton dans sa préface[13] au premier recueil de ses textes. Il écrit effectivement en 2016 au sujet de son livre paru en

---

11 Nous nous appuyons notamment sur les travaux de Marielle Macé pour une approche historique, et d'Irène Langlet pour une approche dite de « méta-poétique comparée » (c'est-à-dire sur l'idéologie et les théories de l'essai) : Macé, Marielle, *Le Temps de l'essai*, *op. cit.* ; Langlet, Irène, *L'Abeille et la balance : penser l'essai*, Paris, Classiques Garnier, coll. « Théorie de la littérature », 2015.

12 Reeves, H., *Patience dans l'azur*, *op. cit.*, p. 9. Nous soulignons.

13 *Ibid.*, p. VII-XI.

1981 : « Par ses accents lyriques, sa langue détonnait avec celle des auteurs de sciences d'alors. Je crois, pour ma part, qu'une partie de son succès est dû à ces accents[14]. »

Cette esthétique permet à l'auteur de rendre compte de ce monde qu'il admire et qui l'impressionne ; *Patience dans l'azur* est d'ailleurs dédié à « tous ceux que le monde émerveille[15] ». En définitive, l'exhibition de cette réflexivité suggère que le projet de vulgarisation est indissociable, dans le cas d'H. Reeves, d'un certain lyrisme.

1.2 *Des références scientifiques et littéraires : un conteur légitime*

Un réseau intertextuel hétéroclite est aussi mobilisé par l'auteur. Ainsi, la mention de certaines figures scientifiques célèbres permet d'incarner une théorie, d'en montrer une évolution ou de mettre en narration une découverte, H. Reeves pouvant écrire par exemple : « Einstein reprend le problème de Newton et le creuse plus à fond[16]. »

Des références et citations littéraires, moins attendues de la part d'un astrophysicien, ponctuent également l'ouvrage. Le titre lui-même, *Patience dans l'azur*, provient d'un vers du poème « Palme » de Paul Valéry, qu'H. Reeves cite plus amplement en introduction[17] pour promouvoir la contemplation de la nature. En se situant à la suite d'une littérature légitimée, consacrée mais qu'on ne peut dire « grand public », il dévoile ainsi une part de son ambition, c'est-à-dire écrire un texte de vulgarisation sur la nature astronomique en intégrant une dimension poétique.

La littérature est aussi présente par la voie du récit, voire de la fiction ayant valeur d'expérience de pensée, signalée par des invitations telles que « Transportons-nous, par la pensée, à la foire du Trône[18] ». Pour expliquer le rôle de la gravité dans l'expansion de l'univers, l'auteur demande « qu'on [lui] permette une fable à la Jonathan Swift[19] ». La référence, c'est-à-dire le nom propre, fonctionne pour un public informé mais ne porte aucune valeur pédagogique. Par contre, l'histoire qui sert à « illustrer la situation (*ibid.*) » est inventée par H. Reeves qui se présente alors en conteur.

---

14 *Ibid.*, p. IX.

15 *Ibid.*, p. 3. Pour introduire la section 2, l'auteur affirme : « Nous allons au spectacle » (*ibid.*, p. 43), ajoutant plus loin : « Bien sûr, nous nous laisserons impressionner par le grandiose et le fulgurant. » (*ibid.*, p. 45).

16 *Ibid.*, p. 122.

17 « Patience, patience, / Patience dans l'azur ! / Chaque atome de silence / Est la chance d'un fruit mûr ! » *Ibid.*, p. 6. Il cite à nouveau les deux derniers vers *ibid.*, p. 119.

18 *Ibid.*, p. 120.

19 *Ibid.*, p. 35.

1.3 *L'affirmation d'une subjectivité*

L'auteur s'octroie également des segments de subjectivité, ne serait-ce qu'en évoquant l'état d'une théorie alors qu'il était étudiant pour mesurer les avancées de son champ disciplinaire[20]. Plus loin, il détaille longuement un souvenir d'enfance :

> Enfant, j'habitais près d'un grand cimetière à Montréal. Un parc immense planté de marronniers et d'érables à sucre. Aux premiers jours du printemps, bien avant que les pierres tombales ne soient cachées par les arbustes, les crocus émergent des nappes de neige fondante. J'allais les voir éclore et j'assistais ainsi aux enterrements. [...] C'était le commencement et la fin. La vie et la mort[21].

Rédigée à la première personne, cette introduction de chapitre permet à la fois d'aborder l'intérêt ancien d'H. Reeves pour l'évolution et de construire une analogie entre phénomènes terrestres et phénomènes stellaires. La dimension cyclique, elle, est soulignée par la nouvelle évocation de ce cimetière en conclusion du chapitre.

Cette subjectivité peut prendre des formes plus diagonales, comme lorsqu'il rapporte la question d'un auditeur « après une conférence[22] » pour y répondre. Cela contribue à développer une image d'orateur qui peut se livrer à des confidences marginales, rapprochant de fait les entités auctoriale et lectoriale. L'auteur façonne son ethos grâce à une mobilisation de procédés visant à utiliser un langage oral qui serait en sympathie avec son lectorat et manifeste déjà une posture en désignant des éléments extra-textuels.

1.4 *L'erratisme ou la marche du doute*

Cet ethos est soutenu par la métaphore filée de l'exploration qui évoque un jeu d'équilibre entre erratisme et maîtrise. La figure de l'explorateur, qui traverse tout l'ouvrage, intervient dès les premières pages lorsque H. Reeves écrit : « Notre démarche commence par une exploration du monde et un inventaire

---

20 « Quand j'étais étudiant aux États-Unis dans les années 1955-1960, la "création continue" de Gold, Hoyle et Bondi s'était largement imposée. Aujourd'hui, l'observation l'a éliminée. » *Ibid.*, p. 39.

21 *Ibid.*, p. 101.

22 « Après une conférence, un auditeur m'a demandé : "L'expansion universelle, c'est la vérité, ou bien c'est une pure spéculation ?" Il importe de percevoir qu'entre ces deux pôles extrêmes il y a toute une gamme de possibilités. » *Ibid.*, p. 20.

des objets célestes[23]. » Certes, il guide son lecteur par des annonces et des questions rhétoriques, mais il met aussi en scène le doute qu'il associe à la démarche scientifique, et refuse parfois de conclure.

En 1988, il publie une nouvelle édition de *Patience dans l'azur*, avec des mises à jour (signalées entre <…>), qu'il justifie ainsi en préface :

> L'avantage pédagogique est l'illustration de la *science en marche*. La science n'est pas un ensemble figé d'énoncés inaltérables. C'est un *processus* en devenir. Des observations "intempestives" viennent parfois jeter le *doute*. […][24]

Ces effets de réécriture, qui peuvent rappeler la manière montaignienne, se justifient par la volonté de présenter ce que serait la démarche scientifique.

Tous ces éléments concordent ainsi à établir une image de l'auteur, à la fois scientifique et écrivain. Par extension, ils diffusent une représentation de la science et de l'écriture. L'articulation entre l'image du scientifique-conférencier et celle du littéraire permet de distinguer H. Reeves dans une démarche essayiste, ce qui n'est pas sans implications épistémologiques. Or, cet ethos essayiste apparaît fonder le succès de *Patience dans l'azur* voire de l'ensemble de l'univers de l'auteur. Par sa médiatisation, notamment télévisuelle, il adopte d'ailleurs une posture qui l'inscrit dans des logiques communes aux industries culturelles.

2 Succès et médiatisation d'Hubert Reeves : science et posture essayiste

2.1 *Succès de la vulgarisation scientifique : le cas de* Patience dans l'azur

Du point de vue de l'histoire de l'édition, la transmission de connaissances a grandement contribué au développement d'éditeurs industriels. L'astronomie a même été un des sujets de vulgarisation privilégiés qui a, par exemple,

23 *Ibid.*, p. 11. Cette figure encadre le projet de *Patience dans l'azur.* Après avoir avoir nommé plusieurs chercheurs, H. Reeves écrit : « Ce sont les découvreurs du *big bang*, comme Jacques Cartier a découvert le Canada… Un guide de voyage indispensable ici : Albert Einstein. Dans ces royaumes étranges, Isaac Newton ne suffit plus. Partons avec nos explorateurs. » (*Ibid.*, p. 25-26, l'auteur souligne) « Pour le lecteur initié, voici la redoutable situation que rencontre l'explorateur-astrophysicien quand il veut remonter le temps jusqu'à sa source » (*ibid.*, p. 187)

24 La préface de 1988 est reprise dans le recueil de 2016 intitulé *Les Secrets de l'univers. Ibid.*, p. 3. Nous soulignons.

permis à la maison d'édition Flammarion de se développer grâce au succès commercial de *L'Astronomie populaire* (1879)[25].

Par ailleurs, bien que Le Seuil ait longtemps résisté aux logiques de concentration et de rachat en conservant une indépendance capitalistique (jusqu'en 2004), la maison d'édition « catholique et humaniste[26] » connaît des mutations dès l'orée des années 1980, sous la direction de Michel Chodkiewicz[27], qui était déjà l'instigateur en 1966 de la collection « Science ouverte » (dans laquelle est publié *Patience dans l'azur*). Rencontrant, selon les termes de Jean-Yves Mollier, « l'obligation de grossir » qui touche les indépendants[28] en ces débuts de concentration éditoriale, Le Seuil bénéficie cependant d'une légitimité artistique et scientifique, soutenue par le critique des sciences Jean-Marc Lévy-Leblond, qui reprend la collection « Science ouverte » en 1972[29]. La publication de *Patience dans l'azur* s'inscrit dans ce contexte socio-culturel[30].

Finalement, il est peu étonnant d'apprendre que, selon les dires de l'éditeur[31], *Patience dans l'azur* atteint les 150 000 exemplaires vendus en 1984, soit trois ans après la sortie de la première édition. De multiples rééditions[32], notamment en poche, et des reprises sous d'autres formats et régimes sémiotiques (cassette, spectacle[33]) font fructifier le succès initial.

---

25 Sur l'histoire éditoriale de *L'Astronomie populaire* de Camille Flammarion, voir Parinet, Élisabeth, *La Librairie Flammarion, 1875-1914*, Paris, IMEC éd., 1992, p. 56-67.

26 Serry, Hervé, *Les Éditions du Seuil : 70 ans d'histoires*, Paris, Éd. du Seuil, IMEC, 2008, p. 9.

27 Il est notamment contraint de vendre la partie audiovisuelle du groupe, créée en 1975, et développe l'activité de diffusion-distribution. Serry, H., *op cit.*, p.110-111.

28 J.-Y. Mollier cite Flammarion, Albin Michel, Gallimard et Le Seuil. « Dans un contexte international marqué par la transformation, après 1980, des entreprises d'édition en groupes de communication, les indépendants eux-mêmes ne peuvent échapper à l'obligation de grossir. » Mollier, Jean-Yves, *Édition, presse et pouvoir en France au XXe siècle*, Paris, Fayard, 2008, p. 381.

29 À cette occasion, J.-M. Lévy-Leblond affirme dans un document interne qu'une « période s'achève : celle du scientisme triomphant ». Reproduit dans Serry, H., *Les Éditions du Seuil, op. cit.*, p. 91.

30 É. Parinet propose justement que les motivations éditoriales quant à la vulgarisation scientifique (au XIXe siècle) allieraient « conviction personnelle et intérêt commercial ». Parinet, Élisabeth, « Les éditeurs et le marché : la vulgarisation scientifique dans l'édition française », in Bensaude-Vincent, Bernadette et Rasmussen, Anne (dir.), *La Science populaire dans la presse et l'édition, XIXe et XXe siècles*, Paris, CNRS éd., 1997, p. 31-50, cit. p. 38.

31 Lévy-Leblond, Jean-Marc, « Pour une science ouverte », *Bulletin des bibliothèques de France* (*BBF*) [En ligne], n° 6, 1984, p. 476-479, URL : <http://bbf.enssib.fr/consulter/bbf-1984-06-0476-001> (consulté le 07/07/2018).

32 Parmi elles, nous pouvons noter : Reeves, Hubert, *Patience dans l'azur : l'évolution cosmique*, Paris, France Loisirs, 1982 ; Éd. du Seuil, coll. « Science ouverte », 1988 ; coll. « Points sciences », 1988 ; coll. « Points sciences », 2014.

33 Compagnie Georges Bonnaud, groupe Maansich, *Patience dans l'azur*, Maison de la culture de Bourges, 16 mars 1983 ; Reeves, Hubert, *Patience dans l'azur*, CBS disques SA (France), Paris, prod. Seuil, 1987.

Toutefois, il nous semble que le succès des ouvrages d'H. Reeves ne s'explique pas seulement par son travail de vulgarisation de l'astrophysique : il s'adosse aussi à la posture essayiste qu'il développe. Cette posture est en tout cas particulièrement bien ajustée à la collection « Science ouverte » qui « entend mettre les sciences en culture » et défend une « interrogation critique[34] ». Constitutif de *Patience dans l'azur*, l'essayisme pourrait être un facteur explicatif de la prospérité du scientifique-écrivain.

2.2 *Médiatisation : promotion et développement de la posture*

Les modalités d'apparition publique d'H. Reeves permettent d'étayer cette hypothèse. L'auteur le reconnaît : « La carrière du livre débuta assez modestement. Le succès vint après que j'ai été invité par Bernard Pivot à *Apostrophes*, une émission télévisée qui avait à l'époque une grande influence sur le monde des livres[35]. »

La télévision lui a en effet permis de construire sa posture essayiste, comme lorsqu'il est invité dans « Apostrophes » en 1981[36] afin d'assurer la promotion de *Patience dans l'azur*. Il profite alors d'une audience importante pour se présenter comme scientifique dans l'émission littéraire la plus célèbre de l'époque. De nombreux autres passages télévisés suivent celui-ci, notamment dans l'émission « La Grande Librairie », qui a reçu six fois H. Reeves entre 2011 et 2017, dont en 2016[37] à l'occasion de la publication de sa bande dessinée et du volume anthologique *Les Secrets de l'univers*.

Ces apparitions télévisuelles dans « Apostrophes » ne sont pas non plus les premières. Dès 1973, avant sa carrière éditoriale, l'astrophysicien intervient longuement dans l'émission « Pourquoi pas : Les scientifiques répondent[38] ». Pour sa dernière intervention, H. Reeves est filmé assis devant un feu de camp dans une forêt et raconte la fin du cycle des étoiles. Il rapporte alors une histoire, « une histoire vraie » précise-t-il, qui serait « comme les histoires de notre enfance ». Or, ce récit, qui mobilise notamment l'histoire de l'astronomie chinoise, est repris dans *Patience dans l'azur*[39]. De même, une comparaison entre un pudding aux raisins et l'univers est utilisée dans cette émission et

34 Ces termes sont tirés de la présentation de la collection par l'éditeur, disponible sur son site. « Science ouverte », *Le Seuil. Site officiel* [En ligne], URL : <http://www.seuil.com/collection/collection-523> (consulté le 09/08/2018). Selon une vue de J.-M. Lévy Leblond, la collection se fonderait sur « la nécessité de prendre en compte l'implication du chercheur dans ses travaux ». Serry, H., *Les Éditions du Seuil*, *op. cit.*, p. 140.

35 Reeves, H., *Patience dans l'azur*, *op. cit.*, p. IX.

36 « Apostrophes », Antenne 2, 23 octobre 1981.

37 « La Grande Librairie », France 5, 10 mars 2016.

38 « Pourquoi pas : les scientifiques répondent. Le monde des étoiles. », 1re chaîne, 15 mai 1973. Aucun intervenant n'est crédité, mais H. Reeves prend la parole à plusieurs reprises.

39 Reeves, H., *Patience dans l'azur*, *op. cit.*, p. 61-62.

dans son ouvrage[40], associant une réalité physique difficile à appréhender (l'expansion de l'univers) avec un comparant prosaïque voire trivial (un pudding aux raisins). Enfin, le présentateur Bernard Pivot ouvre son émission de 1988, intitulée spécialement « Les lectures d'Hubert Reeves », sur la figure du conteur barbu[41]. La reprise des procédés comme des contenus montre ainsi la continuité et l'intrication entre sa carrière à la télévision et une production littéraire, à laquelle s'est ajoutée plus récemment la bande dessinée. De cette manière, il nous semble pertinent de remarquer que l'essai, au travers d'une posture, s'inscrit dans des logiques industrielles, signant au moins autant le succès d'une matière (l'astronomie) que celle d'une figure (H. Reeves).

3 Poursuite métaphysique et expansion vers la bande dessinée

Nous assistons enfin, chez H. Reeves, à une expansion sémiotique qui atteint la bande dessinée en 2016, avec une publication au Lombard, dans la collection « La Petite Bédéthèque des Savoirs ».

3.1 *Une bande dessinée essayiste*

L'objectif de *L'Univers entre créativité cosmique et artistique* est similaire à celui de *Patience dans l'azur* : présenter l'univers. Reprenant le texte d'un spectacle musical[42] écrit par H. Reeves lui-même, l'ouvrage est édité par une maison du groupe Media-Participations. Il s'inscrit donc dans une logique industrielle, pour ne pas dire d'industrialisation de l'essai, se traduisant aussi finalement par cette diversification sémiotique. De fait, même si cette bande dessinée est réalisée avec un co-auteur, le dessinateur Daniel Casanave, on retrouve certains traits ou codes de l'essai :

1) La représentation dessinée d'H. Reeves est presque omniprésente. L'auteur s'adresse directement au lecteur ; il détaille son objectif, mains dans les poches ou sur les hanches, posté sur divers astres, selon les cases qui

40 L'univers en expansion serait « comme un pudding aux raisins qui gonfle au four. Quelles sont les dimensions du pudding ? Il pourrait bien être infini… » *Ibid.*, p. 11. La comparaison revient huit pages plus loin, en texte liminaire pour un début de chapitre.

41 Il introduit son émission ainsi : « Bonsoir à tous, vous aimez sa barbe, son accent rocailleux et surtout sa manière de raconter la vie des étoiles. […] » « Apostrophes », Antenne 2, 23 décembre 1988.

42 Cette information est signalée discrètement sur la page d'achevé d'imprimer : « Les textes de cet album sont issus du spectacle musical *Mozart et les étoiles* conçu par Hubert Reeves avec le groupe *Calliopée* et sa présidente Karine Lethiec, altiste. » Pour plus de détails, voir : « Présentation du spectacle : Mozart et les étoiles », *Hubert Reeves. Site officiel* [En ligne], URL : <https://www.hubertreeves.info/spectacles/mozart_etoiles.html> (consulté le 09/08/2018).

s'enchaînent. Cela peut évoquer la démarche erratique de l'essayiste, qui conclut cette séquence par l'expression du doute isolée dans un dernier phylactère : « on ne sait pas » (fig. 2).

2) Les jeux réflexifs sont eux aussi présents, à l'instar de la mise en abyme conduisant à intégrer l'exacte reproduction de la couverture du livre que nous lisons face à H. Reeves réduit à la même échelle (fig. 3).

3) Enfin, les références culturelles sont nombreuses, et participent ici aussi d'une argumentation sur le merveilleux du monde biologique et physique qui nous entoure. Tout comme *Patience dans l'azur* mentionnait « un Valéry cosmique[43] », H. Reeves et D. Casanave citent graphiquement le tableau *La Nuit étoilée* de Van Gogh (2e case). Or, comme l'affirme le spécialiste de la communication scientifique Daniel Jacobi, cette toile s'inspirerait de la juste observation du ciel d'une nuit de juin 1889 à Saint-Rémy[44], alors que son traitement est particulièrement expressionniste (ce qu'imite le dessinateur D. Casanave, fig. 4). Les auteurs soulignent ainsi un projet essayiste proche de celui de *Patience dans l'azur*, entre information scientifique et création artistique.

3.2 *Vulgarisation scientifique, art et métaphysique*

Sur la planche reprenant *La Nuit étoilée* (voir fig. 4), le dessin et les références consacrées (Bach, Schubert, Vermeer, Van Gogh) n'apportent aucun élément didactique concernant le concept d'émergentisme présenté par H. Reeves. Le dispositif implique toutefois une argumentation plus ou moins explicite sur la beauté du monde. La bande dessinée se termine d'ailleurs avec une « morale » qui enjoint chacun et chacune à « embellir le monde[45] » et qui découle de la proposition défendue ici : il y aurait un lien direct entre la création de l'univers et celle de l'art. Il cite et explicite à ce sujet, pour conclure, la métaphore religieuse d'Antonine Maillet, auteure acadienne, qui reprend le récit biblique de la Genèse. Elle fait alors des artistes les « artisans du huitième jour » (fig. 5), c'est-à-dire des êtres qui cherchent à améliorer le monde pendant le repos de Dieu.

Dans *Patience dans l'azur*, sans nécessairement référer à une quelconque divinité, H. Reeves s'interroge après des observations qu'il juge « mystérieuses » : « Ces questions ont-elles un sens ? Y a-t-il quelque intérêt à les poser ? Certains de mes collègues pensent que non. Pour eux, c'est de la "métaphysique[46]". » Il

43 Reeves, H., *Patience dans l'azur, op. cit.*, p. 6.

44 Jacobi, Daniel, *La Communication scientifique : discours, figures, modèles*, Grenoble, Presses universitaires de Grenoble, 1999, p. 245-249.

45 Reeves, Hubert et Casanave, Daniel, *L'Univers, op. cit.*, p. 62.

46 Reeves, H., *Patience dans l'azur, op. cit.*, p. 148.

FIGURE 22.1 Reeves, Hubert (textes), Casanave, Daniel (dessins) et Champion, Claire (couleurs), *L'Univers : créativité cosmique et artistique*, Paris, Le Lombard, coll. "La Petite Bédéthèque des savoirs", 2016, p. 16.

imagine ainsi une évolution de son propre domaine[47]. Cependant, il va jusqu'à croiser l'astrophysique à la tradition hindouiste en invoquant la figure du

47 « J'ai l'impression que la physique arrive à un point de son évolution où ces questions vont légitimement entrer dans son domaine. » *Ibid.*, p. 148.

FIGURE 22.2 *L'Univers*, *op. cit.*, p. 17.

Bouddha. Même s'il présente des propos du Bouddha[48] comme une « jolie histoire », il conforte une croyance en affirmant qu'elle serait compatible avec ses propres calculs. Il noue également nature, art et métaphysique lorsqu'il note ceci :

48 Voir *ibid.*, p. 39-40.

FIGURE 22.3 *L'Univers, op. cit.*, p. 30.

Cet aspect ludique et généreux de la nature est, depuis longtemps, reconnu par les mystiques hindouistes. Pour eux, la nature est l'activité créatrice de la divinité, activité non pas prédéterminée, mais analogue à l'œuvre d'art[49].

49 *Ibid.*, p. 112.

FIGURE 22.4 *L'Univers*, *op. cit.*, p. 49.

Le rapport d'émerveillement au réel qu'il partage dans ses discours s'accompagne donc, en texte comme en bande dessinée, d'une démarche conjointe d'artification de la vulgarisation et d'ouverture d'un horizon métaphysique.

En d'autres termes, même si H. Reeves n'intègre pas directement et pleinement des entités comme Dieu dans son argumentation, il contribue à développer une image mystérieuse de l'univers – qui justifierait son émerveillement – tout en bénéficiant d'une caution scientifique. Comme le propose Richard Monvoisin, la vulgarisation de connaissances, en particulier dans certains

FIGURE 22.5 *L'Univers, op. cit.*, p. 57.

médias qui présentent justement H. Reeves comme une icône vivante de la science[50], peut parfois contribuer, paradoxalement, à la diffusion de croyances

50 Parmi ces « icônes vivantes de la science » que l'on peut rapprocher d'H. Reeves, R. Monvoisin cite notamment Stephen Hawking ou Trinh Xuan Thuan. Voir Monvoisin, Richard, *Pour une didactique de l'esprit critique : zététique et utilisation des interstices pseudoscientifiques dans les médias*, thèse de doctorat sous la dir. d'H. Broch et P. Lévy, Université Grenoble I – Joseph Fourier, 2007, p. 175. Il montre en outre de nombreuses couvertures de *Science & Avenir* sur lesquelles figure l'auteur québécois (*ibid.*, p. 218-219).

pseudo-scientifiques[51]. De fait, ici, la communication scientifique est parfois doublée d'un discours qui ne traite pas uniquement d'entités matérielles et ne relève plus de ce fait du contrat méthodologique du chercheur[52].

Ce court corpus tiré de la production d'H. Reeves, inscrivant l'auteur dans les industries culturelles, suggère donc que la non-fiction, et plus particulièrement l'essai, ne se développe pas seulement dans une littérature restreinte, légitimée et valorisée. En effet, l'essai a montré ici sa pertinence comme outil pour lire des productions industrielles, surtout si on le comprend par la posture qu'il suppose : référentielle, subjective, erratique… L'expansion sémiotique de l'univers de l'auteur nous a permis d'aborder à la fois ses premiers moments télévisés (notamment dès 1973), son premier ouvrage textuel (1981) et sa première bande dessinée (2016). S'est alors dégagée une certaine constance dans l'œuvre d'H. Reeves, marquée justement par sa posture essayiste. Or, celle-ci semble soutenir la propagation de représentations «mystérieuses» et faussement marginales de l'univers comme de l'art. Ainsi, par son relativisme, sa prétendue modestie et sa fragilité souvent perçus comme des atouts éthiques, l'essayisme favoriserait des représentations mystiques ou spiritualistes, indépendamment du régime sémiotique et de l'ampleur de la diffusion des ouvrages qui les portent. Du fait de ses présupposés épistémologiques, l'essayisme pourrait alors ne pas apparaître comme la force progressiste que certains discours idéalistes veulent y trouver.

Bibliographie

Adorno, Theodor et Horkheimer, Max, *La Dialectique de la raison : fragments philosophiques* [*Dialektik der Aufklärung*, 1944/1947], trad. É. Kaufholz, Paris, Gallimard, coll. « Tel », 1974.

Adorno, Theodor W., « L'essai comme forme » [« Der Essay als Form », 1954-1958], in *Notes sur la littérature* [*Noten zur Literatur I*, 1958], trad. Sibylle Muller, Paris, Flammarion, coll. « Champs », 1984, p. 5-29.

---

51 Pour aborder cela, R. Monvoinsin parle d'« interstices pseudoscientifiques », qu'il définit ainsi : « *les biais potentiels ou avérés dans la transposition médiatique des hypothèses ou des résultats scientifiques, biais pouvant amener le récipiendaire à adhérer, par des procédés autres que logico-déductifs, à une thèse insuffisamment étayée ou à croire accréditée une hypothèse non prouvée.* » (*ibid.*, p. 133, l'auteur souligne)

52 G. Lecointre présente quatre points de ce contrat méthodologique : scepticisme initial sur les faits, réalisme de principe, matérialisme méthodologique et rationalité (c'est-à-dire respect des lois de la logique et parcimonie). Lecointre, Guillaume, *Les Sciences face aux créationnismes : ré-expliciter le contrat méthodologique des chercheurs*, Versailles, Éd. Quae, 2012, p. 99-107.

Adorno, Theodor W., « L'industrie culturelle » [1962], *Communications*, n° 3, 1964, p. 12-18.

Amossy, Ruth, *La Présentation de soi :* ethos *et identité verbale*, Paris, PUF, 2010.

« Apostrophes », Antenne 2, 23 octobre 1981.

« Apostrophes », Antenne 2, 23 décembre 1988.

Dhont, Reindert et Vanacker, Beatrijs, « *Ethos* : pour une mise au point conceptuelle et méthodologique », *CONTEXTES* [En ligne], 2013, n° 13, URL : <http://journals.openedition.org/contextes/5685> (consulté le 09/07/2018).

« La Grande Librairie », France 5, 10 mars 2016.

Jacobi, Daniel, *La Communication scientifique : discours, figures, modèles*, Grenoble, Presses universitaires de Grenoble, 1999.

James, Alison et Reig, Christophe, « Avant-propos. Non-fiction : l'esthétique documentaire et ses objets », in *Frontières de la non-fiction : littérature, cinéma, arts*, Rennes, Presses universitaires de Rennes, 2013, coll. « Interférences », p. 7-21.

Langlet, Irène, *L'Abeille et la balance : penser l'essai*, Paris, Classiques Garnier, coll. « Théorie de la littérature », 2015.

Lecointre, Guillaume, *Les Sciences face aux créationnismes : ré-expliciter le contrat méthodologique des chercheurs*, Versailles, Éd. Quae, 2012.

Lévy-Leblond, Jean-Marc, « Pour une science ouverte », *Bulletin des bibliothèques de France* (*BBF*) [En ligne], n° 6, 1984, p. 476-479, URL : <http://bbf.enssib.fr/consulter/bbf-1984-06-0476-001> (consulté le 07/07/2018).

Lits, Marc, « Pour une définition de l'essai », *Les Lettres romanes*, vol. 44, n° 4, 1990, p. 283-296.

Macé, Marielle, *Le Temps de l'essai : histoire d'un genre au XXe siècle*, Paris, Belin, coll. « L'Extrême contemporain », 2006.

Maingueneau, Dominique, *Le Discours littéraire : paratopie et scène d'énonciation*, Paris, A. Colin, coll. « U. Lettres », 2004.

Meizoz, Jérôme, *Postures littéraires : mises en scène modernes de l'auteur*, Genève, Slatkine érudition, 2007.

Meizoz, Jérôme, « Ce que l'on fait dire au silence : posture, *ethos*, image d'auteur », *Argumentation & Analyse du Discours* [En ligne], 2009, n° 3, mis en ligne le 15 octobre 2009, URL : <https://journals.openedition.org/aad/667> (consulté le 09/08/2018).

Mollier, Jean-Yves, *Édition, presse et pouvoir en France au XXe siècle*, Paris, Fayard, 2008.

Monvoisin, Richard, *Pour une didactique de l'esprit critique : zététique et utilisation des interstices pseudoscientifiques dans les médias*, thèse de doctorat sous la dir. d'H. Broch et P. Lévy, Université Grenoble I – Joseph Fourier, 2007.

« Pourquoi pas : les scientifiques répondent. Le monde des étoiles. », 1re chaîne, 15 mai 1973.

« Présentation du spectacle : Mozart et les étoiles », *Hubert Reeves. Site officiel* [En ligne], URL : <https://www.hubertreeves.info/spectacles/mozart_etoiles.html> (consulté le 09/08/2018).

Parinet, Élisabeth, *La Librairie Flammarion, 1875-1914*, Paris, IMEC éd., 1992.

Parinet, Élisabeth, « Les éditeurs et le marché : la vulgarisation scientifique dans l'édition française », in Bensaude-Vincent, Bernadette et Rasmussen, Anne (dir.), *La Science populaire dans la presse et l'édition, XIXe et XXe siècles*, Paris, CNRS éd., 1997, p. 31-50.

Reeves, Hubert, *Évolution stellaire et nucléosynthèse*, Paris, London, New York, Gordon & Breach, Dunod, 1968.

Reeves, Hubert et les enfants d'un C.E.S., *Soleil*, Paris, La Noria, 1977.

Reeves, Hubert, *Patience dans l'azur : l'évolution cosmique*, Paris, Éd. du Seuil, coll. « Science ouverte », 1981.

Reeves, Hubert, *Patience dans l'azur*, CBS disques SA (France), Paris, prod. Seuil, 1987.

Reeves, Hubert, *Les Secrets de l'univers*, Paris, R. Laffont, coll. « Bouquins », 2016.

Reeves, Hubert et Casanave, Daniel, *L'Univers : créativité cosmique et artistique*, Paris, Le Lombard, coll. « La Petite Bédéthèque des savoirs », 2016.

« Science ouverte », *Le Seuil. Site officiel* [En ligne], URL : <http://www.seuil.com/collection/collection-523> (consulté le 09/08/2018).

Serry, Hervé, *Les Éditions du Seuil : 70 ans d'histoires*, Paris, Éd. du Seuil, IMEC, 2008.

CHAPITRE 23

Se situer pour s'instituer. Le sujet et son territoire dans les écrits sur l'art de Maryline Desbiolles

Dominique Vaugeois

Résumé

En 1953, dans *Le Degré Zéro de l'écriture*, Roland Barthes substituait à la question « pourquoi écrivez-vous? » posée en 1919 par Breton dans la célèbre enquête de *Littérature*, la question « de quel droit écrivez-vous ? » Dans les textes que Maryline Desbiolles consacre aux plasticiens, la réponse prend une forme territoriale remarquable. Parler de territoire du sujet auteur, c'est convoquer deux images : celle du domaine abordé – poursuivant ainsi la spatialisation métaphorique des systèmes épistémologiques – mais aussi celle du lieu d'où provient cette parole, qui conduit aux questions de pouvoir. Quel territoire épistémologique et quelle place pour l'écrivain dans ce territoire, qui plus est quand il s'agit d'une femme ? C'est l'articulation de ces deux dimensions distinctes mais étroitement liées que le présent article a pour objet d'explorer.

∴

Les écrits sur l'art et les artistes n'appartiennent pas à ce que l'on trouve aujourd'hui sous l'appellation « littérature factuelle » ou « littérature du réel », dont l'objet le plus évident est le fait de société ou d'actualité. Et si une série d'essais magistraux, brouillant à leur manière les délimitations du champ littéraire, a brillamment renouvelé au XXe siècle la critique d'art des poètes et le récit de vie d'artiste, qualifier de « *non-fiction novel* » des récits comme *Maîtres et serviteurs* ou *Les Onze* de Pierre Michon suppose de détacher le nom du genre de la tradition du « nouveau journalisme » dans laquelle il puise son sens. Ce sont toutefois des écrits non fictionnels dont la vitalité et la visibilité dans le paysage éditorial contemporain ne se démentent pas. Ils engagent un positionnement particulier de l'auteur vis-à-vis des systèmes discursifs en place dans les institutions et le champ culturel, ainsi qu'une réflexion sans

 | DOI:10.1163/9789004439313_025

cesse renouvelée sur le sens accordé à cette écriture depuis le milieu des années 1950 et les textes bien connus de Francis Ponge à ce sujet[1].

En 1953, dans *Le Degré zéro de l'écriture*, Roland Barthes, on s'en souvient, substituait à la question « pourquoi écrivez-vous ? » posée en 1919 par Breton dans la célèbre enquête de *Littérature*, la question « de quel droit écrivez-vous ? » Dans les textes que Maryline Desbiolles consacre aux plasticiens, la réponse prend une forme territoriale absolument remarquable. Quatre livres seront concernés ici à des degrés divers : *Les Draps du peintre*, publié en 2008, sur le peintre, graveur et sculpteur Jean-Pierre Pincemin disparu en 2005 ; un court essai, *Vallotton est inadmissible* ; un recueil d'articles de revues et de préfaces de catalogues d'exposition, *Écrits pour voir*, publié en 2016 par L'Atelier contemporain ; enfin, *Avec Rodin*, paru en 2017. Ces écrits, publiés dans des collections différentes, les deux premiers dans la collection « Fiction & Cie » aux Éditions du Seuil, qui accueille des récits variés de l'auteur, n'ont pas tout à fait le même statut. *Avec Rodin*, publié chez Fayard dans la collection « Des vies », est une commande ; l'ouvrage sur Vallotton, une initiative de l'auteure en vue de l'exposition « Félix Vallotton : le feu sous la glace », organisée au Grand Palais en 2013. Quant au livre sur Pincemin, Maryline Desbiolles confie que c'est son éditeur, Bernard Comment, qui, suite au récit qu'elle lui fit d'une visite à Jean-Pierre Pincemin, a insisté pour qu'elle l'écrive[2].

Malgré ces différences de statut, chacun des livres, de façon plus ou moins explicite, élabore en termes topographiques la même « scène d'énonciation » engageant les positions et dispositions d'un sujet de discours. La notion de territoire qui préside aux destinées du colloque s'avère tout à fait intéressante dès lors qu'elle met en jeu, au-delà des problématiques de délimitations physiques, les dimensions politiques et culturelles de la propriété et du bon droit, de l'appartenance ou de la zone d'influence. Parler de territoire du sujet auteur, c'est convoquer deux images : celle du domaine abordé – poursuivant ainsi la spatialisation métaphorique des systèmes épistémologiques : le champ du savoir déterminé par l'objet étudié – mais aussi celle du lieu d'où provient cette parole, qui conduit aux questions de pouvoir. Quel territoire épistémologique et quelle place pour l'écrivain dans ce territoire, qui plus est quand cet écrivain est une femme ? C'est l'articulation de ces deux dimensions distinctes mais étroitement liées que le présent article a pour objet d'explorer.

1 Voir, par exemple, Ponge, Francis, « Note sur *Les Otages*, peintures de Fautrier », Paris, P. Seghers, 1946, repris dans *L'Atelier contemporain*, Paris, Gallimard, 1977, p. 15-20.

2 Vaugeois, Dominique, « Entretien avec Maryline Desbiolles », *Revue critique de fixxion française contemporaine* [En ligne], n° 8 : « Fiction et savoirs de l'art », 2014, URL : <http://www.revue-critique-de-fixxion-francaise-contemporaine.org/rcffc/article/view/fx08.12/831> (consulté le 10/07/2018).

1 Position du sujet

Envisager les territoires de la non-fiction sous l'angle d'une « littérature du réel », même lorsqu'il s'agit de décrire des pratiques contemporaines, conduit implicitement à conclure que la fiction n'aurait rien à voir avec le réel, anéantissant ainsi tout un pan de la pensée sur le roman et faisant passer la convocation du réel, à propos de ce même roman, pour purement métaphorique. Je m'en tiendrai à une définition pragmatique de la non-fiction en littérature, qui met l'accent moins sur l'objet visé (le factuel) ou l'emprunt à des formes documentaires que sur le statut de l'acte de langage et la responsabilité du sujet quant à la vérité de ses assertions[3]. Chez Maryline Desbiolles, toutefois, fiction et roman ne sont pas des termes interchangeables. À propos des deux livres pour la collection « Fiction & Cie », *Vallotton est inadmissible* et *Les Draps du peintre*, elle revendique l'appellation « roman », même si le nom du genre ne figure pas sous le titre, comme pour *La Scène* ou *Anchise*. Elle écarte en revanche le terme de fiction, pour des raisons proches, à mon sens, du constat fait par Françoise Lavocat à propos du contemporain, où « le succès actuel du mot et de la notion de *storytelling* » conduit le récit et la fiction à se confondre. « "Fiction", poursuit Françoise Lavocat, est alors entendue au sens ancien de "mensonge" ». L'être humain serait « un réceptacle et un dispensateur de "fictions" », c'est-à-dire de « perceptions erronées », d'« éléments de propagande commerciale et politique », de « mythologies au sens de Barthes », de « rumeurs[4] ». C'est alors la relation au savoir qui est engagée.

Dans l'entretien que m'a accordé Maryline Desbiolles en 2014, une phrase à cet égard retient l'attention : « Je ne regarde pas le peintre en connaissance de cause. Je ne le regarde pas en connaisseur. Mais je pourrais dire aussi que si je ne le regarde pas en ethnologue, c'est que je suis de sa tribu[5]. » Au seuil des *Peintures noires*, l'essai qu'il consacre à Goya, Yves Bonnefoy usait de la même métaphore locale en un sens opposé : « Pour ma part, je ne prétends nullement être capable de m'établir dans le lieu où se tint Goya[6]. » Mais chez Maryline Desbiolles, il ne s'agit pas d'une métaphorisation géographique ponctuelle dans le cadre rhétorique d'un paragraphe liminaire mais d'une thématisation soutenue, fortement marquée par le registre territorial.

Dans cette déclaration, refusant l'ethnologue, se réclamant de la tribu, l'auteure décline son rapport au peintre et à la peinture dans les termes

---

3 Voir Schaeffer, Jean-Marie, *Pourquoi la fiction ?*, Paris, Éd. du Seuil, coll. « Poétique », 1999.

4 Lavocat, Françoise, *Fait et fiction : pour une frontière*, Paris, Éd. du Seuil, coll. « Poétique », 2016, p. 13.

5 Vaugeois, D., « Entretien avec Maryline Desbiolles », art. cit.

6 Bonnefoy, Yves, *Goya, les peintures noires*, Bordeaux, William Blake & Co. Édit., 2006, p. 14.

anthropologiques d'une relation géopolitique, coloniale ou postcoloniale, avec d'un côté le voyageur occidental, scientifique qui s'aventure dans des contrées peu connues pour étendre le *champ* de la connaissance ; et de l'autre la tribu des autochtones, c'est à dire ceux qui refusent de se voir réduits au rôle d'objet d'étude, et revendiquent un langage et un savoir propres. L'image de la tribu conjugue les deux dimensions du territoire : le domaine épistémologique – ici l'ethnologie comme discipline ou bien le savoir indigène –, à savoir ce dont on parle, et le point de vue, c'est-à-dire le lieu d'où l'on parle – puisque l'énoncé est articulé par l'itération des diverses modalités du regard.

Ce qui est en jeu, par conséquent, c'est la formulation d'une appartenance (à la tribu balzacienne des artistes et non au cercle des spécialistes) mais aussi d'un degré d'appartenance, la tribu établissant une proximité large ou relative. On y retrouve ce que j'ai établi ailleurs comme le statut paradoxal de légitimité illégitime qui est celui de l'écrivain critique d'art à partir de la fin du XIXe siècle[7]. La légitimité de son discours est en effet garantie d'une manière croissante au cours du XXe siècle par la confiance et le crédit qui lui est accordé soit par les peintres soit par le monde de l'art en général, galeristes ou directeurs de collection, en vertu de sa position d'acteur privilégié du champ esthétique. Mais, dans un régime d'autonomie des arts, la littérature appartient à un domaine distinct des arts non verbaux. Elle doit donc établir sa place entre un discours de spécialisation validé par une méthodologie et des institutions de savoir et l'autorité, laconique ou diserte, du praticien des arts.

Dans sa « Leçon inaugurale » au Collège de France, Barthes rétablissait, « du point de vue du langage », la valeur de l'opposition entre science et littérature :

> Ce qu'elle met en regard n'est d'ailleurs pas forcément le réel et la fantaisie, l'objectivité et la subjectivité, le Vrai et le Beau, mais seulement des lieux différents de parole. Selon le discours de la science – ou selon un certain discours de la science –, le savoir est un énoncé ; dans l'écriture, il est une énonciation[8].

Cette définition barthésienne de l'écriture ne vaut évidemment pas seulement pour la littérature non fictionnelle mais elle permet de replacer la question du territoire du sujet au centre de la réflexion, dès lors que l'on cherche à cerner la

---

7 À ce propos, voir Vaugeois, Dominique et Rialland, Ivanne (dir.), *L'Écrivain et le spécialiste : écrire sur les arts plastiques au XIXe et au XXe siècle*, Paris, Classiques Garnier, coll. « Rencontres », 2010.

8 Barthes, Roland, *Leçon : leçon inaugurale de la chaire de sémiologie littéraire du Collège de France prononcée le 7 janvier 1977*, Paris, Éd. du Seuil, 1978 ; repris dans *Œuvres complètes*, nouv. éd. rev., corr. et éd. par É. Marty, Paris, Éd. du Seuil, 2002, t. V (1977-1980), p. 427-446, cit. p. 434.

spécificité *littéraire* de la non-fiction parmi les discours informés ou les discours de savoir sur le réel.

Or, dans les livres sur les artistes de Maryline Desbiolles, il y va de façon générale d'une obstination remarquable à fixer ce lieu d'où émane l'écriture : « J'écris depuis l'atelier du sculpteur qui partage ma vie, j'écris depuis l'atelier du sculpteur, un peu à côté, à peine[9]. » Ainsi commence *Avec Rodin*. Ainsi commence, *avec* Bernard Pagès, le sculpteur qui partage la vie de l'auteure, le livre sur Rodin. De la part de la compagne de l'artiste, l'aveu du couple peut servir à légitimer l'intrusion de l'écriture dans le domaine des arts plastiques : se poser par rapport à un point de référence qui mêle la spatialité et la garantie morale. Mais il introduit une dimension supplémentaire, celle du sexe, dans la négociation de l'autorité et dans l'instauration d'un espace propre[10].

L'énoncé de cette position reviendra à plusieurs reprises dans le premier quart du livre comme s'il fallait, pour que la référence prenne, s'y reprendre à plusieurs fois :

> Et dans mon petit bureau qui fut autrefois l'étroite étable à cochon, pour un seul animal, j'ai le sentiment d'être moi aussi dans le nid des choses, comme je vis avec un sculpteur, dans son atelier, à la fois retranchée et partie prenante, et que cette position me donne un peu de courage pour m'engager avec Rodin[11].

Le « nid des choses » est une expression de Rodin, où Maryline Desbiolles voit la patte du sculpteur qui n'utilise pas l'expression consacrée et abstraite « être au cœur des choses » mais l'image « du nid confectionné avec la main dans la terre ou la mie de pain[12] ». À la fois « retranchée et partie prenante », protégée et engagée, l'auteure affiche également un état d'esprit caractéristique de l'*ethos* de l'écrivain d'art, fait d'un mélange d'humilité (« le bureau ne se donne pas comme bureau, où s'écrivent des livres, mais [...] il conserve farouchement

9 Desbiolles, Maryline, *Avec Rodin*, Paris, Fayard, coll. « Des Vies », 2017, p. 9.

10 C'est, traditionnellement, depuis la fin du XIXe siècle, le gage de l'amitié entre l'écrivain et le peintre qui dessine l'espace éthique et empathique du discours. Voir, à ce sujet, Vaugeois, Dominique, « Figures littéraires de l'engagement dans le discours sur l'art au XXe siècle », in Bouju, Emmanuel (dir.), *L'Engagement littéraire*, Rennes, Presses universitaires de Rennes, « Cahiers du groupe φ », 2004, p. 399-408.

11 Desbiolles, M., *Avec Rodin*, *op. cit.*, p. 22.

12 *Ibid.*, p. 21.

ses qualités d'étable à cochon ou de remise[13] ») et d'audace, celle qui mobilise le « courage[14] ».

Cette formulation de la légitimité de la parole en termes topographiques, se précise dans une troisième reprise de la localisation au chapitre suivant : « *Depuis* mon bureau qui est dans l'atelier du sculpteur [...], *je sais* combien faire de la sculpture est pénible[15]. » C'est bien la place du sujet dans l'atelier du sculpteur (la relative est une explicative) qui fait de l'écrivain le sujet d'un certain savoir. À propos de Pincemin, Desbiolles court-circuite d'ailleurs la relation causale en transformant directement le savoir en référence spatiale : « je ne le regarde pas depuis mon savoir mais depuis mon ignorance[16] ». En ce qui concerne Rodin, il s'agit toutefois d'un savoir par sculpteur *interposé*. Ajoutons que ce savoir *du* lieu, qui provient du lieu, est aussi un savoir sur le lieu. Ce qu'elle sait, c'est ce que le lieu dit de la relation du sculpteur à son œuvre. On retrouve l'atelier, haut lieu du compagnonnage de la plume et du pinceau.

En 1950, après sa rencontre avec Alberto Giacometti, Jacques Dupin énonce en termes de juste distance les difficultés auxquelles sa parole sur le sculpteur est confrontée : « Trop proche de son objet, il la pétrifie et la consume ; trop éloignée, elle se perd et se désagrège dans le dédale d'une attente sans commencement[17]. » L'anacoluthe où s'abîme la syntaxe avant le point-virgule – puisque trop proche de son objet, n'est pas en apposition à *il* mais bien à « la parole » – est l'inscription figurée du danger. Ce délicat réglage de la distance est évoqué aussi par Maryline Desbiolles dans son *Vallotton* : « Il s'agit de trouver la distance, la cruelle, celle qui permet de ne pas manquer le modèle, *de ne pas le louper*, et, là encore, de le soustraire au désir, à l'amour, qui efface les contours[18]. » La crainte de *louper* due à la trop grande proximité concerne le

---

13 Desbiolles, M., « Le cabanon et l'étable à cochon » [*00 Patrimoine XX*^e^ *en Provence-Alpes-Côte d'Azur*, 2000], in *Écrits pour voir*, dessins de Bernard Pagès, Strasbourg, L'Atelier contemporain, 2016, p. 11-12, cit. p. 12.

14 On pense à Reverdy au début de son essai sur Braque : « Le manque de prudence est une vertu qui vient tard à l'homme [...]. Autrement, vous le pensez bien, je ne me serais pas laissé entraîner si vite, sachant fort bien ce que je risque – sans compter les périls qu'on ne saurait prévoir – dans une aussi hasardeuse aventure. » Reverdy, Pierre, « Une aventure méthodique » [1950], in *Note éternelle du présent : écrits sur l'art (1923-1960)*, Paris, Flammarion, 1973, p. 39-104, cit. p. 43.

15 Desbiolles, M., *Avec Rodin*, *op. cit.*, p. 32. Je souligne.

16 Vaugeois, D., « Entretien avec Maryline Desbiolles », art. cit.

17 Dupin, Jacques, *Alberto Giacometti : textes pour une approche*, Paris, Maeght, 1962, repris dans *Textes pour une approche*, Tours, Farrago, 1999, p. 11-78, cit. p. 12.

18 Desbiolles, M., *Vallotton est inadmissible*, Paris, Éd. du Seuil, coll. « Fiction & Cie », 2013, p. 25. C'est l'auteur qui souligne.

regard du peintre qui cherche la bonne distance à son modèle, mais la transposition à la parole de l'essayiste est aisément justifiable.

2 Dispositions du sujet féminin

À la suite de l'extrait de la *Leçon* précédemment cité, Barthes ajoute que l'énonciation expose « la place et l'énergie du sujet ». Ce qui est en jeu relève autant d'une position que d'une disposition et correspond à ce que j'ai identifié dans les textes comme territoire : non pas seulement une étendue mais l'espace où un sujet exerce sa puissance. Regardons ce qui s'énonce à l'incipit des *Draps du peintre* :

> Été. Ongles limés. Carrelage lavé. Je ne me prépare pas pour accueillir, bien au contraire. Je ne consens à rien. Je me détourne, je recule, je piétine, je ne veux pas, je suis contre. Je me souviens de ce type qui m'avait dit, tu es une femme qui dit non, c'était que je refusais ces avances, bien entendu, mais il y avait une vérité plus grande, j'aurais peut-être dit non en acceptant ses avances [...]. Comment dire non et ne pas se rétracter ? Comment dire non et faire front ?
>
> Je dis non, de toutes mes forces, en effet, et je rentre dans le livre. Bientôt j'y serai jusqu'au cou. Bientôt le livre m'aura gagnée alors que je le refuse. Le livre est ennemi, et je piaffe comme je m'approche de lui, comme je le frôle.
>
> [...] Vissée dans un refus qui me met au monde [...][19].

Avec la peinture de Pincemin, l'auteure n'est pas dans un rapport d'empathie ou de fascination. C'est la première raison de cette marche à reculons, qui est en même temps paradoxalement une marche à la rencontre de l'artiste. Il s'agit d'un autre ajustement de la distance. La situation est très différente dans le *Vallotton*. Chaque livre négocie dans des modalités toujours singulières les conditions de la parole. Toutefois, dans cet incipit des *Draps du peintre*, dans ce livre très personnel malgré et à cause de cette réticence, quelque chose dépasse la seule réaction à cet artiste en particulier et concerne une démarche générale d'écriture. Le livre s'ouvre sur la force d'un caractère féminin. Ce qui s'énonce est de l'ordre d'une lutte avec l'écriture du livre où, dès la deuxième page, le costume masculin de combat, le « justaucorps de toile, renforcé de

---

19 Desbiolles, M., *Les Draps du peintre : roman*, Paris, Éd. du Seuil, coll. « Fiction & Cie », 2008, p. 11-12.

FIGURE 23.1
François Clouet (1510-1572), *Portrait d'Élisabeth d'Autriche*, vers 1571. Huile sur bois, 37 × 25 cm.

plaques de métal », est jugé inutile et remplacé par la collerette à fraise d'Élisabeth d'Autriche :

> Chevillée moi-même dans la collerette, la tête posée sur le tissu plissé, comme si elle était coupée, la tête séparée du corps par le linge empesé, les mots séparés du corps, rangés derrière la barrière des dents, bouche cousue, l'air sévère. Vissée dans un refus qui me met au monde, et le front très dégagé [...][20].

Élisabeth d'Autriche, exposée au Louvre, celle du dernier chef-d'œuvre de François Clouet, fascine le jeune Pincemin, peut-être pour « l'infinie vulnérabilité de la tendresse[21] » cachée dans les plis du linge ou de la ligne.

20 *Ibid.*, p. 12.

21 Goude, Jérôme, « Entretien avec Maryline Desbiolles à propos des *Draps du peintre* », *Le Matricule des Anges*, n° 93, mai 2008, URL : <http://www.lmda.net/din/tit_lmda.php?Id=58847> (consulté le 11/07/2018).

FIGURE 23.2
Félix Vallotton (1865-1925), *Femme fouillant dans un placard*, 1901. Huile sur toile, 70 × 40 cm.
COLLECTION PARTICULIÈRE.

Les draps du peintre désignent bien sûr d'abord ceux sur lesquels Pincemin peint. Ce sont aussi ceux que Gabrielle, la femme de Vallotton, ou les nombreuses femmes peintes par Vallotton rangent dans leurs armoires. Ces mêmes armoires où, l'imagine Maryline Desbiolles, un Vallotton-Barbe Bleue, par la puissance des toiles que l'on voit dans l'armoire du tableau de 1903 reproduit ci-dessous, « aspire » ces mêmes femmes parce que leur pouvoir, marqué en rouge sang chaque mois sur ces mêmes draps, lui fait une « peur bleue[22] ». Bleu comme le bleu de méthylène avec lequel sont peints les draps de Pincemin, draps dans lesquels il n'est pas question que l'auteure entre, comme ça, sans circonspection. Pourtant il y a ce désir de dire oui à la peinture, d'abandonner l'écriture à son influence. Cette autre scène primitive au début de l'ouvrage sur Pincemin ne pose pas seulement la problème de la légitimité de l'écriture sur la peinture, comme dans la plupart des textes d'écrivains, mais elle inscrit une réaction subjective ambivalente dans la figuration explicite de la présence féminine.

22 Desbiolles, M., *Vallotton est inadmissible*, *op. cit.*, p. 23.

FIGURE 23.3
Félix Vallotton (1865-1925), *Intérieur, femme en bleu fouillant dans une armoire*, 1903. Huile sur toile, 81 × 46 cm.
PARIS, MUSÉE D'ORSAY. © RMN-GRAND PALAIS (MUSÉE D'ORSAY) / HERVÉ LEWANDOWSKI

Participe de ce même esprit la résistance au nom propre : « Je renonce à le [Pincemin] nommer, je renonce à son nom si parlant [...], qui eût donné des morceaux de bravoure, des mots d'esprit, de la drôlerie, des pages savoureuses[23]. » Se priver du nom propre, ce n'est pas seulement prendre ses distances vis-à-vis des attentes biographiques, c'est aussi se garder de la tentation de la toute puissance du littéraire et de ses actions d'éclat ; c'est refuser ses avances, celles du glorieux empire masculin du nom, qui vient du père[24] ou du livre. Si la paralysie du discours face aux arts plastiques ou plus largement visuels a été abondamment commentée, ce n'est pas tant cette impuissance qui détermine ici la réticence de l'écrivain que la méfiance vis-à-vis de l'autorité que détient le verbe. Maryline Desbiolles travaille à l'ébranler dans les pointes d'oralité de sa prose afin de constituer son propre espace discursif.

Une variation de la scène première est réitérée au chapitre suivant.

23 Desbiolles, *Les Draps du peintre*, *op. cit.*, p. 80.

24 « [...] son père qui lui a donné ce nom breton que je ne dis pas encore. » *Ibid.*, p. 36.

> Été. Ongles limés. Carrelage lavé. J'ai épinglé au mur de mon bureau les carrés collés, un ensemble de douze carrés de papier, chaque carré de 20 par 20 centimètres [...], rempli, grossièrement à moitié, et selon une diagonale, de bleu qui pourrait être du bleu de méthylène[25].

Puis une autre, une dizaine de pages plus loin :

> Je me tiens dans le carré, je n'en sors pas. Impossible de mener une phrase ample, de la dérouler [...]. Je me tiens dans le carré, je me cogne au même, je reprends, je répète, c'est le seul moyen. J'agite mille choses dans ce réduit [...]. C'est le seul moyen, les mille choses circonscrites au carré, [...] les mille choses ne seraient sinon que mille choses éparses, allant tranquillement à vau l'eau[26].

On y retrouve, figurée, l'alliance étroite du lieu (espace carrelé et carré du bureau[27]), de l'objet du regard (les *Carrés collés* de Pincemin) et du discours. S'en tenir au carré peint, c'est commencer par se limiter pour ne pas risquer de verser dans le bavardage sur le peintre et d'ainsi le trahir. S'en tenir au carré, c'est aussi se tenir à carreau. Une disposition morale est ainsi suggérée autant qu'une position, celle d'une réserve qui est une forme de vigilance : la condition en somme, pour parvenir à atteindre une juste intimité avec « cet homme si solitaire, revêche[28], qui faisait peur aux dames[29] ». Dans *Avec Rodin*, l'auteure convoque « le sculpteur qui partage sa vie » ; dans *Vallotton est inadmissible*, le couple aussi est présent : « Le peintre peut croire un instant qu'il partage le bel appartement de son épouse Gabrielle, mais la femme a toujours, si on peut dire, un intérieur d'avance, pré carré, domaine réservé [...][30]. »

25 *Ibid.*, p. 13.

26 *Ibid.*, p. 27.

27 « Lorsque je vis pour la première fois le cabanon de Le Corbusier au Cap-Martin, il se trouva que j'avais dans la tête l'aménagement d'une ancienne étable à cochon, minuscule dépendance, minuscule avancée dans la maison que j'habite. [...] Il se trouva aussi que ce bureau allait être *grosso modo* un carré, certes pas aussi parfait que celui du cabanon et en outre légèrement plus petit mais le rappelant cependant singulièrement. » Desbiolles, M., « Le cabanon et l'étable à cochon », in *Écrits pour voir*, *op. cit.*, p. 11.

28 Rodin aussi, « sur les quelques photos de jeunesse » a « l'air très revêche ». Desbiolles, M., *Avec Rodin*, *op. cit.*, p. 16.

29 Desbiolles, M., *Les Draps du peintre*, *op. cit.*, p. 96.

30 Desbiolles, M., *Vallotton est inadmissible*, *op. cit.*, p. 22.

La question du pouvoir et du savoir, du refus et de l'acceptation, présente aussi chez Ponge face à Fautrier[31] ou chez Dupin devant les œuvres de Giacometti[32], est presque une constante dans les écrits littéraires sur l'art. Maryline Desbiolles l'envisage à l'intérieur d'une représentation du féminin, qui, dans un territoire littéraire, celui de la critique et de l'essai sur l'art, fortement marqué par des face-à-face masculins, ne laisse pas d'interroger. L'enjeu n'est pas, pourtant, la défense et illustration d'une écriture féminine contre la domination masculine mais l'expression d'une dialectique du refus et de l'abandon, de la violence et de la tendresse, qui circule du corps féminin du sujet à ses « objets » à l'abord difficile : Rodin, le barbu des sculptures monumentales qui célèbre en mots la grâce et la puissante douceur du modelé dans *La Danse de Çiva*, Çiva « mâle et femelle ou peut-être ni l'un ni l'autre[33] » et le « sanglier blessé, solitaire[34] » et boiteux des carrés collés, Pincemin qui « pouvait faire peur » et « était très doux en même temps, d'une douceur presque féminine[35] ».

3 Déjouer le territoire

Déterminer le territoire propre de sa parole suppose aussi de ménager son affranchissement. Déjouer, c'est mettre en échec tout en configurant l'espace par le jeu, au sens où, au XIVe siècle, se déjouer, c'est aussi se réjouir et se distraire : « tenter un pas de danse » avec Pincemin, dire « chiche à Rodin » ou « jouer à colin-maillard le bandeau sur les yeux », toutes expressions caractéristiques du style de Maryline Desbiolles, enjoué, blagueur, qui partage un air de famille avec celui de Ponge dans *L'Atelier contemporain*.

La taille des *Carrés collés* de Pincemin devant lesquels est arrêtée l'auteure s'accroît progressivement. Ce qui lui plaît dans les carrés de Pincemin, c'est la maladresse du collage et du découpage et l'approximation de l'application de la couleur. Cette « rigueur bafouée » la réjouit parce qu'elle autorise l'écriture à ne pas se soucier que « ça s'ajuste ».

---

31 « Voici de drôles de textes, violents, maladroits. Il ne s'agit pas de paroles sûres. » Ponge, F., *L'Atelier contemporain*, *op. cit.*, p. 8.

32 « [...] toute œuvre de Giacometti se manifeste comme une totalité, ou plutôt comme le mouvement et l'exigence d'une totalité qui n'attend plus que notre acquiescement pour être accomplie, achevée – et remise en question. Si elle nous introduit, elle nous dépossède du même coup de nos instruments d'analyse et d'investigation, de notre questionnaire et de nos références. Elle décourage et ruine toute accession graduelle à sa connaissance. » Dupin, J., *Alberto Giacometti*, *op. cit.*, p. 11.

33 Desbiolles, M., *Avec Rodin*, *op. cit.*, p. 186.

34 Desbiolles, M., *Les Draps du peintre*, *op. cit.*, p. 135.

35 *Ibid.*, p. 116.

Maryline Desbiolles explique ainsi sa revendication du terme de roman :

> Je ne sais pas bien ce qui différencie l'essai du roman, écrit-elle. Pour la bonne raison que je ne sais pas bien ce qu'est un roman. Et je tiens à ce mot de roman qui ne peut être assujetti à une définition. [...] Mais je pourrais dire que pour moi le roman ne tient pas à la fiction mais aux rapprochements inédits qu'il tente, aux frôlements, aux percussions qui déploient personnages et histoires, les élargit dans tous les sens du mot[36].

C'est le désir d'élargissement et de libération[37] qui convoquent l'idée et le terme de roman : « il ne faut pas tenter de cerner le personnage sous peine de l'étouffer, de l'étriquer comme une peau de chagrin. Mon vœu est d'agrandir Rodin aux dimensions de l'inconnu[38] ». Le détail en gros plan très serré de la tête en bronze du *Monument à Balzac* reproduit en couverture du livre, dont la masse sombre excède les limites du papier et envahit toute la surface, expose parfaitement cette tension vers l'illimitation.

En outre, les œuvres qu'aime l'auteure ne sont pas là pour la bercer d'illusions ou la réconforter :

> On m'a suggéré, un jour, d'écrire une biographie pour me reposer du roman (ce qu'il faut entendre), mais je ne veux pas faire la sieste, avec la même ferveur que lorsque nous refusions dans l'enfance de nous retrancher du monde en plein jour [...]. Je ne veux pas faire la sieste, je veux m'endormir de tout mon cœur dans la nuit de l'histoire, et connaître sa boiterie sans nom[39].

Derrière l'adulte, l'enfant qui dédaigne la sieste refuse la biographie, envisagée comme territoire apaisé, régulier (la boiterie est une démarche irrégulière), comme moment suspendu, ordre fixé séparé des turbulences du temps et du monde. C'est la violence de Vallotton qu'elle aime, le rejet ferme du flou et du doucereux – cette fausse douceur[40] –, les intérieurs qui ne « consolent pas [les personnages][41] » ; chez Pincemin, c'est le sens de la perdition. Le territoire de-

36 Vaugeois, D., « Entretien avec Maryline Desbiolles », art. cit.

37 « Dans *Les draps du peintre*, ce que je savais au début a été mis à mal par le roman, j'en sais moins à la fin qu'au début, mais c'est un "moins" qui élargit aussi ma vision et qui me met *du côté du peintre*. » *Ibid.* Je souligne.

38 Desbiolles, M., *Avec Rodin*, *op. cit.*, p. 49.

39 Desbiolles, M., *Les Draps du peintre*, *op. cit.*, p. 82.

40 Desbiolles, M., *Vallotton est inadmissible*, *op. cit.*, p. 18-19.

41 *Ibid.*, p. 17.

vient alors celui que l'écriture ou l'art permettent de conquérir pour soi contre les structures de domination ou de conservation existantes. Réinstaurer l'inadmissible, celui de Vallotton ou de Pincemin !

Dès le deuxième chapitre du *Rodin*, la narratrice prend le train : « Mais il n'est pas question de rester confinée dans le bureau[42]. » Dans l'espace clos et dans la solitude de l'atelier, celui de l'artiste comme celui du critique, entre alors ce que Jean-Christophe Bailly appelle, à propos de Monet et du passage à l'art moderne, « la vérité frêle ou brusque du dehors[43] ». Cela ne vaut pas seulement pour un Rodin plein-airiste, car le cœur du livre sur Pincemin, là où précisément la phrase se délie, s'amplifie et quitte la limite du carré, au point de tenir sur une page entière, coïncide avec le récit d'une excursion au Moulin du Roy à Sens, où habite le peintre entre 1989 et 2001.

« Combien aura-t-il fallu de voyages en Toscane pour que je m'arrête sur le mot "dense" ? Dix ? Quinze[44] ? » C'est avec cette interrogation que Maryline Desbiolles inaugure un texte paru dans le catalogue *Alberto Magnelli : la peinture inventée (1920-1931)*. Plus loin, elle poursuit :

> Et dense est le vent qui vitupère la tour où nous logeons, dense la salade à la mie de pain, la panzanella, ou la soupe d'épeautre brûlante que nous mangeons en plein midi de juillet, dense la lumière dans laquelle on pourrait tailler une part à avaler comme un gâteau aux amandes. Ces nourritures qui tiennent au corps ne nous lestent pourtant pas : la densité du paysage toscan a ceci d'unique qu'elle est la condition de son envolée. L'ai-je vraiment appris après tous ces voyages [...] ou parce que j'ai regardé avant de venir les tableaux qu'Alberto Magnelli a peints en Toscane, de la Toscane, entre 1920 et 1931[45] ?

Le monde avant le tableau ? Le tableau avant le monde ? La réponse est donnée dans le paragraphe qui suit :

> Il n'est pas indifférent non plus que j'aie regardé ces tableaux dans un hangar où on venait de les déballer, au pied d'énormes caisses de bois empilées qui ne manquaient pas de beauté, cette beauté austère des bâtiments industriels ou des fermes auxquelles la lumière jaune qui baignait le hangar et les tableaux me faisait penser, la lumière jaune comme la

42 Desbiolles, M., *Avec Rodin*, *op. cit.*, p. 11.

43 Bailly, Jean-Christophe, *L'Atelier infini*, Paris, Hazan, 2007, p. 63.

44 Desbiolles, M., « Si le soleil ne revenait pas » [*Alberto Magnelli : la peinture inventée (1920-1931)*, 2007], in *Écrits pour voir*, *op. cit.*, p. 51-56, cit. p. 51.

45 *Ibid.*, p. 52.

> paille, comme les grands rouleaux de paille qui ordonneront les champs montueux des Crete près de Sienne en juillet, un mois plus tard[46].

Peu importe, en définitive, lequel des deux, le monde ou le tableau, vient d'abord informer le regard du critique, instituer sa parole et lui donner son vocabulaire. Car dans le hangar, ce lieu aussi inattendu que l'étable à cochon dont l'auteure a fait son bureau, le tableau et le monde se trouvent unis dans le regard. Et la longue phrase, en ses appositions qui précisent la référence tout en l'élargissant – de la beauté des caisses des bois à la beauté des fermes, du présent de la découverte des tableaux au futur du voyage à Sienne, de la France à la Toscane –, est tout entière dévolue à l'expression de cet élargissement du territoire de la sensibilité critique et esthétique, sous l'égide de l'enveloppante lumière jaune. Il s'agit de comprendre l'art à l'intérieur d'un monde qui n'est pas celui de la communauté savante des historiens ou critiques d'art mais, pour reprendre de façon un peu cavalière le terme de Husserl, du « monde de la vie » (*Lebenswelt*). L'écrit sur l'art avec Maryline Desbiolles est une étude de terrain, qu'on se le dise !

Le sujet qui s'institue en auteure dans ces livres réussit remarquablement à poser les coordonnées d'un territoire de la non-fiction qui pourrait être – suivons une dernière fois Barthes –, celui de la *Sapientia*, dont les caractéristiques tiennent aux quatre points du carré ou du carrelage : « nul pouvoir, un peu de savoir, un peu de sagesse et le plus de saveur possible[47] ».

Bibliographie

Bailly, Jean-Christophe, *L'Atelier infini*, Paris, Hazan, 2007.

Barthes, Roland, *Leçon : leçon inaugurale de la chaire de sémiologie littéraire du Collège de France prononcée le 7 janvier 1977*, Paris, Éd. du Seuil, 1978 ; repris dans *Œuvres complètes*, nouv. éd. rev., corr. et éd. par É. Marty, Paris, Éd. du Seuil, 2002, t. V (1977-1980), p. 427-446.

Bonnefoy, Yves, *Goya, les peintures noires*, Bordeaux, William Blake & Co. Édit., 2006.

Desbiolles, Maryline, *Les Draps du peintre : roman*, Paris, Éd. du Seuil, coll. « Fiction & Cie », 2008.

Desbiolles, Maryline, *Vallotton est inadmissible*, Paris, Éd. du Seuil, coll. « Fiction & Cie », 2013.

46 *Ibid.*

47 Barthes, R., *Leçon*, *op. cit.*, p. 446.

Desbiolles, Maryline, *Écrits pour voir*, dessins de Bernard Pagès, Strasbourg, L'Atelier contemporain, 2016.

Desbiolles, Maryline, « Le cabanon et l'étable à cochon » [*00 Patrimoine XXe en Provence-Alpes-Côte d'Azur*, 2000], in *Écrits pour voir*, dessins de Bernard Pagès, Strasbourg, L'Atelier contemporain, 2016, p. 11-12.

Desbiolles, Maryline, « Si le soleil ne revenait pas » [*Alberto Magnelli : la peinture inventée (1920-1931)*, 2007], in *Écrits pour voir*, dessins de Bernard Pagès, Strasbourg, L'Atelier contemporain, 2016, p. 51-56.

Desbiolles, Maryline, *Avec Rodin*, Paris, Fayard, coll. « Des Vies », 2017.

Dupin, Jacques, *Alberto Giacometti : textes pour une approche*, Paris, Maeght, 1962, repris dans *Textes pour une approche*, Tours, Farrago, 1999, p. 11-78.

Goude, Jérôme, « Entretien avec Maryline Desbiolles à propos des *Draps du peintre* », *Le Matricule des Anges*, n° 93, mai 2008, URL : <http://www.lmda.net/din/tit_lmda.php?Id=58847> (consulté le 11/07/2018).

Lavocat, Françoise, *Fait et fiction : pour une frontière*, Paris, Éd. du Seuil, coll. « Poétique », 2016.

Ponge, Francis, « Note sur *Les Otages*, peintures de Fautrier », Paris, P. Seghers, 1946, repris dans *L'Atelier contemporain*, Paris, Gallimard, 1977, p. 15-20.

Reverdy, Pierre, « Une aventure méthodique » [1950], in *Note éternelle du présent : écrits sur l'art (1923-1960)*, Paris, Flammarion, 1973, p. 39-104.

Schaeffer, Jean-Marie, *Pourquoi la fiction ?*, Paris, Éd. du Seuil, coll. « Poétique », 1999.

Vaugeois, Dominique, « Figures littéraires de l'engagement dans le discours sur l'art au XXe siècle », in Bouju, Emmanuel (dir.), *L'Engagement littéraire*, Rennes, Presses universitaires de Rennes, « Cahiers du groupe φ », 2004, p. 399-408.

Vaugeois, Dominique et Rialland, Ivanne (dir.), *L'Écrivain et le spécialiste : écrire sur les arts plastiques au XIXe et au XXe siècle*, Paris, Classiques Garnier, coll. « Rencontres », 2010.

Vaugeois, Dominique, « Entretien avec Maryline Desbiolles », *Revue critique de fixxion française contemporaine* [En ligne], n° 8 : « Fiction et savoirs de l'art », 2014, URL : <http://www.revue-critique-de-fixxion-francaise-contemporaine.org/rcffc/article/view/fx08.12/831> (consulté le 10/07/2018).

Index

Printed in the United States
By Bookmasters